人民文库 第二辑

中国法的源与流

武树臣 | 著

人民出版社

出 版 前 言

　　1921年9月,刚刚成立的中国共产党就创办了第一家自己的出版机构——人民出版社。一百年来,在党的领导下,人民出版社大力传播马克思主义及其中国化的最新理论成果,为弘扬真理、繁荣学术、传承文明、普及文化出版了一批又一批影响深远的精品力作,引领着时代思潮与学术方向。

　　2009年,在庆祝新中国成立60周年之际,我社从历年出版精品中,选取了一百余种图书作为《人民文库》第一辑。文库出版后,广受好评,其中不少图书一印再印。为庆祝中国共产党建党一百周年,反映当代中国学术文化大发展大繁荣的巨大成就,在建社一百周年之际,我社决定推出《人民文库》第二辑。

　　《人民文库》第二辑继续坚持思想性、学术性、原创性与可读性标准,重点选取20世纪90年代以来出版的哲学社会科学研究著作,按学科分为马克思主义、哲学、政治、法律、经济、历史、文化七类,陆续出版。

习近平总书记指出："人民群众多读书，我们的民族精神就会厚重起来、深邃起来。""为人民提供更多优秀精神文化产品，善莫大焉。"这既是对广大读者的殷切期望，也是对出版工作者提出的价值要求。

文化自信是一个国家、一个民族发展中更基本、更深沉、更持久的力量，没有文化的繁荣兴盛，就没有中华民族的伟大复兴。我们要始终坚持"为人民出好书"的宗旨，不断推出更多、更好的精品力作，筑牢中华民族文化自信的根基。

人民出版社

2021 年 1 月 2 日

目　　录

中编 中国法的成熟进程：思想与文化的表达

下编　中国法的演进规律与展望:
在创新中返回历史

自　序

　　粗略算来,我从事中国传统法律文化研究已经有数十年了。此间发表论文百余篇。在这本名为《中国法的源与流》的小书里面,选取了自己认为最有典型意义的十六篇。其中,除了"政体、法体之变与法的演进"之外,其余均曾正式发表。为了保持历史的真实,这些文章此次出版时均基本保留其原貌。同时,为了体现各篇文章之间观点的逻辑性和篇章结构的一致性,或者说使它更像一部专著,我在整理文稿时做了些技术处理,这主要体现在整个书稿的结构安排以及各章二级标题的设计方面。

　　数十年来,中国传统法律文化研究取得很大发展。在老一辈法史学者的培育之下,一批年轻有为的青年学者初露锋芒,获得学界青睐。从某种角度而言,中国传统法律文化仍属于中国法律史学领域。近年来,大批量新的法史史料和法史研究的新成果相继问世,宣示着学界的繁荣。但是,由于众所周知的原因,法律史学似乎也显得不太景气。在法律院校课程设置、司法考试科目和学术环境等方面,出现所谓被边缘化的趋势。使学者特别是年轻学者面临着这样或那样的难题和困惑。然而我们也感受到,不少有真知灼见的社会贤达包括众多法律人,始终如一地关注着法史学的命运。因此,我有理由认为,首先,中国传统法律文化博大精深,值得我们投入热情与精力去努力发掘;其次,在建设法治国家的进程中,学者们有责任描述法治国家建设所处的国情与历史文化背景。有幸能够从事中国法史研究的学者,仍然可以大有作为。

由于学力有限,这些文章并未涉及中国传统法律文化的全部内容,简单说来,正如书名所示,仅仅涉及中国古代法的两个方面:一个是源,一个是流。在源这个方面,著者试图运用古文字、历史文献、传说史料三结合的方法,来探讨中国法的起源这个僻冷的课题;在流这个方面,著者则尝试着从法律实践活动的总体精神和宏观样式这两个侧面,以勾勒出中国法律文化历史发展的概貌。书中不免存在各种不足之处,诚望学术同仁和广大读者不吝赐教!

本书此次纳入《人民文库》第二辑,出版过程中,得到人民出版社法律编辑部主任洪琼和李春林编审的悉心指导,责任编辑张立提出了非常好的意见和建议。我的学生武建敏教授为本书的整理加工付出了辛勤的劳动。在此,一并表示衷心的感谢!

武树臣

于北京北郊蓬莱苑寓所

上　编

中国法的起源：寻找最初的独角兽

第 一 章

寻找最初的独角兽

——对"廌"的法文化考察*

廌(音 zhì)是东夷蚩尤部落的图腾,又称"夷兽"。东夷部落是文身、五兵、五刑(灋)、战鼓的创造者。廌成为战胜之神和刑神的象征。廌与礼、律、刑、法(灋)有着不解之缘。在这里,我试图以一种新的视角来描述中国法律文化起源的课题。即以独角兽廌的起源、沿革、作用、贡献以及社会历史背景为基本脉络,以与廌相关的甲骨文文字为线索,以传说史料为佐证,对中国远古时代的法律文化做出全新的大写意式的诠释和描述。

在中国传统法律文化研究中,对典型古汉字的研究别具一番意义。这是因为,首先,中国的汉文字是象形(表意)文字。英国哲学家罗素曾经指出:"中国文化能如此历久不变,足以让后人追根溯源,或许就是由于使用了表意文字";"表意文字自然要比表音文字更能显示优越性"。①甚至曾有人认为:"象形文字是一些神圣的符号,不但能够指示事物的名称和形式,甚至能够传达事物最本质、最为神秘不可测的含义。"②它们像一尊尊活着的化石,凝结了真实而丰富的历史文化信息,蕴含着一帧帧古

---

* 本章基本内容同名发表于《河北法学》2010 年第 10 期。

① [英]罗素:《中国问题》,秦悦译,学林出版社 1996 年版,第 25 页。

② 乐黛云、[美]勒·比雄:《独角兽与龙》,北京大学出版社 1995 年版,第 4 页。

代社会生活(包括法律实践活动)的真实画卷。我们不应忘记,在文字诞生之前,口耳相传的历史对后人的影响也许异乎寻常地强烈。况且,对部落长老来说,"记住过去的事情是他们的份内工作"①。当文明的旭日升起之际,当某一特定的文字诞生的那一刻,它已经远不是造字者个人主观创造的艺术品了。因为它已具备了非如此刻划、如此构造、如此表现的内在必然性。换言之,某一文字所期标识的某一社会现象、事物或行为,已经历过多少代先民的口耳相传,形成共识和具象,姑称之为约定俗成的"群体印象",一旦有机会将它付诸刀尖笔端,便非如此表示不可了。符合这一共同规律的文字便长久地活了下来。反之,便消失在历史长河中。这样,深究某些典型汉字的字形定义,前可探其源头,后可迹其流轨。况且,其字义之中正沉淀了先民的思想意识、风俗习惯。这些内容无不与中国传统法律文化的深层价值观紧密相连、水乳交融。其次,中国以汉文字为代表的是象形(表意)文字历史十分久远。象形文字盖起源于图画。即今所见岩画是也。在古代传说中,上古结绳记事,伏羲作龙书,神农作穗书,黄帝史官仓颉作云书,河图洛书云云,均与图画有关。文字学家唐兰在《中国文字学》中指出:"文字起于图画,愈古的文字,就愈像图画。图画本身没有一定的形式,所以上古的文字,在形式上是最自由的。"又在《古文字学导论》中说:"我们在文字学的立场上,假定中国的象形文字,至少已有一万年以上的历史,象形、表意文字的完备,至迟也在五六千年以前。而形声字的发轫,至少在三千五百年前。"甲骨文字学家董作宾在《中国文字的起源》中说:"我所认为原始文字的,以前大家把这种文字叫做文字画、图腾、族徽。我们现在的看法是:殷代有通用的符号文字,如甲骨文是他们的今文,而刻在精美花纹铜器上的文字,是他们的古文。殷人爱美,用在艺术品上的字,是远古传下来的原始图画文字,可能是甲骨文字的前身。甲骨文是线条的象形文字,我国早期青铜器的金文,才是原始的图书文字,其年代可以上推到公元前二千八百八十四年,大约距今四

---

① 〔英〕巴兹尔·戴维逊:《古老非洲的再发现》,屠佶译,生活·读书·新知三联书店1973年版,第12页。

千八百多年。"①因此,今天,我们看到的甲骨文文字系统已经是一个相当成熟的文字系统。毫无疑问,甲骨文系统确立于殷商。但是,在殷商之前,甲骨文文字系统应当经历了数千年的发生、演化、沟通、修正、综合、定型的漫长历史。"据中国社会科学院考古研究所所长王巍介绍,山西陶寺大墓发掘出的陶器上出现毛笔朱书文字,这种文字与甲骨文相似,可在时间上却早了1000年,可以说是现今发现最早的汉字系统文字。但是这种文字一直没有正式发布,因此在国际上还没有被正式认定为比甲骨文更早的文字。"②如果远在殷商时代用刀在龟甲兽骨上面刻画的文字之前,还存在着用毛笔书写的文字系统,而且这两种文字之间还存在着内在联系,那么,这两种文字也许可以统称为"陶骨文字"或"笔刀文字"。这无疑是一个划时代的考古事件。我们中华民族的文明史或史前史也许应当重写了。于是,甲骨文文字所反映的历史就远远不只是殷商时代的历史了。因此,商殷的甲骨文不仅对今天的人们来说是文化的活化石,就是对商殷时代的人们而言,也已经是老古董了。今天,我们完全应当有信心通过甲骨文去挖掘、发现和重塑公元前16世纪之前数千年的史前史。

在"灋"(法)字当中,"廌"是个核心角色。廌的甲骨文是ሴ。廌的读音是蚩尤、颛顼、祝融、咎繇、皋陶。张富祥指出,"颛顼之名实由蚩尤转来";祝融"或者就是蚩尤、颛顼之名的分化"。③ 在甲骨文和金文中,与"廌"字相关的字还有薦、"ሴ"、"ሴ"(即"慶"字)、"ሴ"、"ሴ"、"ሴ"、"ሴ"、灋等。④ "廌"一经产生,便于远古时代的法律实践活动结下不解之缘。因此,考察"廌"的原型及其历史沿革,不仅对于探讨古人对"法"(灋)这一社会现象的理解和概括,而且对于客观再现远古时代的法律实践活动,都具有十分重要的意义。

---

① 转引自李钟声:《中华法系》,(中国台湾)华欣文化事业中心1985年版,第20~21页。

② 王歧丰:《400余件珍贵文物月底亮相首博》,《北京晨报》2010年7月23日A09版。

③ 参见张富祥:《东夷文化通考》,上海古籍出版社2008年版,第252、206页。

④ 参见刘兴隆:《新编甲骨文字典(增订)》,国际文化出版公司2005年版,第616~618页。沈建华、曹锦炎:《甲骨文字形表》,上海辞书出版社2008年版,第81页。白冰:《青铜器铭文研究》,学林出版社2007年版,第305页。

一、廌的名称、形象、身份和它所处的时代

廌又称为解、獬、觟、解廌、解豸,獬廌,獬豸、觟觟。与廌相匹配的名字或读音是蚩尤、颛顼、祝融、咎繇、皋陶。他们可能都是以独角兽廌为图腾并且世代执掌司法的部族。

廌的形象,历来说法不一。总的来看,有以下几种说法。在介绍既存的说法的同时,我再斗胆做出新的推测。以乞教于大方。

其一,似牛说。《说文解字》:"廌,解廌兽也,似山牛一角。"①《神异经》:"东北荒中有兽,如牛,一角,毛青,四足似熊,见人斗则触不直,闻人论则咋不正,名曰解豸。"徐中舒《甲骨文字典》:"《说文》谓廌似牛近是","牛与廌所以别者,以廌有多毛之尾,此殆上古野牛之特征"。②

其二,似羊说。《后汉书·舆服志下》:"解豸神羊,能别曲直,楚王尝获之,故以为冠。"《金楼子·兴王》:"常年之人得神兽若羊,名曰解豸。"《论衡·是应》:"觟觟者,一角之羊也,性知有罪。皋陶治狱,其罪疑者,令羊触之,有罪则触,无罪则不触。斯盖天生一角圣兽,助狱为验,故皋陶敬羊,起坐事之。"

其三,似鹿说。《汉书·司马相如传》注引张揖曰:"解廌,似鹿而一角。人君刑罚得中则生于朝廷,主触不直。"

其四,似麟说。《隋书·礼仪志》引蔡邕曰:"解豸,如麟,一角。"《说文解字》:"麒,仁兽也,麋身,牛尾,一角,从鹿其声。"

其五,似马。即独角马。《山海经·西山经》:"西三百里,曰中曲之山,其阳多玉,其阴多雄黄、白玉及金。有兽焉,其状如马,而白身黑尾一角,虎牙爪,音如鼓,其名驳。"《说文解字》:"驳,兽,如马,倨牙,食虎豹。"

---

① 段玉裁注:"《玉篇》、《广韵》、《太平御览》所引皆无山字"。
② 徐中舒主编:《甲骨文字典》,四川辞书出版社 1989 年版,第 1077~1078 页。

独角马盖即原始部落的图腾。与廌十分接近。

其六,似豹。即独角豹。《山海经·西山经》:"西二百里,曰长留之山。其神白帝少昊居之。其兽皆文尾,其鸟皆文首。……有兽焉,其状如赤豹,五尾一角。其音如击石,其名如狰。"独角豹盖即原始部落的图腾。与廌有相似之处。少昊与蚩尤同源,都是东夷的领袖。独角豹出现在少昊的故乡,也许并非偶然。

其七,独角鸟身。商代晚期出土的两件玉器值得注意:一件是头上戴着花苞形独角的玉鸟,另一件是头上戴有尖状圭形独角的玉鸟。[1] 红山文化出土文物中,亦见独角鸟首形象。东夷民族多以鸟类为其图腾。自然界罕有独角鸟,独角鸟可能是某种图腾符号,盖独角兽图腾之民族与鸟图腾之民族相结合的产物。

其八,似犀牛。又称"犀兕"。甲骨文"犀"字"象头上长一个大角。后世分作犀兕两类,实一兽也。犀兕两字同音同义同为象形字,当是一字"[2]。《山海经·南山经》:"东五百里,曰祷过之山,其上多金玉,其下多犀兕。"郭璞注:"犀似水牛……兕亦似水牛,青色一角,重三千斤。"又《海内南经》:"兕在舜葬东,湘水南,其状如牛,苍黑一角。苍梧之山,帝舜葬于阳。"《孟子·离娄下》说:"舜生于诸冯,迁于负夏,卒于鸣条,东夷之人也。"王应麟《困学纪闻》说:"舜葬苍梧山野,……苍梧山在海州界,近莒之纪城。"看来兕与舜生活在同一个地方。通过这些信息,可以猜测兕与舜之间似乎存在着某种关联。红山文化出土文物中,亦有犀牛造型作品,它们与独角兽之间可能存在某种联系。

其九,似独角龙。红山文化出土文物中,有许多独角龙的形象。比如,内蒙古翁牛特旗三星他拉村出土的"中华第一龙",身体呈"C"字形。其额及颈上面的"长鬣",其末端上卷而尖锐。[3] 我猜测,"长鬣"很可能就是从长长的独角逐渐演化变形而来的。独角龙可能就是独角兽的原

---

① 参见[日]林巳奈夫:《神与兽的纹样学》,常耀华等译,生活·读书·新知三联书店2009年版,第113、115页。

② 刘兴隆:《新编甲骨文字典》,国际文化出版社2005年版,第51页。

③ 参见杨伯达主编:《中国玉器全集》(上),河北美术出版社2005年版,第24页。

型。或者相反,独角兽是独角龙的原型。

其十,似独角虎。1987 年河南濮阳西水坡仰韶文化遗址墓葬被发掘,墓主人身长 1.84 米,"曾是原始部落国家的国王或酋长"。其东西侧各有一蚌壳堆塑的龙和虎的图形。"虎头微低沉,作喘气状,微张嘴,面目清秀,有虎视眈眈的神态,小耳,额上支生出小角,虎有角,应有其特殊的寓意。……这是健步行动中的虎,与龙相配。"①龙和独角虎盖即原始部落的图腾。独角虎与廌也许存在某种联系。而且,龙与虎并列,可能反映着部落联盟的形成。

最后,还应当说明,廌与神人的形象有关。浙江余杭反山出土的玉钺上面的神徽即神人兽面纹,其人像头顶有一凸起物,盖即独角。在古代,钺是武器,又是权力的象征。其中的神人与权力可能有关。江苏南京江宁咎庙出土的玉冠状饰,有两眼一口,似人面,头顶亦有一凸起之物,似独角。② 其像盖即蚩尤。

以上,是关于廌的形象的既存说法和我的大胆推测。在文献资料不足的情况下,搞清楚廌的形象,对于进一步探讨与廌有关联的甲骨文文字以及金文"灋"字的内涵,都具有重要意义。

廌的形象,似牛、似羊、似鹿、似马、似豹、似鸟、似虎、似龙者,皆形似也。而独如麒麟者,乃神似也。麒与麟同类。《史记·司马相如传》注引张揖说:"雄曰麒,雌曰麟。"《说文解字》:"麒,仁兽也,麇身,牛尾,一角,从鹿其声。""仁兽"之说源于《春秋公羊传·哀公十四年》:"麟者仁兽也,有王则至,无王者则不至。"何休注:"状如麇,一角而戴肉。"古代"仁"与"夷"二字多通用。③ 故"仁兽"当为"夷兽,非中原之兽也"④。此处之"夷"即指古义之"夷"。王献唐《炎黄氏族文化考》指出:"小篆夷字从大从弓,为今夷字所出。大为人,人即夷,夷人善弓矢,字从人从弓,正为指

① 陆思贤:《神话考古》,文物出版社 1995 年版,第 306 页。
② 参见杨伯达主编:《中国玉器全集》(上),河北美术出版社 2005 年版,第 59、44 页"神人兽面纹"。
③ 参见于恩泊:《释人、尸、仁、夷》,《天津大公报·文史周刊》1947 年 1 月 29 日。
④ 史树青:《麟为仁兽说——兼论有关麒麟的问题》,载《古文字研究》十七辑,中华书局 1989 年版。

事";"从矢从弓,矢弓为夷人所造故也"。①

古夷人居住在今山东一带,正是蚩尤、皋陶的故乡。《说文解字》羊部:"东方貉从豸","夷,东方之人也,从大从弓"。"豸"即"廌";"大"即"矢"。"夷人"发明了弓矢,"弓"、"矢"二字的重叠便是"夷"字。麒麟似鹿,廌亦为鹿属。两者均长着独角,触不直而主公正。麒麟则如《说苑·辩物》所谓"含仁怀义,音中律吕,行步中规,折旋中矩,择土而践,位平然后处"。如此,则廌即麒麟也。《春秋经·哀公十四年》:"西狩获麟。"《史记·封禅书》载,武帝时,"郊雍,获一角兽,若麃然。有司曰:陛下肃祗郊祀,上帝报享,锡一角兽,盖麟云"。《论衡·指瑞》说:汉武帝"西巡狩,得白麟,一角而五趾"。《淮南子·览冥训》说,"昔者黄帝治天下",由于"法令明而不暗",故"麒麟游于郊"。是由于法制清明则麒麟显灵呢?还是由于麒麟显灵则法制清明呢?但是事实上黄帝正是沿用了蚩尤的五刑,才平定了天下。这里隐约道出法律与麒麟的深层联系。麒麟者,其廌乎!

综上所述,可见廌是一个形如牛、羊、鹿、麟、马、豹、虎、龙一样的动物,其特点是独角,其功用是别曲直、正刑罚、赏善罚恶。其实,廌既不是神奇的动物,也不是一个传奇式的古代人物,而是自黄帝时起世代主管军事和司法事务的东夷集团蚩尤部落的名称和图腾,即"一角圣兽"廌,又称作"夷兽"。其读音或名称为蚩尤、颛顼、祝融、咎繇、皋陶。

以廌为图腾的蚩尤部落是东夷集团的重要组成部分。东夷集团"起源于河北燕山山脉一带,这里自古以来是燕、雁和各种鸟类集栖与候鸟迁徙停留的好地方,故夷人以捕鸟为食,以鸟羽为衣,处处依赖鸟类作为主要生活来源,由以长弓善射飞鸟而称作夷人"。"东夷集团的始祖是人皋氏和少皋氏"。其中的"太皋氏虽属西羌族团,但由于他们由甘青高原最早迁到燕山、泰山一带,与当地土著人结合,其一部分演变为东夷集团"。"东夷族自甘青高原最早迁到燕山山脉与土著人融合后,由于渗入新生血液,更使东夷族团朝气蓬勃,支系繁多,于是,东夷族宣告形成"。②

---

① 王献唐:《炎黄氏族文化考》,齐鲁书社1985年版,第38、39页。
② 何光岳:《东夷源流史》"前言",江西教育出版社1990年版,第1~3页。

　　廌是蚩尤部落的名称和图腾,同时也是部落首长的名字。部落首长"同样也是军事首长、最高祭司和某些法庭的审判长"①。廌虽然是蚩尤部落的图腾,但由于蚩尤是东夷集团的领袖和中坚力量,故廌也被全体夷人所祭拜。甲骨文有"薦"字。该字字形是:廌在中央,四方为草。《说文解字》:"薦,兽之所食草,从廌从草。古者神人以廌遗黄帝,黄帝曰:何食何处?曰:食薦。夏处水泽,冬处松柏。"廌不茹毛饮血而食草,正是东夷部落由游牧转为种植的写照。氏族内部的婚姻禁忌是通过文身来完成的,廌主管文身,又是青少年的监管者,文身工具是"井",即"黥刑"的前身,这正是甲骨文"🔆"字的本义。尔后,由于廌执掌军法而与社神联系密切,社神即土地之神,亦即《尚书·甘誓》"弗用命戮于社"的"社"。因此,我们在甲骨文中发现了"🔆"字。执掌军法的重要内容之一是论功行赏,于是,甲骨文出现了"🔆"字,即庆赏的"慶"字。执掌军法离不开审判,审判又离不开证据,即弓、矢、匕。故而甲骨文才有了"🔆"和"🔆"字。而金文中便出现了"灋"字。该字就含有"廌"、"去"(弓、矢)、"水"。但是,廌在鬼神世界的最高身份是战胜之神。廌和蚩尤的形象最早见于新石器时代文化遗址出土的玉琮上面的神人兽面纹,亦即后来流行于三代的饕餮纹。

　　以廌为图腾的蚩尤部落和东夷集团,经过一场大规模的战争之后,最终臣服于黄帝集团。黄帝建立了规模空前的部落联盟并设立职官,仍以蚩尤主兵。古时兵刑不分,主兵与司法兼于一职。主兵、主刑者便为某部族所世袭,这便是蚩尤。其后代有颛顼、祝融,至尧舜禹时即咎繇、皋陶。其主要职责是司法裁判。据传蚩尤作五兵,又作五刑曰法。古法字写作灋,其核心便是廌。商代的法官被称为"御廌"。② 西周金文出现了"灋"字,其主角就是廌。廌的艺术形象是饕餮,常铸于三代礼器之上。廌是正义、公平、威严的象征。廌自产生之日起,便与法律、司法审判活动结下了不解之缘。东汉时,当繁体的"灋"简化为"法"时,被隐去的"廌"的形象,仍在各种建筑物上宣示着自己的存在。而

---

　　① 《马克思恩格斯选集》第4卷,人民出版社2012年版,第142页。
　　② 参见郭沫若:《出土文物二三事》,人民出版社1972年版,第26页。

这只古老的东夷之"夷兽",最终成为整个中华民族的"一角圣兽"。

二、廌与蚩尤、五兵、五刑

蚩尤是黄帝、炎帝时代东夷部落的领袖,他是兵、刑和法的创造者。关于蚩尤的形象,《述异记(上)》说:"蚩尤氏耳鬓如剑戟,头有角,与轩辕斗,以角牴人,人不能向。"蚩尤的形象,盖即山东海岱龙山文化遗址出土的玉琮上面的神人兽面纹,亦即蚩尤部落的图腾——独角兽廌。

炎帝、黄帝、蚩尤时代正是中华民族进入部落联盟的时代,也是我国传说时代的开端。当时,居中原一带的华夏集团由两个部落组成。一是炎帝部落,一是黄帝部落。《国语·晋语》说:"昔少典氏娶于有娇氏,生黄帝、炎帝。黄帝以姬水成,炎帝以姜水成。成而异德,故黄帝为姬,炎帝为姜。"与华夏集团并存的有生活在中国东部地区的东夷集团,即九黎集团,其首长即是蚩尤,它的"嫡系"是苗民部族。

炎帝、黄帝二部不断向东南发展,炎帝部走在前头。这样,终于与东夷集团遭遇。经过长期战争,蚩尤部取得胜利,炎帝部力所难支。《逸周书·尝麦》:"蚩尤乃逐帝,争于涿鹿之阿,九隅无遗。赤帝大慑,乃说于黄帝。"炎帝部丢了领土,无处藏身,只得乞求黄帝部的庇护。蚩尤部之所以能打胜仗,主要是兵器优良。《吕氏春秋·荡兵》说:"蚩尤作兵。"《世本》说:"蚩尤作五兵。"《尸子》说:"造冶者蚩尤。"兵就是兵器,据说是用火山爆发形成的金属锻造而成的。《管子·地数》载:"葛卢之山发而出水,金从之,蚩尤受而制之,以为剑铠矛戟。是岁,相兼者诸侯九。雍狐之山发而出水,金从之,蚩尤受而制之,以为雍狐之戟芮戈。是岁,相兼者诸侯十二。"于是,手执利器、身着铠甲的蚩尤部落的勇士,便俨然成了战无不胜的神人。《史记·五帝本纪》引《龙鱼河图》说:"蚩尤兄弟八十一人,并兽身人语,铜头铁额,食沙石子,造立兵仗刀戟大弩,威振天下,黄帝仁义,不能禁止蚩尤,遂不敌,乃仰天而叹。"黄帝面对所向披靡的铁甲军,竟束手无策了。

蚩尤部落之所以强盛,除了发明先进武器之外,更为重要的是,他们率先实行两性及婚姻之禁忌,并完成了母系氏族向父系氏族的转化。于是,凭借着强健的体魄和经济上的优势,蚩尤部不仅用武力"相兼诸侯",而且还将战败的部族纳入自己的领域,逐渐加以"同化"。这就使蚩尤部所辖领域内的居民成分空前复杂起来了。财富使各氏族具有各自的特殊利益,部落内部出现的互相欺诈、抢夺财物、违犯传统礼仪的行为也需要制裁和整肃。一句话,旧的传统习惯显然已不宜于时用了,必须创立新的行为规范以维护现行秩序。这个新的行为规范就是"法",而创造"法"的正是蚩尤。当古"灋"字产生的时候,关于蚩尤造法的故事已经传播了多少个世纪,为古人家喻户晓。从而使"法"字一旦产生便非有"廌"不可了。

《尚书·吕刑》载:"蚩尤惟始作乱,延及于平民,罔不寇贼、鸱义、奸宄、夺攘、矫虔。苗民弗用,灵制以刑,惟作五虐之刑曰法。"大意是说:蚩尤开始整肃社会秩序,制定新的行为规则,施及所辖领域内的各类部族,将各种坏的行为总括为寇贼(抢劫杀人)、鸱义(违反礼仪)、奸宄(邪恶作乱)、夺攘(抢夺财物)、矫虔(狡诈骗取)五种类型,以此来制约大家。蚩尤的嫡系苗民积极地加以实施,但未能奏效,蚩尤便命令他们用刑罚加以惩制,这种惩罚手段同上述五种类型的坏行为相对应,于是产生了五种无情的刑罚:劓、刵、椓、黥,加上杀刑,即为"五虐之刑曰法"。

"法"的产生,无疑是一大进步。但是,背叛古老的传统是不能不受到报复的。当时,人们"罔中于信,以覆诅盟"。大家都不讲信用,不相信盟誓了。加之苗民在推行"法"时采取了过分的举动:"丽刑并制",即"法"外加刑,故尔引起动乱,无辜的受难者纷纷向上帝控诉蚩尤、苗民的罪恶……改革遇到了普遍的抵制。

战败的炎帝部一支逃往黄帝乞求援助,于是酿成了黄帝部与蚩尤部的空前大战。《山海经·大荒北经》:"蚩尤作兵伐黄帝,黄帝乃令应龙攻之冀州之野。应龙畜水,蚩尤请风伯、雨师,纵大风雨。黄帝乃下天女曰魃,雨止,遂杀蚩尤。"黄帝利用蚩尤部的内部混乱,终于打败了他们。但是,在当时的历史条件下,黄帝部无法完全控制蚩尤部。于是采取分别对待的办法。《路史·国名纪·己》:"(黄)帝戮蚩尤,迁其民善者于邹,屠恶于有北。"将苗民部赶到南方,选择少昊氏作蚩尤旧部的首领,以结盟而告终。《逸周书·尝麦》:"赤帝大慑,乃说于黄帝,执蚩尤,杀之于中冀,以甲兵释怒。用大正顺天思序,纪于大帝,用命之曰绝辔之野。乃命少昊清司马鸟师,以正五帝之官,故名曰质。天用大成,至于今不乱。"

新的更大规模的部落联盟出现了。于是,黄帝在泰山召开部落联盟大会。《韩非子·十过》:"昔者黄帝合鬼神于泰山之上,驾象车而六蛟龙。毕方并辖,蚩尤居前,风伯进扫,雨师洒道。"蚩尤旧部连同他的同盟军"风伯"、"雨师"一并臣服于黄帝。尽管蚩尤部中不乏顽抗到底的氏族,但已难于掀起大浪了。

蚩尤死了,他的"廌"却活着。《龙鱼河图》载:"蚩尤殁后,天下复扰乱不宁。黄帝遂画蚩尤形象,以威天下。天下咸谓蚩尤不死,八方万邦,皆为殄伏。"因为"法"适应了当时社会发展的需要,从而得到社会的承认。"法"一经产生,便打破氏族部落的狭小界限,成为当时社会的共同财产。就连战胜者黄帝也不能无视这一事实。

《商君书·画策》说:黄帝"内行刀锯,外用甲兵",靠着蚩尤创造的兵器和刑罚统一了天下。同时,黄帝又从蚩尤部落选拔出新的领导者,继续主兵。故《管子·五行》说:"黄帝得六相而天地治。"《管子·四时》说:"黄帝得蚩尤而明乎天道,遂置以为六相之首。"《龙鱼河图》说:"(黄帝)制服蚩尤,帝因使之主兵,以制八方。"蚩尤所创造的兵、刑、法和他的图腾一起作为一种公共财产,被重新组合的华夏民族吸收、融合并延续下来了。于是,黄帝与蚩尤的统一便被披上了神奇的色彩,正如《说文解字》所说:"古者神人以廌遗黄帝。"人间的变革和进步,得到了神的承认。

三、廌与玉琮、战神、豊(礼)

蚩尤是五兵的发明者,又善于征战。故被后人当作战神加以祭祀。

鹰是蚩尤部的图腾,因此,便成为祭祀的对象。

从目前掌握的文献来看,西周即以蚩尤为战神而加以祭祀。《周礼·春宫·肆师》:"肆师之职常立国祀之礼。……凡四时之大甸猎,祭表貉,则为位。"郑注:"貉,师祭也,为十百之百,于所立表处为师祭,祭造军法者,祷气势之增倍也,其神盖蚩尤,或曰黄帝。"黄帝、蚩尤都是善于征战的英雄,黄帝是战胜的英雄,蚩尤是战败的英雄。唯蚩尤生得勇武,死得悲壮,故更得后世的青睐。

秦以"尚武"名世,自然敬奉战神蚩尤。《史记·封禅书》:秦朝祭祀东方八神,"三曰兵主,祠蚩尤。蚩尤在东平陆监乡,齐之西境也"。与蚩尤在重法贵武的秦朝受到尊奉,实在是十分自然的事。

《史记·高祖本纪》载,刘邦率沛县弟子三千人起义,当时举行仪式,杀牲涂鼓,"祭蚩尤于沛庭"。《史记·封禅书》说,刘邦统一天下后,"令祝官立蚩尤之祠于长安"。可见,鹰(即蚩尤)是被当作战争之神而加以祭祀的。

然而,起码在夏商二代,蚩尤就被视为战神加以祭祀。其证据有二:一是红山文化、良渚文化出土的骨琮、玉琮上面的神人面纹和兽面纹,可能就是蚩尤和鹰的形象;二是甲骨文的(豊、豐)字,礼的原始含义是对玉琮即战胜之神的崇拜。

甲骨文的"礼"字写作"豊"、"豐"。《说文解字》:"豊,行礼之器也。从豆象形,读与礼同";"豐,豆之丰满者也,从豆象形"。"豆,食肉器也。从口象形"。王国维《观堂集林·释礼》:(礼)"象二玉在器之形。古者行礼以玉";"古珏同字","盛玉以奉神人之器谓之豊,推之而奉神人之酒醴亦谓之醴,又推之而奉神人之事通谓之礼"。① 可见,"礼"与祭祀活动相关,祭祀又与玉相关。玉是探讨礼的一把钥匙。裘锡圭先生认为:礼是一种"用玉装饰的贵重大鼓"②;郑杰祥先生认为:礼"意即古人在鼓乐声中以玉来祭享天地鬼神之状"③。"豊"代表一器物盛有玉形,玉是人间苍

---

① 王国维:《观堂集林·释礼》,中华书局 1959 年版,第 291 页。
② 裘锡圭:《甲骨文中的几种乐器名称》,《中华文史论丛》1980 年第 2 辑。
③ 郑杰祥:《释礼、玉》,载《华夏文明》第 1 辑,北京大学出版社 1987 年版。

生和上天神灵上下沟通之媒介。在甲骨文的"豊"、"豐"字，像豆中盛有一对并列的"丰"，即"丰丰"。《易·丰》说："丰，享，王假之。"是说王用"丰"来祭享鬼神。"丰"字"像玉成串之形，为玉之本字"。①

可见甲骨文的"丰"就是"玉"字。"丰"代表什么呢？代表一串玉。《说文解字》说："玉，石之美者。……像三玉之连，丨其贯也。"用一根绳索或细木棍儿穿上三块玉，就是玉字。这里就出现一个有意思的问题，三块玉穿起来就是玉字，那么这三块玉中的每一块玉又是什么样子呢？它又叫做什么呢？似乎历来都没有说清楚。

其实，那块玉就是"琮"。琮，读从。《说文解字》说："琮，瑞玉，大八寸。似车釭。从玉，宗声。"大八寸，是后来不断扩张尺寸的结果，开始没那么大。"釭"，是用来固定车轴的铁圈儿。这个铁圈儿很可能是内圆而外方的。对于"琮"的作用，历来的学者有许多遐想，比如把它定性为柄饰，旄柄斧柄尾饰，宗教礼器法器，神与祖先的象征。还有学者把琮和天圆地方、交通天地联系起来，把琮说成"贯通天地"的象征、手段和法器。②

关于玉琮的用途，《周礼·春官·大宗伯》说："以玉作六器，以礼天地四方。以苍璧礼天，以黄琮礼地。"但有学者列举《左传》所载史实，证明"礼地"并不用琮。③ 夏鼐认为：《周礼》是战国晚年的一部托古著作。……这些用途，有的可能有根据，有的是依据字义和儒家理想，硬派用途"；"汉代经学家在经注中对各种玉器的形状几乎都加以说明，但这些说明有许多是望文生义，有的完全出于臆测"。夏鼐对琮有专门论述："第四种瑞玉为琮。……今天我们看到的有一种中央圆孔、外周四方的玉器，《古玉图谱》(伪托宋龙大渊撰)称为'古玉釭头'，吴大澂考定为'琮'。又将一种扁矮而刻有纹饰的称为'组琮'。这种玉器可能是琮。妇好墓中出土这类型的玉器 14 件，一般都是比较扁矮的。……从前在殷墟和别处的商代墓中也发现过玉琮，也都是扁矮型的。至于较早的二里头遗址中曾发现过据云是琮的玉器"；"《周礼》的六器中，璧、琮、圭、璋四

---

① 赵诚：《甲骨文简明词典》，中华书局 2009 年版，第 221 页。
② 参见张富祥：《东夷文化通考》，上海古籍出版社 2008 年版，第 177~178 页。
③ 参见孙庆伟：《出土资料所见的西周礼仪用玉》，《南方文物》2007 年第 1 期。

者似乎是核心……这四者中,璧、琮出现较早,已出现于新石器时代。玉璧似源于石镯或环状石斧。琮的渊源和用途,还不清楚"。①

张富祥在论及大汶口文化的骨牙琮时指出:大汶口文化的骨牙琮与良渚时代的玉琮很相似且稍早,"但二者流行的时间大体一致"。"出土骨牙琮的墓葬以大中型居多,可证这部分墓主的身份地位较高,……骨牙琮也就成为他们身份与地位的象征"。而且,"墓主仍绝大多数为成年男性,女性和少年很少"。可见,骨牙琮与成年男性有着某种特殊关系。墓葬中的骨牙琮,"摆放位置一般在死者腰部,可见骨牙琮在死者生前也是可以佩戴的"。他认为,尽管"贯通天地之说是目前最好的假说,而典型的骨牙琮刻有三组纹饰带,可能正好代表了天地祖三个神灵的世界",但是,"骨牙琮究竟怎样用法,它的象征意义是什么,在原始礼仪中占有什么样的地位,这些都还需要继续研究,暂难以找到公认确实的答案"。②刘斌在列举关于玉琮起源用途的各种推断之后指出:居主流地位的"天圆地方"说证据不足,因为"天圆地方"的宇宙观形成于周汉之际。他的结论是:"这些观点无论哪种说法我们都不能从中找出琮所包含的宗教信仰方面的本质内涵"③。

玉琮的前身可能即俗称的扳指,后来因为以玉成之,又称班指。玉琮是古代射箭时用的辅助用具。古人射箭,一般是左手握弓,右手拉弦,在弓身与弓弦之间搭箭。箭尾与弓弦相接,箭杆就搭在左手大拇指上方。但是,箭射得多了,就免不了磨伤手指。而且手指也会增加对箭杆的摩擦的阻力。于是古人就发明了扳指。射箭时左手大拇指戴上扳指,既保护了手指,又大大增加射箭的精度。扳指一开始可能是竹筒做的,也可能有陶制的,但都不结实。后来用骨头制成,又美观又结实,上面还可以刻上族徽、花纹。大汶口文化出土的"骨牙雕筒"盖其雏形。"骨牙雕筒与玉琮之间存在着许多相似之处",它们上面均刻有"神人兽面纹"。它们所随葬的墓主,"绝大多数为成年男性",且其摆放位置

---

① 夏鼐:《商代玉器的分类、定名和用途》,《考古》1983 年第 5 期。

② 张富祥:《东夷文化通考》,上海古籍出版社 2008 年版,第 176、179、182、181 页。

③ 刘斌:《神巫的世界》,浙江摄影出版社 2007 年版,第 104 页。

"多数在腰部及其周围"。① 因此,可以推测,它们很可能是被戴在手上的器物。良渚时代的墓葬就多产骨质的琮,有学者称之为骨琮或骨牙琮。骨琮也可能源于被射杀的猛兽的骨头,是战利品,也是英雄的证据,或许还和被当作图腾的动物有关。后来出现玉琮。玉琮一开始可能是简单的筒状、管状,一头开口稍大,有点喇叭口的样子,以便于戴上和摘下,另一头稍小。大头挨近左手大拇指的根部,也就是虎口之处。玉琮不是一开始就是"内圆外方"的,而是经历了圆形向多边形,再向内圆外方形演变的过程。内圆的特征始终未变,变的是外方。即从圆管状变成长方形。原因可能有两个:一是便于摆放,避免四处滚落;二是便于在琮的四个平面上雕刻纹饰。这个纹饰一开始可能就是氏族的图腾或其他符号。今天常见玉琮上面的神人面兽纹和鸟形纹,当即由此发展而来。那么,古人为什么又要拿扳指来祭祀呢? 扳指是弓的一部分,而且是弓的很重要的一部分,用于瞄准。如同现代步枪的准星。因此,古人用扳指来祭祀,求神来保证他们射得准,以获得生存所必需的猎获物。也可能是源于对神箭手的赞颂和纪念。因为"典型的骨牙琮刻有三组纹饰",这种带有三组纹饰的玉琮,其实就是甲骨文"玉"字的原型。因此,可以推测,琮的图案的简洁化,便是三横一竖的"王"字。况且,"丰"字的基本型也是"王"字。可以说,玉、王、琮三个字是同源的,它们的原始含义是一致的。赖炳伟认为,甲骨文中没有琮字,曾被释为玉、珏、朋的三个字形(非、亚、王),应该是琮的本字。② 因为琮带有神圣性,因此它成为祭祀的对象;又因为它同时还是武器,因此它还被当作随葬品。王国维以为"丰王同字"。"王"可能就源于战功卓著的射猎高手、战斗英雄或军事领袖。故《韩非子·五蠹》说:"王者,能攻人者也。""王"字到了汉代才被神化了。如《说文解字》所谓:"工,天下所归往也。董仲舒曰:古之造文者二画而连其中谓之王,三者天、地、人也,而参通之者王也。孔子曰:一贯三为王。"此说与汉代"天人合一"的神学思想是一致的。游牧部落平时靠射箭捕获猎物,以

---

① 参见王永波、张春玲:《齐鲁史前文化与三代礼器》,齐鲁书社 2004 年版,第 466～469 页。

② 参见赖炳伟:《说琮》,载《古文字研究》第 25 辑,中华书局 2004 年版,第 273 页。

保证基本的食物来源。战争时则靠弓箭杀敌立功,以保证氏族的生存。"国之大事,在祀与戎"。战争具有掠夺性:"以前打仗只是为了对侵犯进行报复,或者是为了扩大已经感到不够的领土;现在打仗,则纯粹是为了掠夺,战争成了经常性的行当";"鄙俗的贪欲是文明时代从它存在的第一日起直至今日的起推动作用的灵魂"①。东夷部落可能最早用玉来制作扳指,故又称班指,即玉琼。同时,东夷部落可能最早将玉琼作为战胜之神来进行祭祀的。后来,玉琼被通称为玉器。如《史记·殷本纪》载:"殷之太师少师持其玉器奔周。"证明起码在商代,玉器就被视为宝玉即国家权力的象征。这些观念也许都起源于远古人们对玉琼的崇拜。

在远古时代,被后来视为神圣的礼器,最初大多都是武器或工具。其原因很简单,"人们首先必须吃、喝、住、穿,然后才能从事政治、科学、艺术、宗教等等"②。玉琼、玉玦和玉韘也不例外。它们最初都是与弓箭配套的专门器具。"环而不周",中有缺口者为玦。韘型似扳指,其侧面有一个突起,像步枪的扳机。它们的用法大概是这样的:左手持弓,左手拇指戴玉琼,箭杆搭在玉琼上,箭尾稳着于弦上,右手握玦,纳弓弦于玦内,右手握玦以拉满弓弦,同时瞄准,右手拇指戴韘,放箭时用韘侧面突起部位拨动扣在玦内的弓弦,使弓弦一瞬间从玦的缺口处弹出。用这种设备射箭,比起用右手姆、食、中指拉弦或用右手食、中指勾弦放箭,更稳更准更方便而省力。这种设备如果用于今天的射箭比赛,一定能够提高成绩。这些器具,古代贵族在重大祭日举行射箭比赛时才使用。当年孔子教学生射箭时也许会拿它们作教具的,可惜后来被遗忘了。连著名的儒学大师和儒家经典都不知所云了。《仪礼·乡射礼》:"释弓说(脱)决拾。"决即玦。拾即皮制护袖。射箭比赛完毕,摘下弓弦,脱下玉玦、护袖。正因为弓箭与玉琼、玉玦、玉韘均为武器,故它们被联称为"宝玉弓矢",被视为权力的象征——国之利器。《左传·定公八年》载:"阳虎说甲如公宫,取宝玉大弓以出。"《左传·定公九年》载:"阳虎归宝玉大弓。"可证玉与

① 《马克思恩格斯选集》第4卷,人民出版社2012年版,第181、194页。
② 《马克思恩格斯选集》第3卷,人民出版社2012年版,第1002页。

弓矢密切相连。《左传·闵公二年》载：“冬十二月，狄人伐卫。……公与石祁子玦，与甯庄子矢，使守。”可见，玦同矢一样属于武器。《易·夬》之“夬”当即“玦”。该卦有“告自邑不利即戎”，“惕号莫夜有戎”。“戎”即军队、战争。“夬”与“戎”相联系，正是玦为武器的一个间接佐证。至于玉玦所象征的“决断”、“诀别”之义，与玉环所象征的“归还”一样，都是后世衍生出来的，非其原义。

　　玉琮上的人面和兽面纹饰可能就是“饕餮”纹，“饕餮”纹的原型可能就是蚩尤和独角兽。它们是战斗英雄和战胜之神的象征。因此，蚩尤之人面纹饰和廌之兽面纹饰同时出现在玉琮上面，两者上下搭配，交相辉映，则是十分自然的事。而最初的礼正是在对战胜之神的祭祀仪式中和战争之舞旄舞的节拍中产生的。正如《礼记·乐记》所谓：“钟、磬、竽、瑟以和之，干、戚、旄、狄以舞之。此所以祭先王之庙也，所以献、酬、酳、酢也，所以官序贵贱各得其宜也，所以示后世有尊卑长幼之序也。”礼离不开乐，乐又离不开律。那个场面即《尚书》所谓“击石拊石，百兽率舞”。隆重的仪式伴以庄严的舞乐，形之舞与音之律融为一体。《说文解字》：“礼者履也。”此时，在我们眼前出现了古代武士们矫健整齐的舞步，耳旁传来了激昂的钟鼓之音，我们似乎看到了远古“礼乐”的最初形态。

四、廌与刑、辛、文身

　　谈到“刑”字，首先涉及“井”字。“井”是一个很古老的字。二里头遗址出土陶器上面就有符号“井”。[①] 商代武丁时期甲骨文有一“井”字，距今有三千三百多年的历史。[②] 王襄认为“古井字，又古刑字”。商承祚

---

　　① 参见孙淼：《夏商史稿》，文物出版社 1987 年版，第 224 页。又见李学勤主编：《中国古代文明与国家形成研究》，中国社会科学出版社 2007 年版，第 107 页。

　　② 参见白冰：《青铜器铭文研究》，学林出版社 2007 年版，第 295 页。

归"井"为"刑",并提示:"毛公鼎作井,与此同。"①对于金文中的"井",学者有各种理解。有人认为,"井为型之初文",后"被借为水井之井,久而失去本义"。② 学者多以"井"为水井之"井","井田"之"井"。或以为乃"井"上面的栏杆。西周前期的金文仍作"井"。到了中期"井"中加"·"成为"丼"字。学者们对这个"·"有各种解释,比如释为井口,汲水之器,汲水之人,汲水之绳,或挖井时用的专门工具"木槌球"。到了西周后期,"丼"又返回到没有"·"的字形即"井"。③

关于金文中的"井"字,陈梦家认为:"西周金文隶定为井者,可分为两式:第一式是范型象形,井字两直画常是不平行而是异向外斜下的,中间并无一点。……第二式是井田象形,井字两直画常是平行的,中间常有一点。"④

日本学者白川静认为:"井有二义:用于刑罚时作首枷之形,用于铸造时作模型的外框之形。……刑罚的刑和范型的型原本均作井、刑,都是作外框之用,为同一语源。"⑤将"井"释为"模型"、"首枷",颇具创意。

《说文解字》引《易经》:"井,法也。"这当然是后人的注释,但必有所本。《易经》有"何校灭耳","履校灭趾","劓刖,困于赤绂","噬肤灭鼻","困于株木,入于幽谷","困于金车","其刑剧","其人天且劓",等等,俨然是一本行刑教科书。其中的刑罚可以分为两类:一个是用刀锯施行的刑罚,如割耳、鼻、脚;另一个是墨刑,即黥刑,刺额。"其人天且劓"的"天",也是刺额。"臀无肤"是刺臀。"噬肤",刺皮肤,范围较广,如胸、乳、额、臀、臂。施行这些"刑罚"(其实当初还不是刑罚)所用的用具,除了刀锯之外还有"校"。《说文解字》:"校,囚具也"。是用木头制作的,可以活动用来固定被刑人身体各部位的专用工具。也就是《易经》

---

① 于省吾:《甲骨文字诂林》第4册,中华书局1996年版,第2857页。
② 王文耀:《简明金文词典》,上海辞书出版社1998年版,第40页。
③ 参见白冰:《青铜器铭文研究》,学林出版社2007年版,第296~297页。
④ 陈梦家:《西周铜器断代》,载《古文字诂林》第5册,上海教育出版社1999年版,第267页。
⑤ [日]白川静:《字统》,日本东京平凡社1994年版,第226页。

里面说的"困于株木"的"株木","困于金车"的"金车"。"金车"大约是铜木结构的囚车。还有"赤绂",红色的绳子,用来捆扎囚具的绳索。红色概因其辟邪,或因为染上了血色。

那么,"校"是什么样子的呢?"校"的样子就是"爻"、"交"、"井"。"爻"、"交"的甲骨文近似于"井",只不过是斜向的"井",这几个字是通用的。①"井"象征四根木柱构成的,用红色绳索固定的,可以改变尺寸的"行刑"工具。这种"校"可能是用枫木制成的,如《山海经·大荒南经》所谓"蚩尤所弃其桎梏,是谓枫木"。为什么用枫木制作桎梏呢?因为桎梏上面常常沾有血色,如同秋天的枫叶一般。这种象征性意义也许是辟邪。甲骨文中的"井"除了用于地名、姓氏之外,用于器物的可能有三个:一个是水井的井,其形如木结构的井栏杆;一个是铸造器物时的模型;再一个就是刑法的刑,刑字的原型是"井"。但是,最初的"井"并不是刑罚,而是文身的用具。

在人类前行的历史中,文明的脚步,不仅与生产力发展水平相适应,而且还与两性及家庭生活的进化相合拍。后者的文明进化,正是伴随着并仰仗着禁忌来实现的。禁忌的设立与实施,又离不开宗教仪式。这种仪式,就是最初的礼。而在两性与家庭生活领域,礼的载体就是文身。

最先发明文身的是东夷部落。《礼记·王制》说"东方曰夷,被发文身",就是证明。东夷部落的首领是蚩尤,亦即咎繇、皋陶。其图腾是独角兽廌。东夷部落曾经是十分强盛,他们发明五兵和弓箭,夷字就是弓与矢两字的合体。发明了五刑并将五刑称之为法。古代的"法"字写作"灋",其中的"廌"就是东夷部落的图腾。而"去"字正由上"矢"下"弓"两部分组成。在东夷部落发明的五刑中,就有"黥"。"黥"开始时并非刑罚,而是文身。或者说,"黥"的本义即是文身。文身的产生与两性及家庭生活的进化有关。而这种进化大约源于相应的禁忌:对父亲们与女儿们之间,对母亲们与儿子们之间和兄弟们与姐妹们之间性行为的排斥。

文身作为特殊标记与图腾崇拜有关。在中国远古时代,这种与图腾

---

① 参见周清泉:《文字考古》,四川人民出版社 2003 年版,第 666、669 页。

相联系的禁忌和习惯就是最初的礼。

唐杜佑《通典·礼典》谓:"自伏羲以来,五礼始彰,尧舜之时,五礼咸备";《论语·为政》:"殷因于夏礼","周因于殷礼";《礼记·礼器》:"三代之礼一也。"礼的定型化便是"五礼"。《尚书·尧典》:"舜修五礼。"伪孔传:"修吉、凶、宾、军、嘉之礼。"《周礼·春官·大宗伯》:"五礼:吉礼、凶礼、宾礼、军礼、嘉礼。"《礼记·昏义》:"夫礼,始于冠,本于昏,重于丧祭,尊于朝聘,和于乡射。此礼之大体也。"诸礼之中的冠、婚、祭祀大约是东夷之夷礼的基本内容。而后不断完善。后起的夏民族因于东夷之夷礼,继承了东夷部落的文明成果。而商民族又因于夏礼,继承了夏民族的文明成果。这些文明成果从甲骨文中可以窥见一斑。故王国维说:"夏商二代文化略同。"[1]"商族和夏族在文化上应是同源的。……夏商之间既然其礼制是因袭关系,他们的语言、文字也应是同一的。"[2]而且,"商人原出于东夷","原始的商族可能是山东地区东夷族之一支","商部族当源出于上古东夷太昊集团的帝喾部",或该部的"帝舜族系"。[3]

三代之礼的连续性还表现在艺术上面。《路史后记·蚩尤传》注:"三代彝器多著蚩尤之象。"蚩尤之象盖即饕餮。而商代礼器花纹以饕餮为尚;商人以鸟为图腾,而周人礼器花纹竟以鸟凤为尚。这种尊崇前朝遗迹的做法,无非是在表明自己政权的正统性和包容性。因此,商人理所当然地继承了东夷的文身习俗,并把他们定型化,成为"殷礼"的重要组成部分。"商"字的上部即"辛",作为商人鸟图腾的"凤"字的上部也是"辛"字,并非偶然。这些文字并未创造历史,而只是再现了大量经久未绝的口耳相传的古老传说。

殷礼中的文身之礼可以以甲骨文字中略见一斑。文身的工具是"井"、"辛"和"笔"。"井"即"校"。《说文解字》说:"校,囚具也。"大约是由四根木棍构成的可以活动的用来固定人们身体的器具。《易经》有"履校灭趾","何校灭耳",可证。"辛"是用来刺破皮肤,填以墨汁的小

---

① 王国维:《殷周制度论》,载《观堂集林》,中华书局 1959 年版,第 451~452 页。
② 杨升南:《夏时期的商人》,载《夏文化研究论集》,中华书局 1996 年版,第 147 页。
③ 张富祥:《东夷文化通考》,上海古籍出版社 2008 年版,第 321、431 页。

刀,有直刀、曲刀之别。① "笔"是用来填抹墨汁和颜料的工具。据说,最早的笔是用"廌之毛"做成的。② 虽然在出土文物中未发现笔,但妇好墓中有一个"调色盘"之类的器皿,也许是个连带的傍证。③ "山西陶寺大墓发掘出的陶器上出现毛笔朱书文字,这种文字与甲骨文相似,可在时间上却早了1000年,可以说是现今发现最早的汉字系统文字。"④"毛笔朱书文字"的发现,是毛笔存在的确证。因为文身与"辛"字密不可分,故与文身有关的字大都有"辛"符。文身之礼主要有以下诸种:

其一,成童之礼。幼男八岁行成童之礼。在商代,男孩八岁要行成童之礼。天干十位中辛为第八,表示要用辛行文身礼,即刺额。八岁文额为"童",是成童之礼。《释名·释长幼》:"牛羊之无角者曰童,山无草木曰童,言未巾冠似之也。女子之未及笄者亦称之也。""童"的本义是尚未生出角来的牛羊。没长草的土堆也叫童。童字上面是"辛"字,文身的工具。甲骨文"童"字"象头有曾受黥刑标志,足有足械之童奴形"⑤。文额的图案可能是在前额上的中间偏上的部分,文一只牛角之类,表示长出了角,成熟一些了。

其二,成笄之礼。幼女十四岁行成笄之礼。《素问·上古天真论》:女子"二七而天癸至"。女童十四岁出现月经,可生子,故行成人礼。先是把头发束起来,像一支独角的样子。同时还要文乳。日本古汉字学者白川静在20世纪60年代就指出:"爽字形以两乳为主题,显示女性的纹身。"⑥周清泉在《文字考古》中则列出与文乳(即"爽"字形)有关的十七个甲骨文。⑦ 天干十四即丁。《玉篇》:"丁,强也,壮也。"《易·姤》:"女壮,勿用,取女。"男女成年之后就可以"私奔"即谈对象了。即《周礼·媒氏》所谓"以仲春之月合男女,于时也,奔则不禁"之义。女子十四行礼之

---

① 参见郭沫若:《甲骨文字研究·释支干》。

② 参见(清)桂馥:《说文解字义证》,引《古今注》佚文,齐鲁书社1987年版,第250页。

③ 参见夏鼐:《商代玉器的分类、定名和用途》,《考古》1983年第5期。

④ 王歧丰:《400余件珍贵文物月底亮相首博》,《北京晨报》2010年7月23日A09版。

⑤ 刘兴隆:《新编甲骨文字典》,国际文化出版社2005年版,第127页。

⑥ [日]白川静:《金文通释》第6辑,日本神户白鹤美术馆1964年版,第303页。

⑦ 参见周清泉:《文字考古》,四川人民出版社2003年版,第46、73页。

后为"妾"。俗谓"聘则为妻,不聘为妾"。女子因为文乳而显得文静妖冶,故女、井合一为"妍",表示文静漂亮之义。《说文解字》:"妍,静也。"《广韵》:"妍,女人贞洁也。"女、交合一为姣,"姣,好也。"《玉篇》:"姣,妖媚。"真可谓妙龄淑女,君子好逑。

其三,成人之礼。男子二十岁行成人之礼。包括冠礼,把头发梳成一个突起的角型。还有文胸、文额。天干二十为"癸",该字上半部即古"樊"字。① 中间有个井字,代表"校"。下面的"天"即黥额,即《易经》"其人天且劓"的"天"。男人由于文了额文了胸而显得美丽,"彦"字就是辛和彡组成的。彦,男子之美称也。《说文解字》:"彦,美士有文。"《尔雅·释训》:"美士为彦。"男子二十岁在文胸时,再在额上文一只角。这个角在原来的小角的基础上扩大了,表示最终成年。东夷人额上有一只角,源于独角兽的图腾。可能最初是有独角兽这样的动物,以后几乎绝迹了。但东夷人,蚩尤后代,世世代代在额上文一个角,就把这个传统延续下来了,表示它没有死。也许到了以后的某个时代,东夷人集体地做了俘虏和奴隶,这样,额上的独角图案便成为奴隶的符号,才慢慢地把文身变成了黥刑。

文身是一个专业活动,执掌文身的职官盖即"御麃"。郭沫若认为他是"执法小吏"②。商代甲骨文中的"麃"字和金文中的"澽"字一样,都是继承东夷文明的铁证。文身又是一种教育活动。"教"字的甲骨文写作"𣂪",左麃右爻。爻即井,囚具也。执法小吏兼管教育是很自然的事情。在原始社会,对幼童和青年人的教育除了语言和身教,可能更多依靠强制性措施。古代的"学"字、"教"字,"孝"字都带有"井"、"爻"字,这就是"校"。春秋时子产"不毁乡校","乡校"就是集中进行教育的场所。"执法小吏"兼着民间教育的职能,这跟前些年我国在中小学校设法制副校长有些相似。教育的方法免不了粗暴,这就是"鞭作教刑"。"教"字的古文写作"𢼄"。《说文解字》:"教,上所施下所效也。"把坏孩子脱光了打

① 参见(清)桂馥:《说文解字义证》,齐鲁书社1987年版,第229页。
② 郭沫若:《出土文物二三事》,人民出版社1972年版,第26页。

他个体无完肤——"臀无肤","噬肤",身上出现鞭痕:××,这就是爻字。井、交、爻、文都是相通的字。① 正因为御廌是"法制副校长",所以身边离不开"井"。于是甲骨文才出现了一个有意思的字"⚡",左廌右井。② 开始是教育坏孩子,后来是教育违法者,开始是文身,后来是黥刑,还有其他残酷的刑罚。当"井刂"(左井右刀)这个字出现时,它只是宣扬其暴力无情的一面。而它的前身,那些促使我们的先民从野蛮走向文明的,在齐鲁原野上的夕阳余晖中闪动的美丽动人的文身图案,早已荡然无存,只露出血淋淋的刀锯来。

远古的文身还施于马匹。《周礼·夏官·校人》:"春祭马祖,执驹。"郑玄注:"郑司农曰:执驹勿令近母";"二岁曰驹"。《大戴礼记·夏小正》:四月"执陟攻驹"。戴德传:"执也者,始执驹也。执驹也者,离之去母也。"小马二岁当文身。甲骨卜辞中有"马丼"、"马不丼"、"贞马其丼"、"贞七白马一丼惟丁取"(以上"丼"字均为井中有人)。③ 对二岁小公马进行文身,是为了便于管理,避免母子交配,弱化良种马匹。也许乱伦的禁忌意识在起作用。

古代文身并不是一件轻松的事,特别是给儿童文身,他们会哭闹的。而且文身是较长时间的工作,有复杂的程序。因此需要"校"即"井"来固定人的身体。《易经》里说的"噬肤",就是文身的过程。"噬",咬也。亦即"肴"。文身是一件痛苦的过程。意志薄弱的年轻人免不了要大呼小叫。于是便有了"倄"字。《说文解字》说:"倄,刺也,从人肴声,一曰痛声。"《广韵》:"倄,痛而叫也。"这个字反映了用"井"把人固定起来在皮肤上刺青的情景。

说到文身的"文"字,也是由于文身而得来的。"文"字本身即来源于"文身"。《说文解字》说:"乂,错画也,象爻文。"《史记·越世家》:"剪发

---

① 参见周清泉:《文字考古》,四川人民出版社 2003 年版,第 666、669 页。
② 参见刘兴隆:《新编甲骨文字典(增订版)》,国际文化出版公司 2005 年版,第 616~618 页;沈建华、曹锦炎:《甲骨文字形表》,上海辞书出版社 2008 年版,第 81 页;白冰:《青铜器铭文研究》,学林出版社 2007 年版,第 305 页。
③ 胡厚宣:《释丼》(丼为井中有人),载《甲骨学商史论丛初集》上册,河北教育出版社 2002 年版,第 515 页。

文身,错臂左衽。"注:"错臂亦文身。谓以丹青错画其臂。"以刀割肤,令血出,又填之以墨,赤青相交。于是有"𢼸"(左文右彡)字。《广韵·文韵》:"𢼸,青与赤杂。"又《礼记》:"青与赤谓之文。"《礼记·王制》所谓"南方曰蛮,雕题交趾";孔疏:"雕谓刻也,题谓额也,谓以丹青雕刻其额";郑玄注:"交趾,足相向然。"两足相向,如何走路? 我推测,"交"可能是"文"之误写,"交趾"应为"文趾",即文其足部。《山海经·海外南经》:"交胫国在其东,其为人交胫。"郭璞注:"言脚胫曲戾相交,所谓雕题交趾者也。""交趾"也许是对"交胫"的误读。因为"趾"与"胫"本来就相差很远。"交胫"也许相当于今天所说的"罗圈腿"或"走猫步"之类。《楚辞·招魂》:"雕题黑齿,得人肉以祀。""黑齿"即文齿,可能源于食人的禁忌。从措辞习惯(即两个动宾结构并列)上而言,"雕题黑齿"是"雕题文趾"而非"雕题交趾"的一个佐证。这种措辞习惯又见于《逸周书·王会》:"正西昆仑……闒耳、贯胸、雕题、离丘、漆齿。"注:"西戎之别名,因其事以名之也。"原文盖指文耳、文胸、文额、文头顶、文齿。文身,施行于不同的年龄不同的人群。至于文趾的意义。正如《说苑·奉使》所谓"剪发文身,烂然成章,以像龙子者,将避水神也"。文身是规范人们的行为,变野蛮无序为文明有礼。有礼的外化就是有形,形字就是"井"与"彡"的合一。文身启自额,"天"也,又扩至胸,"人"也。故有"刭"字。"刭"字就是以"井"、"刀"作用于"人"的结果。正如《礼记·王制》所谓:"刑者刭也,刭者成也。一成而不变,故君子尽心焉。"甲骨文中的"文"字就是类似"爻"字中间有各种符号图案,表现的正是男子二十岁文胸之义。于是,联想到颇有争议的"丼"字,爻中加点和井中加点的字,这几个字都是相通的。如果是这样的话,"丼"字的最初含义便是文身。周清泉《文字考古》中列出了十个甲骨文的"文"字。[1] 其字形是斜立之"井",中有各种图案。如果我们把这个字摆正的话,那就是"丼"字。

文身的文化含义十分丰富,主要包括对外和对内两个方面。对外的功能与图腾相关,主要是标明个人与氏族之间,氏族与氏族之间,氏族与

---

[1]　参见周清泉:《文字考古》,四川人民出版社 2003 年版,第 680 页。

部落之间表现在血缘或姻亲上的联系,同时还标明氏族、部落与神祈世界的关系。其目的是保证集体的安全。如《史记·周本纪》:"亡如荆蛮,文身断法。"应劭注:"常在水中,故断其发,文其身,以象龙子,故不见伤害。"对内主要是确立与性行为相关的行为规范,即禁止某些性行为。其目的是保证集体生存必不可少的秩序。主要包括:其一,男童八岁应离开母亲们,由舅舅们集中教育培训。反之,年轻的母亲们要远离那些有着文胸符号的少年们。其深意是母亲们与儿子们性关系的禁忌。俗称"儿大避母"。古代早婚早育,儿子八岁时,母亲也才二十多岁。自制力相对较弱,容易发生问题;另外,年轻的母亲在哺乳期里是不容易怀孕的,断乳有利于繁殖后代。其二,女童十四岁文乳,父亲们看到有文乳符号或图案的少女则应当约束自己的行为。其深意是父亲们与女儿们性关系的禁忌。女儿十四岁时,父亲也就三十多岁,也容易发生问题。其三,女童十四岁文乳与男子二十岁文胸,是兄弟们与姐妹们之间性行为的禁忌。女十四,男二十,正是事故多发的时期,必须用有力手段使他们或她们到族外去寻找伙伴。

　　文身是原始人一生中最重要的仪式。"这类仪式在非洲、澳洲的土人中都有,而且这仪式中也时常包括着身体上极痛苦的处置";这种"社会性的断乳和生理性的断乳一样,是一件不得不实行、可是又不愿意实行的手术";"澳洲的男孩子经过成年仪式就搬到公房里去",从而完成了从父母的心肝宝贝到部落的战士的转变过程。[①] 在美国人类学家 E.霍贝尔所著的《原始人的法》中,北极地带的爱斯基摩人、菲律宾北吕宋岛的伊富高人、北美印第安人、南太平洋的特罗不里恩人、非洲的阿撒蒂人,都有着大致相同的两性禁忌和风俗习惯。[②] 而且,这种风俗习惯在我国今天的少数民族比如彝族当中依然存在。[③]

　　文身的社会职能是用特定的图案符号,来确定个人与图腾(祖先)之间,个人与他人之间关系,个人与集体之间的社会关系,从而派生出个人

---

①　参见费孝通:《乡土中国　生育制度》,北京大学出版社 1998 年版,第 211、219 页。

②　参见[美]E.霍贝尔:《原始人的法》,严存生译,贵州人民出版社 1992 年版。

③　参见孙伶伶:《彝族法文化》,中国人民大学出版社 2007 年版。

对他人、个人对集团的行为模式。《淮南子·齐俗》说:"帝颛顼之法,妇人不辟男子于路者,拂之于四达之衢。"颛顼即高阳氏。《搜神记》说:"昔高阳氏有同产而为夫妇,帝放之于崆峒之野,相抱而死。神鸟以不死草覆之,七年,男女同体而生,二头四手足,是为蒙双氏。"可证,颛顼时代严格推行族外婚,禁止兄弟与姐妹为婚。《尚书大传·甫刑》:"男女不以义交者,其刑官。"这些刑罚措施最早源于文身禁忌。通过对违反文身禁忌者的制裁,慢慢衍生出最早的刑罚。而最早的刑罚就是黥刑。文身的文化含义,最早可能源于两个方面:从消极方面来说,是避免近亲通婚产生畸形儿,以为这是神祇对这种行为的惩罚,将给集体带来灾难;从积极方面来说,是促进人类自身体力和智力的发达,保证人类群体的生存和发展。"杂交不但可以使从变异中得来的优良特质易于推广和保留,而且,杂交的直接后代常表现出一种较强的活力。"①后来演化成"同姓不婚"、"男女有别"②、"男女辨姓"③、"男女授受不亲"④、"男女不杂坐"、"男女非有行媒不相知名"⑤、"男女之别,国之大节"⑥、"男女无辨则乱升"⑦之类的风俗习惯和行为禁忌。而"同姓不婚"的依据则是:"男女同姓,其生不蕃"⑧;"同姓不婚,惧不殖也";"娶妻避其同姓,畏灾乱也"⑨;"不娶同姓者何? 重人伦、防淫佚、耻与禽兽同也"⑩。这种源于生理健康繁衍后代和宗教信仰行为禁忌的理论,最后被儒家提升概括为"仁者人也","人之所以异于禽兽","人之所以为人"⑪的理论。这也是后来所谓华夷之别的依据。古代的礼就是在这种理论的基础上发展起来的。然而,《易经》象

---

① 费孝通:《乡土中国 生育制度》,北京大学出版社 1998 年版,第 139 页。
② 《礼记·昏义》。
③ 《左传·襄公二十五年》。
④ 《孟子·离娄上》。
⑤ 《礼记·曲礼上》。
⑥ 《左传·庄公二十四年》。
⑦ 《礼记·乐记》。
⑧ 《左传·僖公二十三年》。
⑨ 《国语·晋语》。
⑩ 《白虎通·嫁娶》。
⑪ 《荀子·礼论》。

词的概括则似乎更为精道:"天,文也,人,文也。文明以止。观乎天文以察时变,观乎人文以化成天下。"(引文顺序有调整)文即文身,包括文额、文胸、文臂、文趾等;明即标明、明示;止即行有所止、禁止。在远古社会,在那些被后世儒家渲染的玄妙理论的背后,曾经是先民平常而朴实的生活经历。

以蚩尤为首领的东夷部落,由于发明了文身,施行了禁忌从而强健了人种优势,故形成了由九个血亲集团、八十一个氏族组成的强盛的父系部落,这就是《龙鱼河图》所谓"蚩尤兄弟八十一人","铜头铁额",横行天下的真实含义。"杂交不但可以使从变异中得来的优良特质易于推广和保留,而且,杂交的直接后代常表现出一种较强的活力。"但是,也许正因为父系氏族制度取代了母系氏族制度而触犯了古老传统,故引起内部纷乱,从而被黄帝部落乘机征服。但蚩尤部落的文明成果包括五刑之法都被后世继承和延续下来了。

殷商民族继承了东夷民族的文身习惯。这个过程很可能是在"殷因于夏礼"和因袭地域风俗习惯的形式下悄悄完成的。后来,殷商政权被周人推翻,殷人整族整族地被降为奴隶。这时,殷人额上的墨痕便又一次成了奴隶的象征。而当着执法小吏给奴隶或罪人文额之际,文身习俗便寿终正寝,而真正意义的"黥"刑便问世了。

中国古代的文身与欧洲近代的烙印有着某种相似之处。马克思曾经专门论述欧洲近代的烙印制度。比如,伊丽莎白执政时曾经下令严惩行乞者,"在左耳打上烙印";詹姆斯一世时,对行乞者"在左肩打上 R 字样的烙印"[1]。它们都用显著的标志来宣告人们的特殊身份,并且都以社会强制力为后盾。但是,中国古代的文身,是靠着内心的道德伦理观念和外部强制力来实现的。而欧洲近代的烙印则完全靠着国家暴力来实现的。于是,中国古代的文身便逐渐演化成风俗习惯,而欧洲近代的烙印则逐渐演化成赤裸裸的刑法制度。

中国古代的文身之礼源于古老氏族中两性及家庭生活中的禁忌。这

---

[1] 《马克思恩格斯全集》第23卷,人民出版社1972年版,第804~805页。

些禁忌以文身为载体,并仰仗着鬼神巫术的威力而被强制推行。以上两点可以概括礼的本原和基本功能。礼的这项基本功能,凝聚了古代先民对人种健康繁衍的关注。正如恩格斯所指出的:"根据唯物主义观点,历史中的决定性因素,归根结底是直接生活的生产和再生产。但是,生产本身又有两种。一方面是生活资料即食物、衣服、住房以及为此所必需的工具的生产;另一方面是人类自身的生产,即种的繁衍。一定历史时代和一定地区内的人们生活于其下的社会制度,受着两种生产的制约:一方面受劳动的发展阶段的制约,另一方面受家庭的发展阶段的制约。"① 在漫漫的历史长河中,凡是实行两性及婚姻禁忌的氏族、部落,便得以永葆青春活力和强健体魄,反之便黯然失色、屈居人下。中华民族之所以被称为"礼仪之邦",就是因为在礼的指导下,在不断改造客观世界的同时,不断改造自己的主观世界,即不断"修身养性","自强不息",从而不断从野蛮走向文明。

五、廌与旄舞、战鼓、律

古文"豐"字与"無"字同义。《说文解字·林部》:"無,豐也。"② 而"無"与"舞"为一字。③ "卜辞無当为舞之本字"④。故"豐"与"舞"同义。马叙伦《说文解字六书疏证》说:"舞为武之转注字,亦夾之后起字。盖夾从大,像执旄尾而舞,亦武之后起字。"于省吾《甲骨文字释林》说:"后起的舞字为独体象形字,其上部既像左右执武器,同时也表示着舞的音读。"⑤ 这些信息向我们披露了远古的礼与舞蹈之间的神秘联系。恩格斯

---

① 《马克思恩格斯选集》第 4 卷,人民出版社 2012 年版,第 13 页。
② (清)桂馥:《说文解字义证》,齐鲁书社 1987 年版,第 521 页。
③ 参见周清泉:《文字考古》,四川人民出版社 2003 年版,第 489 页。
④ 赵诚:《甲骨文简明词典》,中华书局 2009 年版,第 62 页。
⑤ 于省吾:《甲骨文字释林》,载《古文字诂林》第 5 册,上海教育出版社 1999 年版,第686 页。

在《家庭、私有制和国家的起源》中曾说到原始人的祭祀与舞蹈的关系："这是一种正向多神教发展的自然崇拜与自然力崇拜。各部落各有其定期的节日和一定的崇拜形式,特别是舞蹈和竞技;舞蹈尤其是一切宗教祭祀的主要组成部分。"①

在中国远古社会,礼与舞蹈之间的联系及其内涵,就是以舞求豐。即用乞求神灵保佑之舞,获神灵降之以豐——丰厚的猎获物。这些猎获物被抽象为玉琮置之于礼器"豆"中,复以歌舞音乐答谢神灵。而"礼者履也"的"履",也许指的就是众人舞蹈时在音乐指挥下的齐整而虔诚的舞步。

古人最重大的事情就是祭祀和战争。而能够把祭祀和战争联系在一起的活动,就是与战争有关的祭祀活动。这个活动内容丰富,包括对战神——黄帝或蚩尤——的祭拜,颁发信符、兵器、号角、战鼓,宣读战争的誓词,其中有奖赏和惩罚的内容。战争胜利之后还有献俘、颁赏、行罚。这些活动常常伴随着战士们的舞蹈,叫作旄舞,即执牦牛之尾而舞。恩格斯在《家庭、私有制和国家的起源》中接着说到原始人战前舞蹈的习惯："这些战士发起一个战争舞蹈,凡参加舞蹈的人,就等于宣告加入了出征队,队伍便立刻组织起来,即刻出动。"②这情景有如《尚书·尧典》之"击石拊石,百兽率舞",即以石磬之音率百兽之舞。《牧誓》载:周武王右手"秉白旄以麾",即用"白旄"指挥队伍。"在我国古代的习俗里,本来作为统帅指挥部队军事行动之用的黄钺和白旄,也就成为指挥舞蹈的用具,而战士们手中的干戈矛等,除作为武器外,也是战争舞蹈中所执的舞具。"③在这里,牦牛之尾与廌之尾的作用完全一致。

远古社会有执兽尾而舞的习俗。如《吕氏春秋·古乐》:"昔葛天氏之乐,三人操牛尾投足以歌八阕",盖即周礼六舞中的旄舞。《说文解字》:"旄,幢也,从方从毛。"段注:"以牦牛尾注旗竿,故谓此旗为旄。"《玉篇》:"旄,旄牛尾,舞者持。"牦牛之尾是系在旗杆上端的饰物,相当于

---

①　《马克思恩格斯选集》第4卷,人民出版社2012年版,第104页。
②　《马克思恩格斯选集》第4卷,人民出版社2012年版,第104页。
③　臧克和:《尚书文字校诂》,上海教育出版社1999年版,第228页。

乐团指挥用的指挥旗,战士们手执盾牌刀枪,随旄而舞。这个旄尾之旗就是"旄旗"。牦牛之尾的原型可能是廌之尾。那么,廌尾之旗就是"廌旗"。于是,我们发现,礼起源于战争之祭祀,祭祀的对象是战神,即蚩尤。蚩尤的图腾是独角兽廌,故指挥旗尖头系着廌之尾。而且祭祀的物品是班指,即玉琮,它是弓矢的辅助用具,也是武器的一部分。而且琮上的人面和兽面纹饰就是蚩尤和独角兽。但是,仅用旗帜来指挥军队还是不够的。因为人们夜间看不到旗帜,于是才出现了全天候的战鼓之音。

甲骨文的舞字,写作夾。有如一人两手各执一廌尾而舞。这也许是原始部落出征打仗之前颁布古老"法令"的仪式。而远古社会最重大的立法活动就是蚩尤创制法(五刑)。更为奇异的是,蚩尤与皋陶都是廌的代名词。于是,在口耳相传的纷繁的史影中,一些看似风马牛不相及的历史碎片神奇地嵌合在一起,而且天衣无缝。此刻,我们终于有机会透过数千年的尘雾,去直面我们的先民——用眼睛去看,用耳朵去听。于是,我们便发现了战胜之神、舞蹈之乐和战鼓之音的三向重迭,这就是最初的"律"。

中国古代的"律"字可能像"刑"(井)字一样久远,并长期成为封建历朝法典之名。但"律"字的法律含义是如何形成的?这始终是一个未解之谜。

"律",东汉许慎《说文解字》:"律,均布也。从彳聿声"。段玉裁注:"律者,所以范天下之不一而归于一,故曰均布也。""律"的第一个含义是音律、声律、乐律,即音之高低、快慢。《尚书·舜典》:"声依永,律和声。"孔传:"律谓六律六吕,……言当依声律以和乐。""律"的第二个含义是古代用来校正音乐标准的管状仪器。共有十二支,成奇数的六支称为"律",成偶数的六支称为"吕",统称十二律。《礼记·月令》:"律中大蔟。"蔡邕注:"律,截竹为管谓之律。律者清浊之率法也,声之清浊以律长短为制。"《史记·律书》:"壹秉于六律。"司马贞索隐:"古律用竹,又用玉,汉末以铜为之。"

在甲骨文中,"律"字的基本字形是"𓃂"。该字由两部分组成:"丨"和"又"。"丨"代表木棍(或竹竿),"又"代表手。聿字表示以手执木之义。木即木制的鼓槌。这样,"律"字的本义是击鼓、击鼓者、击鼓之音。在远古时代,正如《左传·成公十三年》所谓"国之大事,在祀与戎"。战争是非常重大的事情。鼓声成为指挥军队或沟通情报的重要手段。《易经·师》:"师出以律。"甲骨文资料中有"师唯律用"。①

"律"即鼓之音调和频率。《诗经·小雅·采芑》:"征人伐鼓。"在古代传说中,黄帝曾经用夔的皮制作鼓,"声闻五百里"。② 黄帝打败蚩尤后召开部落联盟大会,"合符釜山"③,统一兵符和量器,并"作为清角"④。此举与舜"同律度量衡"⑤性质相同。当文字诞生之际,这些古人耳熟能详的故事,便自然成为文字创作的既定素材,并具有了非如此表示不可的必然性。

古代的战鼓或许像编钟一样是一组或一套的。最古老的战鼓名字叫"皋陶,"而最古老的法官和司寇也叫"皋陶",这也许不是简单的巧合。《竹书纪年》:"咎陶作刑";《风俗通义》:"咎陶谟,虞始造律";《急就篇》说:"皋陶造狱法律存";《后汉书·张敏传》:"皋陶造法律";《路史·后纪·少昊》:"立奸狱,造科律,……是皋陶"。可证,皋陶与律有着密切联系,姑且称其为"皋陶造律"。这些战鼓是由不同长度、直径的鼓木蒙以兽皮而制成的。西周时已有专门制作鼓的工匠。鼓的规格不同,击打时发出的声调和传播的距离也不同。《周礼·冬官·考工记》载:"鼓大而短,则其声疾而短闻;鼓小而长,则其声舒而远闻。"《周礼·春官·大师》说:"大师执同律以听军声而诏吉凶。"这里说的"同律"即事先约定好的鼓点儿—鼓声的高低和频率。能听懂并说出鼓音所表达内容的人,就是"圣",即聪明的军事首长。这种鼓点儿就是指挥军队行动的号令,具有极大权威,任何人不得违反。否则将受到严惩。这些内容在古代战前的誓词中并不少见。如《尚书·甘誓》:"用命,赏于祖;弗用命,戮于社。"战

---

① 《屯南》一一九。
② 《山海经·大荒东经》。
③ 《史记·五帝本纪》。
④ 《韩非子·十过》。
⑤ 《史记·五帝本纪》。

鼓皋陶的权威兼而受到刑官皋陶的拱卫。而皋陶则由于严明赏罚而被后人歌颂。《诗经·鲁颂·泮水》:"矫矫虎臣,在泮献馘。淑问如皋陶,在泮献囚。"献即谳,献馘、献囚,即核实战功以行赏赐之义。至此,古代的"聿"字便由击鼓者演变成战鼓,进而演变成战鼓发出的声音,即军令、军纪。

"聿"字加上"彳"便演化为"律"。① "彳"是行字的半边,表示街道、路口、村落。当"聿"演变成"律"时,也许古老的社会生活已发生了巨大变革。古老氏族也许由游牧转为定居。原先的军事组织演变成半军事半行政的村落。这时的战鼓被固定安放在村中央的某处。而这时的鼓声除了军令之外,更多的是通知众人开会、纳粮、出丁之类。

战鼓发挥功能须具备两个条件:一是鼓音的节拍要一致,其节拍所表示的内容须统一而明确。《礼记·投壶》即记载鲁鼓的节拍为:○口○口○○○口口○口○;薛鼓的节拍为:○口○○○口口○。郑注:"此鲁薛击鼓之节也。圜者击鼙,方者击鼓。古者举事,鼓各有节,闻其节而知其事矣。"按《释文》的解释,鼙鼓之音为○,音榻;大鼓之音口,音堂。《周礼·大司马》:"中军以鼙令鼓。"鼙鼓是用来指挥的小鼓。相当于"击石拊石,百兽率舞"中的"击石",或者今天京剧伴奏的板鼓。上述节拍用今天的方法来表示分别是:榻堂、榻堂、榻榻榻、堂堂榻、堂榻;榻堂、榻榻榻、堂堂榻。这些鼓点的节拍和含义,击鼓者和听鼓者必须精确地掌握。二是鼓的设置地点要合理。太近了没有必要,太远了听不到。由中央领袖发出的鼓点儿像波纹一样一波一波地传出去,又一波一波地反馈回来。"山下旌旗在望,山头鼓角相闻。"上级下级通过鼓音全天候地准确无误地传递信息。这也许就是"均布"的本义。许慎的解释必有所本,但其古义当时或已失传。

"律"通"率"。两个字是同义字。祝总斌指出:率的法律含义产生得比律字还要早些。② 率就是标准、尺度。商鞅变法后,制定了杀敌若干、

---

① 参见徐中舒主编:《甲骨文字典》,四川辞书出版社 1989 年版,第 165 页。

② 参见祝总斌:《"律"字新释》,《北京大学学报(哲学社会科学版)》1990 年第 2 期。

晋爵何级、授田几许的标准,就是率。及至汉代,仍沿用了此义。《汉书·李广传》:"诸将多中首虏率为侯者,而广军无功。"颜师古注:"率,谓军功封赏之科著在法令者也。"此"首虏率"与《史记·商君列传》所谓"有军功者各以率受上爵"亦即商鞅的"军功率",也许有着内在联系。青川木牍载:"二年修为田律。"其中"二年",系秦武王二年,即公元前309年。① 这是律字以法律字义出现的首例。立功受赏之率变成授受田土之律,是十分自然的事情。在这里,我们依稀嗅到了秦人"改法为律"的文化气息。

六、廌与皋陶、弓矢、灋

在传说中皋陶是尧舜时的大法官,其图腾就是廌。《说苑·君道》:"当尧之时,皋陶为大理";《春秋元命苞》:"尧为天子,梦马啄子,得皋陶,聘为大理"。《淮南子·主术》:"皋陶瘖而为大理,天下无虐刑。"《尚书·尧典》载帝舜曾任命皋陶为法官执掌刑政:"皋陶,蛮夷猾夏,寇贼奸宄,汝作士,五刑有服。"《尚书·皋陶谟》又详载皋陶与禹的对话。《大戴礼记·五帝德》:"皋陶作士。"可见,皋陶成了历经尧、舜、禹三个时期的超级寿星。其实,皋陶不是一个人,而是廌图腾部落的后裔,因长于断讼,工于刑政而世代因袭司法职务,这在当时是极自然的事。

皋陶能够世袭刑政之职,还有一个原因,就是图腾部落一直较为稳定地居住在中原(今山东)一带。当年黄帝打败蚩尤,命少昊氏统率旧部,蚩尤旧部便在山东一带居住下来。故《帝王世纪》说"少昊邑于穷桑,以登帝位,都曲阜"。《左传·昭公十七年》载郯子言少皞(昊)氏以鸟名官,命"爽鸠氏司寇"。《左传·定公四年》子鱼追述云:周天子"命以伯禽而封于少之虚"。"少之虚"便成了鲁国的封地。《左传·昭公二十年》载晏

---

① 参见于豪亮:《释青川秦墓木牍》,《文物》1982年第1期。

子说"昔爽鸠氏始居此地",亦指今山东一带。《帝王世纪》说"皋陶生于曲阜",亦在山东。《左传·昭公二十九年》记蔡墨云:"少皋氏有四叔(弟),曰重、曰该、曰修、曰熙,……该为蓐收……世不失职,遂济穷桑","金正曰蓐收"。《尸子·仁意》说:"少昊金天氏邑于穷桑",穷桑即在山东。《国语·晋语》载,虢公梦见"有神人面白毛虎爪,执钺立于西阿",史官占之,对曰:"如君之言,则蓐收也,天之刑神也。"《史记·周本纪》《正义》引《帝王世纪》云:"炎帝自陈营都于鲁曲阜,黄帝自穷桑登帝位,后徙曲阜,少昊邑于穷桑,以登帝位,都曲阜,颛顼始都穷桑,徙商丘。"如是,则历代著名司法官皆居于齐、鲁,岂偶然哉!

随着时代的变迁和氏族的融合,鹰的形象也忽明忽暗,逐渐模糊起来。后世描述它的时候,便有似牛、似羊、似鹿、似麒麟诸说。皋陶的形象也是如此,《荀子·非相》说:"皋陶之状,色如削瓜";《淮南子·修务》说:"皋陶马喙"。《白虎通·圣人》则说:"皋陶鸟喙,是谓至信,决狱明白,察于人情。"大约是少昊氏以鸟名官,才使皋陶的脸上生出鸟嘴来。然而,皋陶始终与独角兽鹰保持着特殊的联系。《论衡·是应》说:"觟𧣾者,一角之羊也,性知有罪。皋陶治狱,其罪疑者,令羊触之,有罪则触,无罪则不触。斯盖天生一角圣兽,助狱为验,故皋陶敬羊,起坐事之。"这个"觟𧣾",就是鹰。它曾在最初的神明裁判中大显身手,故而成为蚩尤部落的图腾和法官的代名词。

以鹰为图腾族徽的氏族,虽经百般曲折,辗转流离,然而终于历尽艰辛,绵绵不绝,直到夏商。尽管关于夏代的史料寥若晨星,但我们仍能看到夏代确是皋陶之法的直接继承者。《隋书·艺文志》:"夏后氏正刑有五,科条三千。"《周礼·秋官·司刑》"司刑掌五刑之法",郑玄注:"夏刑大辟二百,膑辟二百,宫辟五百,劓、墨各千"。夏的"五刑"正是从皋陶的"五刑"那里继承的。《左传·昭公十四年》记载晋大夫叔向的话说:"《夏书》曰:'昏、墨、贼、杀'。皋陶之刑也";《尚书·皋陶漠》载皋陶的话:"天讨有罪,五刑五用哉!"《甘誓》载夏启的誓词:"天用剿绝其命,今予惟恭行天之罚。"可见,夏代不仅继承了皋陶的"五刑"和刑法原则,还继承了皋陶的神权法思想。

甲骨文里不仅有夏代五刑,诸如劓(墨)、劓(刵)、刵(刖)、刖(刖)、刻(宫)、伐(杀,大辟)等文字,而且还出现了"廌"字。这正是关于神奇的独角圣兽的最早的真实记录。在一块卜骨上还同时出现了"御臣"、"御众"、"御廌"的字样。郭沫若在《出土文物二三事》中指出:"御廌"即商代的"执法小吏"的名称。[①] 在"廌"这个用尖刀划刻在卜骨上面的并不复杂的字上面,凝结了多少个世纪的人们凭口耳相传的实实在在的历史!

古代"法"字写作灋,这已为出土的钟鼎文和秦暮竹简所证实。说到"法"字的本义,人们常常引用东汉许慎《说文解字》的说法,即:"法者,刑也,平之如水,从水,廌所以触不直者去之,从廌从去"。又说,"今省作法"。这种解释无疑是高度凝结了汉代学者关于"法"这一社会现象的传统认识,但尚有进一步斟酌的余地。

古代"灋"字由三部分组成,现分述如下:

其一,氵,即水。水有两重含义:一是它的实践性含义。远古人群的生活范围常常以山谷河流为界限,它们约定俗成地被视为此氏族活动的终点和彼氏族活动的起点。当时,个人不可能离开它的氏族则"离群索居"。"放逐是原始氏族最可怕的惩罚之一"。[②] 正如恩格斯的《家庭、私有制和国家的起源》中指出的,"凡是部落以外的,便是不受法律保护的。在没有明确的和平条约的地方,部落与部落之间便存在着战争,而且这种战争进行得很残酷"[③]。因此,放逐是无异于死刑的严酷惩罚之一。人们把违背公共生活准则的"罪犯"驱逐到"河那边"去,就是死刑宣告。这样,久而久之,就使河流带有刑罚的威严,并进而被赋予一种文化的意义,因为它成了当时公共生活准则的化身。二是宗教信仰上的含义。古人认为,违反公共生活准则的行为是对神的亵渎,是"不洁"的罪行,一定会招致神灵对整个氏族的惩罚。因此,除了把罪犯流放之外,还要清除这种"不洁"的余毒,勿使其流传散布。这个清洁剂就是水。《周

---

① 参见郭沫若:《出土文物二三事》,人民出版社1972年版,第26页。
② [法]拉法格:《思想起源论》,王子野译,生活·读书·新知三联书店1963年版,第70页及注。
③ 《马克思恩格斯选集》第4卷,人民出版社2012年版,第110页。

礼·秋官·掌戮》:"凡杀其亲者焚之。"《礼记·檀弓下》:"臣弑君,凡在官者杀无赦;子弑父,凡在宫者杀无赦。杀其人,坏其室,洿其宫而潴焉。"是说不仅要把杀亲弑君弑父的罪犯处死,还要火焚其尸,毁坏他的住所,用水淹之,以除不洁。《睡虎地秦墓竹简·法律答问》有"疠者有罪"、"定杀水中"的规定,即将患麻风病的犯罪者活活淹死在水中。这样,水便与火一样充当了观念上的"清洁剂"。古人对死是恐惧而厌恶的,即使死者是君王亦不例外。《周礼·春官·小宗伯》:"王崩,大肆,以秬鬯。"即以黑黍香草造的酒浴尸。民间丧礼,则以洗米水加热浴尸。水和酒成了特殊的"清洁剂"。古代的大傩礼便是在驱逐疫鬼、祈求平安的原始巫术的基础上形成的。《周礼·夏官·方相氏》:"帅百隶而时傩,以索室驱疫";《礼记·月令·季春》:"命国傩,九门磔攘以毕春风";《论语·乡党》:"乡人傩,朝服而立于阼阶"。可见,大傩礼其由来者上矣。《续汉书·礼仪志》载东汉人傩礼仪式:众人列队,执戈扬盾,作十二兽舞,把想象中的疫鬼投入洛水中。宗懔《荆楚岁时记》亦载民间傩仪:"作金刚力士以逐疫,沐浴转除罪障。"水同样起了消灭疫鬼、保障平安的双重作用。古代"法"字中的"水",并无公平之义。其本义是消除犯罪和确保平安,是强制性行为规范的符号。至于公平、公正之义,是战国法家为了以平民之"法"取代贵族之"礼"而给"法"字新加上去的"添加剂"。

其二,廌。廌是蚩尤部落的图腾。而蚩尤、颛顼、祝融、咎繇、皋陶等不过是廌的读音和文字表达符号。据《尚书·吕刑》记载,蚩尤是"法"的缔造者,他"惟始作乱,延及于平民","惟作五虐之刑曰法"。黄帝战胜了蚩尤,很快将他们"同化",并吸收了蚩尤创造的"法"。正如《龙鱼河图》所谓:"蚩尤殁后,天下复扰乱不宁。黄帝遂画蚩尤形象,以威天下。天下咸谓蚩尤不死,八方万邦,皆为珍伏。""蚩尤形象"与其说是"廌",毋宁说就是"灋"。于是,《韩非子·十过》载:"黄帝合鬼神于泰山之上,……蚩尤居前,风伯进扫,雨师洒道。"蚩尤部族臣服了黄帝并在新的部落联盟机构中世世代代主管司法。正如《论衡·是应》所说:"皋陶治狱,其罪疑者,令羊触之","斯盖天生一角圣兽,助狱为验,故皋陶敬羊,起坐事之"。可见,廌是黄帝建立部落联盟之后世代主管司法的部族的图腾。在古"灋"字中,廌是社会权威机构的象征。

其三,去。许慎视之为动词,取弃去之义。但他在《说文解字》中又指出:"去,人相违也。"该字又表示一种现象。这一解释必有所本,可惜语焉未详。"去"字的古文作大、弓。其实,去字由矢、弓两部分组成。上者为矢,下者为弓。还有一个字可以证明弓、矢合而为去。《管子·轻重甲》:"三月解匂,弓弩无輎移者。""匂"(去在勹中)是"装弓箭的器具"①,有隔潮的功能。弓、矢置之三个月后取出来,都没有变形走样。有人认为"匂"字是"医"的讹字。《说文解字》:"医,盛弓弩矢器也,从匚从矢。""匂"字至迟在《管子》成书年代就存在了。医字倒可能由该字转化而来。医字通行而"匂"字遂废。弓矢是原始人重要的生产工具和武器。"弓箭对于蒙昧时代,正如铁剑对于野蛮时代和火器对于文明时代一样,乃是决定性的武器。"②人们常常在弓、矢上面刻上记号或族徽。"去"字的本义表示弓与矢相离,两者的记号不相合。该字与"夷"字的本义正相反。古代"夷"字乃"弓矢之合书",正由弓、矢二字重叠而成:"卜辞雉从隹,或从弓矢之合书,即雉,省作夷。《说文》以夷为从大从弓,误矣。"③因此,"夷"的古字字形表示矢、弓合一,意即弓与矢符号相同,正好是一套。原始人常常因为猎获物的归属问题发生纠纷,解决的办法是看猎获物身上中的矢与人们手中的弓之间记号是否一致。《易经·明夷》:"明夷,夷于左股,用拯马壮,吉。"一只马的左股被射伤,在伤口处发现箭头,据此查到箭的主人并责令医治马伤,这是对的。"明夷于南狩,得其大首,不可疾,贞"。射伤了一只野兽,一直尾随追到南方村落,因为野兽身上有箭头,当地人不敢拒绝归还。"入于左腹,获明夷之心,于出门庭"。一个猎人追到别人家索要一只猎物,从猎物左腹发现箭头,终于满意而归。"不明,晦,初登于天,后入于地"。不肯把弓交出来验证,太暧昧了,这猎物不是你射的,就好像朝天射了一箭,又落到地上,

① 徐中舒主编:《汉语大字典》第一册,四川辞书出版社 1986 年版,第 258 页。
② 《马克思恩格斯选集》第 4 卷,人民出版社 2012 年版,第 31 页。
③ 黎祥凤:《周易新释》,辽宁大学出版社 1994 年版,第 185 页。

你的箭还在那里插着呢！正因为弓矢是最可靠的证据，所以诉讼双方都要出示证据，即"明夷"。《周礼·秋官·司寇》载："以两造禁民讼，入束矢于朝，然后听之。"《国语·齐语》："坐成以束矢。"韦注："两人诉，一人入矢，一人不入则曲。"《睡虎地秦墓竹简·为吏之道》："听其有矢，从而则之。"至于"入矢"、"有矢"的意思，有人认为是发誓，有人认为是证明自己已像矢一样正直，还有人认为是交"诉讼费"。这些也许都不符合其本义。其实，它们正是从古老习俗"明夷"即出示证据——弓、矢、匕演变形成的。

在战后论功行赏之际，弓本身就是捕获俘虏的直接证据。以弓缚首便是"臣"字。"臣"即战俘。甲骨文"臣"字即由外部、内部两部分组成：内部长形半环像人首，外部半圈像弓。甲骨文弓字有两形：一为张弦之弓，二为弛弦之弓。古人狩猎或临战时张弦，此后脱弦，与矢一起妥为保藏。《易经·睽》："先张之弧，后说之弧，匪寇婚媾。""弧"即弓弦。此是说，有一路人马远道而来，可能是强盗，遂张弓备战。走近一看，不是强盗，而是娶亲的队伍，遂脱下弓弦。战争之后，胜利者将弓弦脱下，并用弓弦捆缚战俘之脖项，牵之以返。此时，弓还有另外一层作用，就是证明俘虏是属于自己的战利品，别人不能争议。其目的是等待论功行赏。《诗·鲁颂·泮水》："矫矫虎臣，在泮献馘，淑问如皋陶，在泮献囚。"这是"既克淮夷"，"淮夷卒获"之后论功行赏的情景。馘，《毛传》："馘，获也，不服者杀而献其左耳曰馘。"献即谳，讯问。谳囚不是审问战俘，而是论功行赏。这是古老军法的重要职能之一。《睡虎地秦墓竹简·封诊式》中载有两战士战后相互争首级而致诉讼的内容，长官只得"诊首"，凭借创口的特征来判断。这是战国时代的事情。但是在远古时代，这种矛盾早已经被解决了。因为古人的弓矢上面刻有族徽或记号，挂在俘虏上的弓便是直接的证据。久而久之，以弓弦捆缚他人的脖项，便带有统治、打败或奴隶身份的特定的含义。因此，以弓缚首是带有侮辱性的动作。《左传·襄公六年》载："宋华弱与乐辔少相狎，长相优，又相谤也。子荡怒，以弓梏华弱于朝。"杜预集解："张弓以贯其颈，若械之在手，故曰梏。"杨伯峻注："用弓套入华弱颈项，而己执其弦。"华弱与乐辔（即子荡）从小一起长大,亲匿无间,常戏闹无礼,致子荡翻了脸,竟在朝堂之上取弓弦捆华弱脖颈以羞耻之。这段文字的价值并不在于批评贵族们的言行有失检点,而在于再现了一段被人们遗忘或忽略的古老典故。而"以弓套入颈项,而己执其弦",正是古代"臣"字的本义——"以弓缚战俘首"。子荡对华弱的羞辱之义便在于此。当《左传》的作者将这段文字记载下来之际,也许知道其原始的含义,可惜后来被人们遗忘了。《说文解字》:"臣,牵也,事君也。象屈服之形。""牵"字用如动词者,如《尚书·酒诰》:"肇牵车牛远服贾,用孝养厥父母。"用如名词者,特指用来祭祀的活的牛、羊、豕。《周礼·天官·宰夫》:"飧牵。"郑玄注引郑司农曰:"牵,牲牢可牵而行者。"《左传·僖公三十三年》,"脯资饩牵竭矣"。杜预注:"牵谓牛、羊、豕。"孔颖达疏:"牛、羊、豕可牵行,故云牵谓牛、羊、豕也。"我以为,以牛、羊、豕为牺牲的是一般的祭祀,而战胜后的祭祀则用战俘。"以弓缚首","牵之以祭",这就是"德"字的本义。①

与古老神明裁判相对应的审判方式是依证据裁判。发明这种证据制度的就是廌,即皋陶。《诗经·鲁颂·泮水》:"淑问如皋陶,在泮献囚。"郑玄笺:"善听狱之吏如皋陶者。"淑,善也,又同"叔"。《说文解字》:"叔,拾也。"郭沫若认为:叔字"以金文字形而言,实乃从又持戈以掘芌也"②。"问",审讯,考察,追究。"淑问",意即刨根问底彻底调查清楚。献,谳,审判。皋陶之所以善于听讼,与其说是仰仗着神羊,不如说是靠着证据,即弓矢。"献囚"的手段靠证据即弓矢匕,故甲骨文出现了"𫝀"(左廌右矢)字和"𡰪"(左廌右匕)字;"献囚"的目的是行赏施罚,故甲骨文出现了"𢝆"(左心右廌),即庆赏的庆(慶)字。皋陶是以证据即弓、矢、匕来断案的第一位大法官。后来,这种做法被商人继承,并最终被箕子所确立。故《易经》有《明夷》一卦,谓"箕子之明夷"。《尚书·洪范》载,箕子言治理国家的九项措施,即"洪范九畴"。其七为"明用稽疑"。"稽",

---

① 参见武树臣:《寻找最初的德——对先秦德观念形成过程的法文化考察》,《法学研究》2001年第2期。

② 郭沫若:《两周金文辞大系图录考释》,科学出版社1957年版。转引自陈初生编:《金文常用字典》,陕西人民出版社2004年版,第328页。

《广雅·释言》:"稽,考也。"即考核、调查。甲骨文的"疑"字,左部是上匕下矢,右部即匕字。《玉篇》:"匕,矢镞也。"《左传·昭公二十六年》:"射子,匕入者三寸。"甲骨文"疑"字即由匕、矢、匕三字所组成,正表示在证据上出现了疑问。"明用稽疑"就是"明夷",就是搞清楚弓与矢或矢与匕上面的符号的关系。甲骨文"疑"字即由匕、矢、匕三字所组成。东夷部落的发明并非被商人抢先注册了专利,在那些被刻画成的文字背后,正是人所共知的口耳相传的古老故事,其中就不乏皋陶神判的传说,如同后来的包公案、狄公案一样。古代"灋"字的产生与第一代大法官皋陶相联系,决不是偶然的。①

甲骨文尚未发现"灋"字。金文始见。大盂鼎铭有:"天翼临子,法保先王。"法,效仿;保,褒扬。青铜器铭文有惯用语"勿法朕命"。法,借为废义。秦墓竹简亦有此例。今天的法,古代称为刑。广义的刑是从多种刑罚集约扩展而成的。远古的"灋"与蚩尤密切相连。蚩尤是东夷的领袖。"灋"中之"廌"是东夷部落的图腾。在黄帝主宰中原之后,东夷文化受到贬抑。故文物典章只见"刑"而不见"灋"。"灋"字在西周出现,并不是周人的创造,而是周人对先民成果的追忆。周人的创造是"礼"。战国法家的创造才是"法"。汉代学者给"法"加上了神性。

综上所述,可见古"法"字凝结了古代先民关于"法"这一社会现象的最朴实最可靠的见解,即:"法"是由社会权威机构行使的,通过查明证据来解决纠纷判明是非曲直并对违法者施以刑罚的特殊社会活动,同时,也是通过这一社会活动来体现人们必须遵守的公共生活准则。在西周的金文资料中,"灋"有用作"废"的例文。这也许是因为"灋"字的发音和"废"字相同,而且"灋"字包含流放之义。西周用"刑"字而不是"灋"字来表示法。但是,这些因素都未能掩盖"法"的生命力。古代"灋"字以其象形文字的独特方式,为我们今天探讨"法"的定义和起源,提供了许多有益启示。

---

① 参见瞿同祖:《中国法律与中国社会》,中华书局 1981 年版,第 253 页。

七、廌与饕餮、蓐收、爽鸠

良渚文化玉器特别是玉琮上面的神人兽面纹饰,又称"神徽",盖即蚩尤形象和廌图腾的合体,亦即回来的"饕餮"纹饰。正因如此,那些带有"饕餮"纹饰的玉环被定名为"蚩尤环"、"雕玉蚩尤环"①。有学者推测:"商周青铜器的主题纹饰饕餮纹或许正是良渚文化玉器上神徽发展的结果。"②李学勤明确指出:"良渚玉器和商代铜器的饕餮纹,它们之间显然有着较密切的联系";"山东龙山文化和二里头文化的饕餮纹确实可以看成良渚文化与商代这种花纹的中介";"商代继承了史前时期的饕餮纹,还不仅是沿用了一种艺术传统,而且是传承了信仰和神话,这在中国古代文化史的研究上无疑是很重要的问题";"饕餮纹在西周初仍然流行"。③

西周礼器上多铸有"饕餮"纹,这是从商代礼器继承而来的。这个结论不仅被出土文物所证实,也与古代文献记载相一致。《吕氏春秋·先识》:"周鼎著饕餮,有首无身,食人未咽,害反及身,以言报更也。"《史记·五帝本纪》:"缙云氏有不才子,贪于饮食,冒于货贿,天下谓之饕餮。"《集解》:"贾逵曰:'缙云氏,姜姓也,炎帝之苗裔,当黄帝时任缙云之官也'。"《正义》引《神异经》云:"西南有人焉,身多毛,头上戴豕,性很恶,好息,积财而不用,善夺人谷物,强者夺老弱者,畏群而击单,名饕餮。"《路史后纪·蚩尤传》注:"三代彝器多著蚩尤之象,为贪虐者之戒,其状率为兽形,傅以肉翅。"由上可知:饕餮即是蚩尤之后,蚩尤亦称炎帝、姜姓。《路史后纪·蚩尤传》:"蚩尤姜姓,炎帝之裔也";(蚩尤)"封

---

① 李学勤:《走出疑古时代》,长春出版社 2007 年版,第 63 页。刘斌:《神巫的世界》,浙江摄影出版社 2007 年版,第 137 页。

② 《浙江余杭反山良渚文化墓地发掘简报》,《考古》1988 年第 1 期。

③ 李学勤:《走出疑古时代》,长春出版社 2007 年版,第 58、60 页。

禅号炎帝"。其形状正是"鹰"的形象,"头上戴豕"。"豕"即矢、箭。头上竖着一支箭,这正是独角兽的特征,两旁的"肉翅"正是蚩尤"耳鬓如剑戟"之状。

西周铸造礼器的动因大致有三:一为有功于王室,被册封赏赐,铸其文辞于器而留传后世;二为贵族间争讼由法官裁决,将判词铸之鼎器之上以为见证;三为征讨不廷者,火其礼器而铸新器。如《国语·周语》:"无亦鉴于黎苗之王,下及夏商之季。上不象天而下不仪地。中不知民而方不顺时,不供神祇而蔑弃五则。是以人夷其宗庙,而火焚其彝器,子孙为隶,下夷于民。"

铸饕餮之形的礼器当属第三种情况。对那些"贪于饮食,冒于货贿","积财而不用,善夺人谷物"的方国、贵族,来个"大刑用甲兵",捣其庙堂,夺其礼器,永远开除他们的贵族身份,然后将礼器焚而铸之。这种新铸的带有饕餮之形的礼器之所以具有威慑力,就在于它上面有"鹰"的形象,这是一种有形的刑器,无文的法典!

蚩尤与蓐收实际上是一事而二名。其理由是:其一,蚩尤"作五兵","造冶",而蓐收亦金神也。《左传·昭公二十九年》:"金正曰蓐收"。其二,蚩尤是刑官,主兵,而"蓐收,天之刑神也";《山海经图赞》说他"专司无道,立号西阿,恭行天讨"。其三,两者都属于少皋氏。"蚩尤宇于少昊",少皋氏后裔中的"该为蓐收"。《国语·晋语二》韦注,"少皋氏有子曰该,该为蓐收"。其四,两人使用的兵器是一样的,"蚩尤秉钺",蓐收则"执钺"。故有学者认为:"蚩尤之传说与蓐收之神话实最相类","蚩尤与蓐收之相类如此,不敢臆断为一神之分化,惟蚩尤之为刑神可无疑也"。①两者何其相似乃尔。

爽鸠,即鸷。《说文解字》:"鸷,击杀鸟也。"又称作鹔爽。《说文解字》:鹔爽,"五方神鸟也。东方发明,南方焦明,西方鹔爽,北方幽昌,中央凤凰"。《左传·昭公十七年》:少昊以鸟名官,"爽鸠氏司寇也"。杜注:"爽鸠,鹰也,鸷,故为司寇,主盗贼。"《左传·昭公二十年》:"昔爽鸠

---

① 吕思勉、童书业:《古史辨》七(上),上海古籍出版社1982年版,第206页。

氏始居此地。"杜注:"爽鸠氏,少昊氏之司寇也。""此地"指穷桑,今山东一带。可见,爽鸠即蚩尤、皋陶,亦即廌。只因它变成了刑神,才生出双翅来。《淮南子·天文训》说:"西方金也,其帝少皋,其佐蓐收,执绳而治秋。"如此,则蓐收亦司寇也。可证,蓐收、爽鸠皆为刑神,亦皆本于廌矣。

八、廌与夔、西王母

甲骨文中的夔,"像人头插羽毛,手拿牛尾巴,独角跳跃的模样。大约是示范性动作"[1]。金文中的夔,"像一个人头上戴着角,手中执着牛尾而舞的样子。古代夔是乐师,因为像人操尾而舞之形,故转以名乐师也"[2]。夔其状如牛,一足,无角(一说有角),其声如雷。后被黄帝所获,杀之,以其皮为鼓。《山海经·大荒东经》说:"东海中有流波山,入海七千里,其上有兽,状如牛,苍身而无角,一足,出入水则有风雨,其光如日月,其声如雷,其名曰夔。黄帝得之,以其皮为鼓,橛以雷兽之骨,声闻五百里,以威天下。"也许夔曾帮助过蚩尤,故被黄帝处死。《初学记》卷九引《归藏·启筮》说,黄帝杀死蚩尤之后,"作搁革置缶而鼓之,乃拊石击石,以象上帝玉磬之音,以致舞百兽"。《淮南子·泰族训》说:"夔之初作乐也,皆合六律而调五音,以通八风。"故《列子·黄帝》说:"尧使夔典乐。"《孔丛子·论书》则说他"为帝舜乐正"。

其实,夔不过是部落联盟中世代主管乐律的部族的图腾。乐律并不是今天的音乐,在远古社会,乐律实际上起着军法、军令的作用。正如《易·师》所追述的:"师出以律。"意即军队行动要遵守号令。律指乐律,即钟鼓发出的高低不同、频率各异的声音,如后世"鸣金收兵,击鼓进军"之类。《周礼·春官·大师》:"大师执同律以听军声而诏吉凶","同律"

---

① 刘志琴:《中国歌舞探源》,《学术月刊》1980 年第 10 期。
② 吴泽:《中国历史大系》,棠棣出版社 1953 年版,第 581 页。

即关于金鼓号角的节奏频率的规定。这些号令具有极大权威,任何人不得违反,否则便施以刑罚。

据传,最古老的战鼓名叫"皋陶",是由不同长度、直径和弧度的鼓木蒙以虎革而制成的。鼓的大小长短不等,击打时发出声音的频率、传播的距离也不相同。《周礼·冬官·考工记》:"鼓大而短,则其声疾而短闻;鼓小而长,则其声舒而远闻。"郑注:"皋陶,鼓木也。"一云:"鼓名也。"由一组型号不同的战鼓发出的声音就是指挥军队作战的军号,即"师出以律"的"律"。久而久之,战鼓的名称"皋陶"也就被借代为军令的代名词。于是,夔发明的六律和战鼓"皋陶"便成了密不可分的同一宗遗产而留传于后世了。

夔可能还是西王母的原型。夔是图腾,而西王母与蚩尤、咎繇一样是它的发音。蚩尤与西王母都出现于黄帝时代。《云笈七签》卷一《轩辕本纪》说:西王母"慕黄帝之德,乘白鹿来献白玉环";《绎史·黄帝内传》说:"(黄)帝既与王母会于王屋"。此后又见于尧舜禹时代。《新书·修政语上》:(尧)"身涉流沙,西见王母,地封独山"。《竹书纪年》:"帝舜有虞氏,……九年,西王母来朝。"《论衡·别通》:"禹使益见西王母。"此后,据《竹书纪年》载:(周穆)"王西征昆仑,见西王母。其年,西王母来朝,宾于昭宫"。

《山海经·大荒西经》、《西山经》载:西王母生活在"昆仑之丘","人面虎身,有文有尾皆白","戴胜,虎齿,有豹尾,穴处,名曰西王母";"玉山,是西王母所居也。西王母其状如人,豹尾、虎齿而善啸,蓬发戴胜,是司天之厉及五残"。那么,西王母所居的昆仑山在哪里呢?这是古往今来聚讼的难题。不少学者认为古昆仑山即今新疆西藏交界处的昆仑山脉。但是,有学者雷广臻推出新说,认为"古昆仑山即今燕山","《山海经》之海确是渤海","古昆仑文化即红山文化"。①

西王母"蓬发戴胜"。郭璞注:"蓬头乱发,胜,玉胜也。""司天之厉及

---

① 雷广臻:《古昆仑山即今燕山考》,《科学中国人》2007年第6期;《红山文化区原是诸沃之野》,载杨博达等主编:《古玉今韵》,中国文史出版社2008年版。

五残"。郭璞注:"主知厉及五刑残杀之气也。"西王母的"蓬头乱发",与《述异论(上)》所说:蚩尤"耳鬓如剑戟,头上有角",和《文选·西京赋》所谓"蚩尤秉钺,奋发被般"的形象,十分相似。西王母头上戴的胜,可能是玉制的装饰物,用它来把头发束成一个角型。这个"玉胜"很可能就是象征蚩尤头上的独角。有学者认为戴胜为东夷鸟夷的图腾:"西王母头戴戴胜,乃是以戴胜鸟为图腾。这种习俗,后被中原女子于发髻上插玉凤为饰所取代。西王母既以鸟为图腾,乃东夷族鸟夷的一支,虽西迁至羌人区,仍不忘旧俗。"①西王母掌管天灾和刑罚,而蚩尤也主常兵刑。故西王母与蚩尤也许本同一事。

西王母住在石洞里,故世传有"西王母石室"。《汉书·地理志》:"西北至塞外,有西王母石室";《淮南子·地形训》高注引《地理志》:"西王母石室在金城临西北塞外";《太平御览》卷38引《十洲记》:"赤水西有白玉山,山有西王母堂室"。刘歆《上山海经表》中说:《山海经》所载,"皆圣贤之遗事,古方之著明者,其事质明有信"。他举例说:"孝宣帝时,击石石于上郡,陷得石室,其中有反缚盗械人。时臣秀父向为谏议大夫,言此贰负之臣也。昭问何以知之,亦以《山海经》对。其文曰:'贰负杀窫,帝乃桎之疏属之山,桎其右足,反缚两手'。上大惊,朝士由是多奇《山海经》者。"②汉宣帝时发现的石室是不是西王母的石室呢? 如果是的话,就可以证明,西王母的石室其实就是牢狱。如此,则西王母便是司狱之神了。

九、廌与象刑、笔

历史上有没有"象刑"? "象刑"究竟是怎么回事? 它与廌有什么联

---

① 何光岳:《东夷源流史》,江西教育出版社1990年版,第473页。
② 袁柯:《山海经全译》,贵州人民出版社1991年版,第353~354页。

系？这可以说是自古以来争而未决的一宗公案。

"象刑"一词源于《尚书·益稷》："皋陶方厥叙，方施象刑，惟明。"又《尚书·吕刑》："象以典刑。"由于对"象"字的不同解释，就造成"象刑"的歧义。这主要有三种说法。其一，"依照刑"说。意即依从法律。象，法式、效法。如《楚辞·九章·橘颂》："行比伯夷，置以为象"；《尚书·微子之命》："殷王元子惟稽古崇德象贤"；《墨子·辞过》："左右皆法象之"。刑、典刑是典则、法律的意思。"象刑"、"象以典刑"是依照法律进行审判、定罪、量刑。其二，"象征刑"说。意即象征性的刑罚。象：服饰、象征。《诗经·风·君子偕老》："象服是宜。"《易·系辞下》："易者象也，象也者像也。"孔颖达疏："谓卦为万物象者，法像万物，犹若乾卦之象法像于天也。""象刑"、"象以典刑"就是用"画衣冠、异章服"的办法代表肉刑和死刑，以羞辱性的服饰来制裁犯罪的人。其三，"颁布刑"说。意即颁布法典。象：图像、魏阙。即《周礼·天官·大宰》、《周礼·秋官·大司寇》所谓"治象之法"、"刑象之法"。即把犯罪、刑罚的情状用绘画的形式表示出来，悬示于魏阙，公之于众，让不识字者知所避就。本人以为，三说之中，以第三者为近是。

"象刑"盖即远古时代公布法律的一种形式。肇始于黄帝颁布蚩尤之五刑。《尚书·吕刑》载："蚩尤惟始作乱，延及于平民，……苗民弗用，灵（令）制以刑，惟作五虐之刑曰法。"《逸周书·尝麦》："赤帝大慑，乃说于黄帝，执蚩尤，杀之于中冀，以甲兵释怒。用大正顺天思序，纪于大帝，用命之曰绝辔之野。乃命少昊清司马鸟师，以正五帝之官，故名曰质。天用大成，至于今不乱。"《龙鱼河图》载："帝因使之主兵，以制八方。蚩尤殁后，天下复扰乱不宁。黄帝遂画蚩尤形象，以威天下。天下咸谓蚩尤不死，八方万邦，皆为珍伏。"这个"蚩尤形象"，与其说是鹰，毋宁说是五刑即五种肉刑之形象。后世继承了这一做法，如《史记·武帝纪》元光元年诏："朕闻昔在唐虞，画象而民不犯。日月所烛，莫不率俾（服从）。"在远古社会，以绘画五刑之形象来公布法律，此亦远古"象刑"之初义，其绘画的工具就是笔。而最古老的笔是用鹰之尾或鹰之毛制成的。

古代的"笔"字写作"聿"。《说文解字》："聿，所以书也。楚谓之聿。

吴谓之不律。燕谓之弗。从聿一声。"桂馥义证:"所以书也者,《释名》:笔,述也。述事而书之也。《急就篇》:笔研筹箅膏火烛。颜注:笔所以书也。一名不律,亦谓之聿。徐广《车服杂注》:古者贵贱皆执笏,有事则书之,常簪笔。《说苑》:王满生说:周公藉草牍书之。《殷代家传》:殷泰善书记:上叹曰:非惟秋兔之毫,乃是鹰鹞之爪。楚谓之聿,吴谓之不律。燕谓之弗者,《释器》:不律谓之笔。郭注:蜀人呼笔为不律也。语之变转。馥案:不律,犹令丁为铃,终葵为椎,俾倪为睥,不疑为丕是也。"《说文解字》:"笔,秦谓之笔,从聿从竹。"桂馥义证:"秦谓之笔者,《赵策》:臣少为秦刀笔。《史记》:蒙恬筑长城,取中山兔毛造笔。《古今注》:牛亨问曰:自古有书契已来,便应有笔,世称蒙恬造笔何也。答曰:蒙恬始造笔,即秦笔也。古以枯木为管,廌毛为柱,羊毛为被,所谓苍毫,非兔毫竹管也。《广志》:汉诸郡献兔毫。书鸿门题,惟赵国毫中用。蔡邕《笔赋》:惟其翰之所生,于季冬之狡兔,性精亟以摽悍,体遄迅而骋步。削文竹以为管,加漆系之绳束,形调博以直端,染元墨以定色。"①

今见西晋崔豹《古今注》谓"鹿毛为柱"②。唐苏鹗《苏氏演义》引《古今注》亦为"鹿毛为柱"③。然而桂馥义证独为"廌毛为柱"。盖"鹿"为常见字,"廌"为罕见字。从传写之误的可能性而言,将罕见字误写为常见字则易,而将常见字误写为罕见字则难。古本《古今注》早佚。或许桂馥独见另一版本之《古今注》? 或许桂馥于某古籍中抄录《古今注》佚文? 无论如何,将廌与笔联系起来绝非偶然。因为廌与皋陶、律本来就有内在联系。

在远古社会,在岩壁上作画,在陶器上绘图的工具,盖即用曽之尾或兽之毛做成的笔。用笔蘸颜料并涂抹之。"山西陶寺大墓发掘出的陶器上出现毛笔朱书文字,这种文字与甲骨文相似,可在时间上却早了1000年,可以说是现今发现最早的汉字系统文字。"④这种"毛笔朱书文字"正

---

① (清)桂馥:《说文解字义证》,齐鲁书社1987年版,第250页。
② (晋)崔豹:《古今注》,焦杰点校,辽宁教育出版社1998年版,第17页。
③ (唐)苏鹗:《苏氏演义》,张秉成点校,辽宁教育出版社1998年版,第22页。
④ 王歧丰:《400余件珍贵文物月底亮相首博》,《北京晨报》2010年7月23日A09版。

是毛笔存在的一个证据。远古的生产活动或艺术创造可能都离不开狩猎。普列汉诺夫曾指出:"原始狩猎者几乎总是具有独特风格的、聪明的、有时是热情的画家和雕刻家。……原始人只要一天还是猎人,他的摹仿的冲动顺便就使他成为画家和雕刻家。"①《韩非子·十过》:"禹作为祭器,墨漆其外而朱画其内。"上漆作画没有相应的工具是不可想象的。与此不同,以鹰之尾涂抹五刑之图象,是一种公布法律和秩序的政治行为,因其威力巨大,使人们经久不忘。当鹰之尾成为笔的初形——聿的时候,用聿在村头街口的建筑物上涂抹五刑之图象时,不正是在向人们展示律字问世的一幅最古老最原始最直观的图画吗?

即使到了有文字的时代,这种在固定建筑物上面绘画法令、刑罚之图象,用来向普通民众公布法律政令的古老方式,仍然一直流传到后世。这种法律政令被称为"教象之法"、"政象之法"、"刑象之法"。如《周礼·天官·大宰》:"县(悬)治象之法于象魏。"郑玄注:"大宰以正月朔日,布王治之事于天下,至正岁,又书而县于象魏,振木铎以徇之,使万民观焉。"《地官·大司徒》:"县教象之法于象魏。"《夏官·大司马》:"县政象之法于象魏。"《秋官·大司寇》:"县刑象之法于象魏。"象魏是诸侯国君宫前一对高的对称的建筑物。定期把形象之法令公布其上,又定期收而藏之。《左传·哀公三年》:鲁宫失火,"季桓子至,御公立于象魏之外。……命藏象魏,曰:旧章不可亡也"。可见这些有形象或文字内容的"旧章",可以张贴悬挂或书写在象魏上面,又可以取下来收藏。以图画形式公布法律是古老民族常用的方法。日本著名法学家穗积陈重指出:"以图画形法规晓谕人民,是盖文字未兴或已兴而未通行于世之际,对于不识字人民,示法以禁,而警诫之最有效方法也";"以绘画发布,正与成文法之以文书发布者相同"。②

在远古社会,除了公布重大法令之外,更为频繁的是战争。而指挥战斗的号令就是鼓声,鼓声便是军令,不可违犯。击鼓者具有至高无上之权

---

① 刘城淮:《中国上古神话》,上海文艺出版社1988年版,第611页。
② [日]穗积陈重:《法律进化论》,黄尊三等译,中国政法大学出版社1997年版,第109页。

威。且赏罚之率,又可以用简单的图画来表现。如五刑之画像。至此,我们似乎看到了鼓槌"聿"与画笔(笔)"聿"之间神奇的暗通之处!

战鼓皋陶之音律节拍是通过传写记录来发布的。《韩非子·十过》载:卫灵公"夜分,而闻鼓新声而说之,……子为我听而写之。"《淮南子·本经》:"雷震之声,可以钟鼓写也。"战鼓的鼓点儿也是可以"写"的,以此传布全军上下。写字古作"寫"。其中的"舄"字,上部为臼,似捣制和配制颜料的器皿,下部即廌之尾或廌之毛。该字表示以廌尾或廌毛之笔醮颜料书写之义。听而录之是写,读而录之也是写。古人就是靠着这种摹写的方法,把最古老的法律,从鼓音之律乃至成文法典,从中央传布至全国。而"皋陶造律"与廌尾寫刑则是同源同路,异曲同工,而皋陶战鼓之音与蚩尤所作"五刑"则更是殊途同归。以廌尾为笔绘画五刑之形象,此亦远古"象刑"之初义。在口耳相传的纷繁的史影中,一些看似风马牛不相及的历史碎片终于有机会神奇地嵌合在一起,向现代的人们诉说着往昔的岁月。

因此,当我们仔细端详诸如劓、劐、刵、刖、荆、刳等表示肉刑的甲骨文的字形时,我们也许会突然强烈地意识到,这些甲骨文与其说是被殷商先民所创造,不如说是被殷商先民所临摹。因为,在这些殷商时代业已十分成熟的文字出现之前,它们也许已经被殷商先民的先民刻画在草原的山崖上,书写在村落的墙壁间,不知已经默默无语地存在了多少世纪!

十、廌与神明裁判、法冠

大凡古老民族都曾经历过神明裁判的阶段。中国远古社会也不例外。但是,中国古代神明裁判的历史可能比较短,其影响也很有限。因此,史料中关于神明裁判的记载凤毛麟角。

《周易》筮辞保留了神羊裁判和神虎裁判的古老习俗。《易·大壮》:"羝羊触藩,羸其角","藩决不羸,壮于大舆之车","羝羊触藩,不能退,不能遂,无攸利,艰则吉"。即用公羊冲决篱笆,看是将篱笆冲倒,还是篱笆卡住羊角,来判断诉讼的成败。《易·履》:"履虎尾,不噬人,亨";"履虎尾,噬人,凶";"履虎尾,愬愬,终吉";"履道坦坦,幽人贞吉"。《颐》:"虎视眈眈,其欲逐逐,无咎。"在无法决定是否判处罪犯死刑时,让罪犯去踩笼中老虎的尾巴。虎如用尾横扫人,则处死,否则不处死。

《诗经·小雅·巷伯》:"取彼僭人,投畀豺虎,豺虎不食,投畀有北,有北不受,投畀有昊。""有昊"概泛指蚩尤部落的领地。蚩尤长于司法审判,曾信奉独角兽神判。因此,"有昊"可能是"古夷人图腾审判而遗留下来的古老熟语"。①

春秋时,齐国曾经用羊来裁断疑难案件。《墨子·明鬼》载:"昔者齐庄君有所谓王里国、中里徼者,此二子者讼三年而狱不断。齐君由谦杀之恐不辜,犹谦释之恐失有罪。乃使之人共一羊,盟齐之神社。二子许诺。丁是泏洫,抇羊而漉其血。读王里国之辞既已终矣。读中里徼之辞未半也,羊起而触之,……殪之盟所。当是时,齐人从者莫不见,远者莫不闻。著在齐之《春秋》。"大意是说,齐国史书《春秋》中载有这样一件事:有两家贵族争讼,法官长期不能决断曲直,于是就请一只羊来裁决,其方法是让争讼双方站在盟所的两旁,分别宣读他们的讼辞,结果,读第二位当事人的讼辞时,羊跳起来用角把那个当事人当场刺死了。

齐、鲁即今山东一带,正好是皋陶的故乡。这种奇妙的审判方法,与其说是古老神明裁判的遗留,不如说是对先祖皋陶(即廌)的乞灵和怀念。

《史记·夏本纪》:"皋陶卒,封皋陶之后于英、六,或在许。"《史记·楚世家》:"六、蓼,皋陶之后。"许即舒,称群舒(舒鲍、舒蓼、舒龚、舒庸、舒龙、舒鸠)。英、六、蓼、舒当在山东,后受周人的压迫而南迁,春秋时居住在今安徽六安、舒城一带,与原土著民族友好相处。皋陶的后裔自然以为图腾或族徽,世世供奉,香火未绝。

然而好景不长,北边避狼,西边进虎,楚国的刀戈日日逼近了。经过

---

① 参见张富祥:《东夷文化通考》,上海古籍出版社 2008 年版,第 220 页。

一个世纪的围追堵剿,皋陶之后与土著庭坚族终于失国,归顺楚国。《左传·文公五年》载:"臧文仲闻六与蓼灭,曰:皋陶、庭坚,不祀忽诸。德之不建,民之无援,哀哉!"忽:于;诸:此。是说皋陶,庭坚之神位从此无人祭奉了。

其实,楚国与庭坚本属同源,皆奉颛顼高阳为始祖。屈原《离骚》的首句为:"帝高阳之苗裔兮,朕皇考曰伯庸。"《左传·文公十八年》说:"昔高阳氏有才子八人","明允笃诚,天下之民谓之八恺"。其中就有庭坚。庭坚族与皋陶之后长期相处,融和如一。鉴于这些因素,战胜的楚国对他们并不忌恨。

楚王灭掉皋陶之后,便把战利品陈列在王宫里,时时把玩。其中有一种嵌着独角兽廌的形象的帽子,很是奇特精美,便常常戴在头上。久而久之,这帽子便称为"楚王冠"。楚人喜戴此冠。《左传·成公八年》:"南冠而絷者",即"郑人所献楚囚也"。可证。《汉书·舆服志下》:"法冠,一曰柱,高五寸,铁柱卷,执法者服之。……或谓之獬豸冠。獬豸,神羊,能别曲直,楚王尝获之,故以为冠"。《晋书·舆服者》:"獬豸,神羊,能触邪佞"。《异物志》云:"北荒之中有兽,名獬豸,一角,性别曲直,见人斗,触不直者,闻人争,咋不正者。楚王尝获此兽,因象其形,以制衣冠"。廌的形象于无意之间从皋陶之后的祭台上转到楚王的头上,真是一次绝妙的"升华"。

秦以"尚法"著称,自然深知为何物。秦王政二十三年(公元前224年),秦灭楚国,尽获楚宫宝物,那些嵌有形的冠便被送进秦都。秦,嬴姓,伯益之后,奉少昊为白帝。皋陶,偃姓,据段玉裁考证,嬴、偃本为一字。故皋陶亦为秦之先世。如今于楚宫中发出皋陶之后的遗物,直如获至宝。鉴于是蚩尤(亦皋陶)的图腾或族徽,义是善于决讼的独角兽,故秦王将嵌有形的冠赐给执掌司法事务的御史。《史记·淮南王安传》:"于是王(刘安)乃令官奴入宫,作皇帝玺……汉使节法冠。"《集解》:"蔡邕曰:'法冠,楚王冠也。秦灭楚,以其君冠赐御史'。"嵌有廌形的冠便成为法冠而登上大雅之堂了。

秦亡汉兴,汉承秦旧。汉兵据秦都,如萧何辈有卓识者,尽取秦宫中所藏文籍典册图书,以为治国之具。为治理泱泱大国,汉不仅沿用了秦的法律、官制,还承袭了舆服之制。故汉代执法官吏仍戴嵌有形的法冠,或称獬冠,豸冠。《淮南子·主术训》:"楚庄王好獬冠,楚效之也。"汉高诱注:"獬豸之冠,如今御史冠。"《初学记·职官部》:"汉官仪曰:御史四人皆法冠,一名柱后,一名獬豸。獬豸,兽名。知人曲直。"不仅如此,皋陶的形象还被画在官署正墙上面,以渲染皋陶端庄正义之气,东汉王充所撰《论衡·是应》:"今府廷画皋陶。""觟𧣾者,一角之羊也,性知有罪。"东汉许慎撰《说文解字》说"灋",今省作"法"。当从古老的法字上面遁去的时候,它已经在执法之吏的法冠上和官府衙门的影壁上悄悄地存在了几个世纪,为寻常百姓见惯不惊。它是一帧五彩的画卷,无言的史诗,向人们诉说着往昔的岁月。

直至唐代,豸冠仍为御史之冠。岑参有诗:"闻欲朝龙阙,应须拂豸冠"[①];《唐会要·御史台·弹劾》载:"乾元二年四月六日敕御史台:所欲弹事,不须先进状,仍服豸冠……(旧制)大事则豸冠、朱衣、熏裳、白纱中单以弹之,小事常服而已"。此其证也。

尔后,廌的形象出现在更多的场合:在已故司法官员的墓壁上,在帝王陵墓的神道旁,它还被当作吉祥之兽坐落在皇宫的飞檐上,俯瞰人间烟火,世态炎凉。

二千多年前的孔子曾经寻找过独角兽,那就是他心目中的麒麟。《史记·孔子世家》载:"鲁哀公十四年春,狩大野,叔孙氏车子鉏商获兽,以为不祥。仲尼视之,曰:麟也。取之。曰:河不出图,洛不出书,吾已矣夫!"孔子作《春秋》,止于获麟。二年后,孔子卒。

欧洲人也曾寻找过独角兽。"独角兽是西方神话传说中的一种动物。它像马或小羊,额上有一只美丽的独角。这一形象最早出现于美索不达米亚的绘画中。后来,在西方一直是幸福圆满的象征";"整个中世纪传统使欧洲人相信存在着一种叫做独角兽的动物。经过多次周游欧洲

---

① (唐)岑参:《岑嘉州诗·送韦侍御先归京》。

之后,人们认为独角兽不大可能生活在欧洲。于是,传统认定,它应该是生活在一个奇特的异国。马可·波罗游历中国时,他也在寻找独角兽",但是,他始终没有找到。①

　　人们寻找的独角兽其实就是廌,它一直活跃在肥田沃土的东夷平原上,生活在整个中华民族的记忆中。廌,这个被称为"夷兽"、"仁兽"、"圣兽"的神奇而古老的图腾,从它产生的时代开始,便作为正义、公平与威严的象征,在漫长的法律实践活动中发挥着无与伦比的作用。廌被中华各民族视为共同的法律文化财产而继承延续下来。它的形象、英名与功勋将永远被深深地刻画在中华民族的历史长卷上面,供生生不已的后来者景仰、追思和怀念。

---

① 参见乐黛云、[美]勒·比雄:《独角兽与龙》,北京大学出版社1995年版,第1~3页。

第 二 章

中国法的起源及其特征[*]

中国法的起源具有自身鲜明的特色,同时又具有一些和其他民族法文化起源时代的共同特征,这种人类法律文化产生时代的根本特质决定了法文化在世界范围内的共性与个性,是非常值得研究的重要问题。

一、中国法起源的总体描述

在传说中的黄帝时代,属于东夷人集团的蚩尤部落,已经拥有八十一个氏族。他们凭借锐利兵器侵凌他族,横行天下,他们为了统一号令和奴役战败的异族,创制了五种残酷的刑罚,并把它们称为"法"。[①] 蚩尤部落的嫡系苗民在施行刑罚上采取了过于激烈的行动,即将五种刑罚广泛地施于内部,从而遭到普遍的抵制,并且削弱了自己的力量。

黄帝部落战胜了蚩尤部落,建立了空前规模的部落联盟机构。《管子·五行》说:"黄帝得六相而天地治。"这"六相"分客兵、禀、士师、司徒、

---

[*] 本章基本内容同名发表于《中外法学》1992 年第 6 期。

[①] 参见《史记·五帝本纪》引《龙鱼河图》、《管子·五行》、《尚书·吕刑》。

司马、李诸职，而蚩尤部的酋长虽被黄帝杀死，其部民却被吸收进来，蚩尤部仍主兵，他们创造的五种刑罚也被继承下来了。其实，"六相"不过是六个部落酋长，他们之间的分工被相对稳定地固定下来，这些"部落显贵"逐渐获得了"担任其他一切官职的独占权"，并"世袭"下来。①

以黄帝为代表的部落联盟机构实际上近似于雅典总议事会，是个"中央管理机关"。"以前由各部落独立处理的一部分事务，被宣布为共同的事务，而移交给设在雅典的共同的议事会管辖了。由于这一点，雅典人比美洲任何土著民族都前进了一步：相邻的各部落的单纯的联盟，已经由这些部落融合为单一的民族所代替了。于是就产生了凌驾于各个部落和氏族的法的习惯之上的在雅典普遍适用的民族法；只要是雅典的公民，即使在非自己部落的地区，也取得了确定的权利和新的法律保护。但这样一来就跨出了摧毁氏族制度的第一步……"②以黄帝为旗帜的部落联盟的确立，正是中华民族形成的原始起点。正因如此，及至春秋时人们总结道："唯有嘉功，以命姓受氏，迄于天下。及其失之也，必有滔淫之心闲之，故亡其姓氏，踣毙不振，绝后无主，湮替隶圉。夫亡者凯无宠，皆黄炎之后也。"③

然而，以黄帝为首的部落联盟是通过长期战争后形成的。部落联盟的确立以参战各部落间的"权利再分配"为条件。因为"对被征服者的统治，是和氏族制度不相容的"④。这样，为了维系部落联盟的权威，就很难仍然仰仗原有的氏族制度而不得不求助新的行为规范，这就是蚩尤部落创制的"法"。而蚩尤部落所创制的"法"正是针对"寇贼、鸱义、奸宄、夺攘、矫虔"⑤等行为的。及至尧、舜、禹时代，部落联盟机构得到进一步的扩大和完善。当时已有"四岳"，即"四方诸侯"⑥，实际上是四方部落酋长。联盟的重大事情均要"咨四岳"然后决定，实际上是召集部落酋长议

---

① 参见《马克思恩格斯选集》第 4 卷，人民出版社 2012 年版，第 141—142 页。
② 《马克思恩格斯选集》第 4 卷，人民出版社 2012 年版，第 124 页。
③ 《国语·周语下》。
④ 《马克思恩格斯选集》第 4 卷，人民出版社 2012 年版，第 168 页。
⑤ 《尚书·吕刑》。
⑥ 《汉书·百官公卿表》。

事会。尧、舜、禹即以部落酋长的身份被推选为联盟最高军事首长的。①一些著名的"群牧"、"群后",如稷、契、皋陶、垂、益、伯夷、朱、虎、熊、罴、夔、龙等二十二人,②都是部落酋长。他们在部落联盟中分别担任职务,这些职务则由该部落世袭下去。

二、中国法起源时代法文化的具体表现

当时主持司法事务的是皋陶。《尚书·尧典》载:"帝曰:皋陶,蛮夷猾夏,寇贼奸宄。汝作士,五刑有服,五流有宅,五宅三居";"象以典刑,流宥五刑,鞭作官刑,扑作教刑,金作赎刑,眚灾肆赦,怙终贼刑"。又《皋陶谟》:"皋陶方祗厥叙,方施象刑惟明";"天讨有罪,五刑五用"。总的来看,当时的刑法制度已相当完备,包括五刑、五流、象刑、赎刑、鞭扑诸项,下面分别说明之。

其一,五刑,指五种刑罚:杀、宫、(一说刖)、劓、墨。《尚书·吕刑》:"杀戮无辜,爰始淫为劓、刵、椓、黥。"厚义似为:只有杀刑,恐诛及无罪者,故扩展为割鼻、割耳、破坏生殖器、刺面四种刑罚。肉刑盖源于原始社会的同状复仇习惯。"只有那种与所受损伤恰恰相等的伤害——以命还命,以烙还烙——才能满足原始人追求平等的精神";"同等报复是为代替流血复仇而创造和施行,它能为原始人所承认是因为这能满足他们的复仇欲,同等复仇一经成为风俗就应当像一切风习一样作出具体规定"。③ 但是,当部落联盟成立之后,氏族之间、部落之间的复仇行为便受到限制,本来在氏族社会中享有的"权利"现在却由部落联盟机关代为行使了。刑罚制度由是产生。这种刑罚的社会意义冲破当事人的范围,带

---

① 参见金景芳:《中国奴隶社会史》,上海人民出版社 1983 年版,第 5 页。

② 参见《尚书·尧典》。

③ [法]拉法格:《思想起源论》,王子野译,生活·读书·新知三联书店 1963 年版,第 75~76 页。

有现代刑法理论的"特殊预防"和"一般预防"的色彩。正如拉法格指出：
"埃及人把强奸自由妇女的犯罪者的睾丸割去，通奸的犯罪者则受割鼻
之刑"，"伪造货币或关防者砍手"，"小偷小窃谈不到死刑，只是砍断他们
的手"。① 其作用是"去其为恶之具，使夫奸人无用复肆其志，止奸绝本，
理之尽也。亡者刖足，无所用复亡。盗者截手，无所用复盗。淫者割其
势，理亦如之。除恶塞源，莫善于此，非徒然也"②。这种刑罚手段还起着
"一般预防"的作用，使别人出于畏惧或耻侮感而不敢违法犯罪。没有区
别，就没有法律。如果对违法犯罪者统统处以死刑，就不会产生专门执掌
司法事务的法官了。

其二，五流，即以距离远近为五等的流放之刑。流放是原始社会对氏
族内部"违法犯罪"者的最残酷的刑罚。原始人必须处在氏族集体之中，
才能抵御来自各个方面的威胁和伤害。"野蛮人经常不断地与动物和人
作战，野蛮人，他的心灵被想象的危险包围着，不可能单独生活，于是联合
起来过群居生活。他不能理解在群以外怎么能生存；从那里驱逐他等于
判他的死刑"；"放逐是原始氏族最可怕的惩罚之一"③。"凡是部落以外
的，便是不受法律保护的。在没有明确的和平条约的地方，部落与部落之
间便存在着战争，而且这种战争进行得很残酷"④。一个被驱出氏族的原
始人，或许还有机会被别的氏族收容而生存下去，但他一旦被驱出他所属
的部落，就无异于死刑了。当部落联盟成立之后，各部落都有了相对稳定
的生存空间，这时，原先那种驱出氏族、驱出部落的以血缘亲疏为标准的
放逐之刑，就演变成以距离（地域）为标准的放逐之刑了。《尚书·尧典》
所载的"流共工于幽州，放欢都于崇，窜三苗于三危，殛鲧于羽山，四罪而
天下咸服"，就是古老的流刑。不过，被放逐的对象可能不是个人，而是
一个氏族，否则他们一经流放便会永远消失的。

---

① ［法］拉法格：《思想起源论》，王子野译，生活·读书·新知三联书店1963年版，第
76页。

② 《晋书·刑法志》。

③ ［法］拉法格：《思想起源论》，王子野译，生活·读书·新知三联书店1963年版，第70
页及注。

④ 《马克思恩格斯选集》第4卷，人民出版社2012年版，第110页。

其三，象刑，即以社会舆论为后盾、以羞辱为手段的象征性刑罚（对象刑问题历来有不同意见，此不赘述）。这种刑罚是以原始社会的特殊背景为基础的。须知，原始人的集体荣誉感是极强的。"带给一个野蛮人的侮辱整个氏族都会有所感觉，好像它是带给每个成员一样。流一个野蛮人的血等于流全氏族的血，氏族的所有成员都负有为侮辱复仇的责任。"①随着社会生活的变化，个人的荣誉感也发达起来："在野蛮时代低级阶段，人类的较高的属性便已开始发展起来了。个人的尊严、口才、宗教感情、正直、刚毅和勇敢这时已成为性格的一般特点"，"具有那种受到普遍承认的强烈的独立感和自尊心"。② 孟德斯鸠在论述古代决斗风俗时曾指出："一个人看重了荣誉，就终身从事一切获致荣誉所不可或缺的事情"；"在野蛮人的法典里，是有一些不解之谜的。佛里兹人的法律对受到棍子打的人只给赔偿金半个苏。但对极轻微的伤害，它却规定要给付比这还要多的赔偿金。……荣誉观念的特别准则已在产生与形成。……日耳曼各民族在荣誉的观念上，同我们是一样敏感的；不，他们甚至是更为敏感些。对于各种侮辱，就是最疏远的亲属也猛烈地感同身受；他们所有的法典都建立在这个基础之上。"③

关于尧、舜时代的象刑，《尚书大传》、《荀子·正论》、《慎子》（佚文）、《论衡·四讳》等文献均有记载。《尚书大传》："唐虞象刑而民不敢犯，苗民用刑而民兴相渐，唐虞之象刑，上刑赭衣不纯，中刑杂屦，下刑墨幪，以居州里，而民耻之。"《荀子·正论》："世俗之为说者曰：'治古无肉刑，而有象刑，墨黥，草婴，共，艾毕。菲，对屦。杀，赭衣而不纯。治古如是'。"《太平御览》卷六四五引《慎子》："有虞之诛，以幪巾当墨，以草缨当劓，以菲屦当刖，以艾毕当宫，布衣无领以当大辟，此有虞之诛也。"至于侮辱性的刑罚，陕西岐山县出土的西周铜器铭文、《周礼》中《司圜》、《礼记·玉藻》等亦有表述。而封建刑制中仍有其遗迹。由是观之，象刑

① ［法］拉法格：《思想起源论》，王子野译，生活·读书·新知三联书店1963年版，第71页。

② 《马克思恩格斯全集》第45卷，人民出版社1985年版，第384、416页。

③ ［法］孟德斯鸠：《论法的精神》下册，商务印书馆1982年版，第233、240、241、242页。

者必有所本而非臆造也。其时之象征性刑罚,盖针对轻微违法犯罪者,刑其一人,全族受侮,受刑者深受族人舆论之谴责,其威力仅次于流放。后来,个体家庭或小家族渐多,原先以氏族、部落为单位的集体荣誉感日渐衰落,象征性刑罚渐失其威力,最终代之以肉刑。

其四,赎刑,即以财产或货币抵免刑罚的一种制度。赎刑是血亲复仇传统与私有财产权观念的混合物,也是缓解血亲复仇的一剂良药。恩格斯指出:"在氏族制度内部,还没有权利和义务的分别;参与公共事务,实行血族复仇或为此接受赎罪,究竟是权利还是义务这种问题,对印第安人来说是不存在的";"从氏族制度中产生了把父亲或亲属的仇敌关系像友谊关系一样继承下来的义务;同样,也继承用以代替血族复仇的、为杀人或伤人赎罪的赔偿金。这种赔偿金在上一代还被认为是德意志人特有的制度,但现在已经证明,在成百个民族中都是这样,这是起源于氏族制度的血族复仇的一种普遍的较缓和的形式"。① 孟德斯鸠写道:"从塔西佗的著作,可以知日耳曼人只有两种死罪。他们把叛徒吊死,把懦夫溺死。这就是他们所仅有的两种公罪。当一个人侵犯了另一个人,受冒犯或受伤害的人的亲族就加入争吵;仇恨就通过赔偿来消除。……双方当事人之间成立一种协议,来履行赔偿。因此,野蛮民族的法典就把这种赔偿称为和解金。"② 梅因认为:"古代社会的刑法不是'犯罪'法,这是'不法行为'法,或用英国的术语,就是'侵权行为'法。被害人用一个普通民事诉讼对不法行为人提起诉讼,如果他胜诉,就可以取得金钱形式的损害赔偿。……这个特点,最有力地表现在日耳曼部落的统一法律中。它们对杀人罪也不例外有一个庞大的用金钱赔偿的制度,至于轻微损害,除少数例外,亦有一个同样庞大的金钱赔偿制度。"梅因还引用垦布尔在《盎格鲁—撒克逊》中的一段话:"根据盎格鲁—撒克逊法律,对于每一个自由人的生命,都可以按照他的身份而以一定金钱为赔偿,对于其身受的每一个创伤,对于他的民权、荣誉或安宁所造成的几乎每一种损害,都可以用

---

① 《马克思恩格斯选集》第4卷,人民出版社2012年版,第175、156页。
② [法]孟德斯鸠:《论法的精神》(下册),商务印书馆1982年版,第332、334页。

相当的金钱为赔偿;金额按照偶然情势而增加。"①拉法格强调私有财产制对于赎刑的决定性意义:"复仇欲虽然受到同等报复和仲裁会议的约束,始终没有停;只有私有财产才能拔掉它的爪和牙。财产负有消灭由私人的复仇所引起的混乱的使命,但它自身就是在家庭内部,在纠纷和犯罪的血泊中降生";"财产的感情钻入人类的心中,动摇了一切最根深蒂固的感情、本能和观念,激起了新的欲望。只有私有财产才抑制和减弱了复仇欲——这古老的、统治着半开化人心灵的欲望。自私有财产建立起来之后,流血不再要求用血来抵偿:它要求的是财产。同等报复法也改变了";"于是,代替以命偿命、以牙还牙,人们要求以家畜、铁和金子来抵偿生命、抵偿牙齿和抵偿其他的伤损。卡佛列人要牛,斯堪的纳维亚人、日耳曼人和半开化人已经要货币——他们在与更文明的民族接触中学会了使用货币";"血仇的惩罚起初取决于受害一方的意志,他们按照自己的意见决定物品的数量和质量,……过分的赔偿使这种赎罪方法实际上成为不可能而引起无休无止的争吵。为了防止这种困难,半开化人不得不规定可行的赎金数目。半开化人的法典详细地规定了一条自由人的生命,按其出身和等级,要罚多少赎金,用自然物或金钱支付,手、臂、腿等处受伤又罚多少赎金,对他的荣誉的一切侮辱和对他的家庭安宁的一切破坏又罚多少赎金"。②

中国尧、舜时代的赎刑只针对轻微的犯罪。《尚书·尧典》"金作赎刑"马融注:"金,黄金也。意善功恶,使出金赎罪,坐不戒慎者。"系指过失犯罪。而朱熹认为赎刑该用于"罪之极轻,虽入于鞭扑之刑而情法犹有可议者","后世始有赎五刑法,非圣人意也"。③ 赎刑之制被夏朝所承继,故《书序》谓"训夏赎刑"。《尚书·吕刑》谓"五刑之疑有赦,五罚疑有赦",其罚百锾、二百锾、五百锾、六百锾、千锾。意思是说,对本应处以五种刑罚的犯罪者,因证据不足难以定罪的,可以赦免,但以一定数量的铜纳

---

① [英]梅因:《古代法》,商务印书馆 1959 年版,第 208~209 页。

② [法]拉法格:《思想起源论》,王子野译,生活·读书·新知三联书店 1963 年版,第 79~83 页。

③ 《朱文公文集·答郑景望》。

赎,或者是对特殊案件以罚金代替五种刑罚。我们还没有发现由血亲复仇转向赎制的原始证据,及至两汉,为亲属复仇的行为还得到舆论的赞扬和官府的通融,而《唐律》则禁止"私和",即私下与凶手和好。《唐律·贼盗·亲属为人杀私和》:"诸祖父母、父母及夫为人所杀,私和者,流二千里;期亲,徒二年半;大功以下,递减一等。受财重者,各准盗论。虽不私和,知杀期以上亲,经三十日不告者,各减二等。"疏议曰:"或有窥求财利,便即私和者,流二千里";"受仇家之财,重于私和之罪"。中国远古的赎制主要不是来源于民间的协议(以钱财赔偿伤害),而是发端于官府的慎刑主张。这恐怕是由于宗法家族观念的深厚和私有财产观念的淡薄所造成的。

其五,鞭扑。鞭扑是针对官员的体罚手段,当然也带有侮辱的性质。铭文中有"鞭汝千",可见其伤害程度并不是很酷烈。《尚书·尧典》有"三载考绩,三考黜陟幽明",据此可证舜时已有对公职人员的考查制度,鞭扑之刑恐怕就是针对失职者的。又谓"鞭作官刑"。"官刑"即关于公职人员的专门法律规范,夏朝承而续之,故有"官师相规,工执艺事以谏"①。商朝又沿而用之,故有"汤之官刑"②。

总之,尧舜时代的刑罚制度已十分完备,这说明,以此为后盾的法律规范也已经达到相当发达的水平,因为刑罚本身不是目的,维护某种社会秩序才是目的。当时法律活动的代表人物是皋陶,一些对后世有重大影响的法律总是与皋陶的名字连在一起。正如马克思所说:"雅典人正处在出现立法家的阶段上,这时的立法是采取纲要或粗线条的形式,都和某人的名字联系着。"③于是,我们从众多文献中不仅看到关于皋陶的事迹,也看到了"皋陶之刑"。《左传·昭公十四年》:叔向曰:"《夏书》曰:昏墨贼杀,皋陶之刑也"。总之,中国的法律自黄帝时代产生萌芽以后,至尧舜时代便初步确立了。尽管夏朝以后,国家诞生,法律亦发生大的变化,但是,进入文明以后的中国法律,不论其内容或特征,都可以从传说时代那里找到它最原始的雏形。

---

① 《左传·襄公十四年》引《夏书》语。
② 《墨子·非乐上》及《尚书·伊训》。
③ 《马克思恩格斯全集》第45卷,人民出版社1985年版,第518页。

三、东西方法文化起源之比较

在法律起源方面，各古老民族既有其共同之处，又有其独特之处。前者是人类法律文化共同规律的反映，而后者则是人类法律文化多样性的原始起点。

总的来看，法律产生于国家诞生之前的原始社会末期。这一特定时期被马克思主义经典作家称为"由氏族制度向政治制度的过渡阶段"①。或与罗马人的"王政时代"、希腊人的"英雄时代"相当，与"部落联盟"和"军事民主制"时代相当的"野蛮时代高级阶段"②。在中国历史上，则相当于从黄帝至尧、舜、禹的时代。

此间，随着私有财产的出现和由此导致的贫富分化，战争的扩大和奴隶的增加，前所未有地超越了狭小氏族部落范围的部落联盟机关终于诞生了。在新的社会条件下，原先的氏族制度和习惯逐渐失去作用，部落联盟机关肩负起创制、认可并保障实施新的行为规范的历史使命。这种以强制力为后盾的、在部落联盟范围内普遍有效的新式行为规范就是最初的法律。及至原始社会末期，父系家长制度已得到空前的发展。以父系血缘纽带为基础，以父系家长特权为中心的宗法制度及其特征，自然也会渗透到当时的法律之中，并在此后的社会生活中依然保留着它的某种影响力。在这方面，中国古代以"亲亲""尊尊"为特征的礼制，与被称作"原始父权的典型"的古罗马的"家父权"③之间没有本质的差别。但是，由于所处的社会条件不同，特别是私有财产制和商品经济发展程度不同，从而使父系家长制走上不同的发展道路。可以说法律文化从父系家长制这个相同的起点出发，踏上各个不相同的发展道路。

---

① 《马克思恩格斯全集》第45卷，人民出版社1985年版，第571页。
② 参见《马克思恩格斯选集》第4卷，人民出版社2012年版，第86页。
③ ［英］梅因：《古代法》，沈景一译，商务印书馆1959年版，第79页。

各古老民族在最原始的法律方面有着惊人的相似之处。这种特点甚至可以从文明时代的法律制度中表现出来。比如：

其一，根据中国的礼制，父子之间是不能诉讼的，即所谓"父子无狱"①。而根据古罗马的"家父权"精神，"父和在父权下之子相互之间不能提起控诉"②。

其二，根据中国古代法律，父家长对所属卑亲属或家庭奴隶的伤害行为被认为是与国家秩序无关的"非公室告"，国家不予干涉③。而根据罗马法学的格言，"家父权并不触及公法"④。

其三，根据中国古代的礼制和法律的禁止"父母在别籍异财"⑤。而"古代罗马法禁止在父权下之子和父分开而持有财产"⑥。

其四，根据中国古代法律，父家长有权将其卑亲属送交官府并要求给予刑罚⑦。在罗马的帝政时期，"家内惩罚的无限制的权利已变成为把家庭犯罪移归民事高级官吏审判的权利"⑧。

其五，父家长对子女拥有无限支配权，"父对其子有生死之权，更毋待论的，具有无限制的肉体惩罚权，他可以任意变更他们的个人身份，他可以为子娶妻，他可以将女许嫁，他可以令子女离婚"⑨。在这方面，中国古代法与古罗马的"家父权"毫无二致。

但是，在古罗马，发达的"家父权"遇到了它的掘墓者，这就是私有财产制和商品经济。私有财产制度和商品经济巩固了个体家庭的地位，其结果是"家族依附的逐步消灭以及代之而起的个人义务的增长，个人不断地代替了家族，成为民事法律所考虑的单位"⑩。血亲复仇是维系父家

---

① 《国语·周语中》。
② ［英］梅因：《古代法》，沈景一译，商务印书馆1959年版，第83页。
③ 参见《睡虎地秦墓竹简》，文物出版社1978年版，第195页。
④ ［英］梅因：《古代法》，沈景一译，商务印书馆1959年版，第79页。
⑤ 参见《唐律·名例·十恶》《户婚·子孙别籍异财》。
⑥ ［英］梅因：《古代法》，沈景一译，商务印书馆1959年版，第81页。
⑦ 参见《睡虎地秦墓竹简》，文物出版社1978年版，第195、261、263页。
⑧ ［英］梅因：《古代法》，沈景一译，商务印书馆1959年版，第79页。
⑨ ［英］梅因：《古代法》，沈景一译，商务印书馆1959年版，第79页。
⑩ ［英］梅因：《古代法》，沈景一译，商务印书馆1959年版，第96页。

长制度的重要链条,当私有观念取代血缘观念时,财产充当平息复仇欲火的清凉剂。当复仇行为被纳入国家法律轨道时,人们就从仰仗家族团体的庇护转而求助于国家法律,"氏族制度的基本特点,就是氏族成员相互依靠以保护个人权利;政治社会建立以后,这个特点就首先消失,因为每个公民转而依靠法律和国家保护"①。原始民主制传统为个人留下通向社会政治生活的天然途径。"父和子在城中一同选举,在战场上并肩作战。""当子成为将军时,可能会指挥其父,成为高级官吏时,要审判其父的契约案件和惩罚其父的失职行为";儿子因为有功于社会公利而得到的赏金,被称做"军役特有产"、"准军役特有产"而独立于"家父权"之外。② 总之,金钱关系腐蚀了高尚的血缘感情,古老的氏族制度"无力反对货币的胜利进军"③。为了金钱,父亲可以卖掉子女。"如果子经过三次出卖,就可以消灭家父权"。④ 为了获得赎金,父子可以放弃为对方复仇的神圣权利。金钱交易关系把父子的纵向权利关系转变成横向契约关系。以确认私有财产制和商品交换关系为内容的罗马法就是在这样的原始土壤上诞生的。

在中国古史的传说时代,生活在中原的先民已经由游牧转为农耕。中原地区土地肥沃松软,气候温暖,为农业生产提供天然条件。在生产工具尚不发达的条件下,农业生产不可能以个体家庭为单位而必须以氏族为单位。一方面,农业生产周期长,生产经验、技术的积累和传播需要较长的时间和稳定的生活环境,另一方面,农业生产的季节性极强,短时间内的播种、收割以及水利工程的兴修,加之对自然灾害的防御等,都需要把人力物力集中起来,统一支配。这一切都使父系家长、族长处于优越地位。当维护家长、族长的特权有益于氏族整体的生存时,人们是无权排斥它的。中国古代的礼制就是这样发展起来的。

当生产力水平低下,人们不得不集体耕作时,氏族内部的个体家庭私

---

① 《马克思恩格斯全集》第 45 卷,人民出版社 1985 年版,第 536 页。
② 参见[英]梅因:《古代法》,沈景一译,商务印书馆 1959 年版,第 79~80 页。
③ 《马克思恩格斯选集》第 4 卷,人民出版社 2012 年版,第 127 页。
④ [英]梅因:《古代法》,沈景一译,商务印书馆 1959 年版,第 80 页。

有制和商品交换关系是无法萌生的。他们的财产观念是集体主义的,而且最重要的财产是粮食,粮食与其说是财产不如说就是生命。有了粮食才能度过长时间的灾荒。因此,他们不愿意用粮食同中原周围的游牧部族交换牛羊。而这些游牧部族或者不愿意用牛羊交换粮食,或者认为这些东西完全可以用武力来获取。这样,中原地区的农耕部落与四周的游牧部落的关系一开始就是政治性的而非经济性的,纤弱的交换关系远远不能软化战争的锋芒。于是,我们看到了中华民族融合过程中的奇妙的民族单向循环运动:四周的游牧部落入主中原以取得对土地、人民财产的支配权,然后就被中原的农耕文化所同化。接着再来一次入侵,再来一次同化,战胜者"逐渐地被被征服的人民所同化"①。中原农耕文化持久不衰的优越地位是中华民族数千年一脉相传未曾终绝的重要保障。

在稳定的农业社会条件下,以父系家长特权为标志、以家族亲属间相互对应的权利义务关系为内容的宗法礼制,成为最基本的社会制度。个人的生存离不开家族,个人的利益完全融化在家族集体利益之中。亲属间的复仇义务或权利把人们紧紧团结在一起。在中国古代,在私有财产和商品交换关系十分薄弱的条件下,像古罗马那种父亲出卖儿子、交出犯罪的儿子以赔偿损害,收养没有血缘关系的外人,用获取赎金(和解金)的方法放弃复仇②,等等,都是完全不可理解的事情。儒家对复仇行为的颂扬,比如,《礼记·曲礼》:"父之仇弗与共戴天,兄弟之仇不反兵,交游之仇不同国";《公羊传·隐公十一年》:"父弑,子不仇复,非子也"。唐律无明文禁止复仇而罪"私和者"③,以及司法审判中对复仇者的宽容④,无一不表示了宗法血缘意识的强大力量。中国远古社会在处理有关复仇的问题上,起初很可能像古代易洛魁氏族那样求助于"胞族议事会"的调解,⑤后来则仰仗社会权威机关的干预,《周礼》中关于复仇的某些记载可

---

① [法]孟德斯鸠:《论法的精神》(上册),商务印书馆1987年版,第314页。

② 参见[英]梅因:《古代法》,商务印书馆1959年版,第79、83页。

③ 参见《唐律》及其中的《贼盗·亲属为人杀私和》条。

④ 参见瞿同祖:《中国法律与中国社会》,中华书局1981年版,第77~84页。

⑤ 参见《马克思恩格斯选集》第4卷,人民出版社2012年版,第101页。

能源于远古习惯。《周礼·秋官司寇·朝士》:"凡报仇雠者,书于士,杀之无罪";又《周礼·地官司徒·调人》:"掌司万民之难而谐和之。凡过而杀伤人者,以民成之。鸟兽亦如之。凡和难父之仇,辟诸海外;兄弟之仇,辟诸千里之外;从兄弟之仇不同国。……弗辟,则与之瑞节而以执之。凡杀人有反杀者,使邦国交仇之。凡杀人而义者,不同国,令勿仇,仇之则死。凡有斗怒者,成之。不可成者,则书之,先动者,诛之。"可见,官方的干预并没有更改以血还血、以命抵命的古老原则。这一切都使氏族间的横向联系采取了纵向运行的方式,而社会权威机构的权威便植根于此,刑法和刑罚亦由此派生出来。古代的"法"字正是氏族间的公平性与部落联盟机关的权威性的绝妙嫁接。总之,微弱的财产私有制和商品关系远远未能伤害宗法血缘世界的筋骨,当前者问世的时候便不得不纳入后者的坚实轨道。正是由于这个原因,当财产私有制和商品交换关系初步发达起来的时候,它们既不能取代复仇的古老感情,也不能诱使父亲出卖子女;相反,人们却用它们来赎回在异国沦为奴隶或战俘的族人。如《吕氏春秋·蔡微》:"鲁国之法:鲁人为人臣妾于诸侯,有能赎之者,取其金于府",秦人以五张羊皮从楚人手里赎回虞国大夫百里,①齐人晏婴以马赎回越石父,②吴人以车马赎华元于郑,③或者用来点染国法的宽容④和等级的差别。⑤ 这就是中国法律最初诞生时遇到的社会条件,这些条件中的最基本的方面被延续了漫长的时代。因此,中国传统法律文化的最基本的特征都可以从法律起源的时代找到它们的原型。

---

① 参见《史记·秦本记》。
② 参见《史记·管晏列传》,并见《晏子春秋》、《吕氏春秋·观世》。
③ 参见《左传·宣公二年》。
④ 参见《尚书·吕刑》及《尧典》。
⑤ 参见《睡虎地秦墓竹简》中有关赎的规定。

第 三 章

中国成文法的起源[*]

中国成文法的起源是一个法学界争论不休的问题。主张成文法起源于春秋时的学者认为,成文法最大的特征便是公布于众,夏、商、西周的法律尚处在"秘密法"阶段,"刑不可知,则威不可测"。据此,郭沫若等将《尚书·吕刑》断为春秋时吕王或吕王之后的产物,认为在"议事以制"的西周,决不会产生《吕刑》这样的"刑书"。[①] 与此相反,主张成文法起源于西周时期的学者认为,西周不仅具备《吕刑》产生的条件,而且根据《周礼》等资料记载,西周甚至有定期公布法律于"象魏"的制度。据此推断,成文法不仅在西周已经出现,甚至商代的汤刑、夏代的禹刑也似乎都应纳入成文法的范围。

产生以上分歧的根源在于,人们将"公布"与否视为成文法的标志,将成文法与秘密法相对立。这确实是对成文法的一种误解。若以"公布"视为成文法的标准,那么成文法的历史将与法的历史同样漫长。起源于战争与习惯的法律,无不通过公布而起到规范作用。因此,在论证成文法的起源时,我们应摆脱以往的束缚,根据现存的中国古代法典为中国成文法确定一个较为确切的概念,并以此作为判断成文法起源的标准。

---

* 本章基本内容同名发表于《学习与探索》1990 年第 6 期。

① 参见郭沫若:《中国古代社会研究》,人民出版社 1977 年版,第 162 页。

一、中国成文法的概念及夏、商、西周的立法

　　中国成文法有两个显著的特点:第一,从微观上看,它是罪名与刑名二项合一的法律规范,即明确规定了犯罪行为及相应的刑事处罚。第二,从宏观上看,中国成文法具有法典或准法典的特征,它是由一定数量和一定形式所构成的法律规范群,而不是针对某一类或某一事的单项立法。这两个特点,是习惯法与成文法的分水岭。公布也好,不公布也好,它只能说明法律实施时的方式与程序,而不能决定成文法的实质内容。

　　法律发展的一般规律是由习惯法走向成文法。中国古代法律的发展状况大致与之相符。以成文法的两个特点作为检验标准,可以确定夏、商、西周时期的法律尚处在习惯法阶段。首先,夏、商、西周时期的立法特点是"以刑统罪"。在其颁行的刑书中只有刑名、刑种的规定,而无确切的罪名。《杨子法言·先知篇》言:"夏后肉辟三千。"《左传·昭公六年》记:"夏有乱政而作《禹刑》,商有乱政而作《汤刑》,周有乱政而作《九刑》。"《禹刑》、《汤刑》已难考稽,西周的《九刑》据郑玄所注《尚书·尧典》所言,其篇目为九种刑罚的名称,即墨、劓、剕、宫、辟、鞭、扑、流、赎。可见,夏、商、西周时的法律是以刑为主的"刑名之制"。从《尚书·吕刑》中看,夏、商、西周时的刑书除规定刑罚种类、实施方法外,对犯罪行为只作原则上的规定,而且罪行与刑名分而述之,没有明确的罪名及相应的刑罚规定。《左传·文公十公年》记:"毁则为贼,掩贼为藏,窃贿为盗,盗器为奸,主藏之名,赖奸之用,为大凶德,有常无赦,在《九刑》不忘。"此虽言及罪名,但仍未将罪名与刑名结合起来,明确规定犯罪及所应受到的相应处罚。故《九刑》仍不具备成文法二项合一的特征。刑名之下所统之罪,只是一个个具体的判例或古训。人们对罪与非罪的区别只能依据传统的观念及社会道德、风俗习惯等去加以甄别。这种"以刑统罪"的立法,导致了司法中"议事以制"的特点。当犯罪发生后,人们首先要议其"罪

名",其次要根据罪名议其刑名。如唐人孔颖达所言:"共犯一法,情有浅深,或轻而难原,或重而可恕。"这种"议事以制"的制度为统治者随意轻重提供了依据。从史籍中看,西周"议"的制度十分完备。掌管刑狱审断之事的师士之下还设有下大夫四人。在断狱时,师士主审,下大夫"陪审"①。此外,还有"三刺"及"讯有司"之制。这种集思广益的审判制度是罪、刑分离法律制度的必然产物。

在此,我们应该注意的是,夏、商、西周的立法并不是秘不示人的。相反,为了使刑罚起到恐吓与震慑作用,定期公布刑书在西周时已成定制。《周礼·秋官·大司寇》记:"正月之吉,始和布刑于邦国都鄙,乃悬刑象之法于象魏,使万民观刑象,挟日而敛之。"同书《小司寇》云:"正岁,帅其属而观刑象,令以木铎,曰:'不用法者,国有常刑'。"若以《周礼》之文不足为凭,那么《尚书·吕刑》中"明启刑书",《左传》中《禹刑》、《汤刑》、《九刑》等记载至少可以说明刑书在某些时间、某些场合是可以公开的。因此,夏、商、西周时期的法律是半公开、半隐秘的。立法公开、司法隐秘;刑名公开,罪名隐秘。正是这种半公开、半隐秘的特点使罪名与刑名无法统一起来,造成罪名与刑名的分离。

其次,夏、商、西周时期有许多单项立法,这些立法归纳起来有两种类型,一是有罪名而无相应的刑名。如《兮甲盘铭文》中所记的有关征税之法:"其唯我诸侯、百姓,厥贾毋敢不即市,毋敢或有人蛮贾,则亦刑。"大意为:我周王室的诸侯、百姓,不可不缴纳关市之征,不可逃税及入蛮之地经商,违者处以刑罚。在这一立法中虽明确规定了不可为的行为,但处刑时却仍然不免于"议"。二是在特殊情况下,如战争之前的单项立法中,偶尔出现罪名与刑名合一的立法,但其远远不能构成"法律规范群"。如《尚书·甘誓》记夏代军法:"用命,赏于祖;不用命,戮于社。予则孥戮汝。"

鉴于以上的分析与论证,我们可以断定,中国奴隶社会的法律发展至西周之时仍未有成文法的产生。"以刑统罪"的刑书及一时一事的单项

①　《周礼·秋官司寇》。

立法构成了西周立法的全部内容。这种立法形式与传统的礼治相辅相成,与"君统"、"血统"一致的社会宗法等级制相辅相成。罪、刑分离的立法,使法律处在半公开、半隐秘的状况中,公开的刑罚可以起到震慑及预防犯罪的作用,而"议事以制"又使人感到"威不可测"的神秘性。它便于奴隶主贵族最大程度地利用法律维护等级的特权。

二、春秋战国时期的法律
变革与成文法的诞生

春秋战国,是中国古代社会发生巨变的时期。经济上,私有土地的开垦使相当一部分奴隶、平民摆脱了奴隶主贵族的控制,转化为自食其力的自耕农。一部分开明贵族也改变了剥削手法,由奴隶主向封建地主转化。经济的发展打破了"君统"与"血统"相一致的社会格局,打破了宗法等级制度。"礼崩乐坏"、王室衰微成为时代的特征。新兴的地主阶级此时出现于历史舞台上,虽然他们与周王室、旧贵族有着千丝万缕的联系,但是,他们毕竟肩负着"新桃换旧符"的历史使命。他们顺应着时代的潮流,通过一系列变法活动,将贵族的奴隶转化为国家的农民,将以血缘为基础的奴隶主贵族政治转化为封建官僚政治,并以君主集权制为目标开始了统一中国的战争。在这巨大的经济、政治动荡中,传统的法律及法律观念都显得过于陈腐,为维护及促进新兴地主阶级的变法活动,已逐渐占据了社会统治地位的地主阶级对法律实行变革已势在必行。

春秋战国时期的法律主要有以下两方面的变化:

(一)由刑罚转变为刑法

夏、商、西周时期的法律制度,实际上仅仅是刑罚制度。它是礼的附属物。无所不包的礼,既是刑罚维护的对象,又是刑罚实施时的指导思想。出礼而入刑便是这一时期法律的全部内容所在。

春秋时"礼崩乐坏"的局面,为法律摆脱礼的制约提供了契机。为弥补"礼崩"所造成的社会规范方面的缺陷,主张变革的执政者急需一套自身体系完备并具有相对独立性的法律来取代正在崩溃的礼。于是,法律的内容被充实了,在人们的观念及实践中,法律不再是单纯的刑罚制度,而是法与刑的结合。如《管子·正篇》所谓:"制断五刑,各当其名,罪人不怨,善人不惊,曰刑……如四时之不贷,如星辰之不变,如宵如昼,如阴如阳,如日月之明,曰法……法以遏之……遏之以绝其志意,毋使民幸。"

战国时,儒法两家虽在为政的主张上各持己见,但在不可抗拒的以法代礼的发展趋势面前,两家在分歧中亦有着所见略同之处。荀子在言礼之时,早已将法的内容糅于其中,"话语在说着礼的起源,而眼光却贯射于法的对象——物的'度量分界',如果把'礼'字换成'法'字,似乎还要切实些,这里就暗示着由礼到法的递嬗的契机。"①法家更是将春秋时萌芽的"法治"思想发扬光大,不仅将法与刑密切地联系在一起,而且将法的地位高高地置于礼之上,为以法代礼奠定了理论基础。其中最明显的事例莫过于《唐律疏议·名例律》所记的"商鞅改法为律"之举。"改法为律"究竟是否是商鞅所为,目前尚无定论,但战国时已经有"律"却已为史籍及大量的出土资料所证实。"改法为律"的目的无疑是为了更好地区别以往的旧法与新法的不同。"律",字义为"万物之根本"。《汉书·律历志》言:"律十有二:阳六为律,阴六为吕……律吕唱和,以育生成化,歌奏用焉。指颐取象,然后阴阳万物靡不条鬯该成。"与律同义的新法,显然比圣人所制造的礼具有更高的权威性。

总之,春秋战国时期的法律基本上摆脱了附属地位。它的内容由单纯的刑而变为刑与法的结合,即由刑罚变为刑法。这种内容的充实及以法代礼的变化,为法典及准法典的形成提供了条件,使立法有可能具备成文法的宏观特征;即由一定数量和一定形式所构成的法律规范群。

---

① 杜国庠:《先秦诸子若干研究》,生活·读书·新知三联书店1956年版,第128页。

（二）由"议事以制"到"事断于法"

夏、商、西周时期以礼作为人们的行为规范,出礼入刑。礼的特点有二,一是内容庞杂,融道德、风俗、习惯、典章为一体。以此作为规范,难免有失客观与准确。二是重视血统,并以血统划分贵贱等级。这种以等级为前提的规范。也难免有失公平。礼的这两个特点,使定罪量刑无一定标准可寻,需要断狱者审时度势,根据犯罪者的身份等级来议罪量刑。正如叔向所言:"议事以制"。这种"议事以制"的审判制度既反映了夏、商、西周奴隶主贵族政体下法律的随意性,又反映了奴隶主贵族在法律上享有着特权。

春秋战国时,主张以法代礼的变革者对以礼作为人们行为规范提出了尖锐的批判。他们认为与赏罚相联系的法,必须克服礼的随意性与贵族政体下的等级性,做到客观、准确、公平。从而为"事断于法"的法治创造了条件。

《管子·法法篇》将法比喻成"尺寸也,绳墨也,规矩也,衡石也,半斛也,角量也"。说明法在人们的观念中与重等级的礼有着本质的区别,它具有客观性与准确性。为了保证法的这种特点,统治者"凡将举事,令必先出。曰:事将为,其赏罚之数必先明之。立事者谨守令以行赏罚,计事致令,复赏罚之所加,有不合于令之所谓者,虽有功利,则谓之专制,罪死不赦"。① 这种守法有过不免于赏,违法立功不免于罚的做法,实际上是将法奉为人们行为的唯一准则,人们只有守法的义务,而无"议法"的权利。

为进一步说明"议事以制"的随意性与"事断于法"的准确性,我们可以将西周伯禽伐淮夷、徐戎时所作的《费誓》与春秋时赵鞅伐郑所作的《铁之誓》作一个比较:

《尚书·费誓》记伯禽征讨前立军法:"无敢寇攘、逾垣墙、窃马牛、诱

---

① 《管子·立政》。

臣妾,汝则有常刑。"寇攘、逾垣墙、窃马牛、诱臣妾皆明确规定为犯罪之举,但究竟如何处刑,则需先议而后定。

《左传·哀公二年》载,晋国赵鞅将战于铁(河南淮阳县西北);战前明令:"克敌者,上大夫受县,下大夫受郡,士田十万,庶人工商遂,人臣隶圉免。"其赏数之具体,无可"议"之余地。人们只需守令行事。春秋时这种明确、具体的法令日益增多,以至于思想家总结道:"发宪出令,设为赏罚。"①这种罪名与赏罚相结合的法令,孕育着成文法的产生。

法的客观性与准确性不仅使官吏、人民有法可依,而且剥夺了旧贵族的特权。明确的法律条款,使断狱者失去了"议"的机会和权力,从而也使旧贵族丧失了在"议"中所享有的一切轻刑、免刑的特权。相对杂乱无章、重视等级的礼来说,法的公平性是毋庸置疑的。正如其字义所表现的那样"平之如水"。也正因为如此,法才为广大平民所接受。

战国之时,法已不言而喻地含有罪名与刑罚两项内容。"以刑统罪"的刑书随着时代的发展变为"以罪统刑"的法典。《商君书·定分》言:"诸官吏及民有问法令之所谓也于主法令之吏,皆各以其故所欲问之法令明告之……主法令之吏不告,及之罪,而法令之所谓也,皆以吏民之所问法令之罪,各罪主法令之吏。"在这种罪名明确、刑罚具体的法律面前,"吏不敢以非法遇民,民又不敢犯法"。罪与刑名合为一体,使"事断于法"有了保障。同时,这种形式的法律具备了成文法的微观特征:罪名与刑名"二项合一"。

在春秋战国法律变革中,成文法作为法律变革的成果而诞生了。从我们目前所掌握的资料来看,战国初期魏国李悝所制定的《法经》具备了成文法的一切特征,可称得上较为成熟的成文法法典。第一,在量刑定罪方面,《法经》具有罪、刑合一的特点。《晋书·刑法志》记:"秦汉旧律,其文起自魏文侯师(李)悝。悝撰次诸国法,著《法经》……商君受之以相秦。"从出土的秦简《法律答问》来看,秦律的内容与《法经》六篇的内容相合。这些起于李悝之时的刑律条款的解答,对罪名及刑名都作了准确而

---

① 《墨子·非命》。

具体的规定。如"殴大父母,黥为城旦舂,今殴高大父母,何论? 比大父母。""擅杀子,黥为城旦舂。""五人盗,赃一钱以上,斩左趾。又黥为城旦舂。"此外,据《七国考》引汉代桓谭之语,《法经》中有"盗符者诛,籍其家"等内容。可见《法经》是罪名与刑名合二为一的。第二,《法经》是一部自成体系的法典,而不是一时一事的单项立法。从《法经》的六篇篇名来看,其与以刑名作篇名的《九刑》有着本质的不同。它打破了西周以刑统罪的刑书格局,代之以以罪统刑,并对篇章体例安排作了说明,由"刑名之制"转为"罪名之制"。《晋名·刑法志》记载李悝所著六篇——《盗》、《贼》、《囚》、《捕》、《杂》、《具》,"是皆罪名之制也"。《法经》的内容及编纂方式一直为后世统治者所效法。因此,程树德在作《九朝律考》时,便将《法经》列于"律系表"之首。《法经》确实是一部划时代的法典。

综上所述,中国法律制度的发展,及至战国初期已完成了由习惯法向成文法的转变。《法经》便是这一转变完成的标志。作为法律变革成果而产生的《法经》,不仅为司法者准确适用法律定罪科刑提供了依据,而且对君主集权政体的形成起到了促进作用。

三、中国成文法的确立

《法经》作为划时代的产物标志着中国法律的发展跨入了成文法时代。但它远不是成文法的源头,要论述成文法的起源,还必须追溯到与《法经》有着密切联系的春秋时代的各诸侯国的法律,因为《法经》并不是凭空产生的,也不是李悝个人的独创。它是"撰次诸国法"的成果。成文法的因素,或不甚完善的成文法早在进入成文法时代之前便产生了,《法经》不过是集大成者。

考稽春秋时期的立法资料,可以看到有两次立法格外引人注目,一是鲁昭公六年,即公元前536年郑国子产"铸刑书",一是鲁昭公二十九年,即公元前513年晋国的赵鞅、荀寅"铸刑鼎"。这两次立法引起了当时思想家的争论,从其争论中,我们可以体会到子产所铸的刑书和赵鞅、荀寅所铸的刑鼎与传统的法律有着本质的区别,所以引起了某些人的恐慌,认为"国将不国",这是传统转变时所特有的现象。而这两次立法与《法经》的诞生有着内在联系。下面将这两次立法及争论分而述之:

（一）郑国子产所铸的三篇"刑书"

郑国是春秋时的小国,它处于大国的夹缝之中,四面受敌。为强国御敌,执政子驷与其同党子国等人对旧制实行了一系列的变革。变革不可避免地遭到旧贵族的反对。子驷与子国死于贵族的叛乱。子国的儿子子产平息了叛乱并成为郑国的执政。子承父志。子产对旧制的变革比子驷等更为迅猛。"铸刑书"便是其执政期间变革旧制的成果之一。

《左传·昭公六年》记:"三月,郑人铸刑书。"杜预作注:"铸刑书于鼎,以为国之常法。"铸于鼎上的刑书共三篇。《左传·昭公六年》记叔向批评子产之语:"今吾子相郑国,作封洫,立谤政。制参辟,铸刑书。将以靖民,不亦难乎?"杨伯峻注"参辟"道:"参同三。《晏子·谏篇下》云:'三辟著于国'。虽晏子之三辟。据苏舆《晏子春秋校注》乃指行暴、逆明、贼民三事,未必同于子产所制定的三辟。疑子产之刑律亦分三大类。或者如《晋书·刑法志》所云'大刑用甲兵,中刑用刀锯,薄刑用鞭扑',或者亦如《刑法志》所述魏文侯师李悝著《法经》六篇,此仅三篇耳。吴闿生《文史甄微》谓参辟与封洫、谤政并言,亦子产所作之法,是也。三辟为刑书之内容,铸于鼎而宣布之,又一事也,故分别言之。"①

子产三篇刑书的内容已难详知,但有一点是可以肯定的,即它不同于以往"以刑统罪"的刑书,而是一部罪名与刑名合一的刑书。正因它具备法的准确性与客观性,叔向才批判它违背了传统的"先王议事以制,不为刑辟"的法律制度。叔向认为,"民知有辟则不忌于上,并有争心,以征于书,而徼幸以成之","弃礼而征于书,锥刀之末,将尽争之"。西周时期法

---

① 《春秋左传注·昭公六年》。

律的半神秘、半公开的状况被打破了,平民以刑书为据可以知道自己的行为究竟是否是犯罪,不再受贵族的任意鱼肉。这在保守思想较重的叔向看来确实是亡国之象,而在子产看来却是"救世"之途。①

(二)晋国赵鞅、荀寅所铸的刑鼎

与子产铸刑书相隔二十三年,晋国赵鞅、荀寅"遂赋晋国一鼓铁,以铸刑鼎"。赵鞅与荀寅铸于刑鼎之上的刑书,据孔子言是作于鲁文公六年(公元前 621 年)的夷蒐之法,为赵盾(赵宣子)所做。② 据《左传·昭公二十九年》记载,赵鞅所铸刑书为范宣子所做。但夷蒐之法却为赵盾(赵宣子)所作。《左传·文公六年》记:"晋蒐于夷。……宣子(赵盾)于是乎为国政,制事典……"亦或赵盾之法为范宣子所用,亦或范宣子应为赵宣子之误。它的主要内容有四项,《左传·文公六年》记:"宣子于是乎始为国政,制事典:正法罪,辟狱刑;董逋逃,由质要;治旧洿,本秩礼;续常职,出滞淹。既成,以授太傅阳子与大师贾佗,使行诸晋国,以为常法。"下释其四项内容:

"正法罪,辟狱刑"自然指的是刑事立法。孔疑达疏:"正法罪者,准所犯轻重,豫为之法,使在后依用之也。"杨伯峻注:"若后代之制定刑罚律令。"可见,赵盾所制定的法律类似《法经》之后的法典。兼有罪名与刑名两方面的内容。

"董逋逃,由质要",孔颖达疏,"董逋逃者,旧有逃负罪播越者,督察追捕之也"。可见"董逋逃"与《法经》"盗贼须劾捕"之义相近。"由质要"意为断狱争讼皆有法下的法律文书。

"治旧洿,本秩礼",孔颖达疏,"法有不便于民,事有不利于国,是为政之污秽也,理治改正使洁清也"。"本秩礼"意为以传统习惯为本。此项内容主要指废除不合时宜的旧法,而继承行之有效的传统的等级制度,

---

① 参见《左传·昭公六年》。
② 参见《左传·昭公二十九年》。

恢复社会秩序。新法脱胎于礼治之中,在不甚成熟的成文法中出现一些礼的内容是在所难免的。关键是"夷蒐之法"将变革作为继承的前提,首先强调的是"治旧洿"。

"续常职,出滞淹"其意在于恢复和健全政府机构,任用贤能,汰除无能的官吏。其是晋国"尚能"政策的法律化、条文化。赵盾制定这项法律,目的在于削弱奴隶主贵族的势力,从组织上巩固封建官僚的统治。

以上四项内容是赵盾"夷蒐之法"的主干。赵盾"使行诸晋国,以为常法"。或许是由于此法与传统的礼相差太远,所以在赵盾时还不太被人所接受,实行不久后便被废置。杜预注:"宣子刑书,中既废矣。"孔子则直截了当地将"中废"的夷蒐之法称为"晋国之乱制"。① 当历史又向前发展了一百余年时,夷蒐之法被人们重新认识。赵鞅、荀寅将其铸于鼎上,以示其不可易变。鲁昭公二十九年,即公元前 513 年晋国所铸的刑鼎也许是夷蒐之法中的一部分,也许是夷蒐之法的全部,抑或是以夷蒐之法为主干,同时又掺入了新的内容。可以肯定,刑鼎的内容比夷蒐之法更丰富、更完善、更准确。因此,它与礼的对立也就愈加明显。从《左传·昭公二十九年》记孔子对刑鼎的抨击中,我们可以看到刑鼎的精神与法贵"公平"的宗旨完全吻合。刑鼎的出现,改变了晋国"礼治"的状况。司法的随意性被限制了,贵贱的差别缩小了,刑的神秘性消失了,它与法结合在一起,使民知所避就。

综上所述,从以上两次颇有争议的立法中我们可以看到,成文法在春秋时已经萌芽。无论是子产所铸的刑书,还是赵鞅、荀寅所铸的刑鼎都具有成文法的特征。可以说成文法诞生于战国而起源于春秋。也许正是因为有了春秋时期人们对成文法内容、形式、特征的争议,当《法经》诞生之时才未引起轩然大波。在争论中,人们已经看到了成文法的发展潜力,而且随着时代的发展,人们已经习惯了成文法的形式与内容。夏、商、西周的"议事以制"制度,对战国以后的人来说实在是"听言则美,论理则

---

① 参见《左传·昭公二十九年》。

违"①的事情,正如唐人孔颖达所言:"李悝作法,萧何造律,颁于天下,悬示兆民,秦、汉以来,莫之能革,以今观之,不可一日而无律也。"②成文法的诞生是历史发展的必然产物,是封建社会取代奴隶社会的必然产物。

---

① 《晋书·刑法志》。
② 《春秋左传正义·昭公六年》。

中　编

中国法的成熟进程：
思想与文化的表达

第 四 章

"直文化"与"隐文化"

——中国传统法律文化的两大基因[*]

一、"直"与"隐"的文字本义

"直"作为一种观念或行为规范,是古代经济生活中公平交易的产物,也是政治生活中公共交往的产物。当最初的社会权威机构诞生时,它又成了施政原则和公共事务管理者的基本道德。"隐"作为一种情感或行为,是古代宗法家族社会的产物,是家族内部的行为标准,是具有血缘联系的人们中间,一方对他方承担的神圣义务,并成为宗法式的伦理道德。

《说文解字》:"直,正见也,从L从十从目。"让我们从直字的构造来探讨它的本义。"十"代表古代人群集中交往的场所。《说文解字》:"十,数之具也,一为东西,丨为南北,则四方中央备矣。""十"的原形是十,也是"行"字的本形。"行"后来成了道路之神,"十"是四通八达的集聚地,各地居民汇集于此,以其所有,易其所无。正如《易·系辞下》所谓"日中

---

* 本章基本内容同名发表于《学习与探索》1993 年第 4 期。

为市,致天下之民,聚天下之货,交易而退,各得其所"。在这人群聚集的地方,人们公平交易,童叟无欺,心地坦诚。在这里,人们欢庆胜利并据功颁赏,无有偏颇。于是,"十"就成了古代居民经济政治活动中心的文字符号。

"乚"即古"隐"字。《说文解字》:"乚,匿也,象曲隐蔽形。"《六书正讹》云:"从乚、从十、目,古隐字,十目所视,虽隐亦直,会意。"可见"乚"是与公平、公正、正直相对应的一种行为。

"目"《说文解字》:"人眼,象形,重童子也。"《尚书·舜典》"明四目"注云:"广四方之视,以决天下壅蔽。"《国语·周语》:"国人莫敢言,道路以目。"《公羊传·僖公五年》:"一事而再见者,前目而后凡也。"《春秋繁露》:"目者偏辨其事也,丸者独举其事也。"可见,"目"是众人之视听,是确立某种社会舆论并以此干涉社会生活过程的缩影。

综上所述,"直"字的本义可以表述为:它是在公共生活中形成并被公众普遍认可的,由公共舆论监督和保障施行的,通过对偏私行为加以矫正而得以实现的公平正直的行为准则。

"隐",古文作"隐"。《说文解字》:"隐,蔽也。"《广韵》:"私也。"《国语·鲁语》:"隐乃讳也。"《论语·季氏》:"言及之而不言,谓之隐。"现仍从其构造来寻觅其本义。

阝即阜,《尔雅·释名》:"土山曰阜。"矮墙之义即由此而生。《左传·襄公二十三年》:"踰隐而待之。"注:"隐,短墙也。"土山、短墙皆遮避之所,凭借它们可将空间划分为内外两部,并形成与一般相对应的特定范围。凭借它们还可以遮盖事物的本来的性质。避讳、掩藏偏私之义便由此而生。如《论语·子路》:"父为子隐,子为父隐。"《吕氏春秋·圜道》:"分定则下不相隐。"

综上所述,"隐"字的本义可以表述为:它是以血缘为纽带的宗法社会的产物,它从宗法伦理感情出发,强调家族成员之间互相保护的神圣义务,借以维护整个家族的团结、安定、生存和发展。"隐"的砝码不是放在社会一边而是放在家族利益一边的。因此,从社会的宏观角度而言,它总带有局部的狭隘的一面。

二、"直文化"与"隐文化"的原始起点

"直"与"隐"作为一种社会观念,产生于以父系氏族为基础的部落联盟时代。它们分别是氏族、部落之间公共交往和父系家族内部秩序的产物,并在不同领域发挥各自不同的社会职能。

《尚书·尧典》:"克明俊德,以亲九族,九族既睦,平章百姓,百姓昭明,协和万邦。"可以说,"亲睦九族","平章(彰明也,此指选任)百姓"是父系氏族社会两条最基本的政治原则。"亲睦九族"是父系家族的真理,是血缘纵向链条的价值取向,也是"隐文化"的萌芽;"平章百姓"是氏族、部落间公共交往的真理,是社会横向平等交流的道德要求,也是"直文化"的起点。

"直"、"隐"作为父系家族制和部落联盟制的派生物,其作用之一就是塑造了部落联盟公共事务管理者的双重性格。因为这些管理者是身兼二任的:既是其氏族或部落的首长,又是部落联盟机构的"官员"。因此,当时的道德标准是既强调"敬敷五教"、"典联三礼",以解决"百姓不亲,五品不逊"的问题;又强调公平正直:"惟明克允"、"直哉惟清",以维护整个部落联盟的秩序。《尚书·尧典》的"直而温,宽而栗,刚而无虐,简而无傲","惟刑之恤",以及《皋陶谟》的"直而温,简而廉,刚而塞,强而义"等等,无异于"直"文化与"隐"文化的一曲二重奏。

即使是在古老的部落联盟时代,"直文化"与"隐文化"的矛盾也是明显存在的。一方面,由众多氏族、部落组成的部落联盟对"隐文化"具有排斥性,因为它本身就是原始平等和民主的产物;另一方面,由于私有财产制的弱小及宗法血缘观念的强大,氏族间部落间的平等、公正等活动原则,还远不能渗透到宗法家族的内部,更谈不上动摇它的基础。然而,如果我们回首历史却惊异地发现:当中华民族迈进文明大门之际,在获得"天命"的民族高举的五彩旗帜上,仍镶嵌着"隐文化"与"直文化"的原始花纹。

三、三代文明与"隐文化"的繁荣

中华民族进入文明的方式是独特的。中国的古老文明,既不是建立在父系氏族内部由私有财产导致的贫富分化,以至富者为主贫者为奴的阶级对立的基础之上,也不是靠着经济交往来维护泱泱大国的整体共存共荣。从某种意义上来说,它主要不是经济活动,而是政治活动(主要是战争)的产物。这种文明的诞生,与其说经济交往促成氏族部落的联盟,毋宁说是战争支配着政治组合;与其说是按地域来划分居民,毋宁说是依血缘来区分阶级。于是,原始的父系血缘链条不是被削弱了,而是被大大强化了,它成了区分两大对立阶级以及在统治阶级内部进行权利再分配的标尺。在这种文化背景下,"直文化"失去了存在的基础,而"隐文化"则迅速发展起来。

大禹这个被民主推举出来的英雄酋长,以其"身执耒,以为民先"①和"菲饮食而致孝乎鬼神"②的双重形象为"直文化"与"隐文化"并存的原始文明画了句号。他的继承者夏启则高举着"用命赏于祖,弗用命戮于社"③的旗帜,缔造了一个"大道既隐,天下为家,各亲其亲,各子其子,货力为己,大人世及以为礼"④的家天下的社会制度。"殷人尊神,率民以事神,先鬼而后礼,先罚而后赏"⑤,他们不过是用天的尊严来装点鬼的权威。历数汤放桀,武王伐纣,这种震惊天下的变革,无不表现为一姓之兴和一姓之亡。

"隐文化"鼎盛于西周。如果说西周初期的大封建是以血缘为标尺的横向的权利再分配的话,那么,"立嫡以长不以贤,立子以贵不以长"⑥

---

① 《韩非子·五蠹》。
② 《论语·泰伯》。
③ 《尚书·甘誓》。
④ 《礼记·礼运》。
⑤ 《礼记·表记》。
⑥ 《春秋公羊传·隐公元年》。

的嫡长继承制则决定着各家族内部的纵向的权利再分配。在"为国以礼"的背景下,礼自然成了立法、司法活动的指导原则。周公视"不孝不友"为"元恶大憝",主张"刑兹无赦",①这正是后世"五刑之属三千,罪莫大于不孝"的先声。西周的法律浸透着伦理主义的差异性精神。比如,"凡命夫命妇不躬坐狱讼,凡王之同族有罪不即市",②"公族无宫刑",③包括"议亲"、"议故"、"议贵"在内的"八辟之法",④以及"贼杀其亲则正之,放弑其君则残之","外内乱,鸟兽行则灭之",⑤等等。

在血缘不平等的"礼治"格局中,与原始民主、平等相联系的"直文化"萎缩了。从一部洋洋洒洒的《周礼》中,我们仅仅能从"三询"(一曰询国危,二曰询国迁,三曰询立君)和"三刺"(一曰询群臣,二曰询群吏,三曰询万民)中窥视一点原始民主和平等的影子。至于后来孟子所谓"民贵君轻",无异于原始民主、平等的绝唱。此间,"直文化"成了变了形的东西,演变成法官忠于法律、忠于职守的特定品德。

四、春秋时代地域文化中的"隐文化"和"直文化"

春秋时代,由于生产方式、地理、文化、历史传统等原因,各诸侯国已具有各自的文化特征,故而形成各具特色的地域性文化。其中最典型的就是鲁国文化和晋国文化。当时,人们已经注意到地域文化的存在,并探讨其原因。正如《左传·文公四年》所载某大夫追述西周初大封建时的一段精辟的话:"鲁国之封,启以商政,疆以周索";"晋国之封,启以夏政,

---

① 《尚书·康诰》。
② 《周礼·秋官司寇·小司寇》。
③ 《礼记·文王世子》。
④ 《周礼·秋官司寇·小司寇》。
⑤ 《周礼·夏官司马·小司马》。

疆以戎索"。意思是说:鲁立国于商人的故乡,秉承周礼以治国;晋立国于夏人的大本营,治国崇尚军法。

鲁文化是中原农耕生产方式与宗法贵族政体相结合的产物。"隐文化"是鲁文化的代名词,其典型的代表人物是孔子。孔子思想的核心是"仁"。"仁"的特征是"爱人"。① "仁"的本质是"孝悌","孝悌也者其为仁之本与"。② 实现"仁"的方法是"克己复礼。"③从"孝"、"慈"的伦理道德出发,他认为父子亲属之间负有相互保护的义务,故主张"父子相隐"。《论语·子路》载:"叶公语孔子曰:'吾党有直躬者,其父攘羊,而子证之。'孔子曰:'吾党之直者异于是:父为子隐,子为父隐,直在其中矣'。"而孔子所主张的另一种"直"即法官之"直",正是从西周继承而来的。《左传·昭公十四年》载,叔向杀了徇私枉法的兄弟叔鱼,孔子称赞他"治国制刑,不隐于亲,三数叔鱼之恶,不为末减,曰义也夫,可谓直矣"。说叔向"杀亲益荣",是"古之遗直也"。"父子相隐"是"直","不隐于亲"也是"直"。在这里,孔子提出了一个基本模式:小罪可隐,否则为不孝不慈;大罪不可隐,否则为不直。在这里,"事亲有隐而无犯",同"事君有犯而无隐"。④ 达到了统一,"尊尊"与"亲亲"也谐调起来了。后世的封建法制(如"十恶")正是按孔子的模式日臻完善的。

晋国文化是在游牧生产方式与官僚集权政体相结合的过程中形成的。在这个过程中,齐国管仲和郑国子产的改革曾起了催化作用。晋国文化是法家文化的前驱。其代表是一些主张改革和法治的政治家。他们也讲"仁",但内涵不同:"为仁与为国不同;为仁者爱亲之谓仁,为国者利国之谓仁。故长民者无亲,众以为亲。"⑤由"利国"而"尚功",由"尚功"而"尚贤",又由"尚贤"而"尚法",最后由"尚法"而"尊君",这是必然的逻辑。故"晋人之教,因材授官",罪其父而任其子,诛其兄而任其弟,执法严明,不论

---

① 《论语·颜渊》。
② 《论语·学而》。
③ 《论语·颜渊》。
④ 《礼记·檀弓上》。
⑤ 《国语·晋语一》。

身份高低:"事君者比而不党。夫周以举义,比也;举以其私,党也;夫军事无犯,犯而不隐,义也。"①故其臣下"有事不避难,有罪不避刑"。② 随着郡县制的产生,成文立法活动有增无已。前有"被庐之法"、"夷蒐之法"、"士苪之法",后有"范武子之法","范宣子刑书",更不必说赵鞅的"铸刑鼎"和"铁之誓"了。在重法风气影响下,晋国出了许多忠于法律、守法无私的法官。当时法官的标准是"直而博":"直能端辩之,博能上下比之。"③在晋国,"直"不仅是法官的品质,而且是治国的基本方针。这主要表现在用人路线上。晋国不重血缘而重干,故能招来外国人,出现"楚材晋用"的局面;"虽楚有材,晋实用之",虽有族姻,"而楚材实多"。④

总之,鲁文化是中原文化的集中体现。它上承于西周,复兴于两汉,成为中国传统法律文化的精神支柱;晋文化则是游牧文化的杰出代表,它上承远古之风俗,下启秦国之变法,用"法治"的形象改造了中原大地,并成为中国传统法律文化的坚硬外壳。

五、战国时代"直文化"与"隐文化"的交锋

战国时代,一种精神在中原大地徘徊,并改变了整个中国的面貌。这就是"法治"。"法治"思潮的观念支柱是财产私有、商品交换、平等公正等观念,它们与"直文化"可谓异曲同工、异名同实。

"法治"是财产私有者的圣经。在他们看来,"法"的重要价值之一,即"作为土地货财男女之分"⑤和"定分止争"⑥。个人享有财产私有权并自由地投入交换,不仅地主与佃客、商人与顾客之间,甚至臣下与君主之

---

① 《国语·晋语五》。
② 《国语·晋语七》。
③ 《国语·晋语八》。
④ 《左传·襄公二十六年》。
⑤ 《商君书·开塞》。
⑥ 《管子·七臣七主》。

间也是赤裸裸的交换关系。正如《韩非子·难一》所谓"臣尽死力以与君市,君垂爵禄以与臣市,君臣之际,非父子之亲也,计之所出也"。又《诡使》:"赏禄,所以尽民力、易下死也。"当时,人们的确获得广泛的机会,用自己的血汗和智慧去改变自己的生活,无怪乎李斯曾慨叹:"此布衣驰骛之时而游说者之秋也。"①

"法治"是个体自然人的护身符。它打破了宗法家族的血缘栅栏,把个人拉将出来,使个人与国家建立尽可能简洁的权利义务关系。这就是"法"。它不再以先天的血缘来划分阶级,而是用后天的功利来区分地位,用地域来划分居民。这时,也只有在这时,才在宗法家族的废墟之上创建了超血缘的国家。

在新兴地主阶级"法治"旗帜上,并列地写着两个字:"公"、"直"。它们的对立面便是"私"、"隐"。"法"是新兴地主阶级的意志,"直"是新兴地主阶级的道德,"公"是新兴地主阶级的赞歌。法家高唱"公"和"直",猛烈批判"私"和"隐"。他们把"法治"说成是"公"亦即社会整体利益的表现,故"公法"、"公义"、"公正"、"公信"、"公审"、"公利"、"公民"等新名词不绝于口,又把符合"公"的新道德标准美之曰"直"。这些新观念与传统旧观念是截然对立的。这集中体现在《韩非子·五蠹》的一段话中:"楚之有直躬,其父窃羊而谒之吏。令尹曰:杀之。以为直子君而曲于父,报而罪之。以是观之,夫君之直臣,父之暴子也。鲁人从君战。三战三北。仲尼问其故,对曰:吾有老父,身死莫之养也。仲尼以为孝,举而上之。以是观之,夫父之孝子,君之背臣也。……古者仓颉之作书也,自环者谓之私,背私谓之公。公私之相背也,乃仓颉固以知之矣。"法家不仅传扬"公"和"直",而且还用法律武器打击"私"和"隐"。在这方面最典型的人物就是商鞅。商鞅变法,令"宗室非有军功论不得为属籍",太子犯法,"刑其傅公子虔,黥其师公孙贾",民间"为私斗者各以轻重被刑","令民为什伍而收司连坐,不告奸者腰斩"。② 使"夫妻交友不

---

① 《史记·李斯列传》。
② 《史记·商君列传》。

能相为弃恶益非,而不害于亲,民人不能相为隐"。① 并严于治吏,防止"秩官之吏隐下以渔百姓",②"过举不匿则官无邪人"③。

在秦代,"直"不仅是一般道德,而且还成了法官的职业道德。《睡虎地秦墓竹简·语书》说:"良吏"的标准有二,"公"和"明"。"公"即有"公端之心";"明"即"明法律令"。并有"不直"之罪名:"罪当重而端轻之,当轻而端重之,是谓不直"。司法"不直"的,要受到惩处。在这里,"直"即循法,循法即"公"。

战国时代"直文化"与"隐文化"的交锋是两种地域文化即游牧文化与中原文化的交锋,是两种政体即集权官僚政体与宗法贵族政体的交锋,也是两种社会组织结构即地域性居民行政组织(什伍)与宗法血缘家族的交锋。其结果是"直文化"取得胜利而"隐文化"暂避一时。尔后,随着社会条件的演变和封建制度的成熟,两者便在新的历史条件下化干戈为玉帛了。

六、封建时代"直文化"与"隐文化"的融合

"直文化"是集权政体和"法治"的代名词,"隐文化"是宗法道德的同义语。当封建君主专制政体在自然经济和宗法家族制度基础上确立以后,"直文化"与"隐文化"的融合就是必然的趋势了。

(一)融合的开端

"直文化"与"隐文化"的融合始自秦代。其表现就是秦律以法律形式维护父家长对卑亲属的支配权。如:"父盗子不为盗";"非公室告"(父母擅杀、刑、髡其子女及奴妾);"子告父母,臣妾告主,非公室告,勿听",

---

① 《商君书·禁使》。
② 《商君书·修权》。
③ 《商君书·垦令》。

"而行告,告者罪";父母告子不孝而要求惩处的,官府应执行。其精神与"隐文化"无有二致。

两种文化之所以能够融合,其原因之一是法家未曾一般地否定宗法伦理规范。如《商君书·画策》:"所谓义者:为人臣忠,为人子孝,少长有礼,男女有别。非其义者,饿不苟食,死不苟生。此乃有法之常也。"《韩非子·忠孝》:"臣之所闻曰:臣事君,子事父,妻事夫,三者顺则天下治,三者逆则天下乱。此天下之常道也,明王贤臣而弗易也。"因此,一旦天下初定,便有意运用伦理规范来维系其统治秩序,《睡虎地秦墓竹简·为吏之道》大谈"父慈子孝君怀臣忠"之类,岂偶然哉。

(二)融合的过程

西汉以降,随着自然经济的发展、宗法家族的巩固和集权政体的完善,"直文化"与"隐文化"开始走上整体融合的漫长历程。并导致封建法典法律的儒家化。这主要表现在:"黥劓之罪不及大夫"(刑不上大夫),亲属得相首匿,"议"、"请"、"官当"、"子孙违犯教令"、"犯罪存留养亲"、"以五服以论罪"、"八议"、"十恶",等等。

(三)融合的组织方式

《论语·先进》:"先进于礼乐,野人也;后进于礼乐,君子也。如用之,则吾从先进。"孔子的"学而优则仕"的理想自汉以后逐步得到实现。其过程也正是"直文化"与"隐文化"相融合的过程。

这个过程主要表现为酷吏与循吏的结合,文史与儒生的融合。其契机便是儒学的兴盛和荐举制度的推行。一些熟悉和研究儒家经典的知识分子不断入仕并参与法律活动,两种不同出身经历和文化素质的干部群众对立、隔膜逐渐合而为一。我们从正史的《酷吏列传》和《循吏列传》可以看到两种官吏截然不同的风格,又可以从《论衡》诸篇中看到两种官吏从相互仇视走向统一的典型记载。

（四）融合的操作程序

这种融合从法律实践活动的角度来看,是成文法与判例制度的结合。其中,最为突出的事例是西汉的"春秋决狱"。在国家法典仍体现法家精神而儒学进居主宰地位的特殊历史背景下,用儒家精神改造法家法律的最好办法莫过于循序渐进。在这方面,董仲舒创造的"春秋决狱"提供了一个绝好的操作程序。个别判例一旦确立,一方面可以指导同类案件的审判,另一方面又可以直接上升为法条,为改造成文法典创造条件。"春秋决狱"是发现判例、适用判例和创制判例"三合一"的法律实践过程。这一作法直至唐律诞生之前仍连绵未断,正说明它的重要价值。唐律的产生标志着"直文化"与"隐文化"的融合大功告成。尔后,"春秋决狱"已成为不必要。

（五）融合的里程碑

"直文化"与"隐文化"相融合的里程碑是《唐律疏议》。在《唐律疏议》中,"直"与"隐"开始融合,它所确立的封建法制的基本原则是:封建王朝的利益与宗法家族的利益并重,而对侵害封建王朝统治的犯罪,应当按"直文化"办事,不得隐瞒;而对无碍封建王朝统治的犯罪,则应当按"隐文化"办事,不得揭发。回想起孔子的两种"直"("父子相隐、直在其中",叔向"不隐于亲"是"古之遗直")来,可以说,封建法制关于"十恶"、族诛、相隐的规定,不外乎是对孔子模式的进一步完善。

七、对"直文化"与"隐文化"的历史评价

"直文化"与"隐文化"作为中国传统法律文化的两大基因,都是中国

古代社会的产物,都具有其历史的"合理性",并反过来对古代社会施以巨大的影响力,甚至决定了中国传统法律文化的基本特征。

(一)"直文化"与封建统治秩序的调整

"直文化"在封建统治秩序的调整中起着重要作用。第一,"直文化"以维护封建王朝和封建法制的手段维系了中华诸民族统一大家庭的存在和发展;第二,"直文化"维护法的尊严,并间接提倡人们在法律面前的平等精神,尽管这种平等是有限的和不健全的;第三,"直文化"以制度为工具对庞大的封建官僚机构实行有效的控制和调整,对其中的部分过分行为实行制约;第四,"直文化"培养了一大批忠于国家、忠于法律的直言敢谏、为民请命、执法不畏强权的"法术之士",从而为封建统治注入新鲜血液;第五,"直文化"为中央集权的君主专制政体酿造了与之相适应的社会文化环境,容忍了这种政体的存在和恣意妄为。

(二)"隐文化"与古代法律的历史演进

"隐文化"对于中国古代法律的形象及其历史演进起着巨大作用。第一,"隐文化"决定了中国古代法律所独具的宗法伦理主义精神,以及随之而来的差异性(人们在法律面前的天然不平等)精神;第二,"隐文化"将道德规范置于法律规范之上,故而更强调道德教育和感化的作用,使古代立法、司法纳入"德治"、"仁政"的轨道;第三,"隐文化"以伦理主义的宽容心态来看待违法犯罪,并试图从物质生活条件、人们的精神状态的角度从根本上解决问题,从而深化了犯罪预防的理论和实践;第四,"隐文化"以亲人般的同情心看待法律问题,并以此为文化杠杆,驱动古代法律从野蛮走向文明,中国古代法律所独具的脉脉温情,无不来源于此。

（三）"直文化"、"隐文化"与当今法律文化建设

毋庸讳言,中国传统法律文化所留给我们的许多遗产是应当摒弃的。比如,中央集权的专制主义精神,身份不平等的差异性精神,等等。但是,有些遗产是可以经过改造之后,在新的市场与商品经济生活和民主政治土壤上再度焕发青春的。比如,法律面前的平等("君臣上下贵贱皆从法")、忠于法律、以身殉法的精神,人与人之间的同情心、怜悯心,以及从多方位出发的综合治理方法,更不必说对和谐的永恒追求。但不管怎样,我们毕竟是站在中国传统法律文化的土地上迈开现代化的步伐。在前进路上所遇到的阻碍和获得的成功,都能从传统文化中找到它们的根源。

第 五 章

从"箕子明夷"到"听其有矢"

——对《周易》"明夷"的法文化解读*

　　"箕子之明夷"语出自《周易·明夷》。对"箕子之明夷"和该卦爻辞的解释,历来众说纷纭、莫衷一是。对于"箕子",顾颉刚、李镜池、高亨均以为即殷末贤臣箕子。也有人认为"箕子"乃实即"其子"、"荄兹"、"孩子"。① 对于"箕子之明夷",顾颉刚以为系古代的一个成语典故,"夷者灭也,明灭故暗晦"。全句即今人所谓"箕子的晦气"。② 李镜池以为"之"即"到","明夷"是古代氏族或国家之名。全句为"箕子到某处"之义。高亨认为"明夷"即"鸣雉",又谓缺一"获"字,当为"箕子之获明夷"。全句义为"箕子获得野雉"。③ 刘大钧、林忠军认为:"明夷显然是一种鸟,古代认为日中有三足鸟,马王堆帛书中就有类似的日上飞鸟。此飞鸟是否与明夷于飞有关,由经文中出现飞、翼字眼考,明夷是一种飞鸟无疑。"④这些研究成果,特别是刘大均、林忠军将爻辞与传说史料结合起来的研究方法,为我们进一步探寻周易古经的原始含义,奠定了重要的基

---

　　* 本章基本内容同名发表于《周易研究》2011 年第 6 期。

　　① 参见张大芝:《箕子之明夷新解》,《杭州大学学报》第 12 卷第 2 期,1982 年 6 月。
　　② 参见顾颉刚:《周易卦爻辞中的故事》,《燕京学报》第 6 期。
　　③ 参见李镜池:《周易卦名考释》,载《周易探源》,中华书局 1978 年版,第 275、271 页。
　　④ 刘大钧、林忠军:《周易古经话解》,山东友谊出版社 1998 年版,第 68 页。

础,并指明了新的方向。笔者不揣冒昧,在众说之中平添一词,以乞教于大方。

一、"明夷"考

(一)"明"字之义为辨别、查验

"明"有多义:一曰:光明、明亮。如《周易·系辞下》:"县象著明莫大乎日月","日往则月来,月往则日来,日月相推而明生焉"。《荀子·天论》:"在天者莫明于日月。"二曰:眼睛、视力。如《孟子·梁惠王上》:"明足以察秋毫之末。"《离娄上》:"离娄之明,公输子之巧,不以规矩,不能成方圆。"三曰:彰明、显示。如《周易·系辞下》:"因贰以济民行,以明失得之报。"四曰:分辨、区分。如《左传·隐公五年》:"昭文章,明贵贱,辨等列,顺少长,习威仪也。"《老子》五十二章:"见小曰明,守柔为强。"

(二)"夷"是弓矢的合文

《说文解字》:"夷,从大从弓,东方之人也。"朱骏声《说文解字通训定声》:"东方夷人好战好猎,故字从大持弓,会意。大,人也。"对夷字从"大"之说,陈梦家曾指出:"大则矢之讹变也。"①古代"夷"字乃"弓矢之合书",正由弓、矢二字重叠而成:"卜辞雉从隹,或从弓矢之合书,即雉,省作夷。《说文》以夷为从大从弓,误矣。"②张富祥认为,"把《说文》的从大从弓改释为从矢从弓,也就得到正确的解说"③。因此,我们可以知道,第一,"夷"的古字字形表示矢、弓合一;第二,"夷"字与东夷有关。

---

① 陈梦家:《隹夷考》,《禹贡半月刊》第5卷第10期。
② 黎祥凤:《周易新释》,辽宁大学出版社1994年版,第185页。
③ 张富祥:《说夷》,《淄博师专学报》1997年第3期。

综上,"明夷"的字面含义是:查验弓矢,且与东夷文明密切相关。

二、"明夷"与东夷文明

(一)东夷民族最早发明和使用弓矢与刑法

弓矢是原始人重要的生产工具和武器。"弓箭对于蒙昧时代,正如铁剑对于野蛮时代和火器对于文明时代一样,乃是决定性的武器。"[①]按照有关文献记载,东夷最早发明了弓箭。《世本·作篇》:"蚩尤作五兵","夷牟作矢、挥作弓","逢蒙作射"。古人重视和珍爱弓矢,常常在弓、矢上面刻上记号或族徽。这种习惯一直延续下来,如《国语、鲁语下》:"铭其括曰:肃慎氏之贡矢。"

东夷民族曾经十分强盛,他们不仅发明了五兵和弓箭,还发明了五刑(杀、劓、刵、椓、黥)并将五刑称之为"灋"。[②] 在金文和秦简中,"法"字都写作"灋"。其中的"廌"就是被称为夷羊、夷兽、仁兽、一角圣兽的与麒麟、角端有某种联系的独角兽,是东夷民族蚩尤部落的图腾。这一图腾或许即红山文化的 C 型龙,良渚文化的神人兽面纹和三代的饕餮纹。在甲骨文中,商代的法官被称为"御廌"。[③] 黄帝打败蚩尤后建立了规模空前的部落联盟并设立职官,仍以蚩尤主兵。《说文解字》:"薦,兽之所食草,从廌从草。古者神人以廌遗黄帝。"蚩尤的地位得到神的认可。古时兵刑不分,主兵与司法兼于一职。主兵、主刑者便为某部族所世袭,仍称蚩尤。其后代在尧舜禹时代亦称咎繇、皋陶。其主要职责是论功行赏、司法裁判。皋陶是我国古代最早的法官。《帝王世纪》说"皋陶生于曲阜"。

---

① 《马克思恩格斯选集》第4卷,人民出版社2012年版,第31页。

② 参见《尚书·吕刑》。

③ 参见郭沫若:《出土文物二三事》,人民出版社1972年版,第26页。

他善于用神羊裁判。至春秋时齐国仍有此风俗。①

（二）东夷文明与殷商关系

由于地下考古文物的大量发掘,推动了殷商起源问题的研究。学者们越来越倾向于殷商起源于东方说。即殷商与东夷文化具有密切联系。这样一来,无疑会大大拓展古史研究的视野。在这个宏观视野下面,有些古代文献和甲骨文,都可以作为研究远古历史的材料。如果说,殷商时已经十分成熟的甲骨文记载了东夷民族的生活经历,那么,可以说,《周易》无疑也沉淀了东夷民族的某些故事和古老传说。这些古老经历和故事,经过世代口耳相传已经演变成为古人的集体意识。当条件具备之际,它们便被融化在文字中,这是十分自然的事。

殷商末期,社会曾发生重大变故。这一变故导致王朝更替。周人取得政权之后,掌握舆论导向,极力贬抑纣王的暴虐。而商亡的重要原因,是违背了维护财产权的古老习惯和行为准则,使天下离心离德,周人乘势取而代之。贤臣箕子可能曾经以"明夷"古训力谏纣王,但当时的局势已经无法挽救了。箕子由于批评纣王和归顺周人而得到赞扬。周人表彰箕子,意在重申"明夷"所体现的法律原则,以安顿四方诸侯,同时也为了削弱殷商遗民的反抗。

三、弓矢在古代社会中的特殊作用

如前所言,弓矢是原始人重要的生产工具和武器。以鹰为图腾的蚩尤部落是东夷集团的重要组成部分。东夷集团"起源于河北燕山山脉一带,这里自古以来是燕、雁和各种鸟类集栖与候鸟迁徙停留的好地方,故

---

① 参见《墨子·明鬼》。

夷人以捕鸟为食,以鸟羽为衣,处处依赖鸟类作为主要生活来源,由以长弓善射飞鸟而称作夷人"①。弓矢和宝玉一起被视为政治权力的象征。它们被联称为"宝玉弓矢",被视为权力的象征——国之利器。《左传·定公八年》载:"阳虎说甲如公宫,取宝玉大弓以出。"《左传·定公九年》载:"阳虎归宝玉大弓。"天子授诸侯以弓矢,表示授以征伐之权。弓矢不仅用于生产、战争,还用于比赛。于是便形成一整套射箭用具和射礼。

此外,弓矢还具有特殊作用。这表现在两个方面:

第一,在战后论功行赏之际,弓本身就是捕获俘虏的直接证据。以弓缚首便是"臣"字。"臣"即战俘。甲骨文"臣"字即由外部、内部两部分组成:内部长形半环像人首,外部半圈像弓。甲骨文弓字有两形:一为张弦之弓,二为弛弦之弓。古人狩猎或临战时张弦,此后脱弦,与矢一起妥为保藏。《易经·睽》:"先张之弧,后说之弧,匪寇婚媾。""弧"即弓弦。战争之后,胜利者将弓弦脱下,并用弓弦捆缚战俘之脖项,牵之以返。此时,弓还有另外一层作用,就是证明俘虏是属于自己的战利品,别人不能争议,其目的是等待论功行赏。《诗经·鲁颂·泮水》:"矫矫虎臣,在泮献馘,淑问如皋陶,在泮献囚。"这是"既克淮夷"、"淮夷卒获"之后论功行赏的情景。馘,《毛传》:"馘,获也,不服者杀而献其左耳曰馘"。献即谳,讯问。谳囚不是审问战俘,而是论功行赏。这是古老军法的重要职能之一。《睡虎地秦墓竹简·封诊式》中载有两战士战后相互争首级而致诉讼的内容,长官只得"诊首",凭借创口的特征来判断。这是战国时代的事情。但是在远古时代,这种矛盾早已经被解决了。因为古人的弓矢上面刻有族徽或记号,挂在俘虏脖颈上面的弓便是直接的证据。久而久之,以弓弦捆缚他人的脖项,便带有统治、打败或奴隶身份的特定含义。因此,以弓缚首是带有侮辱性的动作。《左传·襄公六年》载:"宋华弱与乐辔少相狎,长相优,又相谤也。子荡怒,以弓梏华弱于朝。"杜预集解:"张弓以贯其颈,若械之在手,故曰梏。"杨伯峻注:"用弓套入华弱颈项,而己执其弦。"此谓华弱与乐辔(即子荡)从小一起长大,亲匿无间,常戏闹无

① 何光岳:《东夷源流史》,江西教育出版社1990年版,"前言"第1~3页。

礼,致子荡翻了脸,竟在朝堂之上取弓弦捆华弱脖颈以羞耻之。这段文字的价值并不在于批评贵族们的言行有失检点,而在于再现了一段被人们遗忘或忽略的古老典故。而"以弓套入颈项,而己执其弦",正是古代"臣"字的本义——"以弓弦束缚战俘之首"。子荡对华弱的羞侮之义便在于此。当《左传》的作者将这段文字记载下来之际,也许知道其原始的含义,可惜后来被人们遗忘了。《说文解字》:"臣,牵也,事君也。象屈服之形。""牵"字用如动词者,如《尚书·酒诰》:"肇牵车牛远服贾,用孝养厥父母。"用如名词者,特指用来祭祀的活的牛、羊、豕。《周礼·天官·宰夫》:"飧牵。"郑玄注引郑司农曰:"牵,牲牢可牵而行者。"《左传·僖公三十三年》:"脯资饩牵竭矣。"杜预注:"牵谓牛、羊、豕。"孔颖达疏:"牛、羊、豕可牵行,故云牵谓牛、羊、豕也。"我以为,以牛、羊、豕为牺牲的是一般的祭祀,而战胜后的祭祀则用战俘。"以弓缚首","牵之以祭",这就是"德"字的本义。①

第二,矢可能是为了标识罪隶身份而对战俘黥目或渺其一目时的用具。据《尚书·吕刑》载,在蚩尤发明的五刑中有黥刑。殷周之际,黥刑比较流行,《周易·鼎》:"其形(刑)渥(剭)";《睽》:"其人天且劓";《噬嗑》:"噬肤"。"剭"、"天"、"噬肤"盖即文身或黥刑(刺面)。黥目或渺其一目便产生了"民"。《说文解字》:"民,众萌也。从古文之象";"氓,民也,从民亡声,读若盲"。《贾子·大政》:"夫民之为言萌也,萌之为言盲也。"在甲骨文中,"民"字有两形:其一,上目下十。刘兴隆注:"象以物刺人目形,示为罪隶也。与金文民同。典籍民、盲、氓一字。"②其二,上目下矢。赵诚注:"构形不明。甲骨文作方国之名,则为借音字。"③我推测,目下之"十"或即"甲"符,代表编号。在奴隶眼眶下文以此号以标明归属。甲骨文还有上目下口、上口下目两形。④ 口盖即"丁"。字义相同。目下

---

① 参见武树臣:《寻找最初的德——对先秦德观念形成过程的法文化考察》,《法学研究》2001年第2期。

② 刘兴龙:《新编甲骨文字典(增订版)》,国际文化出版公司2005年版,第846页。

③ 赵诚:《甲骨文简明词典》,中华书局2009年版,第150页。

④ 参见沈建华、曹锦炎:《甲骨文字形表》,上海辞书出版社2008年版,第42页。

之"矢"表示黥刑的用具。金文中亦有此字形。殷商曾盛行文身。盖施于内部用"辛"(专用刀具),即文额、文胸、文乳;施于外部用"矢",即文目或刺瞎一目。《周易·履》《归妹》有:"眇能视。"眇:瞎了一只眼,仍能看见东西。盖眇其一目之义。郭沫若《甲骨文字研究·释臣宰》:周代彝器中的民字"作一左目形,而有刃物以刺之";"周人初以敌为民时,乃盲其左目以为奴征。"梁启超《太古及三代载记·附三苗九黎蚩尤考》:"因其冥昧,亦谓之民";"民之本义为奴虏"。人被眇其一目,视物有碍,故"民"有"冥"、"盲"、"瞑"之义。

四、弓矢在诉讼中的证据意义

弓矢是确认战利品归属并论功行赏论的重要凭据,而最古老的裁判活动可能最早源于战争。《诗经·鲁颂·泮水》:"淑问如皋陶,在泮献囚。"郑玄笺:"善听狱之吏如皋陶者。"淑,善也,又同"叔"。《说文解字》:"叔,拾也。"郭沫若认为,叔字"以金文字形而言,实乃从又持戈以掘芋也"[1]。"问",审讯,考察,追究。"淑问",意即刨根问底彻底调查清楚。献,谳,审判。皋陶之所以善于听讼,与其说是仰仗着神羊,不如说是靠着证据,即弓矢。"献囚"的手段靠证据即弓矢,故甲骨文出现了"萐"(左鹰右矢)字;"献囚"的目的是论功行赏,故甲骨文出现了"庆"(左心右鹰),即庆赏的庆(慶)字。或与"用命赏于祖"有关。还有一个"鷹"(左鹰右丄)字,丄即古代的社。该字或与"弗用命戮于社"有关。皋陶很可能是以证据即弓矢来断案的第一位大法官。后来,这种做法被商人继承,并被箕子所提倡。

弓矢是确定民事权利责任的重要依据。在民事诉讼、刑事诉讼中,证

---

① 郭沫若:《两周金文辞大系图录考释》,科学出版社1957年版。转引自陈初生编:《金文常用字典》,陕西人民出版社2004年版,第328页。

据的地位是很重要的。《随》:"有孚在道,以明何咎。"孚,信,证据;道,审理。依据证据来审理案件,才能辨别曲直。在猎获物的归属发生纠纷时,弓矢是最可靠的证据。因为猎人的弓矢上面都刻有符号,或者各家箭镞具有各自的特征。《明夷》:"明夷,夷于左股,用拯马壮,吉。"拯,赔偿;壮,通戕,伤。一匹马的左股被射伤,在伤口处发现箭头,据此查到箭的主人并责令医治马伤,这是对的。"明夷于南狩,得其大首,不可疾,贞。"猎人射伤了一只猛兽,一直尾随追到南方村落,因为兽身上有箭头作为证据,当地人不敢拒绝归还。"入于左腹,获明夷之心,于出门庭"。心,木上的尖刺,《诗·邶风·凯风》"吹彼棘心",此指箭头。一个猎人追到别人家里索要一只猎物,结果在猎物左腹发现箭头,证明确系他所射,就把猎物背走了。"不明,晦,初登于天,后入于地。"不肯把弓矢交出来验证,太暧昧了,这就证明猎物不是你射的,就好像朝天射了一箭,又落到地上,什么也没射着,你的箭还在那里插着呢!正因为弓矢是最可靠的证据,所以在诉讼中双方都要出示证据,即"明夷"。

五、"明夷"与"不富以其邻"、"迷遄复归"的原则是一致的

"明夷"并不是一种简单的证据制度,"明夷"的本质是保护财产所有权,禁止将无主财物据为己有。这和《周易》的"不富以其邻"、"迷遄复归"的精神是完全一致的。

"不富以其邻"(《谦》),即不能通过侵害邻人的手段来致富。这是一条古老的道德准则。筮辞几次谈到"丧牛于易"(《旅》)、"丧羊于易"(《大壮》),指殷先王亥到有易部落被土著居民杀死,牛、羊被抢,后来王亥的后代打败有易,夺回牛羊。筮辞引用这个典故阐明复仇的原则,警告人们不要侵犯他人财产权。

"迷遄复归"。迷,指牛、马、羊跑失,或遗失其他财物;遄,指臣、妾、

童、仆等奴隶逃亡;复归,指归还原主。按当时的法律和惯例,凡得到上述财物或奴隶的,应呈报专门机关,归还原主,并可以从原主那里得到偿金,否则将引起诉讼。《震》:"亿丧贝,跻于九陵,勿逐,七日得。"全句意思是:有人遗失巨额货币,赶往几个关口要道去通报,回答说:不必追寻,七天内可以找到。《既济》:"妇丧其茀,勿逐,七日得"。茀,是装饰品,妇人丢失了装饰品,不必追寻,只要通报官府,七日内就可找回。"迷逋"事件常常引起诉讼。如《无妄》:"无妄之灾,或系之牛,行人之得,邑人之灾。"捡了别人跑失的牛而不上报,"行人"(地方官)受理失主的起诉,便在遗失牛的地方进行大搜查,这是当地人的耻辱。

中外奴隶制法律在处理动产(包括奴隶)纠纷上有惊人的相似之处。《汉穆拉比法典》规定,自由民藏匿宫廷和奴隶主的逃奴而不交出的,此家的家长应处死;自由民在原野里捕到逃亡奴婢交还原主的,可以从原主那里得到酬金;如果藏匿而不交还原主,应处死;奴隶说不出主人姓名的,必须调查并遣返给他的主人;理发匠未经主人许可而剃掉奴隶发式标记的,应断其手。①

六、箕子或以"明夷"古训力谏纣王

《周易·明夷》:"箕子之明夷。""箕子"即殷末箕子。箕子系商纣诸父,封国于箕,故名。纣王暴虐,箕子劝谏,不听,披发佯狂为奴,为纣所囚。武王伐纣,释箕子。箕子应武王所咨,作《洪范》,述理国之九畴。《尚书·洪范》载箕子言治理国家的九项措施,即"洪范九畴"。其七为"明用稽疑。""稽",《广雅·释言》:"稽,考也。"即考核、调查。甲骨文的"疑"字,左部是上匕下矢,右部即匕字。《玉篇》:"匕,矢镞也。"《左传·昭公二十六年》:"射子,中楯瓦,繇朐汰辀,匕入者三寸。"注:"匕,矢镞

---

① 参见《汉穆拉比法典》,杨炽译,高等教育出版社1992年版,第20、122页。

也。"甲骨文"疑"字即由匕、矢、匕三字所组成,一矢二匕,正表示在证据上出现了疑问。"明用稽疑"就是"明夷",就是通过弓与矢(匕)上面的符号或特征来搞清事实,以确定责任。东夷部落的发明并非被商人抢先注册了专利,在那些被刻画成的文字背后,正是人所共知的口耳相传的古老故事,其中就不乏皋陶神判的传说,如同后来的包公案、狄公案一样。古代"灋"字的产生与第一代大法官皋陶相联系,绝不是偶然的。①

"明夷"制度的本质内容不仅是确定所有权而更重要的是保护合法的所有权。在商代,奴隶和马牛一样都是重要的财产。商末,曾经发生大规模奴隶逃亡的现象。商纣王违背了"迷逋复归"的古训,从而亡国。《尚书·牧誓》载周武王历数商纣王的罪过之一是"乃惟四方之多罪逋逃,是崇是长,是信是使。"《左传·昭公七年》载,楚灵王"即位,为章华之宫,纳亡人以实之。"芊尹无宇的守门奴隶(阍)就藏匿在章华宫里面,芊尹无宇向楚灵王讨回其奴隶而被拒绝。他向楚灵王慷慨陈词道:"周文王之法曰:'有亡荒阅',所以得天下也。……吾先君文王,作仆区之法,曰:'盗所隐器,与盗同罪',所以封汝也。若从有司,是无所执逃臣也。逃而舍之,是无陪台也。王事无乃缺乎?昔武王数纣之罪以告诸侯曰:'纣为天下逋逃主,萃渊薮。'故夫致死焉。君王始求诸侯而则纣,无乃不可乎?若以二文之法取之,盗有所在矣。"意思是说,当年商纣王接收了天下的逃亡者而不归还,从而得罪了各地奴隶主,招致诸侯的反叛。相反,周文王则通过大搜捕把逃亡奴隶归还给奴隶主,从而得到诸侯的拥戴。楚文王制定法律,对隐藏逃亡奴隶的按照盗窃罪来处刑,所以才被封为诸侯。这段话为我们了解商亡的社会原因提供了证据。

箕子是贤臣,在纣王倒行逆施之际,曾经极力劝谏,却遭到纣王的囚禁。箕子劝谏的理由,就是"明夷",即确定并且保护奴隶主对逃亡奴隶的所有权。因此,这一重要历史事件就被人们特意保存下来,成为《周易》的编纂者手中的素材。此为"箕子"与"明夷"相连的原因。

---

① 参见瞿同祖:《中国法律与中国社会》,中华书局1981年版,第253页。

七、"箕子明夷"与西周金文"灋"字的出现：从神判法到人判法

甲骨文中未见法字。在金文中"法"字写作灋。《说文解字》："灋者，刑也，平之如水，从水，廌所以触不直者去之，从廌从去。"又说，"今省作法"。这种解释无疑是高度凝结了汉代学者关于"法"这一社会现象的传统认识，但尚有进一步斟酌的余地。

古代"灋"字由三部分组成：其一，氵，代表河流。人们把违背公共生活准则的"罪犯"驱逐到"河那边"去，等于流放。其二，廌。廌是蚩尤部落的图腾，是社会权威机构的象征。其三，去。许慎视之为动词，取弃去之义。但他在《说文解字》中又指出："去，人相违也。"这一解释必有所本，可惜语焉未详。甲骨文"去"字字形是上大下弓。去字实由矢、弓两部分组成。上为矢，下为弓。弓、矢合而为"去"。何以为证？《管子·轻重甲》："三月解匀，弓弩无辄移者。""匀"（去在勹中）是"装弓箭的器具"①，有隔潮的功能。弓、矢置之三个月后取出来，都没有变形走样。有人认为"匀"字是"医"的讹字。《说文解字》："医，盛弓弩矢器也，从匚从矢。""匀"字至迟在《管子》成书年代就存在了。医字倒可能由该字转化而来。医字通行而"匀"字遂废。"去"字的本义表示弓与矢相离，两者的记号不相合。该字与"夷"字的本义正相反。古代"夷"字乃由弓、矢二字重叠而成。因此，"夷"的古字字形表示矢、弓合一，意即弓与矢符号相同，正好是一套。"去"字则表示弓与矢的符号不一样。由此可以判决疑难案件。

《尚书·洪范》载箕子述治国九畴，其七稽疑："立时人作卜筮，三人占则从二人之言。汝则有大疑，谋及乃心，谋及卿士，谋及庶人，谋及卜

① 徐中舒主编：《汉语大字典》第一册，四川辞书出版社1986年版，第258页。

笾."这种注重人事的施政方针,与殷商迷信鬼神的传统做法大异其旨。这种原则贯彻在裁判活动中,就是:一、经验判断(谋及乃心);二、征求意见(谋及士庶);三、求助卜筮(谋及卜筮)。在这种思想框架下,我们再回过头来看"灋"字:"灋"字中的"廌"代表神兽,"去"代表"明夷"(证据)。因此可以推测,灋字就是在西周初期,在神权动摇、人事兴起的特殊社会背景下,并且在总结以往法律实践经验基础上产生的。灋字是古代神判法向人判法整体过渡的一个路标。

八、"箕子明夷"对西周初期
立法和后世司法的影响

　　"明夷"宣布四项原则:一、保护财产所有权,禁止将无主财物据为己有;二、产生争讼后不得私自诉诸武力,要由官方裁判;三、在诉讼中,双方须到场参加诉讼;四、官人通过证据而不是神判也不用刑讯来裁判案件。

　　"有亡荒阅"的"周文王之法"和"盗所隐器,与盗同罪"的楚文王之法,被称作"二文之法",它们之间当然存在内在联系。其关键便是一个"盗"字。"盗"之罪名起码在西周初期就已确立。《左传·文公十年》载:周公"作誓命曰:毁则为贼,掩贼为藏,窃贿为盗,盗器为奸。主藏之名,赖奸之用,为大凶德,有常无赦,有九刑不忘。""二文之法"都是涉及逃逸臣妾牛马之归属权问题的法律原则。再加上纣干故事的反衬:"纣为天下逋逃主,萃渊薮。"杨伯峻注:"天下逃亡者,纣为窝藏主,故群集之,如渊为鱼之所藏,兽为薮之所聚处。"面对隐匿臣妾牛马的行为,周文王的办法是来个大搜查;楚文王的办法是定他个盗窃罪。其宗旨都在于维护臣妾牛马所有者的所有权。

　　"明夷"所体现的法律原则一直被延续下来。《尚书·费誓》载:"马牛其风,臣妾逋逃;无敢越逐,祗复之,我商赉汝,乃越逐不复,妆则有常刑。"是说,得到跑失的马牛和逃亡奴隶,不能据为己有,要如数归还原主,这样可得到酬金,否则要受到处罚。《周礼·秋官·朝士》:"凡得获货贿、人民、家畜者,委于朝,告于士,旬而举之,大者公之,小者庶民私之。"意思是,凡得到遗失的财物,逃亡奴隶和跑失的牲畜,应向"朝士"报告,由"朝士"招领,十日内无人认领,奴隶马牛归公,小额财物则归拾者,以资酬劳。此处的"朝士"有似于《周易》里面的"行"、"行人"、"中行";"旬日"可能类似于"七日",是招领的期限。《左传·文公六年》载"夷蒐之法",有"董逋逃,由质要"的规定,即处理逃散马牛奴隶归属的争讼,应以购买马牛奴隶的契书为凭据。《周礼·秋官司寇·士师》:"凡以财狱讼者,正之以傅别约剂";《朝士》:"凡有责(债)者,有判书以治则听","凡属责(委托债务)以其他傅而听其辞";《天官冢宰·小宰》:"听师田以简稽","听闾里以版图","听称责以傅别","听取予以书契","听买卖以质剂";《地官司徒·小司徒》:"凡民讼,以地比正之;地讼以图正之"等。《礼记·月令》有"命理瞻伤、察创、视折,审判决,狱讼必端平",都强调证据对于公平断讼的意义。这些思想和制度,既告别了神判,又杜绝了刑讯。

正因为弓矢是最可靠的证据,所以在诉讼中双方都要出示证据,即"明夷"。《周礼·秋官司寇·大司寇》所载:"以两造禁民讼,入束矢于朝,然后听之",《国语·齐语》所云:"坐成以束矢",韦注:"两人讼,一人入矢,一人不入则曲"。《管子·中匡》:"无所诎而讼者,成以束矢。"至此,古老的风俗已经演化成了一种抽象的仪式。《睡虎地秦墓竹简·为吏之道》:"听其有矢,从而则之。"意思是说原告起诉时有证据才受理,并按照双方提供的证据来裁判案件。至于"入矢"、"有矢"的意思,有人认为是发誓,有人认为是证明自己已像矢一样正直,还有人认为是交"诉讼费"。这些也许都不是其本义。其实,它们正是从古老习俗"明夷"即出示和检验证据——"明夷"演化而成的。

第 六 章

孔子与铸刑鼎*

　　鲁昭公六年(公元前 536 年)郑国执政子产"铸刑书"。又过了二十三年,即鲁昭公二十九年(公元前 513 年),晋国赵鞅、荀寅又"铸刑鼎",孔子对此提出批评。把法律条文铸于金属器具之上并颁之于众,这是春秋时代法律制度上的大事件,也是中国古代法律文化进一步发展的重要标志。因此,弄清刑书、刑鼎在形式上、内容上的一般情况,并在此基础上剖析孔子对"铸刑书"、"铸刑鼎"事件的态度的真实动因,对于深入了解孔子的法律思想,都具有十分重要的意义。由于这个问题比较复杂,故多用些笔墨,并企教于大方之家。

一、关于公布成文法问题

　　众所周知,孔子反对晋国"铸刑鼎"。但仅仅据此一例便得出孔子反对公布成文法的笼统结论,似觉未妥。因此,我们应当把晋"铸刑鼎"事件置于"宏观"的视野之中,从纵的(历史流变)、横的(地域联系)两种角

---

　　*　本章基本内容同名发表于《孔子法律思想研究》,山东人民出版社 1986 年版。

度进行综合分析,才能得出近乎客观实际的结论。

(一)西周公布什么样的法律——兼及
西周的立法形式与司法特点

有这样一种意见,认为"铸刑鼎本来是奴隶制全盛时期奴隶主阶级一条重要的法律章则","铸刑书在西周时期是很普遍的。孔丘反对铸刑鼎,与《周礼》的规定是背道而驰的,这是没落奴隶主走向反面时虚弱的表现"。① 看来,为了弄清孔子对铸刑鼎的态度,不能不谈谈西周的立法和司法了。

我国古代成文法律的制定,由来久矣。春秋时的叔向就曾提到"禹刑"、"汤刑"、"九刑"。② 西周的立法较前代更为发达。当时不仅有"周文王之法"③,而且周王还"命大正(司寇)正刑书","众臣咸兴,受大正书,乃降太史生策刑书九篇"④。

"刑"是诸法合体的法律文件的统称。近似于今"型"(型范、模型)。古代法律文件多铸之于金属礼器,《周礼·秋官·司约》:"凡大约剂书于宗彝"。即所谓"器以藏礼"⑤,以示威严与长久。铸器须先制模具,即"型"。通过"型"而浇铸的具有法律内容的礼器,又叫作"刑器",如"使乐遄庀刑器"⑥。铸"刑器"不仅是立法而且也是司法的结果。在贵族诉讼中,往往由败诉的一方出资铸器,记载争讼的过程及法官的判辞,如《铭》。也有受罚的贵族铸器的,如《师旅鼎》就是"师旅受罚遂铸器以纪其梗概"的产物,"受罚而铭器,此例仅见"⑦。这些都是"大伐小,取其所得以作彝器"的战争惯例在司法中的反映。其目的在于"昭明德而惩无礼"⑧。这实际

---

① 林乃燊:《关于孔丘的几个问题》,《北京师院学报》1979 年第 1 期。
② 参见《左传·昭公六年》。
③ 《左传·昭公六年》。
④ 《周逸书·尝麦》。
⑤ 《左传·成公二年》。
⑥ 《左传·襄公九年》。
⑦ 郭沫若:《两周全文辞大系图录考释》,科学出版社 1957 年版,释文部分第 134 页。
⑧ 《左传·襄公十九年》。

上又是一种判例。"刑器"是用来规范人们行为的,具有不可违犯的权威。正如同"型"(模型)规范熔化的金属一样。故而《礼记·王制》云:"刑者铏也,铏者成也,一成而不可变。"而这些载有法律和判例内容的"刑器"是贵族统治权和司法权的象征。它们被置于贵族的庙堂之中,只能由贵族特别是司法官员掌握,不向平民公开。即所谓"国之利器不可以示人"①。

西周统治者也向平民公布法律,这主要分两类:定期的和临时的法令。

定期的法令即"象魏"之法。《周礼·天官·大宰》:"正月之吉,始和,布治于邦国都鄙。乃县治象之法象魏,使万民观治象,挟日而敛之。""魏"是天子、诸侯宫门外一对高的建筑物。"象"是刑典之意。悬"象"于"魏",故称"魏"为"象魏"。由于"象魏"是统治者颁布法律的地方,久而久之,它就成了法律的代名词。《左传·哀公三年》:"司铎火。季桓子至,御公立于象魏之外。……命藏象魏,曰:旧章不可亡也。""象魏"可以收而藏之,似当属法律文件之类。"象魏"之法的内容是规定人们应当和不应当做什么,否则"吾则有常刑"。但具体应当施加什么刑罚是不预先明示的,由司法官根据具体情节量定。

临时的法令。如《兮甲盘铭》:"毋敢或入蛮宄布,则亦刑","敢不用令则即井(刑)扑伐";《尚书·费誓》:"马牛其风,……乃越逐不复,汝则有常刑";"无敢寇攘,……汝则有常刑"。又如《左传·哀公三年》:"命宰人出礼书,以待命,命不共,有常刑。"这种临时的法令虽然因一时一事而发,但对以后仍有效力。这种法令对违法者也没明示处以何种刑罚。

西周立法形式的最大特点是"单项立法"。即分别规定关于违法犯罪的概念、司法的一般原则和以刑统罪的刑罚制度。前者类似于后来封建刑律中的《名例》和现代刑法典中的"总则",我们姑且称之为"名例项"。比如"先君周公制周礼……作誓命曰:毁则为贼,掩贼为藏,窃贿为盗,盗器为奸,主藏之名,赖奸之用,为大凶德,有常无赦,在九刑不忘"②以及"周文王之法"中的"有亡荒阅"。《尚书·吕刑》亦属此类。后者有

---

① 《老子》三十六章。
② 《左传·文公十八年》。

似于今刑法典的"刑罚"部分,姑且称之为"刑罚项"。如《尚书·吕刑》:"墨罚之属千,劓罚之属千,剕罚之属五百,宫罚之属三百,大辟之罚其属二百,五刑之属三千"。可见,"名例项"不涉及具体的刑罚,概谓"有常无赦"这个"常"的具体内容是不并列的。而"刑罚项"又不涉及犯罪的概念,两者是分离的,因为前者变化大而后者变化小,所以把两者结合为一典,尚需要长期的法律实践。

"单项立法"给司法带来的必然结果首先是判例(故称为"判例项")地位的提高。司法官以"名例项"和"刑罚项"施用于具体案件,作出判决。所谓"临事制刑,不豫设法"①。这种判决既适用本案当事人,又对未来的同类案件具有指导和参考作用。实际上成为司法的法律依据之一。其次是使法官处于关键地位。由于"名例项"、"刑罚项"、"判例项"是"三项分离"的,所以法官对某具体案件的裁决便完全取决于他对"三项"的理解和对案件事实的评价,即叔向所谓"议事以制"。因此古代人们异常重视法官的品质与才能。如《尚书·吕刑》所说:"惟良折狱","择吉人观于五刑之中"。春秋时人们对法官的品质与才能的重要性认识得更为深刻,称之为"直"和"博":"直能端辨之,博能上下比之"。訾柘就是春秋时能够"端刑法、缉训典"的德才兼备的优秀司法官。②"上下比之"即《吕刑》所谓"上下比罪"和《礼记·王制》所谓"凡听五刑之讼","必察小大之比以成之",是全面审度"名例"、"刑罚"和参考"判例"的意思。秦代亦强调判例的作用,所谓"行事比焉"③。

正因为西周实行"单项立法"和"三项分离"的司法,所以对一般平民来说,除了简单的政令和刑罚手段之外,作为整体意义上的"名例项"、"刑罚项"、"判例项",是无从知晓的。同时,对某一具体的行为是否系违法犯罪,又应当处何种刑罚,平民自然也是不知道的。对平民来说,西周的法律可以说是"刑不可知则威不可测"的"秘密法"。

如果说西周是种族奴隶制的话,那么它的法律也是"种族法"。这种

---

① 《左传·昭公六年》杜预注。
② 参见《国语·晋语八》。
③ 《睡虎地秦墓竹简》。

法律所规定的权利义务取决于人们的血缘身份,可以说这是一种特殊的"属人法"。在以血缘划分阶级等于以地域区分居民的情况下,这种"属人法"处处体现着公开的等级差别。就是,西周以降,奴隶主贵族的礼制日趋崩坏,战争导致疆土易主;"疆场之邑,一彼一此,何常之有"①,天灾迫使人们迁徙,政治动乱使贵族"亡其氏姓,踣毙不振,绝后无主,湮替隶圉"②。新的统治者不得不以地域为标准来划分居民、征收赋税。于是西周"属人法"过时了,代之而起的是一种新形式的法律。

(二)郑、晋公布了什么形式的法律

从叔向对子产"铸刑书"、孔子对赵鞅"铸刑鼎"的雷同的斥责中间,我们不难体味到郑刑书、晋刑鼎在法律形式上具有共同的特点——改变了西周"单项立法"的传统,将"名例项"和"刑罚项"结合起来,成为"二项合一"的新式法典。

叔向云:"昔先王议事以制,不以刑辟,惧民之有争心也"。是说过去审判案件只是遵照"名例项"、"刑罚项",并参考"判例项",不曾预先制定什么行为是违法犯罪和应处何种刑罚两项内容合一的刑典,以免老百姓据法争辩。子产恰恰制定并颁布了这种刑典。于是,"民知有辟,则不忌于上,并有争心,以征于书,而徼幸以成之";"民知争端矣,将弃礼而征于书,锥刀之末,将尽争之"。③ 其中"征于书"的"书"即传统的"名例项","锥刀之末"即"刑罚项"。老百姓连犯罪的概念、司法原则以及刑罚措施都一清二楚了,自然可以就是否构成犯罪、应处何种刑罚等问题向法官和贵族据理力争。那么谁还去遵守礼,尊敬贵族?

孔子云:"晋其亡乎,失其度矣。大晋国将守唐叔之所受法度以经纬其民,卿大夫以序守之。民是以能尊其贵,贵是以能守其业。贵贱不愆,所谓度也。……今弃是度也,而为刑鼎。民在鼎矣,何以尊贵? 贵何业之

---

① 《左传·昭公元年》。
② 《国语·周语下》。
③ 《左传·昭公六年》。

守？贵贱无序,何以为国？且夫宣子之刑,夷之蒐也,晋国之乱制也,若之何以为法。"①孔子说:"卿大夫以序守之"与"民在鼎矣",是说过去法律由贵族内部掌握,现在却公布于百姓,是"贵贱无序"。"宣子之刑,夷之蒐也",是说"刑书"内容不当为法。考"夷蒐之法"可知亦"二项合一"之法也,不过当时恐未颁之于国民。

郑刑书、晋刑鼎向国内全体臣民颁布了"二项合一"的新式法典,是中国法律史上的伟大创举。也是当时经济发展、阶级矛盾和统治集团内部角逐的必然结果。西周的"名例项"和"刑罚项"对后来的剥削阶级仍有广泛的适用性。但是,由于"判例"在适用中具有局限性,比如,西周的"土地王有制"显然已不适用于春秋的实际。这种"判例项"便逐渐被淘汰掉了。这样,在去掉"判例项"之后,只有将"名例项"与"刑罚项"结合起来。当时,掌握政权的封建贵族,一方面畏惧奴隶主贵族对政权的觊觎,当他们感到奴隶主贵族是他们的最大威胁时,便急于用法律形式确认自己的既得利益并限制奴隶主贵族的传统特权。为此,他们不惜讨好平民,对平民的利益适当加以"照顾";另一方面,当封建贵族内部诸派势力斗争激烈之际,为了避免"同归于尽",经过妥协之后将过去的法律赋予新的内容并予以公布。这种新式法律的颁布,在客观上有利于平民对统治者的"合法"斗争,有利于限制贵族的特权和法官的擅断。这种做法被后来的新兴地主阶级所继承和发扬。

二、从晋刑鼎的内容看孔子
反对晋刑鼎的理由

孔子不仅从公布成文法的形式而且从成文法的内容上反对晋刑鼎。因此,我们有必要对晋刑鼎的内容进行初步的探讨。

---

① 《左传·昭公二十九年》。

　　赵鞅、荀寅铸于鼎上的法律是"范宣子所为刑书"。史料未得范宣子制定刑书的行迹。因此,杜预所释"所为刑书"即"所用刑书",是可取的。孔子则更明确地指出"宣子之刑,夷之蒐也"。孔子一定得知"宣子之刑"和"夷蒐之法"的内容,所以才敢于下此断语。不论"宣子之刑"是"夷蒐之法"的翻版,还是在性质、特点上属于"夷蒐之法"的那一类型,总之,两者有着密切的联系,这是可以确定的。因此,我们通过"夷蒐之法"来了解"宣子之刑"的内容,大体上也是不会错的。

　　"夷蒐之法"是什么性质的法律? 这直接关系到孔子对晋铸刑鼎的态度问题。有一种意见认为:"夷蒐之法是镇压奴隶,维护奴隶主阶级利益的法律";"在春秋末年,荀寅还将'董逋逃'的奴隶法铸之于鼎。"[①]以"董逋逃"来证明"夷蒐之法"带有奴隶制法的色彩是可以的,但以"董逋逃"来断言晋所铸刑鼎是奴隶法恐有武断之意。

　　关于"夷蒐之法",《左传·文公六年》记载:"春,晋蒐于夷,舍二军。使狐射姑将中军,赵盾佐之。阳处父至自温,改于董,易中军。阳子,成季之属也,故党于赵氏,且谓赵盾能,曰:'使能,国之利也'。是以上之。宣子于是乎始为国政,制事典……既成,以授大傅阳子与大师贾佗,使行诸晋国,以为常法。"

　　关于赵盾所作的"夷蒐之法",一般都被概以"九事";"宣子于是乎始为国政,制事典,正法罪,辟狱刑,董逋逃,由质要,治旧,本秩礼,续常职,出滞淹"。我以为当断句如下:赵盾"始为国政,制事典;正法罪,辟狱刑;董逋逃,由质要;治旧,本秩礼;继常职,出滞淹"。文中"制事典"与"以为常法"首尾呼应,讲的是自草拟法律到被确立为国法的全过程。至于法律的内容实际上分四个方面。

（一）关于刑事立法、司法——"正法罪、辟狱刑"

　　"正法罪、辟狱刑",即治罪以法,罪名不当、法条不明者修订之,并以

---

　　①　钟肇鹏:《孔子研究》,中国社会科学出版社 1965 年版,第 50~51 页。

修订完善的刑律审理狱中专决囚犯,以法科刑。可见赵盾所制定的法律有两个特点:一是兼有罪名和刑罚两方面的内容;二是在罪名和刑罚方面均与以往不同。其具体情况由于文献不足,不能详知。

(二)关于动产诉讼——"董逋逃、由质要"

这里所说的动产只指奴隶、牛、马、羊等财产。在这些财产脱离主人控制而在其归属问题上发生纠纷时,以"质要"为证据而断之。质,即质剂、券契,是买卖奴隶、牛、马、羊时制作的券书。如《周礼·地官·质人》:"大市以质,小市以剂"。郑玄注:大市,人民牛马之属,用长券;小市,兵器珍异之物,用短券。《麦尊铭》载:天子赏赐井候"臣二百家,剂"。郭沫若谓:"此语可证古有奴券。"要:证券,官方文件。《矢人盘》(即《散氏盘》)记载一宗田讼的判例,详记田界的方位与标志。落款有:"左执要史正仲农",似指专门掌管"要"的官吏。郭沫若解释:"谓其左执券乃史正之官名仲农者所书也。"[1]能够书写判辞的,应当是官方仲裁者。"券"分左右,如《睡虎地秦墓竹简》有:"亡校券右为害";《史记·平原君列传》有:"操右券以责";《商君书·定分》有"左券"、"右券"。恐"左券"为正本而存于官府者。故《白虎通义》说:"质尊左。"《周礼·地官·小司徒》:"大比(校)则受邦国之比要。""要"即有关户籍、财产的文书。《荀子·王霸》有:"官人失要则死,公族失礼则幽。""要"即官方法律文书。"董逋逃,由质要"在西周是一条奴隶制性质的民事诉讼原则。《尚书·费誓》:"马牛其风,臣妾逋逃,无敢越逐,祇复之,我商赉汝。乃越逐不复,汝则有常刑。无敢寇攘,逾垣墙,窃马牛,诱臣妾,汝则有常刑。"意思是,得到散失的马牛和逃跑的奴隶要报官或归还原主,这样可以得到一定偿金。否则就是违法行为。《周礼·秋官·朝士》:"凡得获货贿、人民、六畜者,委于朝,告于士。旬而举之,大者公之,小者庶民私之。"这里的"人民"即指逃跑的奴隶。《汉穆拉比法典》第十七条规定:某人在野外捕

---

① 郭沫若:《两周金文辞大系考释》,科学出版社 1957 年版,"释文部"第 41、131 页。

获逃奴并送还原主,则主人应给此人两西克勒银子;第十六条规定:某人
将逃奴藏匿在家而不交出,这家的主人应处死,可见视奴隶为财产乃世界
各国奴隶制法的共同特征。

《易经》是了解西周社会生活的宝贵著作。其中记载了大量的关于
动产转移和诉讼的情况。如"无妄之灾,或系之牛,行人之得,邑人之灾"
(《无妄》);"丧马,勿逐,自复"(《睽》);"无亨,利牝马之贞,君子有攸往,
先迷后得主,利"(《坤》);"妇丧其茀,勿逐,七日得"(《既济》),"畜臣
妾,吉"(《遯》);"得臣无家"(《损》);"得妾以其子,无咎"(《鼎》);"得
童仆"、"丧其童仆"(《旅》);"不克讼,归其逋,其邑,人三百户无眚"
(《讼》),等等。可见当时的动产包括臣妾童仆,牛马羊及生活日用品。
其中"勿逐"与《费誓》所谓"无敢越逐"的原则是一致的。而"先迷后得
主"、"七日得"、"归"又可与《费誓》的"祇复之"相印证。

"董逋逃、由质要"这一原则有着广泛的适用性。因为"逋逃"者可以
包括奴隶、牛马,也可以包括罪犯、逃民;而"质要"则既包括买卖契券,又
包括官方法律文书。当"逋逃"者是罪犯时,它又可以成为刑事诉讼原
则;而当"逋逃"者是逃亡平民时,它又可以成为行政、户籍管理方面的原
则。如秦代所谓"逋事";"吏典以令,即亡弗会,为逋事"。①

赵盾重申这一原则并不是简单地恢复奴隶制法律。春秋以后,奴隶
主贵族不断封建化的重要标志,是其领地内的生产奴隶逐渐转变为向政
府纳赋交租的农民。他们被政府编入册籍,形成一种封建性的法律关系。
这种户籍之册又叫作"版"。孔子"式负版者"②,就因为"版"上载有老百
姓的名字。由于农民较奴隶有更高的生产积极性,故比较稳定地被束缚
于土地上,不轻易逃离故土。当时逃亡的奴隶还是有的,但主要是家内奴
隶。鲁昭公六年(公元前536年),楚国贵族陈无宇的守门奴隶逃到楚王
领地,陈无宇费了许多口舌才把那个奴隶领了回去。③ 各封建贵族为了
扩充实力,往往以种种手段招徕其他地方的奴隶或农民开垦荒地。这样,

① 《睡虎地秦墓竹简》,文物出版社1978年版,第221页。
② 《论语·乡党》。
③ 参见《左传·昭公六年》。

在奴隶主贵族与封建贵族之间,以及封建贵族之间,往往由于奴隶、农民的归属问题产生纠纷。赵盾重申这一原则,其目的不仅在于用诉讼手段来取代西周"有亡荒阅"的大清查,更重要的在于调和奴隶主贵族与封建贵族之间,特别是封建贵族之间的矛盾,意在加强整个封建贵族的统治。

到了范宣子和赵鞅的时代,晋国的封建化又取得了很大进展。当时"逋逃"者主要是逃亡的平民,如叔向所言"民闻公命如逃寇仇"①。而"董逋逃"的人是代表国家的官僚,其目的在于保障国家赋税。"质要"则成了官方文书(如户籍、税簿)。春秋晚期晋国侯马盟书中有"委质",即臣民与君主建立的新的封建依附关系。这说明当时晋国社会结构已经较远地脱离了宗法血缘纽带的桎梏。同时,牛马在农业生产中的使用价值不断提高,所以在牛马作为动产的诉讼中,原来的原则依然适用。法律所适用的对象和条件改变了,那么法律本身的内容也会改变。所以,赵鞅颁布这条法律,与其说是恢复奴隶制法,毋宁说是在旧的外壳下面创制封建制法。所以不能仅以"董逋逃"三字便认定"夷之法"为奴隶制法,正如同不能因为两汉法律中有保护奴隶买卖的条文,便说两汉法律是奴隶制法律一样。

(三)关于不动产诉讼——"治旧洿、本秩礼"

这里的不动产主要指土地。西周土地国有,天子可以把土地和土地之上的生产奴隶分封给贵族、功臣,也可以下令收回重新分配:"解有罪之地以分诸侯"②。受封的贵族对于土地只有使用权,没有所有权,所谓"田里不粥(鬻)"③。但即使是在西周,由于生产力的提高,各级贵族不断开垦荒地,也产生了少量的"私田"。《鼎铭》《矢人盘铭》所记用于赔偿的"五田"、"二田",就是在边沿地带开垦的"私田"。春秋时,土地所有权由天子所有递降为诸侯、卿大夫、陪臣所有。晋国则出现了土地买

---

① 《左传·昭公三年》。
② 《国语·鲁语上》。
③ 《礼记·王制》。

卖:"贵货易土,土可贾焉"①。土地纠纷是土地私有的必然结果。春秋以后,某族之间"争土田"、"以田诉"、"夺田"之事史不绝书。

洿,《说文解字》:"浊水不流也。"土田的经界多以沟渠为标记。如《周礼·地官·遂人》:"掌邦之野,以土地之图经田野,造县鄙形体之法。……皆有地域,沟树之。"又《大司徒》:"制其地域而封沟之。""浊水不流"乃沟渠阻塞所致。何以阻塞?原因有二:一是"田讼",一方开新渠以为田界,故掩填旧渠使之干涸;二是"水讼",由于田地易主,使原灌溉系统紊乱。各方争水,阻塞他人之渠使之不通。如"子驷为田洫,司氏、堵氏、侯氏、子师氏皆丧田焉"②。春秋时的"水讼"不限于国内,诸侯国之间也因治水、用水发生争战。故齐桓公大会诸侯于葵丘的盟誓中特别有一条:"无曲防",即不得以邻为壑。③"治旧、本秩礼",意谓处理"田讼"、"水讼"案件要按照过去的传统习惯,如《周礼·地官·小司徒》所说的"地诉以图正之"和《矢人盘铭》所记的损害赔偿之类。这种原则是维护土地所有者利益的,从整体上看,当时的封建贵族比奴隶主贵族的土地要多。

(四)关于官吏任免——"续常职、出滞淹"

"续常职、出滞淹",意思是恢复和健全政府机构,任用贤能,汰除无能的官吏。晋国的确有一种"尚能"的传统,这无疑是与"亲亲"原则相违背的。魏献子任命十位县大夫,其中的魏戊是他的庶子,因此他十分不安,唯恐别人说他任用私人。"续常职、出滞淹"这项法律是晋国"尚能"政策的法律化、条文化。赵盾制定这项法律,目的在于削弱奴隶主贵族的势力,任用大批非宗室的卿大夫,从组织上巩固封建贵族的统治。在后来长期的诸卿间的斗争中,这条法律往往成为执政者安排私人,加强自己实力的借口。但总的看来,这条法律是与传统的"亲亲"原则相违背的,对

① 《左传·襄公九年》。
② 《左传·襄公十年》。
③ 参见《孟子·告子下》。

增强晋国的实力有一定的促进作用,对后来的法家也有一定影响。

孔子为什么说"宣子之刑,夷之蒐也,晋国之乱制也"?

第一,夷之"一而三易中军",朝令夕改,引起动乱,夷之蒐的结果是赵盾执政,六卿专权的局面自此始。赵鞅、荀寅铸宣子之刑于鼎上,也是诸卿之间既联合又斗争的结果。当时的执政是魏献子。赵鞅、荀寅以下卿而干上令,"擅作刑器",颁布"范宣子所为刑书",可能意在拉拢范氏而抑制魏献子。但赵、荀之间也是貌合神离,互相利用。诸卿之间不讲"礼让"而互相争夺,所以不得不公布成文法以相互约制。晋铸刑鼎是这种权力角逐的产物。这种为国以权谋、利害而不以礼的治国方法,自然为孔子所不取。

第二,"夷蒐之法"只讲刑罚、狱讼,不讲礼治?教化,这在孔子看来是本末倒置。

第三,"董逋逃"含有督责逃亡奴隶和平民之义。不论是把奴隶当作牲畜来处理,还是用强制力禁止人民流动,都与孔子的思想相矛盾。因为在孔子看来奴隶也是人,这自然与视奴隶为财产的奴隶主法律意识格格不入。而且孔子实际上主张人民有权利背离暴虐之君而归顺仁义之君:"远人不服,则修文德以来之。既来之,则安之"①。

第四,"出滞淹"专以"贤能"为标准,违背了孔子在"亲亲"前提下"举贤才"的用人路线。孔子赞扬魏献子"近不失亲,远不失举",实际上是强调"近不失亲"的基本精神,因为这个精神在晋国是显得异常宝贵的。与"出滞淹"精神相联系的就是任用有能、有功之人。赵鞅的铁之誓云:"克敌者上大夫受县,下大夫受郡,士田十万,庶人工商遂,人臣隶幸免。"②这就使非贵族出身的平民地位不断提高,从政治上经济上逐渐成为封建贵族的竞争者。赵鞅的法令虽然带有以身份定赏赐的旧的痕迹,严格说来还不同于后来新兴地主阶级主张的无论何人"能得甲首一者,赏爵一级,益田一顷,益宅九亩,除庶子一人,乃得入兵官之吏"③。但毕

---

① 《论语·季氏》。
② 《左传·哀公二年》。
③ 《商君书·境内》。

竟与后来法家奖励耕战政策的精神相一致。这种精神在晋国较为明显，自然为孔子所察觉。因此，他对"出滞淹"持否定态度是不奇怪的。

三、从孔子对铸刑鼎事件的态度看他的政治立场

孔子不是一般地否定法律和刑罚的作用。在他看来，"君子怀刑"是遵守礼制的基本前提。而且"导之以政，齐之以刑"，毕竟可以使人民免于犯罪、受罚。这是问题的第一层。第二层，孔子主张对人民施行教化。教化的内容很多，大致有：（1）道德伦理观念；（2）战争技术："以不教民战是谓弃之"，"善人教民七年，亦可以即戎矣"；①（3）法令和法律知识："不教而杀谓之虐，不戒视成谓之暴，慢令致期谓之贼。"②第三层，孔子主张庶人议政："天下有道则庶人不议"③，又盛赞子产不毁乡校，并因此而许子产以"仁"，其中自然包含有允许庶人议论法律、政令的意思。因此仅仅就公布新式成文法这一事件来弄清孔子的思想动机也已十分困难。但是，当我们把这个问题置于比较开阔的背景上面，问题就豁然开朗了。

公布成文法在任何时代任何国度都不是孤立的偶然事件，而是与当时当地的国体、政体、国内阶级力量对比关系、统治集团的统治艺术等项因素密切相连的。如果我们把公布新式成文法问题置于上述诸因素的背景上面来分析，就不难看出，孔子之所以不批判郑铸刑书，而深恶晋铸刑鼎，原因在于：郑国当时封建贵族稳定地执掌政权，而且实行一种贵族政体。在这种政体下面，平民不得犯上作乱而封建贵族享受着种种特权，这是一种"贵贱不愆"的美好政治局面。同时，贵族还可以限制执政的权

---

① 《论语·子路》。
② 《论语·尧曰》。
③ 《论语·季氏》。

力,孔子就是惧于"众怒"而烧掉"丹书"的。① 当时掌权的封建贵族实行一种宽、惠的治民方针,"不毁乡校"的政策就是证明。因此在君民关系上往往表现出和谐的一面来。这种政体正是孔子所希望建立的开明贵族政体。在这种情况下,即使颁布了新式的成文法,但因为立法权、司法权比较稳固地掌握在封建贵族手中,这种法律也只能起到维护封建贵族统治的作用。晋国是几家封建贵族集团边打边和的联合专政,统治层常常处于权力转移的动乱之中。他们为了扩充实力和削弱对方,不惜对平民采取最大的宽容政策,给平民参与政治活动的机会,以致使平民的势力不断壮大。早期郡县制的发展,使国家权力逐渐集中于执政手中,从而酿成了中央集权政体的最初雏形,地方各级封建贵族的特权却受到一定程度的抑制。在统治艺术上晋国也不同于郑国。赵盾推荐韩献子为司马,却又"使人以其乘车干行"来考验他。韩献子则毫不客气地依法斩了赵盾的车仆。可见晋国已经形成既讲术又重法的风气。② 范宣子不仅亲自"与和大夫争田",而且下过"不从君者为大戮"的命令,③颇有一点"惟其言莫予违"④的气度。晋国统治者不大讲德、礼,而偏重功利。子产就曾经批评范宣子:"子为晋国,四邻诸侯不闻令德,而闻重币。"⑤赵鞅不大懂礼,问子大叔(子产的继承人)"揖让周旋之礼",子大叔便对赵鞅说:"是仪也,非礼也",⑥接着讲了一篇关于礼的大道理。

因此,在这种情况下公布新式成文法,其社会效果便与郑国大不一样。这说明,法律的制定与颁布并不等于法律在社会中的实现,而法律在社会中实现的程度取决于社会生活的各方面因素。孔子既目睹了郑子产"铸刑书"所产生的社会效果,又预见到晋"铸刑鼎"所带来的影响,因此对两者采取了不同的态度。

---

① 参见《左传·襄公十年》。
② 参见《国语·晋语五》。
③ 参见《国语·晋语八》。
④ 《论语·子路》。
⑤ 《左传·襄公二十四年》。
⑥ 《左传·昭公二十五年》。

　　孔子对郑铸刑书、晋铸刑鼎的态度正好说明了他的封建贵族的政治立场。这主要表现在如下几点：

　　首先，孔子主张用法律手段（包括颁布新式法律）来对奴隶主贵族的政治进行改革，但政权（包括立法权和司法权）必须稳固地把握在封建贵族手中。这样才能既削弱奴隶主贵族的力量，又能扼制平民的势力。孔子的贵族偏见使他每每对平民抱以深深的戒心。

　　其次，孔子主张一种贵族政体。认为只有贵族政体才能确保封建贵族继续享有奴隶主贵族的那些特权。而且可以通过对平民作些让步和教化来稳定整个"贵贱不愆"的社会秩序。因此他反对初步发展起来的郡县制。这是因为，郡县制发展的直接后果，是贵族作为其领地统治者和土地主人的双重身份的改变。在这种形势下，封建贵族的特权就很难保障。而且郡县制必然导致君主权力的无限加强，其结果必然使封建贵族在君主面前的发言权，不断被削弱。可见孔子没有就法律问题而论法律问题，而是把法律问题置于政体等诸方面因素之中来加以分析的。

第 七 章

从"判例法"时代到"成文法"时代

——对春秋法制改革的再探索*

　　春秋战国是我国奴隶制社会向封建社会过渡的变革时代。就国家形态和法律制度而言,它又是由松散的贵族政体向集权的专制政体、由以血缘划分阶级向以地域划分居民、由"属人法"向"属地法"、由"礼治"向"法治"过渡的时代。春秋晚期出现的以公布新式成文法典为形式的法制改革浪潮,正是这一社会变革在法律领域的集中反映。本章试以郑子产"铸刑书"、晋赵鞅"铸刑鼎"为例,探讨这一变革的形式。

一、西周的法是贵族性的"判例法"

　　西周法律在继承商代法律的基础上又有很大发展,但远未达到后世封建法律那样完备的程度。这表现在立法、司法的分散性以及司法官吏的主观任意性。这里姑且用"判例法"来概括当时法律的基本特征。

---

　　* 本章基本内容同名发表于《自修大学》1987 年第 3 期。

（一）西周法律的种族性与贵族性

继商而立的周族显贵集团保留了大量的父系家长制传统，并把它和国家政权结构合而为一。周天子依血缘亲疏逐级分封亲属，让他们享有封域内土地使用权及对封域居民的统治权。并依照"立嫡以长不以贤，立子以贵不以长"的原则世袭下去。在"同姓不婚"的原则下，同姓贵族与异姓贵族结成姻亲联盟。从而形成以周天子为核心的宗法政治制度。被统治的主要是前殷诸族，他们被剥夺了权利，整族整族地迁至异地，沦为奴隶。这就是所谓"种族奴隶制"。血缘成了区分统治与被统治阶级以及确定统治阶级内部不同特权的标准。

西周法律就建立在这种政体之上。正如同血缘决定着人们的不同社会地位一样，法律也规定着人们不同的权利义务。奴隶不具备法律人格，他们被视为财产而投入交换领域，并在民事诉讼中充当诉讼标的物和清偿手段。统治阶级内部的贵贱分野使平民无法恃仗同族身份与贵族平起平坐。贵族享有的种种特权，平民是无法染指的。贵族违犯法律一般不受刑罚制裁而只受舆论谴责，即使犯罪也享有种种减免刑罚的特权。刑法的矛头主要是针对平民的。此即所谓"礼不下庶人，刑不上大夫"。贵族内部的等级色彩也是很浓的，周礼禁止"父子相狱"、"君臣相狱"，同级贵族争讼则由上级贵族裁决。这实质上是不许卑幼臣属与尊长君主争讼。在西周，既按血缘来划分阶级、等级，又按地域来划分居民。在分封与世袭制度下，人们的身份世代不愆，血缘标准与地域标准合而为一。如果说，西周法的种族性决定着民法的基本形象的话，其贵族性则决定着刑法的基本特征。而这种因人而异的法律则可称之为特殊的"属人法"。

（二）西周立法的基本特征——"单项立法"

西周立法的最大特点是"单项立法"，即分别规定关于违法犯罪的概念和刑罚制度(刑罚常常成为民法的后盾)。前者近似于后来封建法典的"名例"或现代刑法典的"总则",这里暂且名之为"名例项"。如《左传·文公十八年》所追述的:"先君周公制周礼……作誓命曰:毁则为贼,掩贼为藏,窃贿为盗,盗器为奸,主藏之名,赖奸之用,为大凶德,有常无赦,在九刑不忘。"刑罚制度如《逸周书·尝麦》所记:"受大正书乃降太史策刑书九篇",及《尚书·吕刑》所载墨、劓、剕、宫、大辟五刑。实际上刑罚种类还不止此。这可称之为"刑罚项"。

但是,"名例项"不涉及刑罚,概谓"有常无赦"。如《尚书·费誓》:"马牛其风,臣妾逋逃,无敢越逐……汝则有常刑";"无敢寇攘逾墙窃马牛诱臣妾,汝则有常刑";"无敢伤牯,牯之伤,汝则有常刑"。又《兮甲盘铭》:"毋敢或入蛮宄布,则亦刑。"但均不明示当处何种刑罚,以便使司法官得以"议事以制"。

(三)西周司法的最大特点——适用判例

"单项立法"给司法带来的直接后果是使司法官处于核心地位。他们把"名例项"、"刑罚项"适用于具体案件,做出判决,是为判例。这种审判方式即《左传·昭公六年》叔向所言"议事以制,不为刑辟",杜预所注"临事制刑,不豫设法"。在"单项立法"的情况下,判例的价值是很高的。它不仅适用于本案当事人,而且对后来同类案件的审理具有指导作用,成为审判的直接法律依据。这样,案件的审理结果,在很大程度上取决于法官对两项及案件事实的理解与评价,这就给法官的主观任意性留下了很大余地。各诸侯国相对独立的客观环境与法官素质不一的主观条件,造成西周立法、司法在整体上的分散性。

判例是审判的结果,又是一种局部立法,它是司法和立法的合一。法官根据社会情况的变化,以统治阶级的法律意识为指导,不断创制新的判例。就微观角度而言,判例在某一具体案件的范围内,将具体的"名例项"、"刑罚项"结合起来。两项在宏观上的结合就意味着新型法律即成文法的诞生,而这种成文法将以集权统一的政体为前提。

西周重视判例,故有铸器的习惯。在贵族诉讼中,往往由败诉一方出资铸器,载有争讼过程与判辞的文字内容,如《曶鼎铭》、《矢人盘铭》、《铭》等。也有贵族因违逆上级命令受罚而铸器的,如《师旅鼎铭》。这种载有判例的器皿被称为"礼器"、"刑器",且被置于庙堂之内,以示威严与长久。只能由贵族特别是法官掌握,平民是"恃手而食者,不得立于宗庙",自然无由"观鼎"。故有"国之利器不可以示人"之谓。平民对某一具体行为是否违法犯罪又应处何种刑罚,是无法预先知晓的。因此,当时的法律对平民来说可谓"刑不可知则威不可测"的"秘密法"。

西周的贵族政体和判例法在法律思想上的投影,就是"人治"理论:统治者的德行与才能状况是封地治乱、立法审判当否的基本前提。法官的个人素质尤被重视,如《尚书·吕刑》所谓"惟良折狱","择吉人观于五刑之中"。春秋时人们对此认识更为深刻。概括为"直"与"博":"直能端辨之,博能上下比之。"①"直"是道德品质,即秉公执法;"博"是业务标准,即通晓历来的判例。"上下比之"即《吕刑》的"上下比罪",亦《礼记·王制》所谓"必察小大之比以成之",是全面参考判例的意思。战国末的荀况在"有法者以法行,无法者以类举"②的命题下,对以往的"人治"思想进行了更为理论化的阐述。

二、郑、晋公布的法律是新式法典

鲁昭公六年(公元前536年)郑国执政子产"铸刑书",二十九年(公元前513年)晋国赵鞅、荀寅"铸刑鼎",鲁定公九年(公元前501年)左右郑国大夫邓析"作竹刑"。终于酿成法制改革浪潮。

---

① 《国语·晋语》。
② 《荀子·王制》。

（一）郑、晋法律的共同特点

从叔向对子产"铸刑书"、孔子对赵鞅"铸刑鼎"，以及时人对邓析"作竹刑"的批评中，我们不难体味到这些法律在形式上的共同特征，即改变了西周"单项立法"的传统，将"名例项"、"刑罚项"结合起来，成为"二项合一"的新式法典。

叔向云："昔先王议事以制，不为刑辟，惧民之有争心也。"是说过去审理案件根据具体的案件事实和情节，不预先制定关于什么是违法犯罪以及应处何种惩罚两项内容合一的法律，以免平民据法争辩。子产恰恰就制定颁布了这种法典。于是，"民知有辟则不忌于上，并有争心，以征于书，而徼幸以成之"，"民知争端矣，将弃礼而征于书，锥刀之末，将尽争之"。所谓"书"即指"名例项"；"锥刀"指"刑罚项"。一般平民不仅知道某一行为是否违法犯罪，而且还知道应如何处罚，自然可以"弃礼而征于收"，向法官据法力争。

孔子云："贵贱不愆，所谓度也。……今弃是度也，而为刑鼎，民在鼎矣，何以尊贵？贵何业之守？贵贱无序，何以为国？且夫宣子之刑，夷之也，晋国之乱制也，若之何以为法。"是说，按礼的规定，审判是贵族和司法官独揽的事，铸有判例文字的鼎是不向平民公开的。现在把这种鼎陈列在公共场合，让百姓观看，这是违礼的做法。而且"刑书"的内容也不好，是夷之法。关于夷蒐之法，《左传·文公六年》载有四项内容，第一项就是"正法罪，辟狱刑"，即治罪以法，罪名不当、法条不明者修订之，并依此重新审理罪犯、科处刑罚。可见，夷蒐之法是兼有罪名和刑罚两方面内容的新式法典。

主张"事断于法"的邓析做了"竹刑"。人们批评他"不法先王，不是礼义"，"以非为是，以是为非"，并以法律知识帮人打官司，搞得"郑国大乱，民口欢哗"。邓析的"竹刑"如果不是两项合一的新式法典，那是不可思议的。

（二）郑、晋法律内容之比较

子产是由奴隶主转化而来的封建贵族的代表，又是当时开明的改革家。他的"铸刑书"是继"作封洫"①、"作丘赋"②之后的一项改革措施。这些措施借助"取其田畴而伍之"、"泰侈者因而毙之"等强制手段，改革郑国"族大宠多"的局面，并以加强宗室权力的方式打击、限制奴隶主贵族的特权，巩固封建贵族的统治。有了"二项合一"的新式法典，就可以有力地制约奴隶主贵族在司法上的特权，以加强国君的权力。"刑书"既是改革措施之一，又是对改革成果的总结和记录。但是，子产是个矛盾的人物：除了改革的一面，他还具有守旧的一面。这就是"重礼"。他以"先安大以待以所归"为治国的一项原则，还坚持"举不逾等"，强调"直均，幼贱有罪"③，这些都表明他的贵族立场。其目的是在封建生产关系基础上继续维持贵族政体。因此，他的"刑书"虽在形式上是创新的，但在内容上仍有很大的守旧性。邓析是郑国新兴地主阶级的代表，他对子产"刑书"不满，曾"数难子产之法"，并与当权者分庭抗礼，私作"竹刑"。邓析的"以是为非，以非为是"和"不法先王，不是礼义"，都表明了他的"竹刑"与子产的"刑书"之间，除了形式相同之外，还在质上存在很大差别。

赵鞅是晋国实力人物。当时，晋国封建贵族已掌握政权。但在诸卿的权力角逐中，新兴地主阶级已登上了历史舞台，并显示了自己的力量。因此，赵鞅所铸刑鼎的内容，除维护封建贵族利益外，还或多或少反映了新兴地土阶级的要求。其中最突出的是"续常职，出滞淹"，即健全政府机构，任用贤能，汰除庸吏。晋国宗室衰绝，受礼的影响相对小一些。故有"尚能"的习惯。这不仅违背"亲亲"的原则，且与了产"举不逾等"大异其旨。"续常职，出滞淹"是"尚能"政策的法律化，它提高了非贵族出身的平民地位。这同赵鞅后来在铁之誓中宣称的"克敌者上大夫受县，

---

① 即重新划分田界，确认各家的土地所有权。
② 即以丘为单位向土地所有者征收军赋。
③ 即争讼双方曲直相等，则辈分低的一方有罪。

下大夫受郡,土田十万,庶人工商遂,人臣隶圉免"的精神是完全一致的。

可见,由于立法者的阶级属性和政治背景的不同,即使是形式上一致的法典,其内容也会有很大差异。同时,这些法典在很大程度上依旧保留了旧时代法律传统的某些遗迹。

三、春秋法制改革的历史评价

春秋晚期以公布新形式的成文法为中心的法制改革,是中国法律史上的创举,也是当时上层建筑领域内的一场革命。这一变革是当时经济发展、阶级矛盾和政治斗争的必然结果。

(一)春秋法制改革的社会原因

春秋末法制改革的社会原因是多方面的,主要为以下几点:

1.法制改革是封建经济取代奴隶制经济的产物。随着生产力的提高,一部分奴隶主通过开垦荒地而获得土地所有权,并采用封建地租剥削的方法,于是转化为封建贵族。他们要求用法律来确认其土地私有权。但当时的法律仍体现西周土地主有"田里不鬻"的精神。这些精神又集中体现在有关土地争讼的旧判例中。为了改变这一状况,不能设想用新的判例来取代旧的判例,而只能用新的立法来排除旧的"判例法"的习惯势力。封建贵族一旦获得立法权,便立即采用了这种明快简捷的方法。

2.法制改革是当时阶级矛盾和政治斗争的产物。封建贵族为夺取、巩固政权,必须打击奴隶主贵族的旧势力。这就必须采用立法手段,确认新的违法犯罪的定义、刑罚措施和司法原则,借以剥夺奴隶主贵族享有的传统特权,并使之处于动辄得咎的境地,不敢组织反攻。同时,封建贵族为避免因内部权力角逐而同归于尽,也需要制定新的法律,以便互相制约。平民是反对奴隶主贵族的激进力量,封建贵族在打击奴隶主贵族或维护内部权力平衡时,常常借用平民的力量,因此,新的法律在一定程度上对平民利益有所关照,以取得平民的继续支持。这也是公布新式成文法的原因之一。

3.法制改革是由"属人法"向"属地法"过渡的产物。西周法律是以血缘身份为标准的"属人法"。春秋以降,周礼崩坏,宗法制度衰落。政治动乱使贵族"亡其氏姓,踣毙不振,绝后无主,湮替隶圉";①战争导致疆土易主:"疆场之邑,一彼一此,何常之有";②买卖交换使土田易姓:"贵货易土,土可贾焉";③暴政使人民逃亡,天灾使民众迁徙……这一切都使原来的"属人法"失去价值。同时,统治阶级为维持国力和增加税收,加强以地域来划分居民。从齐国管仲的家、轨、连、乡的行政组织,到郑国子产的"都鄙有章"、"庐井有伍",再到晋国的县郡制度,无一不标志着地域色彩的增长。这就使按地域来确定人们权利义务关系成为必须和可能的事情。

4.法制改革是新政体和司法制度的产物。随着新兴地主阶级的增长,当时政体发生新的变化,即官僚制和县郡制的诞生。西周只有封土赐爵之制,春秋末才出现谷禄官俸之事。如孔子弟子当邑宰、家臣皆取谷禄为俸而不世袭。县郡制的发展以晋国最为突出。就在赵鞅"铸刑鼎"的前一年,晋国灭了两家旧贵族,将其封地划为十个县,任命县大夫去主管境内政务,直接对执政负责。这无疑加强了君主的权力。司法成了国家官吏的专业性工作,各级贵族不得染指。晋梗阳县有大宗、小宗两家贵族争讼,梗阳大夫解决不了,上报晋执政魏献子。大宗为胜诉不惜以"女乐"贿赂魏献了。亲戚互相打官司,本来就违背"父子无狱"、"君臣无狱"、"兄弟之怨,不征于他"④的周礼,而大宗不得不靠走后门来胜诉,这正好说明贵族的司法特权确实受到一定程度的抑制。在这种情况下,制定和公布新式成文法是势所必然的。

---

① 《国语·周语下》。
② 《左传·昭公元年》。
③ 《左传·襄公九年》。
④ 《国语·周语中》。

（二）春秋法制改革的历史意义

春秋末法制改革对当时社会变革及后世的法律制度均有巨大影响，这主要体现在如下几方面：

1.这一改革限制和削弱了奴隶主贵族的势力，促进了封建经济的发展，巩固了封建政权。同时，有利于平民获得法律知识和向统治阶级"据法力争"，客观上助长了新兴地主阶级势力的增长。

2.这一改革促进了封建官僚制的发展，加强了君主的地位和权威，冲击了传统的贵族政体和地主割据，有利于国家的统一。

3.这一改革开创了"二项合一"的新成文法的模式，成为后来新兴地主阶级立法的样板。它标志着我国古代立法与司法经验的日臻纯熟，并为立法、司法的专业化和立法、司法技术的发展创造了条件。

但是，由于当时封建经济发展得还不充分，旧的传统势力还顽固存在，新兴地主阶级还刚刚登上政治舞台，因此，当时的成文法还在相当大的程度上保留了旧时代的痕迹。仅以"夷之法"为例，其中"董逋逃，由质要"，尽管主要针对逃亡平民，但仍具有奴隶制法律的残余影响。"治旧洿，本秩礼"，则在处理田讼、水讼时仍沿用过去的裁判原则。赵鞅的铁之誓还体现着对不同身份的"克敌者"的同功异赏原则，严格说来还不同于战国法家的"能得甲首一名者，赏爵一级，益田一顷，益宅九亩，除庶子一人，乃得入兵官之吏"[①]的精神。

战国以后及至秦朝，中国古代法律进入了"成文法"时代。其主要特征是：(1)形成了中央集权的君主专制政体，国君掌握立法、司法大权。(2)制定并公布大量成文法，明示什么行为是违法犯罪行为，以及应处何种刑罚，以便让臣民有所遵循，使"吏不敢以非法遇民，民不敢犯法以干法官"。到秦代，社会生活的各个领域已"皆有法式"，从而"天下事无大小皆决于法"。(3)司法官吏必须依法进行审判，既不得援引以往的判

---

① 《商君书·境内》。

例,又不得主观臆断,创制判例,遇疑难案件,只能报请上级以至皇帝终裁。如果说,西周的贵族政体和"判例法"造就了一批善于思考和立法的司法官的话,秦朝则培养了一批博闻强记、长于操作的执法工匠。

春秋末法制改革与战国法制变革是以封建贵族、新兴地主阶级先后取得政权为背景的重大历史事件。如果说前者是"换药不换汤",即提出新的法律形式却保留相当多的旧法律精神的话,那么,后者是"既换汤又换药",即沿用新的法律形式并确立新的法律内容。经过这个层次的改革,中国古代法律便完成了由"判例法"向"成文法"的过渡。春秋末的法制改革标志着旧的贵族政体与"判例法"时代的终结和新的集权政体与"成文法"时代的诞生,这就是它的历史价值之所在。

第 八 章

秦"改法为律"原因考[*]

秦国"改法为律"是秦国也是我国法律史上的重大事件。三代(夏商周)法律多以"刑"为名。战国以后,各诸侯国又多以"法"为名。秦国则"改法为律",独以"律"名。后世历朝大体相沿而未改。关于秦国"改法为律"的原因,学界曾多有评议。本章试从多角度特别是"法律样式"的角度探讨之。

一、关于秦"改法为律"及其与商鞅的关系

在讨论秦国"改法为律"的原因之前,有一个无法回避的问题,就是如何看待秦国的"改法为律"及其与商鞅的关系问题。因此,我想在进入主题之前,先对这个问题谈一谈不成熟的看法。

两千年来,历史文献当中关于战国时秦国商鞅据《法经》"改法为律"的记载,主要有以下四处:一是北齐魏收撰《魏书·刑罚志》:"逮于战国,竞任威刑,以相吞噬。商君以《法经》六篇入说于秦,议参夷之

---

*　本章基本内容同名发表于《法学家》2011 年第 2 期。

诛,连相坐之法。"二是唐司空房玄龄、褚遂良等奉诏集体编辑的《晋书·刑法志》:"是时承用秦汉旧律,其文起自魏文侯师李悝,悝撰次诸国法,著《法经》。以为王者之政莫急于盗贼,故其律始于盗贼。盗贼须劾捕,故著网捕二篇。其轻狡、越城、博戏、借假、不廉、淫侈、踰制,以为杂律一篇。又以具律具其加减,是故所著六篇而已,然皆罪名之制也。商君受之以相秦。……旧律因秦《法经》,就增三篇,而《具律》不移,因在第六。"三是唐太尉长孙无忌、刑部尚书唐临等奉诏集体编辑的《唐律疏议》:"周衰刑重,战国异制,魏文侯师李悝,集诸国刑典,造《法经》六篇:一盗法,二贼法,三囚法,四捕法,五杂法,六具法。商鞅传授,改法为律。汉相萧何,更加悝所造户、兴、厩三篇,谓九章之律。"四是唐首辅大臣奉诏集体编辑的《唐六典》:"魏文侯师李悝,集诸国刑书,造《法经》六篇:一盗法,二贼法,三囚法,四捕法,五杂法,六具法。商鞅传之,改法为律以相秦。"

可见,商鞅"改法为律"之说最早即源于《唐律疏议》。《唐律疏议》代表了我国古代立法、司法解释和法律编纂艺术的最高水准。它能够在短短两年之内顺利完成,除了具有朝廷重要职官奉诏编修的政治权威,和具有专业人士集体合作的智能优势之外,还有一个十分重要的有利条件,就是当时存在着大量的可资借鉴的官方文献和民间私家著述。其中就包括历代相传的私人律学著述和私人收藏的法律史资料。应当注意,我国历来就有官方和民间收藏整理研究各类文献的传统。比如《左传·定公四年》载,春秋时卫国大夫子鱼在追述周初封建时的情况,罗列描述鲁、晋等诸侯国所分得的田土疆域、殷民六族七族姓氏、礼器、备物、典策、官司彝器等,如数家珍。能够如此详细叙述一千余年前的事件,没有可靠文献是很难想象的。又如《墨子·明鬼》叙述齐地用神羊裁判的故事,并说此事"著在齐之《春秋》"。这种传统远非秦火所能灭绝。因此,在某种程度上可以说,官修正史不过是在某种思想原则指导下,在对大量史料进行筛选编排基础上加工润色而已。正如长孙无忌在给皇帝所上《进律疏表》所谓:"撮金匮之故事,採石室之逸书,捐披凝脂,敦兹简要,网罗训诰,研覈丘坟,撰律疏三十卷,笔削已了,实三典之隐括,信百代之准绳,铭之景钟,将二仪而并久,布之象魏,与七曜而长悬。"① 于是,我们可以相信,官修正史并不是编修者个人的即兴创造,其所撰文字必合于官方见解、主流通论,其所引典故遗训必有翔实之本,而绝非街谈巷议、村野小说者也。如果草率从事,必为时人所诟病,其后果自然是很严重的。

根据上述记载,老一辈中国法史学者们认为,以律名法典者始于公元前 4 世纪中叶,其创始者即商鞅之变法和"改法为律"。② 这就是肯定商鞅"改法为律"的所谓通说。当代的中国法史学者也大都持此通说。③ 但是,也有一种否定的观点认为,以律名法典者始于西汉。④ 还有一种近似"消极""保守"的观点认为,商鞅"改法为律"说"并无确证","信否难征",当存而不论。⑤ 在新的资料出土之前,争论商鞅是否"改法为律"的问题没有实质意义,一切否定史料记载的论断都言之过早。⑥ 20 世纪 30 年代以降,陆续出现质疑商鞅"改法为律"说的意见。理由是对商鞅"改法为律"的记载只出现在商鞅变法后千年的唐代,而更权威的历史文献对此事件均无记载。虽然 1975 年出土的睡虎地秦墓竹简证实了秦法经和秦律的存在,从逻辑上为商鞅"改法为律"提供了间接证据。但是,质

---

① （唐)长孙无忌等:《唐律疏议》,刘俊文点校,中华书局 1983 年版,第 579 页。

② 参见沈家本:《改律之事乃变法之大者也》,载《历代刑法考》(第二册),中华书局 1985 年版,第 847 页;程树德:《九朝律考》,中华书局 1963 年版,第 11 页;杨鸿烈:《中国法律发达史》,中国政法大学出版社 2009 年版,第 50 页;陈顾远:《中国法制史概要》,(中国台湾)三民书局 1977 年版,第 28 页。

③ 参见刘海年:《云梦秦简的发现与秦律研究》,《法学研究》1982 年第 1 期;程天权:《论商鞅改法为律》,《复旦学报(社会科学版)》1983 年第 1 期;吴建璠:《商鞅改法为律考》,载韩延龙主编:《法律史论集》(第四卷),法律出版社 2002 年版;曾宪义主编:《新编中国法制史》,山东人民出版社 1987 年版;孔庆明:《秦汉法律史》,陕西人民出版社 1992 年版;武树臣:《中国传统法律文化》,北京大学出版社 1994 年版;张国华、李光灿主编:《中国法律思想通史》,山西人民出版社 2001 年版;郑秦:《中国法制史纲要》,法律出版社 2001 年版;张晋藩主编:《中国法制史》,高等教育出版社 2003 年版。

④ （明)丘濬认为萧何捃摭秦法、定律令,律之名始见。参见《大学衍义补》卷一○二;近代梁启超认为,自汉以还,始以律名法。参见《中国法理学发达史论》,载《梁启超法学文集》,中国政法大学出版社 2000 年版。

⑤ 参见戴炎辉:《中国法制史》,(中国台湾)三民书局 1966 年版,第 2 页;[日]浅井虎夫:《中国法典编纂沿革史》,中国政法大学出版社 2007 年版,第 11 页。

⑥ 参见张建国:《中国律令法推行概论》,《北京大学学报(哲学社会科学版)》1998 年第 5 期。

疑的意见并没有停止。比如,江必新认为,商鞅"改法为律"不符合历史事实,秦"改法为律"当在商鞅死后、秦统一六国之际。理由是:据《晋书·刑法志》,在商鞅相秦之前已有律之名;《商君书》及秦汉史籍未见"改法为律"痕迹;出土的睡虎地秦墓竹简虽以律名法,但不能成为商鞅"改法为律"的佐证。[①] 祝总斌提出,与商鞅同时代及保存商鞅变法的可靠史料中均找不到法律意义的律字,在这之前的文献中,律只作音律、效法、约束、纪律解,法律之律应始于公元前260年左右,即比魏《户律》、《奔明律》(约于公元前252年制定)的年代略早,不但商鞅"改法为律"为不可能,同时代的各诸侯国也未曾发生"改法为律"之事。[②] 对此,吴建璠撰文予以回应,他认为,《唐律疏议》是唐王朝官修专著,其所言法律渊源必有所本,不能轻易否定,有关文献未曾记载,不能断言该事实不存在,在商鞅之前,律即有军法、纪律之义,商鞅借律来表述成文法,顺理成章,云梦秦简中有的律文可把法律之律推溯到公元前4世纪下半叶。[③]

当年在秦国进行的轰轰烈烈的变法和"改法为律",竟然不见于其他记载,此诚可疑者。当年,我们读过某些描写秦律的词句,如"繁如秋荼,密如凝脂","诸产得宜,皆有法式"之类,也许并不以为然。但是,直到1975年《睡虎地秦墓竹简》问世以后,方知此言不谬。因此,换一个方式来想一想,也许是因为"改法为律"活动发生在偏远落后的被"夷狄遇之"的秦国,很容易被当时先进的东方六国的主流社会所鄙夷忽视;也许是因为秦王朝以严刑酷罚之暴政而招致短祚,后世学人对秦的历史故事刻意回避或不屑于议论;也许是因为"改法为律"是一项"专业"活动,故除了极少数对法律刑政有偏爱者,比如像历代刑官法曹,还有像撰写《晋书·刑法志》和《唐律疏议》的特殊作者们偶尔提及之外,一般文人墨客终身潜心儒家经典以学干禄犹恐不逮,何暇他顾尔;而民间世传的刑政法狱诉

---

① 参见江必新:《商鞅"改法为律"质疑》,《法学杂志》1985年第5期。

② 参见祝总斌:《关于我国古代的"改法为律"问题》,《北京大学学报(哲学社会科学版)》1992年第2期。

③ 参见吴建璠:《商鞅改法为律考》,载韩延龙主编:《法律史论集》第4卷,法律出版社2002年版。

讼之私人著述等,连正常传播都有诸多不便,更鲜有机遇挤入圣贤著述之林。凡此等等,皆不足怪也。今天,我们的主流文章舆论早已不再评论"文化大革命"时代的"文攻武卫"了,就这样再过 1000 年,有人又追述"文攻武卫",于是便有人站出来说:当时的国家严格控制武器,民众不可能得到武器,"文攻武卫"是否存在,值得怀疑。此例也许并不恰当,但这其中的道理不是一样的吗?

秦国"改法为律"是一个不争的事实。"改法为律"的"法",盖指李悝在整理诸国法律实践成果基础上编纂的《法经》;"改法为律"的"律"即指秦律。尽管学界对《法经》是否真实存在,以及"改法为律"是否始自商鞅,尚存争议,但否定的意见至今仍提不出可靠的证据。秦国"改法为律"是将异国之《法经》与秦国具体国情相结合的长期立法司法实践的产物。秦国"改法为律"的开先河者即商鞅。"在商鞅改法为律之前,律字已经具有军纪、军令的含义,在军队里广泛使用。"律作为法律、法令的意义出现,至晚不迟于商代,它肇始于战争中的军律,而军律来源于音律。[1] 秦国"改法为律"则是将军纪、军令之律的法律形式拓展到国家法律的各个领域,即所谓"以军法之律,移刑典之称"[2]。之所以这样,不仅是因为在战争年月,军纪、军令之律具有极大权威,容易统一全体臣民的言论行为,而且更为重要的是,因为律具有其他法律样式所不具备的"诸项合一"的优点。

商鞅(约公元前 390—前 338 年),少好刑名之学,又长于兵法。曾在魏国为官,熟悉李悝、吴起在魏国变法的实践。秦孝公时携带《法经》入秦。公元前 359 年任大良造,主持秦国变法二十余载。他以《法经》为依据,增连坐、垦草、分户、军爵等新令,形成秦国独特的法律样式。今版《商君书》中"律"字凡六见。《战法》:"兵大律在谨";《徕民》:"先王制土分民之律也","秦四境之内,……不起十年征,著于律也";[3]《算地》:"此先王

① 参见马小红:《礼与法:法的历史连接》,北京大学出版社 2004 年版,第 74 页。
② 陈顾远:《中国法制史概要》,(中国台湾)三民书局 1964 年版,第 360 页。
③ 学界以《商君书·徕民》为商鞅后学所著,几成定论。然而,商鞅因"谋反"而被车裂后,其著述或不传。弟子私相传写,或暗自引为时论,加上"长平之战"之语。当《商君书》复被整理之时,其文字无人校正,故而留下疑点。因此,对《商君书》进行辨伪时应当慎之,去伪不忘存真,"不以一眚掩大德"。

之正律也”，“此所谓任地待役之律也”。《商君书》多言“律”，其所谓“律”已非乐律，乃兵律、法律也。此六处之“律”，与土地相关者居其五，非偶然也。作为兵律之“律”本来就与军功赏赐有关。《商君书·境内》：“能得甲首一者，赏爵一级，益田一顷，益宅九亩，除庶子一人，乃得入兵官之吏”；“以战故，暴首三日，乃校三日，将军以不疑至士大夫劳爵”；“能攻城围邑，所斩首八千以上，则盈论。野战，斩首二千，则盈论。吏自操及校以上大将尽赏。……故爵公乘，就为五大夫，则税邑三百家。……皆有受赏。大将、御、参皆赐爵三级”。这些内容，也许正是对《史记·商君列传》“有军功者各以率受上爵”之“军功率”的具体描述。在连绵不绝的战争年月，军律具有极大权威，它多以战前誓命为形式，鼓舞约束将官战士，它规定着庆赏诛罚的条件，有时还通过审判以定功过。军律施行的必然结果，是不断进行普遍的身份、财产、权利的再分配，从而直接或间接地影响到社会生活的各个领域。因此，在特殊的时期和特殊的国度，军律差不多就等于国家法律了。古人也许远远不像我们今天的学者这样在到底是军律之律还是法律之律的概念上面纠缠不休。戏剧排练早已就绪，只等开场锣鼓了。这个开场锣鼓就是商鞅主持的变法。商鞅在变法成功之际死去，他留给后世的重要遗产就是秦律。

既然《睡虎地秦墓竹简》的大量律名律文是秦律存在的铁证，那么，完全可以通过秦墓竹简内容对商鞅“改法为律”的大概时间做出推测。《睡虎地秦墓竹简》律文涉及地方行政机构及官吏，绝大部分称“县”、“令”、“丞”，未见“丞相”之名。据《史记·秦本纪》《六国年表·秦表》载，秦孝公（公元前381—前338年）十二年（公元前350年）始“集小都乡邑聚为县，置令、丞，凡县三十一”；秦武王二年（公元前309年）“初置丞相”。“这些情况也从一个侧面反映了出土秦律在颇大程度上保留了商鞅秦律的内容。”①而且，据1980年在四川青川县郝家坪出土战国秦墓木牍载，秦武王二年（公元前309年）王命丞相“修《为田律》”。《为田律》

---

① 高敏：《商鞅秦律与云梦出土秦律的区别和联系》，载杨一凡主编：《中国法制史考证》甲编第二卷，中国社会科学出版社2003年版。

当在此前制定颁布,行之既久,故修订之。① 这是秦律存在的最早的可靠记载。那么,秦律出现的年份是否与商鞅主持变法的时间(公元前359—前338年)大体一致呢?

《睡虎地秦墓竹简》的《法律答问》引律文"公祠未阕,盗其具,当赀以下耐为隶臣。……以律论";"可谓盗垧圭? 王室祠,俾其具,是谓圭"。下面的解释则把"公祠"改为"王室祠"。睡虎地秦墓竹简整理小组在《法律答问》的"说明"中指出:"《法律答问》所引用的某些律文的形成年代是很早的。例如律文说公祠,解释的部分则说王室祠。看来律文应形成于秦称王以前,很可能是商鞅时期制定的原文。"②据此,吴建璠指出:"研究秦简的学者认为,律本文是在秦称王前制定的,故称公祠,解释则作于称王之后,故改称王室祠。我们知道,秦孝公之子惠文王(公元前356—前311年)于公元前324年称王,这条律文的制定时间不应晚于此年,也可能是秦孝公在位时制定的。"③秦惠文王(公元前356—前311年)称王于公元前324年,与商鞅任大良造的公元前359年之间相隔了35年,与商鞅被车裂的公元前338年只相隔14年。由此是否可以推断,秦"改法为律"活动即施行于商鞅变法期间。

《史记·田敬仲完世家》载,齐威王(?—公元前320年,公元前356—前320年在位)时,邹忌答淳于髡曰:"请谨修法律而督奸吏"是"法律"一词出现的最早记录。秦武王二年(公元前309年)"修为田律"是秦律存在的最早记载。《睡虎地秦墓竹简·为吏之道》抄录《魏户律》律文:"假门逆旅,赘婿后父,勿令为户";《魏奔命律》律文:"假门逆旅,赘婿后父……今遣从军,将军勿恤视"。两律文颁行于魏安釐王二十五年(公元前252年)。④《韩非子·饰邪》谓:"舍法律而言先王明君之功","当赵之方明国律,从大军之时,人众兵强,辟地齐燕。即国律慢,用者弱,而国

---

① 参见于豪亮:《释青川秦墓木牍》,《文物》1982年第1期。

② 《睡虎地秦墓竹简》,文物出版社1978年版,第149页。

③ 吴建璠:《商鞅改法为律考》,载韩延龙主编:《法律史论集》第4卷,法律出版社2002年版。

④ 参见《睡虎地秦墓竹简》,文物出版社1978年版,第292、293、294页。

日削。"可见,此间,律的形式和与律相联系的"法律"这一词汇已经扩展至秦国之外。秦的"改法为律"活动作为一种文化运动成果已经扩散到各个诸侯国的社会生活领域。

今天我们有幸看到的《睡虎地秦墓竹简》,它的内容十分广阔,涉及秦律律名如《田律》、《仓律》、《金布律》、《效律》等近三十种,向我们展现了两千多年前即战国晚期至秦统一时期秦律的总体风貌。据学者研究,《睡虎地秦墓竹简》所载某些律文,与《韩非子》、《史记·商君列传》、《战国策·秦策》、《商君书》的有关内容之间,存在着基本内容和精神实质上的一致性。包括"什伍连坐"、奴隶制残余、军功赐爵、禁止私斗、赏告奸、禁擅徙、废逆旅、统一度量衡,等等。[1] 还有学者提出:"秦汉律的基本框架、原则和内容为商鞅所确立。"[2]也许正因如此,商鞅因为曾经充当了秦律的最初缔造者而被世人广为称颂。《战国策·秦策》谓:"今秦妇人婴儿皆言商君之法";《韩非子·定法》曰:"商君十饰其法","及孝公商君死,惠王即位,秦法未败也";《五蠹》云:"今境内之民皆言治,藏商管之法者家有之"。"商君之法"和"禹刑"、"汤刑"、"周文王之法"、"子产刑书"、"宣子之刑"等一样,都是古人对当时重要立法活动的客观记录和凝练表述。在古人心目中,早已把商鞅的名字与秦国之律紧紧联系在一起了。

二、秦"改法为律"的一般原因

关于秦国"改法为律"的原因,古代学者曾有论述。明代邱濬(1420—1495年)在《大学衍义补·慎刑宪·定律令之制》中说到"改法

---

① 参见高敏:《商鞅秦律与云梦出土秦律的区别和联系》,载杨一凡主编:《中国法制史考证》甲编第二卷,中国社会科学出版社 2003 年版。
② 杨震红:《从出土秦汉律看中国古代的礼法观念及其律体现》,《中国史研究》2010 年第 4 期。

为律"的原因:"李悝所著者,谓之法经,未以律名也。律之言昉(始)于虞书,盖度量衡受法于律,积黍以盈,无锱铢爽。凡度之长短,衡之轻重,量之多寡,莫不以此取正。律以著法,所以裁判群情,断定诸罪,亦犹六律正度量衡也。故制刑之书以律名焉。"梁启超指出:"盖吾国科学发达最古者莫如乐律。……书言同律度量衡,而度量衡又皆出于律。……夫度量衡自为一切形质量之标准,而律又为度量衡之标准。然则律也者,可谓一切事物之总标准也。……然则律也者,平均正确,固定不动,而可以为一切事物之标准者也。……其后展转假借,凡平均正确可为食物标准者,皆得锡以律名。《易》曰:师出以律,孔疏云,律法也。是法律通名之始也。自汉以还,而法遂以律名。"①陈顾远在《中国法制史概要》中指出商鞅"改法为律"的三个原因:(1)借用音律之律,以示罪之轻重;(2)借用竹器之名,以竹书于简上之刑法;(3)移军法之律作刑典之称。又说:"商鞅为避免法刑用语之混杂,遂以军法之律,移刑典之称。"②祝总斌在《关于我国古代的改法为律问题》一文中总结出"改法为律"的三个原因:一是战国时期音乐的社会地位逐渐被强调,突出了"律"的地位;二是战国时期度量衡的统一,促进了"律"的规范意义;三是"律"与"率"同义,从而促成"律"字逐渐具有法律的含义。这种着眼于社会文化的宏观视野和研究方法,读罢使人有耳目一新的感受。③ 武树臣等《中国传统法律文化》指出:"律本钟鼎之声调,军队以金鼓之声及节奏指挥战斗。击鼓进军,鸣金收兵。故《易·师》曰:师出以律。律成了军令、军法的代名词。违律者必遭严惩。晋、秦居戎狄之邦,习游牧,善征讨,尚军法。故秦、赵、魏以律名其法,其所由来者上矣!"④吴建璠在《唐律研究中的几个问题》一文中说:"改法为律的意义何在? ……律本来是音乐的术语。是调整音量的标准。后来把律用到军事上,有军律的意思。……改法为律,就正

① 梁启超:《中国法理学发达史论》,载《梁启超法学文集》,中国政法大学出版社 2000 年版,第 94 页。

② 陈顾远:《中国法制史概要》,(中国台湾)三民书局 1964 年版,第 360 页。

③ 祝总斌:《关于我国古代的"改法为律"问题》,《北京大学学报(哲学社会科学版)》1992 年第 2 期。

④ 武树臣等:《中国传统法律文化》,北京大学出版社 1994 年版,第 279 页。

式借用军事上的律以强调法律的重要性和权威性,强调它的必须遵守"①;在《商鞅改法为律考》一文中又说:"商鞅看中了军队中习用的律字,……借用军律的极大权威性来强化成文法的地位与作用,使之成为人人必须遵守的准则,以利于贯彻执行他提出的变法措施,这就是商鞅改法为律用意之所在。"②

战国时代是社会大变革、大动荡、大改组的时代。诸侯国之间的兼并战争,诸侯国内部变法图强的政治运作,构成了战国社会生活的主旋律。战争使政治权力日益集中于君主手中,使军事艺术和军法、军令发达起来了。而军事组织的强化则促进了社会组织由血缘联系向地缘联系的过渡,使按照地域来划分居民成为可能。军法、军令实施的直接后果是赏赐和刑罚。有功者获得良田美宅官职爵位,有过者不齿于人。从而慢慢地进行着社会权力财富的再分配。而大批有功的军官不断充实到地方官僚队伍中来,便悄悄地促进社会管理模式的改变。政治变革的主要目的之一,就是扩充国力以赢得战争。为了赢得战争,必须有效动员和支配全社会的人力物力财力,这就使国家法律得到空前发展。在上述活动中,表现最为突出的就是秦国。秦国从一个被"夷狄遇之"的偏远小国,一跃而成拥有"虎狼之师"的强国,在很大程度上得益于商鞅以论功行赏为内容的"军功率"和各种以"奖耕战,富国强兵"为宗旨的立法,从而赢得对外扩张的兼并战争。对有功于耕战者的赏赐,对有害于耕战者的惩罚,以及对其连带者(卒伍、职官、乡里、亲属)的处分等,都促成着更为广泛、更为精确的行为规范的诞生,这就是秦律。

秦国崇尚"律",与其祖皋陶有关。《史记·秦本纪》:"秦之先,帝颛顼之苗裔。孙曰女修,女修织,玄鸟陨卵,女修吞之,生子大业(即皋陶)。大业娶少典之子曰女华,女华生大费。……大费拜受,佐舜调顺鸟兽,鸟兽多驯服,是为伯益,舜赐姓嬴氏。"秦嬴姓,以皋陶为先祖。"到皋陶的

---

① 吴建璠:《唐律研究中的几个问题》,载《中外法律史新探》,陕西人民出版社 1994 年版,第 221、212 页。

② 吴建璠:《商鞅改法为律考》,载韩延龙主编:《法律史论集》第 4 卷,法律出版社 2002 年版。

儿子伯益、仲甄时,才为了区别族系,分成嬴、偃两姓。但直到一千四百多年后的春秋时期,嬴、偃仍认为同姓同族。如楚灭偃姓舒、蓼诸国,而嬴姓的秦孝公为之挂孝。"①皋陶是尧舜时代的刑官。《竹书纪年》:"咎陶作刑";《风俗通义》:"咎陶谟,始造律";《急就篇》:"皋陶造狱法律存";《后汉书·张敏传》:"皋陶造法律";《路史·后纪·少昊》:"立犴狱,造科律,……是皋陶"。

皋陶造的"律"是军律。这些古老的传说终于被凝结在最初的文字里。律字甲骨文写作▮。由"丨"和"又"组成,表示以手持"丨"。"丨"即鼓槌。以手执鼓槌,表示击鼓,击鼓者,或鼓音。② 祭祀和战争是古代社会的两件大事。指挥军队打仗和互相传递信息靠的是战鼓之音。最古老的战鼓名叫"皋陶",与造律的皋陶同出一源,并非偶然。古代战鼓或许像编钟一样是一组或一套的。鼓的规格不同,发出的声调也不同。《周礼·冬官·考工记》:"鼓大而短,则其声急而短闻,鼓小而长,则其声舒而远闻。"《周礼·春官·大师》:"大师执同律以听军声而诏吉凶。""同律"即指事先约定的鼓点儿,即鼓音的高低和频率。鼓点儿就是指挥军队的号令,也是部队之间传递信息的手段。《易·师》有"师出以律",甲骨文有"师惟律用"。③ 这些都说明,在商代"律"已经成为军令、军纪的专用名称了。这一传统一直被延续下来。尽管也存在着律同时大量用作音律的情况,但是,在初起时代,军律之律恰恰与钟鼓之音的音律如出一辙,故音律之律与军律之律的使用得以并行不悖。皋陶不仅造律,而且还是最早执行军律的军事法官。《诗经·鲁颂·泮水》:"矫矫虎臣,在泮献馘。淑问如皋陶,在泮献囚。"献,即讞,审讯;馘,杀敌取其左耳以为评定战功之凭证。此诗反映了战争之后论功行赏的情景。皋陶出生在曲阜,属于鲁地,鲁人歌颂皋陶是十分自然的事

---

① 何光岳:《东夷源流史》,江西教育出版社1990年版,第21页。

② 参见武树臣:《寻找最初的律——对古律字形成过程的法文化考察》,《法学杂志》2010年第3期。

③ 参见刘兴隆:《新编甲骨文字典》,国际文化出版公司2005年版,第100页;《屯南》——九。

情。军律有了赏罚作后盾,便具有极大权威。任何人不得违犯,否则将处以严刑。正如《尚书·甘誓》所言:"用命,赏于祖;弗用命,戮于社。"甲骨文有 𝌆、𝌇、𝌈 ,可能是对"赏于祖""戮于社"的真实记录。① 既然皋陶是秦人的先祖,皋陶又是战鼓和"律"的创制者,那么秦人尚律则是顺理成章的事情。

从民族传统来说,秦国"改法为律"还与秦人的游牧习俗有关。秦为后起之诸侯国。《史记·秦本纪》:秦"辟在雍州,不与中国诸侯之会盟,夷狄遇之"。秦本为夏族的一支。《国语·鲁语上》:"夏后氏禘黄帝而祖颛顼。"《秦本纪》载:"秦之先,帝颛顼之苗裔,……与禹平水土。""秦之先为嬴姓,其后分封,以国为姓。"周幽王时,犬戎、申戎南下寇周,秦人赞周"将兵救周,战甚力,有功。"平王东迁,秦护之。"平王封襄公为诸侯,赐之岐山以西之地。曰:戎无道,侵我岐丰之地。秦能攻逐戎,即有其地。与誓封爵,襄公于是始国"。至秦谬公时,"伐戎王,益国十二,开地千里,逐霸西戎"。

秦人始为游牧部落,又以战争立国,故素有尚武之风。《诗经·秦风·无衣》:"王于兴师,修我戈矛,与子同仇。"司马迁《史记·货殖列传》说:西北地区,"地边胡,数被寇。其民好气任侠。"班固《汉书·赵充国辛庆庆忌传》云:"山西天水、陇西、安定,北地处势迫近羌胡,民俗修习战备,高上勇力鞍马骑射。故秦诗曰:王于兴师,修我甲兵,与子皆行。其风声气俗,自古以然。今之歌谣慷慨,风流犹存耳。"因此,秦人崇尚军律军法,是十分自然的事。

秦人习惯于用"律",与秦军队中原本熟悉军律的司法官吏转业到地方后仍执掌司法工作这一社会现象是有联系的。章炳麟在《文录·古官制发源于法吏说》一文中指出:"法吏未置以前,已先有战争矣。军容国容,既不理,则以将校分部其民,其遗迹存于周世者,传曰官之师旅,……及军事既解,将校各归其部,法吏独不废,名曰士师,征之《春秋》,凡言尉

---

① 参见武树臣:《寻找最初的独角兽——对廌的法文化考察》,《河北法学》2010 年第 10 期。

者,皆军官也,及秦而国家司法之吏,亦曰廷尉,比因军尉而移之国中者也。"①此言何其中肯!

秦国强大之后,自然要向诸国宣扬自己的软实力。这个软实力就包括上层建筑诸领域。如同秦相吕不韦以秦文化落后"羞不如"而集宾客撰《吕氏春秋》一样,②秦国同样标榜自己的"律"来与诸国之"法"相区别,以标新立异。

秦国崇尚自己的"律",正是适应当时的国内政治和"国际"形势需要。一方面,秦国以秦律打击守旧贵族势力,巩固和加强君主权力,维持官僚机器正常运转;另一方面,以秦"律"为手段,"奖耕战"、"富国强兵",以期获取兼并战争的胜利。同时,随着秦国军队的不断壮大,官僚队伍的不断扩充,特别是新的领土和臣民的迅速增加,为了保证统治集团的意志在更广阔的地域内统一实施,包括度量衡和文字的统一,唯一有效的手段就是法律。秦律就成了统一吏民言论行为的最高标准。拜占庭帝国皇帝优士丁尼敕编《法学阶梯》前言说:"帝国之君不单应当佩戴武器,还要佩戴法律。"③这一高论也适合中国的秦始皇。

三、秦"改法为律"的特殊原因

以上是秦国"改法为律"的一般原因,但非本质原因。至于本质原因,笔者试从"法律样式"的角度论述之。所谓法律样式(即法体),是指立法、司法活动的宏观工作方式,如"判例法"、"成文法"和两者相结合的"混合法"。法律样式集中反映在法律文件编纂方式上面。先秦时代的

---

① 转引自杨鸿烈:《中国法律发达史》,商务印书馆1930年版,第24页。
② 《史记·吕不韦列传》:"吕不韦以秦之强羞不如,亦招致士厚遇之,……乃使其客人人著所闻,集论以为八览、六论、十二纪,二十余万言。"
③ [英]约翰·福蒂斯丘爵士:《论英格兰的法律与政制》,袁瑜玎译,北京大学出版社2008年版,第32页。

法律样式主要经历了西周春秋的"判例法"①和战国、秦朝的"成文法"两个阶段。而在两者之间又有一个过渡形态。过渡时期法律样式的主要特征是：第一，先例、故事作为主要法律渊源不断地被边缘化，这是因为先例、故事所维系的社会关系和社会管理的政权形式等多种因素已时过境迁；第二，各诸侯国临时发布的法令在量的积累的同时，还出现了粗略的分类。李悝的《法经》六篇便是这种分类的产物。秦国由于国内政治和"国际"军事之需要，大力发展新式法律，即诸项合一的成文法。秦朝继承而发扬之，而后世历朝相沿未改。

从法律样式和法的内在结构的角度出发，去揭示法的进化规律，无疑具有重要理论价值。在这个领域提出创见和重要命题的是穗积陈重先生和蒙文通先生。

日本法学前辈穗积陈重（1856—1926）在论述中国古代"子产铸刑书"、"赵鞅铸刑鼎"事件的意义时指出，这反映了古代法律由"弹性法"向"硬性法"的过渡。古代法律之所以常常带有"刑不可知，威不可测"的"秘密法"的色彩，其原因在于，"古来对于人民如有命令或禁令，皆公布其命令之一部分，至于制裁犯罪之部分，则不加规定，或严守秘密。即制裁法在古代有作为随意法者，有规定而不公示，而仅训示于裁判官等是也。故当时法律，常系半公开半秘密，所谓正义之神之秤与剑，则常藏诸神殿，不示公众。当此过渡时代，裁判官之行制裁，若有秘密法规时，则据以处断，否则完全由一己之自由裁量处断之。又古来法令之中，有仅警告人民不得犯法，而不明示如何制裁之方法者"；"反之，古代法律，又有仅规定刑罚，而不定其罪"；这样，"罪刑皆各独立，其间无法规上之对当关

----

① 中国的"判例法"是指在没有成文法或者成文法不宜于适用的情况下，创制适用判例的一种方法。由于"判例法"等术语都是"舶来"品，笔者一时还找不到更为本土化的术语来取代之。但是，仍需说明，笔者在使用这一外来术语时，只是基于这样一种认识，即人类法律实践活动存在着大致的相通之处。而并不等于宣布中国古代曾经有过英国那样的"判例法"，就如同我们讨论战国法家的"法治"时，并不等于宣布中国古代曾经有过近代欧洲资产阶级那样的"法治"一样。中国古代的法律实践活动是在封闭的自然的环境中进行的，她所形成的法律文化成果及其法律话语，与近代"舶来"的西法成果之间呈现出隔膜，是十分自然的事情。尽管如此，笔者仍然认为，发现不同民族文化的共同点比指出它们的差异性，有时也许会更有价值。

系,惟由裁判官之自由裁量,使罪刑二者之间,生出关系而已"。更为重要的是,他还概括了中国古代法律进化的三阶段:"在其初期,五刑为绝对观念,而不明示其对当罪;在其中期,则为概括的相对观念,而种别的明示其对当罪;在其终期,则为特殊的相对观念,而个别的明示其对当罪。"穗积陈重的另一项贡献是他对永恒之法的期待。这种永恒之法正是所谓"法之所载,则任于法,法之不载,则参于人"的"人法兼用"的状态。穗积陈重对这种状态十分赞赏,认为这种制度不仅可以"继续颇久",甚至能够"永久存续"。"于法规之所无者,得开新判例,法规之不足者,则得任意补充";"人法兼用者,即为第二次发见之制,于有法规时,则据之。法规所无者,则一任执法者之自由裁断。此人法兼用时代,于进步的社会,继续颇久,于或意义解之,即谓永久存续,亦无不可"①。"人法兼用"的状态,正是《荀子·王制》所谓"有法者以法行,无法者以类举,听之尽也",亦即笔者所理解的"混合法"。

蒙文通(1894—1968)是中国现代杰出的历史学家。他在中国古代史及古代学术文化研究领域造诣极深,成就甚高。虽然他对中国古代法律论述不多,但是却十分精练而深刻。他在《古史甄微》中《秦之社会》的《刑制》一节论述道:"《左氏》言:夏作禹刑,商作汤刑,周作九刑。《甫刑》有墨、劓、膑、宫、大辟。《周官》有墨、劓、宫、刖、杀。此三代之刑经而法纬,刑可考而法难知也。《左氏文公十八年传》言:周公制作誓命,曰:毁则为贼,掩贼为藏,窃贿为盗,盗器为奸。主藏之名,赖奸之用,为大凶德,有常无赦,在九刑不忘。《荀子》亦曰:害良曰贼,窃货为盗。贼、盗、奸、藏,殆三代之法名也。秦用《法经》,汉以后沿之:一盗法,二贼法,三囚法,四捕法,五杂法,六具法。是法经而刑纬,法可考而刑难知也。此秦与三代之异也。"②他用"刑经法纬","刑可考而法难知",和"法经刑纬","法可考而刑难知",概括了三代之法和秦代之法的本质特征,给我们留出很大想象的空间。

---

① [日]穗积陈重:《法律进化论》,黄尊三等译,中国政法大学出版社1998年版,第144、145、146、147、53页。
② 蒙文通:《古史甄微》,巴蜀书社1999年版,第235页。

（一）三代之法：以刑统例

夏商周三代之法常以刑为名。如《左传·昭公六年》："夏有乱政,而作禹刑;商有乱政,而作汤刑;周有乱政,而作九刑。"其时立法为"单项立法"。所谓"单项立法"是国家单独制定颁布三种内容的法律规范：

A 项：稳定的刑罚制度；

B 项：半稳定的司法原则；

C 项：不稳定的禁与令。

上述三项内容相互独立存在,不合于一典,它们之间不能发生因果逻辑关联。A 项指五刑(墨、劓、剕、宫、大辟);B 项如《左传·昭公七年》的"有亡荒阅",《尚书·吕刑》的"刑罚世轻世重",《左传·昭公元年》的"直钧则幼贱有罪",《易经》的"不富以其邻","无平不陂,无往不复","迷逋复归",《左传·文公六年》的"董逋逃,由质要"等法律原则或法律政策;C 项是关于禁止和提倡某种行为,但不涉及具体后果及责任。如《尚书·费誓》："无敢寇攘、逾垣墙、窃马牛、诱臣妾,汝则有常刑。"至于何为"寇攘",又处以何种刑罚,是不明示的,有待执政者根据具体情况临时处分。在各诸侯国,被分立的三项内容统称为刑或法。"单项立法"的结果是使判例故事成为最重要的法律规范,从而使法官则居于十分优越的主导地位。当时的审判方法是《左传·昭公六年》所谓"议事以制,不以刑辟"。孔颖达疏："临事制刑,不豫设法。""议事以制",议,选择;事,指先例、故事;制,裁断。意谓选择适当的先例、故事以为依据来裁判,不预先制定包括何种行为为违法、犯罪,又当给以何种处分这两项内容的成文法律。当时的法律规范主要由先例、故事组成。先例、故事整理和编纂的方式是在五种刑罚后面分别列出处以该种刑罚的先例。这种方法即《尚书、吕刑》所谓"五刑之属三千"。当时还不太讲究系统的罪名之制,故某一刑罚后面囊括罗列各种曾经处以该刑罚的犯罪之先例、故事。举例如下：

墨刑：先例甲(贼)、先例乙(盗)、先例丙(欺诈)……

劓刑：先例甲（贼）、先例乙（盗）、先例丙（欺诈）……

荆刑：先例甲（贼）、先例乙（盗）、先例丙（欺诈）……

宫刑：先例甲（贼）、先例乙（盗）、先例丙（欺诈）……

大辟：先例甲（贼）、先例乙（盗）、先例丙（欺诈）……

法官审判案件，就从这些文献中去寻找最为合适的先例、故事，作为审判的依据，即《周礼·秋官·司寇》所谓"司寇断狱弊讼，则以五刑之法诏刑罚以辨罪之轻重"；《周礼·地官司徒·遂师》所谓"比叙其事而赏罚"；《礼记·王制》所谓"必察小大之比以成之"。当时法官的标准是《国语·晋语》所谓的"直"和"博"："直能端辨之，博能上下比之。"只有熟知历史典章故事者，才能正确定罪科刑。春秋时代直接参与审判事务的叔向、子产等，都是"习于春秋"、"熟知训典"的知名政治家。

（二）战国之法：以法统令

战国是社会大变革的时代，又是变法的时代。法是国家制度的代名词。法家作为新兴天地所有者的政治团体，把他们的"法"说成是"公"的体现。当时的"法"是作为传统宗法社会和贵族政体的"礼"的对立物而出现的。所谓"变法"是改革国家政治制度和确立新的社会关系。以往被大量判例所维系的政治结构和社会关系已经过时，必须把它们赶下历史舞台。"法"正是政治斗争的工具，是变法的产物。变法以除旧更新为特征，以不断颁布新法令为方式。法令积累到一定程度就显得难于把握了。为了让官僚群体全面掌握法令，最好的方法就是分类编纂。对法令进行分类这种做法，春秋末期即已开始了。郑国子产之"刑书"盖有三篇之格局；晋国赵鞅之"刑鼎"著赵盾"夷蒐之法"，盖有四篇之格局。[1] 子产的"刑书"可能包含了诸项合一的色彩，具有反传统精神。因此叔向从政治角度出发批评之，而邓析则"以非为是，以是为非"，"数难子产之

---

① 参见武树臣等：《中国传统法律文化》，北京大学出版社1994年版，第294~304页。

治"①。从司法角度批评之。从鲁昭公二十九年(公元前513年)晋国"铸刑鼎",至李悝(约公元前455—前395年)"撰次诸国法,著法经",大约又过了一个世纪。李悝在总结各诸侯国立法司法经验的基础上编纂了《法经》。《法经》有六篇:盗法、贼法、囚法、捕法、杂法、具法。在各篇之下应编集该类法令。法是纲,令是目,纲举目张。《法经》的可贵之处是出现了实体法与程序法的内在区分。由于史料缺乏,对当时法令编纂的具体情况已无法详知。笔者主观推测,当时的令恐怕有两种情况:一种是宣布应当做什么或不应该做什么,但不规定其法律责任;另一种是同时宣布其法律责任。这些法令被加以分类,从三篇、四篇到六篇,于是出现《法经》。当时,在没有公布法律或者法条过于笼统宽泛之际,也许允许法官适度自由裁量。而当到了秦律严格限制法官自由裁量的时候,那时的法律已制定得十分详尽了。今读秦简,法条规定之具体精确,司法解释之明白细致,毫不逊色于当今。因此,可以想象,当年秦朝的法官援引法条判案有如人做加减法一般简洁而准确。

(三)秦国之法:以律统刑

从李悝《法经》到云梦《秦律》,大约过去了两个世纪。这正是封建社会由诸侯称雄向统一王朝转变的时期,也是成文法从确立到成熟的过渡时期。纵观睡虎地秦墓竹简,可知秦律比同时代其他诸侯国之法,已有了很大的进步。秦人文化水平不太高,官僚群体的文化水平也有限。况且,秦人不断扩张自己的领土,不断扩大自己的军队和官僚队伍。为了实现国家政权对秦人,并通过官僚机器对扩展的新领土之人民进行有效统治,除了武力之外,法律是最为有效的手段。秦人是一手执着刀戈,一手执着法典横行天下的。

为了充分发挥法律的规范作用,最有效的办法是把法律制定得越具体、细致、精确越好。这样一来,秦律便完成了诸项合一,即把 A 何种行

---

① 《吕氏春秋·离谓》,《左传·定公九年》杜预注。

为是违法、犯罪;B 应当承担何种刑罚或责任;C 法律原则或政策,这三项内容合为一处。这种法律是公开颁布的,又被广为宣传。这就做到了使法律"明白易知","妇孺皆知"。这种法律便成了确切意义上的成文法或制定法。

这种诸项合一的法令或行为规范,早在远古时代的战争誓命中就已初见端倪了。《尚书·甘誓》:"左不攻于左,汝不恭命;右不攻于右,汝不恭命;御非其马之正,汝不恭命。用命赏于祖;弗用命,戮于社。予则孥戮汝。"该誓词立足于罚,将"不恭"的三种表现及其责任,说得十分具体。《左传·哀公二年》载晋赵鞅"铁之誓":"克敌者,上大夫受县,下大夫受郡,士田十万,庶人工商遂,人臣隶圉免。"该誓词立足于赏,将不同身份之赏格开列得明明白白。誓是在广众之中面对神灵发出的,其语言通俗易懂,使人入耳而难忘,便于大众传播。

战国时的学者们,曾经对这种诸项合一的新式法令进行概括。如《墨子·非命》:"发宪出令,设为赏罚,以劝善沮暴";《管子·立政》:"凡将举事,令必先出,曰:事将为,其赏罚之数,必先明之。立誓者慎守令以行赏罚,记事致令,复赏罚之所加。有不合于令之所谓者,虽有功力,则谓之专制,罪死不赦。"这种严格"缘法而治"的办法,极大地提高了法律的权威。

在秦国的法律规范体系中,主要有法、律、令、事四种表现形式。正如《睡虎地秦墓竹简·语书》所谓"凡良吏明法律令事,无不能也",①可证。"法"是战国变法革新运动中既新起同时又被虚拟化的一个字眼儿,盖泛指国家制度,或特指《法经》之六法;"令"是临时发布的命令,具有不稳定性。如《语书》谓:"法律未足,民多诈巧,故后有间令下者。"可见,令是法律的补充。"事"指"廷行事",是审判中形成的具有特殊意义的先例、故

---

① 《睡虎地秦墓竹简》注释者断句为:"凡良吏明法律令,事无不能也"。恐误。应当断句为"凡良吏明法律令事,无不能也"。此句系主谓结构,主语是"良吏",后面是谓语。"无不能"的"无"所指的范围,即"法律令事"四种法律形式。是说,良吏业务熟练,四种文件均能掌握。事,即指廷行事。后文"恶吏不明法律令,不知事","明"、"知"都是动词,作谓语;"法律令"、"事"是名词,作宾语。后文有"善诉事,喜争书"亦可证。可证此处的事不是事务之事。参见《睡虎地秦墓竹简》,文物出版社1978年版,第19、20页。

事,是经过严格程序被确认的规范,也是制定法的补充。尽管我们还没有发现援引"廷行事"来判案的实例,而且我们也推测当时不大可能允许法官这样做,但是,法官在适用法律时曾经讨论过"廷行事",说明它起码具有参考价值。"律"是正式的,比较稳定的,占绝大比重的,也是最重要的法律规范形式。以"某某律"为形式的如《田律》《效律》《军爵律》者,是其所调整的某一社会领域的法律条文的集约化,因此多少带有后世单项法规的色彩。"某某律"有的是诸项合一的规定,故言"如律"、"以律"、"以律论之";有的则不包含刑罚或处分,但大都明示"以某律论之","比某律论之","以某律责之"。从而依然保持了诸项合一的特征和效力。

秦国统治集团在两个方向上做得十分出色:一是详定律文。秦律文字精细,一望便知。这一特点,在《睡虎地秦墓竹简》中随处可见。如:"其以牛田,牛减契(腰围),笞主者寸十。"用牛耕田,饲养不善,牛腰围每减瘦一寸,鞭打主者十下。再如:"城旦舂折互器、铁器、木器,为大车折輮,辄笞之。值一钱,笞十。值廿钱以上,熟笞之,出其器。弗辄笞,吏主者负其半。"又如:"五人盗,脏一钱以上,斩左止,又黥以为城旦;不盈五人,盗过六百六十钱,黥以为城旦;不盈六百六十至二百廿钱,黥为城旦;不盈二百廿钱以下至一钱,迁之。"二是司法解释。即通过经常性的司法解释,及时有效地指导司法。如:对律文"擅杀子,黥为城旦舂"的解释是:"今生子,……直以多子故,不欲其生,即弗举而杀之。"又如:"何为家罪? 家罪者,父杀伤人及奴妾,父死而告之,勿治。"再如:"盗采人桑叶,脏不盈一钱,何论? 赀徭三旬";"父盗子,不为盗,今假父盗假子,何论?当为盗";"殴大父母,黥为城旦舂。今殴高大父母,何论? 比大父母"①。这两种手段有效地克服了成文法难以包揽无遗且不便随时立法的弱点,极大地提高了统治效率。

要而言之,秦"改法为律",是当时政治、军事、经济、历史、文化传统等诸多社会因素共同造成的。秦人尚律,是因为律适应了对内削弱贵族势力,鼓励人民勇于耕战,对外防止复辟,有效扩张等政治需要;秦人尚

---

① 《睡虎地秦墓竹简》,文物出版社 1978 年版。

律,是因为律源于战争之誓辞,其辞通俗易懂,明白易知,且带有神之佐助,令人奋进而无畏;秦人尚律,是因为律源于军令,击鼓而进,鸣金而止,胜者晋爵富且贵,败者无容身之地,足以使壮士一往无前;秦人尚律,是因为律精于定分,锱铢必较,公私分明,得者当得,损者当损,足以使民众循规守矩;秦人尚律,是因为律为天下公开之物,官吏权重,亦不敢违法以侵百姓,贤贵豪右,亦不敢非议法律以自宠。秦人尚律,是因为律可以并吞各国迟滞不进之旧法,足以为大一统之帝国奠定基业。事实证明,这种庞大、具体、精确的成文法体系,确实为秦帝国管理官吏、统制地方和统一天下,发挥了重要作用。

四、秦律留给后世的遗产

秦的"改法为律"以及经过长期实践缔造的秦律体系,代表了当时的中华民族,运用逻辑思维和书面语言描述统治集团意志和规范复杂社会生活的最高水准,展现了涵盖民事、刑事、行政、经济诸多社会生活领域的硕大无比的成文法的恢恢法网,宣示了我国成文立法所期达到的第一个峰巅。以"明白易知"为宗旨的成文法律第一次从贵族的庙堂里走向民间,成为寻常百姓见惯不惊的生活常识。如果我们绕过秦律带来的酷烈之风,我们似乎仍然可以感受到它的另一个历史功能——个体自然人第一次从血缘氏族的废墟上挣脱出来,与超血缘的国家建立了直接而简洁的权利义务关系。人们一边藐视着先天的血缘身份,一边通过自己的智慧、汗水和勇敢去开创未来。这种新式法律是公开的,它不仅约束一般民众的行为,而且也约束官吏,甚至也间接约束帝王个人的过分恣意妄为。不仅如此,秦律所凭借的律、令、事、比、式、程、课等所构建的法律体系,为后世历朝法律体系奠定了基础。特别是其中的"廷行事",在封建时代,在特殊社会背景下,经过朝廷的认可,它曾经演化成判例,如汉代的决事比例,宋元的断例,还有民初大理院的判例。它们在成文法稀缺时可以成为独立的法律渊源,在有成文法时可以成为与成文法律并行的辅助型的法律渊源。判例积累到一定程度,最终被成文法所吸收。这种法律样式可以称为成文法与判例"并行式的混合法";而在封建时代的绝大部分时间内,经过朝廷审批加工程序,大量原始案例被抽象提炼成为裁判要旨,即例,并且构成"以例辅律"的框架。例来源于审判实践,具有"与时偕行"的优点。它虽然从具体案例中加工而成,但是仍然比成文法条要具体得多。尽管它失去了其原始面目,但它的抽象性还是有限的。在法律适用中,例具有相对独立性和稳定性,甚至从表面上来看具有取代律文的作用。例通过不断的新陈代谢来保持自己的适用性。因此,虽然例最终可以被律所吸收,但是即使一时不被吸收,也可以有效避免成文法的僵化和锈蚀。这种法律样式可以称为成文法与例共同构成的"循环式的混合法"。"以例辅律"这一形式,起码在《唐律疏议》中就已初见端倪,比如"疏议"就引用"格"。而并未终于《大清律例》,中华民国亦承其绪。"以例辅律"代表着封建时代立法司法艺术的最高成果。它的价值是既克服了成文法的潜在僵化性,又克服了判例法的过于灵活性,从而完成了由成文法到判例、案例,再到成文法的循环往复。

美国法学家博登海默说,只有那些既克服了自身僵硬性又克服了过于灵活性的法律才是伟大的法律;①日本法学家穗积陈重说,只有那些能够"人法兼用"即把人的作用和法的作用结合起来的法律,才堪称永恒的法律。② 然而,他们都认为伟大而永恒的法律尚未出现。但是,笔者相信,如果当年他们有机会研究了中国古代法律,也许会改变这种看法。因为,这种"伟大而永恒"的法律在中国的汉代就已经出现。这就是中国的混合法。在同一时间,能够有效保障法律在地域上的统一性的,莫过于成文法了;在同一空间,有效保障法律在时间前后的统一性的,莫过于判例

---

① 参见[美]E.博登海默:《法理学——法哲学及其方法》,邓正来、姬敬武译,华夏出版社1987年版,第392页。

② 参见[日]穗秋陈重:《法律进化论》,黄尊三等译,中国政法大学出版社1998年版,第53页。

法了。成文法关注宏观的抽象正义,判例法关注微观的具体正义。时间与空间的交织,抽象与具体的匹配,就是中国式的混合法。而封建时代的混合法,无不可以从秦律那里找到它们最初的原型。

第 九 章

地域文化与先秦法律思想的主旋律[*]

在先秦(春秋战国)法律思想研究领域,儒法两家的法律思想似乎成为最受关注的传统课题。先秦儒法两家法律思想的对立与融合,构成了先秦法律思想的主旋律。具体而言,春秋战国形成了以孔子孟子为代表的以礼治、德治、人治为基本内容的法律思想;战国时期产生了以商鞅、韩非为代表的以"以法治国"的法治为核心的法律思想,并与儒家形成对立;战国末期,以荀子为代表的齐儒家(或曰儒法家)在继承改造儒家、法家法律思想的基础上,提出儒法合流、礼法统一的新理论,把先秦法律思想提升到一个新阶段,并标志着先秦法律思想的终结。但是,在研究方法上面,我们常常习惯于从社会经济生活、阶级关系、政治斗争等内容为出发点,来把握其思想实质。在这种模式下,诸家思想常常被定性并被冠以"奴隶主贵族"、"封建阶级"、"新兴地主阶级"、"平民"等标志。这种划分虽然有利于从某一个侧面(如政治立场与经济利益)去分析历史人物、学术派别的思想主张形成的原因,但有时也难免陷入片面。因为它很难回答类似"为什么在不同地区,相同的阶级会有不同的主张","同样的思想主张为什么没有被别的地区所接

---

　　*　本章基本内容同名发表于《甘肃社会科学》2011 年第 6 期。

受"这样的问题。本章从地域文化的静态角度来展现先秦儒法两家的法律思想的文化基因,以期在注重政治、经济诸因素的同时,探讨该时期法律思想历史演进的文化根源。

地域文化的研究方法在先秦史研究中具有特殊的意义。在这方面老一辈的学问大家为我们留下诸多宝贵启示和研究成果。傅斯年指出:"研究一国之历史,不得不先辨其种族,诚以历史一物,不过种族与土地相乘之积。"①他还专门撰写了《论战国诸子之地方性》一文。蒙文通说:"余作《经学抉原》,深信齐鲁学外,而古文为三晋之学,则经术亦以地域而分。"②并著有《古史甄微》《古学甄微》。王献唐提出,研究古史有三术:一为姓氏,一为地名氏名,一为语言。③ 并有《炎黄氏族文化考》行世。把地域文化和政治、经济乃至个人经历等内容结合起来,无疑将有利于深化古代法律思想的研究,将古人鲜活的形象,展现在今人面前。

一、先秦地域文化的形成

在秦帝国中央集权君主专制政体确立之前,我国曾经历了长期的分封自立的宗法贵族政体阶段。这种政体与地理、气候、生活方式等地缘特点密切结合,形成了各自独特的包含着历史传统、民族心理、风俗习惯、宗教信仰等因素在内的地域文化。这种地域文化甚至可以追溯到更为悠久的史前时代。而且,即使是在统一的中央集权君主专制政体之下,这种地域文化在社会生活当中仍然发挥着潜在的影响。

西周初期的封疆土建诸侯的"大封建",是运用中央政治权力对地

---

① 傅斯年:《中国历史分期之研究》,载欧阳哲生主编:《傅斯年全集》第 1 卷,湖南教育出版社 2003 年版,第 33 页。

② 蒙文通:《古史甄微》"自序",巴蜀书社 1999 年版,第 14 页。

③ 王献唐:《炎黄氏族文化考》,齐鲁书社 1985 年版,第 56、57 页。

域文化的一次整理和确认。《左传·文公四年》载，卫国大夫子鱼在追述周初封建时曾说道："昔武王克商，成王定之。选建明德，以蕃屏周。"封伯禽始立鲁国，统率"殷民六族"，"因商奄之民，命以伯禽，而封于少皋之虚。……皆启以商政，疆以周索"；封唐叔始立晋国，统率"怀性九族"，"封于夏虚，启以夏政，疆以戎索"。《史记·鲁周公世家》载，太公吕尚为齐国之君，他治理齐国，"简其君臣礼，从其俗为也"，很快取得成效。可见，鲁国沿用了商人的习惯，用周礼来治国；晋国沿用了夏人的习惯，用军法来治国；齐国沿用了东夷的习惯，用当地风俗来治国。西周初期的统治集团，虽然十分重视周礼的作用，但是，他们对待地域文化和对夏人、商人甚至东夷民族的历史传统持宽容态度。这种宽容的原因，与其说是西周统治集团对自身统治力量的高度自信，毋宁说是对强大的地域文化传统的无法驾驭。因为，不论是姬姓诸侯还是异性诸侯，在统治殷民六族、殷民七族、怀性九族这些广大土著居民时，是不能背离当地的生活方式和风俗习惯的。西周以降的地域文化就是这样继承和延续下来的。

二、鲁国文化与儒家（孔、孟）的法律思想

　　先秦儒家的代表人物是孔子和孟子。他们总结的"仁政"（德治）、"礼治"、"人治"理论，构成了儒家法律思想的核心内容。儒家的法律思想来源于鲁国文化。鲁国文化即中原文化、农耕文化。它是中国文化的重心之一。鲁国文化造就了原始儒学，它是春秋时代思想学术中最耀眼的一面旗帜。鲁国文化有两个思想渊源：仁和礼。鲁学中的"仁"和"礼"构成了儒家和中国古代法律思想的基础价值。

　　首先是"仁"。"仁"源于东夷文化传统。在甲骨文当中，"人"字字形不论是侧立屈膝，还是踞、蹲、坐，大都反映了东夷人的形象。甲骨文中的"人"和"仁"字是相通的。由左右两个侧卧之人和倒立之人组成的被

学者确定的"化"字,很可能就是"仁"字的原型。① 该字的初始意义即"抵足而眠",象征亲人之间相濡以沫、相亲以热的亲人爱。"仁"的本质特征是"相人偶"亦即"人相偶"。由此派生出夫妇、母子、兄弟、姐妹和同胞氏族之间互相友爱、相互尊敬之义。"仁"是人类自觉的表现。"仁"摒弃了对鬼神仰慕,专注于人与人的对应关系,讲求此方对彼方的感情和责任。强调互相依存、友好相处。西周初期"以德配天"、"怀保小民"的"德治"思想就是对"仁"的第一次政治化。春秋时代的孔子把"仁"加工提炼成人世间最高的精神境界和理想。"仁"字从人、从二,讲的本是人与他人的关系。如果说欧洲"文艺复兴"时代的"人文主义"是通过神的折射来发现"人"的价值的话,那么,孔子的"仁"则是一个人从对方的瞳孔中发现自己的存在。就是说,一个人是仰仗他人的存在而来印证自己的存在的。因此,人首先应当善待他人。这就是"仁者爱人"的要义。孔子把"仁"视为未来美好理想的蓝图,其深意还在于改造当时的社会。他透过"仁"的透镜,对传统思想成果进行审视、取舍和改造。他打破了以往狭隘的先天血缘界限和神权思想的束缚,改造了西周之礼,提升了西周之德,把它们融进统一的仁学体系。孟子继承孔子的仁学思想,并把它发展成仁政学说。

其次是礼,包括夷礼、殷礼、周礼。鲁国不仅从"商政"、"周索"那里继承了殷礼、周礼,而且还继承了夷礼。"仁"所概括的人与人之间的关系,恰恰是运用礼来规范的。礼起源于文身。通过文身来杜绝父女、母子、兄弟姐妹之间的性行为。文身与祭祀活动同时进行,于是产生了最初的礼。② 西周初期,周公摄政,而后归政于成王。于是鲁国成了"祀周公以天子之礼乐"的重要场所,而鲁国之礼乐兴焉。故《礼记·明堂

---

① 徐仲舒指出:"化"字"象人一正一倒,所会意不明。"徐仲舒主编:《甲骨文字典》,四川辞书出版社1989年版,第912页。刘兴隆认为:"化"字"象一人上下翻腾以示变化。"刘兴隆:《新编甲骨文字典》,国际文化出版公司2005年版,第504页。笔者推测,"七"与"匕"是两个不同的字。"匕"即"人"字。"人"与"七"合成"化"字,"人"与"匕"合成"仁"字。"化"与"仁"字形近而混。

② 参见武树臣:《寻找最初的礼——对古代礼字形成过程的法文化考察》,《法律科学》2010年第4期。

位》说,周公践天子之位以治天下,制礼作乐颁度量而天下大服。成王以周公为有勋劳于天下,是以封周公于曲阜。地方七百里,革车千乘。命鲁公世世祀周公以天子之礼乐。是故鲁,王礼也,天下传之久矣。其时之鲁国,实第二之王畿也。故傅斯年说:"鲁是西周初年在东方文明故域中开辟的一个殖民地。西周之故域既亡于戎,南国又亡于楚,而周礼尽在鲁矣。"[①]

鲁国文化的经济基础是农耕生产方式。农耕生产有以下特点:首先,农业生产周期比较长。这就使农业生产经验、技术的积累成为漫长的过程。而且,农业生产的季节性很强,比如春播、夏收、冬藏,需要把所有劳动力集中起来使用,更不必说集中人力去兴修水利防洪抗灾和抵御外族的入侵,这就使男性的长者在群体中处于支配的地位。其次,农业生产离不开土地。每块土地都由一定的经度和纬度所确定,并形成与地域密不可分的生产节奏(节气)。一旦离开这块土地,原先的节气就失效了。所以,人们"安土重迁","自给自足"。这些特点又造成了社会人群的稳定,人们在同一块土地上世世代代生活下去,形成了稳定的社会组织:宗法家族。为了维护宗法家族的稳定,又形成了一整套以维护父家长族长权力为核心的、以男尊女卑为特征的宗法道德伦理观念和制度:礼和礼制。在农业社会,"天"的权威是相对的。一方面,"天"派生出万事万物;另一方面,"天"的运行规律是可以摸索可以利用的。人们在"天"面前是敬而不畏的,对自己的能力是自信的。这就使古代的神权思想大打折扣,自西周开始便一蹶不振,几乎完全退出历史舞台,而对祖先神的崇敬则发达起来,并演化成完整的礼仪和"孝"的观念。

"孝"观念要求人们尊敬服从父亲,所谓"亲亲父为首"。这是问题的一方面。另一方面则要求"父父",即父亲要像父亲,即要慈爱子女。"孝"在社会政治领域的折射便是"忠",故"寻忠臣于孝子之门"。

---

① 傅斯年:《论战国诸子之地方性》,载欧阳哲生主编:《傅斯年全集》第2卷,湖南教育出版社2003年版,第275页。

"忠"要求下属要尊敬服从君长,所谓"尊尊君为首"。同样,也要求"君君",君长要像君长,即要仁及属下,"为民父母","怀保子民"。"孝"、"忠"观念与"人治"思想是相通的,即要求"父"、"君"成为贤人圣者,即《礼记·中庸》所说:"为政在人,其人存则其政举,其人亡则其政息"。对"人"的作用的充分肯定,意味着对"法"的作用的相对轻视。正如《孟子·离娄上》所谓:"徒善不足以为政,徒法不能以自行。"对"人"的作用的推崇,表现在立法司法活动中,便是《左传·昭公六年》所谓"议事以制"(即选择并依据适当的判例、故事来裁判案件)的中国式的"判例法"。在世袭制下,子继父业,兄终弟及,法官的职务也是世袭的。按照父亲兄长先前的做法去做,符合"帅型先考"的"孝悌",于是形成"遵循先例"的审判方式。

三、晋国文化与法家(商、韩)的法律思想

先秦法家的主体是三晋法家。其代表人物是商鞅、韩非。商鞅是先秦变法革新运动中最有成效的政治家,也是法家理论的奠基者。韩非在总结前人思想的基础上,提出了更为完整的"法治"理论体系,他是三晋法家思想的集大成者,他的思想代表着先秦法家思想的最高成就。他们提出的"以法治国"和法、势、术相结合等主张被秦国采纳,成为秦变法图强统一天下的思想武器。法家的法律思想来源于齐国管仲,生根于晋国文化,成熟于战国时期的变法实践。晋国文化即西北文化、游牧文化。它是中国文化的重要一翼。晋国经历了变法实践,培育了法家队伍,造就了法家学术。法家学术是战国时代法律思想领域中最强悍的一面旗帜。晋国"封于夏虚,启以夏政,疆以戎索"。戎:军队,或泛指中国西北部的游牧民族。是说,晋国立于戎狄之间,故沿用夏朝的政事,依照戎人的法度来治理国家。诚如《尚书·甘誓》所谓"用命赏于祖,弗用命戮于社,余则孥戮汝"。晋封于戎狄之邦,"诸戎"以游牧为生:"戎狄荐居(即逐水草而

居），贵货易土，土可贾焉。"①故"诸戎饮食衣服不与华同，贽币不通，言语不达。"②晋与诸戎屡兴战事，但以友好交往为主流。晋与戎长期通婚。"诸戎"也在晋的影响下开垦荒地，从事农业生产。在戎狄的影响下，晋国公族失势而诸卿专政，很难形成宗法礼治的浓重传统，却养成"尚武"、"重法"、"尚能"的风尚和与中原诸国迥然不同的观念。晋人对"仁"有不同的理解。《国语·晋语一》载骊姬之言："为仁与为国不同，为仁者，爱亲之谓仁；为国者，利国之谓仁。故长民者无亲，众以为亲。……自桓叔以来，孰能爱亲？唯无亲，故能兼翼。"《国语·晋语六》谓："国君无亲，国以为亲"；"唯有诸侯，故扰扰焉，凡诸侯，难之本也"。在这种思想影响下，晋人任官不以血缘亲疏，而以才能功劳为标准。"晋人之教，因材授官"；"无功庸者不敢居高位"。③ 晋君对部下"类能而使之"④。晋人用人不介意国别，故楚国人才纷纷入晋，"虽楚有材，晋实用之"⑤。这种以官爵田宅为报酬大胆引进外国人才的做法，给晋国政治输入了无限活力。在传统礼治薄弱的晋国，较早地形成了与宗法血缘意识大相径庭的新型的封建主仆关系，以及与此相适应的观念："无私，忠也；尊君，敏也"；"报生以死，报赐以力，人之道也"；"委质为臣，无有二心"，"事君以死，事主以勤"，"事君不避难，有罪不逃刑"；"委质而策死，古之法也"。忠君的结果是尊君："不图而杀者，君也"；"不从君者为大戮（族诛）"。⑥ 在晋国历史上，由于政治斗争而"灭家"、"灭宗"、"尽灭其族"者史不断书。《尚书·甘誓》谓："弗用命，戮于社，予则孥戮汝。"这正是晋人"启以夏政"的证明。

晋国承夏人风俗，军政一体，军法与国法相融。晋人重"军礼"，如"大蒐之礼"。阅兵，整编部队，任命军事统帅，组成阁僚，制定法律，都在此间完成。晋国重视法律还表现在经常立法和修订法律。晋有最早的

① 《左传·襄公四年》。
② 《左传·襄公十四年》。
③ 《国语·晋语四》。
④ 《左传·襄公九年》。
⑤ 《左传·襄公二十六年》。
⑥ 《国语·晋语》之一、七、三、八。

"唐叔之法"①。至文公"修唐叔之法"而作"被庐之法"②。赵盾执政,作
"夷蒐之法"③。武季曾"讲求典礼以修晋国之法"④。晋悼公时曾"修范
武子之法"、"修士蒍之法"⑤。赵鞅、荀演则"铸刑鼎"、"著范宣子所为刑
书"⑥。终晋之世,立法修法活动独多。军法以严明为特征,违犯者不论
何人均要受到制裁。在这个基础上形成了"刑无等级"、"刑上大夫"的传
统。叔向主张处死自己违法的弟弟叔鱼,"治国制刑,不隐于亲"⑦,决非
出于偶然。故孔子称赞道:"叔向,古之遗直也。治国制刑,不隐于亲。
三数叔鱼之恶,不为末减。曰义也夫,可谓直矣!"⑧叔向的做法,是当时
晋国重视法制传统的证明。这与后世法家"不别亲疏,不殊贵贱,一断于
法"⑨的"法治"精神是一脉相承的。

晋国文化源于游牧生产活动。首先,游牧生产是流动的,不稳定的,
即居无定所,逐水草而徙。在流动中很难组成大规模的家族。其次,狩猎
活动是集团的活动,需要统一的号令和指挥,才能成功。狩猎是以动物为
对象的,而战争不过是把对象变为人,游牧集团之间常常因为流动而产生
战争,战争的要素就是人多势众,并统一行动。这就使军令、军法发达起
来了,而担任指挥的领袖不是在于他的血缘身份,而在于他勇猛强壮。军
法不是靠道德感化和教育,而是靠刑罚来施行的。法令的颁布和刑罚的
施行,又常常通过祭祀礼仪(如大蒐礼)来进行,从而使刑法带有神圣的
色彩。于是,刑法完善起来并形成了"人人都要服从法律"这样的观念。
君主的权威因着法的权威而上升,法的权威又因为君主的权威而上扬。
君臣之间就是上与下、支配与服从的关系。这种关系被法律逐渐确定下

① 《左传·昭公六年》。
② 《左传·僖公二十七年》。
③ 《左传·文公六年》。
④ 《左传·宣公十六年》。
⑤ 《左传·成公十八年》。
⑥ 《左传·昭公二十九年》。
⑦ 《左传·昭公十四年》。
⑧ 《左传·昭公十五年》。
⑨ 《史记·太史公自序·论六家之要旨》。

来,并形成"缘法而治"、"垂法而治"的"法治"观念。诚如蒙文通所言:
"战国以来,法家之治已被于南,则摧周政之旧而代之者,非法家耶! 商
君相秦,多取李悝之治,商君取之晋而用之秦,吴起取之晋而用之楚。三
晋多法家者流,则晋者,授以戎狄之民,治以戎狄之法,戎索周索错,而法
家之说生焉。"①

四、齐国文化与齐学(管、荀)的法律思想

　　齐国文化是综合性的文化,或曰海洋文化。其代表人物是管子和荀
子。管子是齐学的开创者,荀子是齐学的总代表,荀子之学是战国末期思
想学术领域中最博大的一面旗帜。齐国文化具有悠久的历史文化渊源。
其中最重要的是东夷民族的勇敢善战和重视法律的传统。东夷民族的领
袖之一蚩尤是英雄式的人物,据传说,他不仅发明了"五兵",还发明了
"五刑"并把它们称为"灋"。② 战争导致军事思想和军法的发达,即《周
易·师》所谓"师出以律"。

　　西周初定,大封诸侯。作为"四岳之后"、"东夷之士"、"东海上人"
的齐太公吕尚,由于助周灭商,善用兵,多奇计,有功于周室,故以异姓功
臣封为齐侯。太公治齐,沿袭当地民风习俗,不照搬西周之礼,保留和沿
用当地民俗习惯,以稳定开国初期的政治局势。这就形成了齐人不甚讲
求周礼的传统。齐太公初到齐地营丘,莱夷即来伐,与之争营丘。后又有
"北戎伐齐","翟人侵齐"。齐人不得不以战争求生存。故形成重兵革、
讲谋略的传统。"其事多兵权与奇计,故后世之言兵及周之阴权,皆宗太
公为本谋。"而齐国之民"阔达而多匿智,其天性也"。③ 及至管仲相桓公,
令重罪以甲赎,轻罪以盾赎,"甲兵大足","兵车之会三,乘车之会六,九

---

　　① 蒙文通:《古族甄微》,巴蜀书社 1993 年版,第 22 页。
　　② 参见《尚书·吕刑》。
　　③ 《史记·齐太公世家》。

合诸侯,一匡天下"①。使齐国为春秋第一霸主。周礼影响的薄弱和重视兵战的必然结果是重法和尚贤。管仲治齐,重视道德教育的作用,他把"礼义廉耻"比作"国之四维",认为"四维不张,国乃灭亡"②。但他又清醒地认识到:"仓廪实则知礼节,衣食足则知荣辱。"③要实行教化必须首先改善人民的物质生活条件。因此要"富民裕民"、"与民分货"。④ 在任人方面,他实行的不是西周任人唯亲的"亲亲"原则,而是"匹夫有善,可得而举"的尚贤原则。甚至乡大夫有才而不举,以"蔽明"、"蔽贤"论罪。⑤ 管仲重视法制。为保障法令的贯彻,他主张"劝之以庆赏,纠之以刑罚"。对"不用上令"、"寡功"和"政不治"者绳之以法:"一再则宥"、"三则不赦"。这些主张和措施首开法家思想之肇端。

齐国领地"自泰山属之琅邪,北被于海,膏壤二千里",具有发展农、渔、盐诸业的得天独厚的自然条件。太公治齐,因地制宜,"设轻重鱼盐之利","通商工之业,便鱼盐之利"。⑥ 故农、渔、盐、商诸业发达。后人承其绪,至桓公时有盐官、铁官操其业。"宫中七市,女官七百",市场繁多,交易频仍。⑦ 故齐人讲"利","相语以利","以其所有,易其所无",未有轻商贱贾的观念。管仲治国,注重发展农、渔、工、商四业。他用"相地而衰征"⑧的办法减轻农民负担,提高农民从事耕织的积极性。他设置盐官、铁官管理盐、铁生产,并以减税的办法鼓励渔、盐、铁贸易。

齐国文化造就了齐国之学,齐国之学的代表是管子、荀子。管仲的思想和实践进一步巩固了齐国文化的基本模式。其一,齐国有重礼的传统,故鲁国儒学得以传入并扎下了根;其二,齐国有减轻人民负担的故政,因此以"清静无为"为尚的道家思想能够在齐国发展起来;其三,齐国有重

---

① 《国语·齐语》。
② 《管子·牧民》。
③ 《史记·管晏列传》。
④ 《管子·乘马》。
⑤ 《国语·齐语》。
⑥ 《史记·齐太公世家》。
⑦ 参见《战国策·东周》。
⑧ 《国语·齐语》。

法尚贤之风,故主张"以法治国"①的法家思想得以在齐国蔚然成风。宋
钘尹文学派的理论正体现了齐学儒、道、法三家合一的基本风貌。《管
子·心术》道:"礼者,因人之情,缘义之理而为之节文者也。故礼者谓有
理也。理也者,明分以谕义之谓也。故礼出乎义,义出乎理,理因乎道者
也。法者,所以同出不得不然者也。故杀戮禁诛以一之也";"事督乎法,
法出乎权,权出乎道";"虚而无形谓之道,化育万物谓之德,君臣父子人
间之事谓之义,登降、揖让、贵贱有等,亲疏有体谓之礼,简物、大小、一道、
杀戮、禁诛谓之法"。儒家的"礼"、法家的"法"都归结于"虚而无形"的
"道"。这正是儒、法、道三家混一的理论。在这种诸家互补、混然而一的
学术氛围下,任何外来思想都不可能保持其原有的面貌。这种学术氛围
得益于齐国兼容并蓄的"稷下学风"与文化政策。齐国重视学术研究,齐
宣王曾置学宫于稷门,招徕各派知识分子,自由讲学。赵国荀况即为稷下
老师并三为祭酒。他兼容晋秦之学与齐鲁之学。齐法家承其风,其著述
颇含道、儒、阴阳而兼有之。晋秦以"寡礼"、"无儒"著称,虽曾招贤纳士,
然皆征战、谋略、法术之士,重实用而轻理论。故其法家著述大都苍白无
血色,缺乏理论营养。晋秦法家以为诸子之学非本国固有,且"儒无益于
国之治","儒以文乱法","民不贵学问则愚","愚则易治"。② 故治国明
法令,"以法为教,以吏为师"③。"燔诗书而明法令"④。

　　齐国文化培养了自己的思想家,其总代表是荀子。荀子重礼,故有人
称他为儒家;又重法,故有人称他为法家。其实,他可以称作儒法家、法儒
家,但更宜干称作齐儒家。他是礼治合流、儒法统一的先行者。荀子的思
想带有兼容的特点。正如傅斯年所说:"荀卿的思想,一面是鲁国儒家的
正传,一面三晋的彩色那么浓厚。"⑤他"隆礼重法",在社会领域讲求"礼

---

① 《管子·任法》。
② 《商君书·垦令》。
③ 《韩非子·五蠹》。
④ 《韩非子·和氏》。
⑤ 傅斯年:《论孔子学说所以适应于秦汉以来的社会的缘故》,载欧阳哲生主编:《傅斯年
全集》第 1 卷,湖南教育出版社 2003 年版,第 481 页。

治"，要求维护父父子子的宗法伦理规范；在政权范围讲求"法治"，主张确立和维护君君臣臣的中央集权的君主政体，从而把儒家的礼和法家的法统一起来。他又兼重德刑，一手实行仁政德治，另一手对不服从教化的人施以刑罚，从而把儒家的德治和法家的重刑主义结合起来。他同时强调"人"和"法"的作用，认为"法者，治之端也"，治理国家离不开法律；又说："君子者治之原也"。他的结论是："有治人无治法"（有十全十美的人而没有十全十美的法）。"故法不能独立，类不能自行，得其人则存，失其人则亡。"①即构建以"人"为主以"法"为辅的统治模式。这种模式在审判领域的反映，就是以法官为中心，以成文法为标准的"混合法"。即《荀子·王制》所概括的："有法者以法行，无法者以类举，听之尽也"，和《君道》所言"法不能独立，类不能自行，得其人则存，失其人则亡"。"法"指成文法典、法律条文；"类"指判例、故事和它们所体现的法律原则。"类"作为一种原则和精神，与社会风俗、习惯、道德是相通的。

荀子的"混合法"理论是对鲁国"判例法"传统的公开肯定，是对晋秦"成文法"传统的革命性的修正，也是对古代法律实践活动从以贵族政体为背景转移到以集权君主制政体为背景的一次预见性的表述，当然也是对人类法律实践活动规律的一次理论总结；荀子的"混合法"理论对中国封建时代的司法实践具有极大影响。董仲舒的"春秋决狱"就是一次演习，封建历朝的比、故事、例、断例等，就是证明。总之，齐国文化对中国封建社会的影响是巨大的。汉武帝时代独尊的儒术，其实正是荀学。此后，封建文化的旗帜上虽然写着孔孟之道，但实行的正是荀子之术。故近代谭嗣同说："二千年来之学，荀学也。"②

先秦（春秋战国）时代的法律思想和其他思想一样具有鲜明的地域文化色彩。在大体平静的社会背景下，这种多元化特征维持了相当长的历史阶段。它们各自相对独立，很难互相替代。这也是形成思想学术界

---

① 《荀子·王制》、《君道》。
② 谭嗣同：《仁学》二十九，载《谭嗣同全集》，中华书局 1981 年版，第 337 页。

百家争鸣的原因之一。

在社会大变革的背景下,各种带有地域文化色彩的法律思想都面临着历史的检验和选择。只有那些适应社会发展、获得民众支持的思想主张,逐渐成为社会的主流意识,成为推动社会发展的精神力量。如《韩非子·五蠹》说:"今境内之民皆言治,藏管商之法者家有之。"此其证也。

战国时期,深刻的社会变革使地域文化之间的相互差异性得到充分的体现。比如鲁国文化和晋国文化就曾经处于对立之中。这种对立在法律思想上主要表现在:(一)在政体方面是世袭的宗法贵族政体和中央集权的君主官僚政体的对立;(二)在法律价值观方面是宗法伦理主义的礼和集权国家主义的法的对立;(三)在统治方法方面是"富而后教"的德治和"以刑去刑"的法治的对立;(四)在法律样式方面是判例法和成文法的对立。这些对立正是当时社会大变革在法律实践领域的反映。

各种地域文化之间的相互差异性并不是绝对排斥的,它们之间还具有相互渗透性和可融性。主导这种渗透和融合的,常常是最具有传统力量的观念,这就是儒家坚持的礼。以法家为例,《商君书·画策》:"所谓义者,为人臣忠,为人子孝,少长有礼,男女有别。非其义也,饿不苟食,死不苟生,此乃有法之常也";《韩非子·忠孝》:"臣事君,子事父,妻事夫。三者顺则天下治,三者逆则天下乱";《睡虎地秦墓竹简·为吏之道》:"君怀臣忠,父慈子孝,政之本也"。可见,法家并非一般地否定礼,只不过实现的手段不同而已。儒家思想的生命力亦在于此。诚如傅斯年所说:"东方的经济人文,虽武力上失败,政治上一时不能抬头,一经多年安定之后,却是会再起来的。自春秋至王莽时,最上层的文化只有·个重心,这一个重心便是齐鲁。"①在新的历史条件下,各种地域文化的优越之处便在新形式下结合在一起,持久地发挥作用——"鲁以伦理及礼制统一中国","三晋一带以官术统一中国","齐以宗教及玄学统一中国"。②

---

① 傅斯年:《夷夏东西说》,载欧阳哲生主编:《傅斯年全集》第2卷,湖南教育出版社2003年版,第229页。
② 傅斯年:《论战国诸子之地方性》,载欧阳哲生主编:《傅斯年全集》第3卷,湖南教育出版社2003年版,第275页。

　　在社会变革的大潮中,任何地域文化或思想主张都不会自行发挥作用,它们还要靠社会集团和个人的主观能动作用。那些以天下为己任的先知先觉者,只要顺应历史潮流,找对了方向,便能够做出一番伟大的业绩。反之,则将一事无成。

第 十 章

齐鲁法文化与中华法系的精神原点[*]

在中国传统法律文化研究中,先秦地域法文化也许是一个不可或缺的课题或研究方法。该领域的研究,不仅有利于将法律思想和法律制度有机结合起来,而且可以把我们久已习惯的对法律制度、法律人物、学术派别的经济、阶级式的定性,深化为历史文化式的定性。傅斯年、蒙文通、王献唐等老一辈历史学家,在地域文化研究方面为我们提供了许多真知灼见,并有《夷夏东西说》、《古史甄微》、《炎黄氏族文化考》行世,为今天的地域法文化研究奠定了坚实的基础。当今,学术界在齐鲁文化研究方面已取得丰硕成果。可以相信,引进地域法文化研究的方法,将有利于客观多元地再现古代法律史,有利于探索中国古代法律实践活动的内在规律。

一、齐鲁法文化的定义

法文化是由法律思想和法律传统所构成的系统。从西周建国至秦汉统一王朝确立,中国古代法文化曾呈现出分散的状态,表现为鲜明的地域

---

[*] 本章基本内容同名发表于《法学论坛》2011 年第 6 期。

性特征。这种地域性法文化大体有三种:齐鲁法文化、晋秦法文化和荆楚法文化。它们各自反映了不同的社会生活方式和法律价值观,都取得了丰富的法律实践成果。齐鲁法文化是以西周初分封的齐国鲁国为其地域范围,历经西周、春秋、战国数百年而形成的法律文化传统。齐鲁法文化是齐鲁文化的有机组成部分,它是地域文化的产物,又是社会实践的产物。它不仅植基并直接继承了古老的东夷文化成果,又兼而吸收了殷商、西周的法律文化因素,终于形成自己独特的风格。无庸讳言,由于历史传统、风俗习惯、经济生活和治国方略的差异,齐鲁两国在历史传统、法律思想、法律制度等方面存在诸多差别。这种差别可能从西周封土建国之初就出现了。鲁之立国,以殷遗民为臣民,以周礼为国策;齐之立国,以土著夷人为臣民,以当地风俗为国策。齐鲁之间的差别还表现在许多方面。比如鲁国重视人们先天的血缘联系,故提倡“为国以礼”,齐国则重视人们后天的能力贡献,故尚贤使能;鲁国重视领导者个人的自我修养和表率作用,故主“人治”,齐国则重视政令的规范作用,甚至主张“君臣上下贵贱皆从法”;鲁国重视伦理感情的教育感化和自觉克制、自我约束,希望通过教育使百姓“有耻且格”,齐国则重视物质利益对人们行为的决定性作用,强调“与民分货”;鲁国相对忽视法律的强制作用,齐国则将道德与法律置于同等地位,等等。这种差别的确也维持了比较长的时间。但是,这种差别在主张“缘法而治”、“重农抑商”、“以刑去刑”的三晋法家面前,似乎就显得不那么明显了。特别是,由于齐鲁二国文化具有共同的历史文化渊源,而且最后毕竟融合为一了。齐鲁两国的法文化的同源、并行、融合,正反映了两国法文化的内在一致性。这种一致性是在传播、碰撞、浸润的漫长过程中实现的。因此,从历史的宏观视野来看,齐鲁法文化仍然可以被视为一个统一的思想和制度体系。在漫长的历史画卷里,齐鲁二国法文化的内部差异性完全可以忽略不计。“如果把齐文化和鲁文化放在中国五千年的传统文化之中去审视、去分析、去比较,就会发现,看似内质差异巨大甚至许多学说观点针锋相对的齐文化和鲁文化,其实在更深层次上却是相似相通的,同属一个文化体系。”①齐

---

① 逄振镐:《齐鲁文化研究》王修智“总序”,齐鲁书社 2010 年版,第 4 页。

鲁法文化离不开众多学者、学派和政治家们的贡献。孔子、管子、孟子、墨子、晏子、吴子、慎子、孙子、邹子、荀子等诸家的思想,不论其政治倾向是贵族还是平民,其哲学是唯物还是唯心,其学说是王道还是霸道,其策略是德治还是法治,都成为齐鲁法文化的有机组成部分。不仅如此,齐鲁法文化还注意吸收其他地域法文化的实践经验和理论营养,在实践中不断发展完善,至战国末期日臻成熟,为后来的中华法系奠定了理论基础。齐鲁法文化不仅对当时而且对后来的中华法系均施以重大影响。中华法系的主要构成元素无不可以从齐鲁法文化那里找到其最古老的原型。

二、齐鲁法文化的古老精神渊源

王国维说过:"自五帝以来政治文物所自出之都邑,皆在东方","自五帝以来都邑之自东方而移于西方,盖自周始。"[1]"东方"指的就是传说时代的东夷,"政治文物"即应包括法文化成果在内。傅斯年提出,三代历史呈现东西对峙之势,"夷与商属于东系,夏与周属于西系";"东西对峙,而相争相灭,便是中国的三代史"。[2] 从思想精神、典章文物的角度来看,东夷殷商多创造了精神产品,如关于仁、礼、律、刑的观念和"刑名从商"的立法成果之类;而夏与西周则把这些产品加工成为可以操作的制度外壳,如夏人的"与其杀不辜,宁失不经",[3]周人的"父子兄弟,罪不相及"[4]等等。东方的仁、礼精神在西方培育出"怀保小人"的德政和完备的礼乐制度。而秦国之律仍然与东夷的战鼓之音发生共鸣。正是这种软性文化和硬性文化的碰撞、交融和浸润,推动了中国古代法律实践活动的持

---

① 王国维:《殷周制度论》,载《观堂集林》(上),中华书局 1959 年版,第 452 页。
② 傅斯年:《夷夏东西说》,载《傅斯年全集》第 3 卷,湖南教育出版社 2003 年版,第 182、228 页。
③ 《左传·襄公二十六年》。
④ 《左传·昭公二十年》。

续发展。

根据文献记载,远古社会的众多文明成果大都与东夷有关。[1] 不仅如此,中国古代的法律文明也肇始于东夷。殷商源于东夷之一支,两者存在同源关系,具有共同的信仰、习俗、语言,也许还包括文字。大汶口文化出土的陶文(或曰陶器符号)"既不是符号,更不是图画与纹饰,而是很进步的文字,是商周时代文字的远祖"[2]。这些象形符号与古汉字相似的程度非常高,应当属于原始文字。[3] 因此,至商代时业已十分成熟的甲骨文当中,很自然地凝结了大量东夷民族的生活经历。这样,甲骨文字材料不仅是研究商代历史,而且也同时是研究东夷民族史的重要材料。换句话来说,经过漫长的岁月,东夷民族对许多事物、现象、行为的见解,逐渐演化成集体的共同意识,当象形文字产生时,这些意识便自然地融化在文字的笔画之间。不无遗憾的是,我们今天看到的甲骨文几乎都是用于祭祀占卜的特殊语体的文字,而不是《尚书·多士》所谓"唯殷先人,有册有典"的那种日常纪事议论的文字,从而为我们全面把握甲骨文的含义带来困难。尽管如此,我们仍然相信,甲骨文的每一个字都有其特定文化背景和特殊的结构含义。在这个意义上可以说,甲骨文是研究史前史的活化石。于是,我们便有机会将像解剖化石那样剖析那些具有典型意义的某个甲骨文字,从中探测它所蕴含的原始意义和思想观念。

第一是"仁"。在甲骨文中,侧立屈膝拱手的"人"字不是泛指人类的"人",而是特指东夷的"人"。按照学界的主流意见,认为甲骨文中没发现"仁"字。但是,有一个字也许应当重新认识,这个字被释为"化"字。[4]其字形是由两个"人"型并列,左侧的"人"正立,右侧的"人"倒立。右侧倒立的人后来变形为"匕"。笔者推测,这个字就是最早的"仁"字。而由"人"和"匕"组成的字才是"化"字。这是因为"匕"和"七"是两个不同的

① 参见张富祥:《东夷文化通考》,上海古籍出版社 2008 年版,第 338、339 页。

② 唐兰:《再论大汶口文化的社会性质和大汶口陶器文字》,《光明日报》1978 年 2 月23 日。

③ 参见裘锡圭:《汉字形成问题的初步探索》,《中国语文》1978 年第 3 期。

④ 参见徐仲舒主编:《甲骨文字典》,四川辞书出版社 1989 年版,第 912 页。

字。"仁"与"化"形近而混，人们但知有"化"，不知有"仁"，故以为甲骨文中无"仁"字。甲骨文的"仁"字型，表示两个人背靠背地躺在床上，抵足而眠。这正是东夷人的风俗，即所谓"夷人仁"。试想，在北方寒冷的夜晚，篝火已烬，亲人们相亲以热，互相呵护。《说文解字》说："仁，亲也，从人从二。"《礼记·中庸》："仁者，人也。"郑玄注："仁，人也，读如相人偶之人，以人意相存问之言。""相人偶"这一解释切中要点。偶即匹配、对应、相互之义。"相人偶"即彼此彼此，你和我一样，你如何待我，我便如何待你。遥想早春三月，适龄男女，奔而不禁，互相爱慕，抵足而眠；母亲育子，疼爱有加，夜乳之余，抵足而眠；年轻战士，战斗围猎，白日鞍马劳顿，天黑抵足而眠。"相人偶"正凝练地展现了远古氏族人群之间的相互之爱。故"仁者爱人"这句话，十分准确地概括了"仁"的本质特征。西周已有"仁"，《尚书·金滕》："予仁若考，能多才多艺，能事鬼神"；《泰誓》："虽有周亲，不如仁人"。这里的"仁"应当是与宗法血缘意识相联系并具有相对独立性的个体自然人的一种优良品格。在春秋时代，"仁"字已经在古老的诗歌中出现。比如《诗经·郑风·叔于田》："不如叔也，洵美且仁。"《齐风·卢令》："其人美且仁。"这里的"仁"概指个体自然人的与外在形体之美相对应的内在之优秀品质。孔子言仁论仁者最多。经过孔子的加工完善，"仁"成了君子必备的一切美好品质的集合体，同时还是美好社会的最高理想。在中国古代社会，"仁"是最普遍最深层次的价值观。

第二是"礼"。"礼"与战争和祭祀活动密切联系。即《左传·成公十三年》所谓"国之大事，在祀与戎"。在甲骨文里，"礼"写作"豊"。表示以礼器"豆"盛"丰"，以奉献于祖先神面前。祭品即"丰"，义为以绳索穿上三只玉琮。玉琮即射箭的辅助用具，有似班指。玉琮象征猎获物或战利品，用它祭祀祖先神，感谢祖先神的保佑，祈求神灵相助多打胜仗。良渚出土玉琮上多有"神人兽面"图像，其神盖即战胜之神蚩尤，其兽盖即独角兽。祭祀活动常常伴以歌舞和誓师、献俘仪式，还有颁布军令、行赏施罚之类。当然，祭祀活动还需要钟鼓之音来指挥调度。于是，礼就逐渐演化成一种神圣威严的仪式和行为规范。礼作为一种行为规范，还包括内容丰富的风俗习惯。① 在母系氏族时代,礼曾经以维护母系的支配权力为特征。在进入父系氏族时代之后,礼逐渐以维护父系的支配权力为特征。到了战国时代,魏国和秦国都严厉禁止入赘,其宗旨与其说是为了鼓励壮男自立门户,不如说是清理母系氏族的残余影响。因为,男子入嫁女家,正是母系氏族的习惯。礼经历了夷礼、夏礼、殷礼、周礼诸阶段。周礼代表着父系宗法家族之礼的全胜时代。西周之礼支配着社会生活的各个领域:在国家政权形式上的表现是宗法贵族政体,在法律基本精神上的表现是宗法伦理的差异性,在司法方面的表现是"帅刑先考"、"议事以制"的"判例法"。春秋以降,伴随着礼崩乐坏,世袭的宗法贵族政体开始解体,礼的作用便日益萎缩。但是,只要是农耕生产方式和家族细胞存在,礼的精神就不会退出历史舞台。

第三是"律"。"律"在甲骨文里写作"𦘕",其形为以手执木槌以击鼓之状。至于"笔"字,乃后起之义。在远古时代,战争是关系部族全体成员生死存亡的大事。要取得战争的胜利,除了团结勇敢之外,还需要有经验和绝对权威的强有力的指挥者。这就需要统一的号令。当时指挥战士打仗靠的是战鼓。即以战鼓之音调节拍来传达信息和命令。于是,久而久之,战鼓之音就成了军法军令的代名词了。东夷人很早就发明了鼓。据《周礼·冬官·考工记》,战鼓的名字恰巧就叫作"皋陶"。军法军令是法律的最初形式之一。军法军令具有无上的威严,谁违背了它,都要受到严厉制裁。所谓"弗用命,戮于社"。军法军令常常在战前誓师时宣布。其内容简介明确,通俗易懂,便于记忆,也便于战后论功行赏,论罪诛罚。② 因此,军法军令与成文法(即制定法)有着天然的联系。成文法的构成要件无不可以从军法军令那里找到其原型。战争和牧猎没有什么本质差别。凡是具有牧猎传统的民族似乎天然地倾向于成文法。律这一法律规范形式之所以最早在战国时代的秦、魏出现,绝非偶然。在这种法律

---

① 参见武树臣:《寻找最初的礼——对古代礼字形成过程的法文化考察》,《法律科学》2010年第3期。

② 参见武树臣:《寻找最初的律——对古代律字形成过程的法文化考察》,《法学杂志》2010年第3期。

下面,在特殊场合下,人们的身份差别有时会显得不那么重要。同时,领导者的权威也随着法律的权威而同步增长。古老的军法军令的威严要靠专职人员来维护,于是最早的法官——军事法官便产生了。据传,我国第一个大法官是东夷的皋陶。《诗经·鲁颂·泮水》赞美鲁国法官像皋陶一样精明。《墨子·明鬼》则对齐地的神羊裁判津津乐道。军事法官的标准是秉公断案和精通律令。这种精神和战国时代的法家如出一辙。

第四是"刑"。甲骨文的"刑"写作"井"。最早"井"使用来实施文身的辅助用具"校"。东夷民族最早发明了文身。文身是特殊宗教仪式的组成部分。它实行于男子成童礼,青年男女成人礼。其方法分别是文额、文胸、文乳。文身的图案各式各样且井井有条,人们一望便知其族籍、辈分、年龄。用这种方法来标明氏族人群之间的血缘关系,杜绝父与女、母与子、兄弟与姐妹之间的性行为,以期保持种群的健康发展。当具有文身习俗的民族战败集体地沦为奴隶时,文身就自然演变成奴隶的符号。而将有罪者罚为奴隶时便给他刻上这种文身符号,于是就成了黥刑。据《尚书·吕刑》说,东夷民族的领袖蚩尤发明了"五虐之刑",其中就包括黥刑。除死刑之外,凡执行肉刑都离不开刑具校——"井",如《周易》所谓"何校灭耳"、"履校灭趾"之类。同时,那种用于文身雕刻的工具"辛",也就变成了令人恐惧的血淋淋的刀锯。起源于风俗习惯的文身最终演变成刑罚,是描述古代礼刑同源的一首绝妙好辞。①

第五是"德"。甲骨文中的"德"写作"彳臣"("臣"字上面有"丨",代表弓弦)。"彳"是"行"字之省,代表道路、街口、城邑。"臣"是俘虏、奴隶。该字表示战争胜利之后,牵着俘虏回到自己的驻地。其寓意与"行有所得"的"得"字是一样的。"臣"与"目"二字形近极易混淆,所以才有人将"彳臣"误判为"彳目"("目"上面有"丨"),以致失其本义。甲骨文的"臣"字字形是以弓缚首,即用弓弦捆住俘虏的脖颈。② 在远古时

---

① 参见武树臣:《寻找最初的刑——对古代刑字形成过程的法文化考察》,《当代法学》2010 年第 4 期。

② 参见武树臣:《寻找最初的德——对先秦德观念的法文化考察》,《法学研究》2001 年第 2 期。

代,弓箭是最重要的武器或工具。弓箭上面常常刻上特殊标志,以表明其所属。在确认猎获物归属或损害责任时,常常通过弓箭上面的特殊标识来做出判断。战争结束后,战士们常常因为战俘的归属而发生争执,这时法官就查验俘虏脖颈上面环绕的弓和弦,以判断胜负。《诗经·鲁颂·泮水》说:"淑问如皋陶,在泮献(谳)囚。"《睡虎地秦墓竹简》亦记载二战士"争首"的案例,就是证明。男性俘虏成了奴隶"臣",女性俘虏成了奴婢"妾"。他们都成了战胜者的重要财产。"臣妾"地位虽低,但是如果他们来自文化水准高的部落,倒成了先进文化的传播者。而"妾"对于个体婚姻的产生,也许起着重要的作用。西周的"德"字是在甲骨文"彳臣"字下面加上"心"字符而成的。这一变化与"明德慎罚"思想正好合拍。"怀保小人"以笼络其心,勿使臣妾逃亡,不失即得。西周之"德"是对东夷之"仁"的远距离折射,是对被统治者的政治价值的一次清醒反思,是对鬼神权威的一次不自觉的疏远,它标志着西周统治集团政治思想的一次升华。

第六是"法"。古代的"法"字写作"灋。"尽管甲骨文中尚未发现"灋"字,但是组成"灋"的"水"、"廌"、"去"都已经有了。金文始有"灋"字。"灋"字里面的"廌"是个独角兽,是东夷民族蚩尤部落的图腾。《尚书·吕刑》说蚩尤"作五虐之刑曰灋"。这些古老传说已经变成集体意识,当先民创造"灋"字时,特意选择了蚩尤部落的图腾独角兽,这不是很自然的事情吗?"去"字由上"矢"下"弓"两字组成。两个字上下分开,说明矢与弓上面的符号不一致。即《说文解字》所说:"去,人相违也。""弓"、"矢"二字的合书便是"夷"字,表示矢与弓上面的符号相一致。发生争讼时法官要求诉讼双方出示证据弓箭,这就是"明夷"。《周易·明夷》说:"箕子之明夷。"《尚书·洪范》载箕子向武王陈述"洪范九畴",其七为"明用稽疑",盖与"明夷"同义。可能是由于箕子发明或者提倡过这种决讼方法,所以才把他的名字和"明夷"连在一起。不难发现,"灋"描述着一种诉讼活动,通过一个一个具体的判例来告诉人们应当做什么和不应当做什么。①

---

① 参见武树臣:《寻找最初的法——对古代法字形成过程的法文化考察》,《学习与探索》1997 年第 1 期。

综上,笔者以六个典型性甲骨文字为化石,借助古文献、传说史料和出土材料,窥测了东夷的法文化结晶,意在探索齐鲁法文化的古老精神家园。

三、齐鲁法文化的思想轨迹

大体而言,从时间来看,齐鲁法文化以春秋中为其始,以战国末为其终。从学派来看,齐鲁法文化以鲁儒为其始,以齐儒为其终。从思想元素来看,齐鲁法文化以崇礼为其始,以礼法兼重为其终。从政权形式来看,齐鲁法文化以贵族政体为其始,以集权君主政体为其终。从施政策略来看,齐鲁法文化以德政为其始,以德刑兼顾为其终。从法律精神来看,齐鲁法文化以宗法理论精神为其始,以国家家族并重为其终。从法律样式来看,齐鲁法文化以判例法为其始,以混合法为其终。

齐鲁法文化的理论奠基者是孔子。孔子的先世可以追溯到宋、殷商、东夷。孔子对中国古代文化的最大贡献,是在发扬东夷文化精髓,摒弃殷商鬼神观念,继承西周德治思想的基础上,创造了以"仁—礼"为理论框架的思想体系。在孔子看来,"仁"是君子的最高行为准则,也是人类最美好的社会理想;"礼"是实现这种目标的必经渠道。孔子的"仁"已经远远超越了东夷民族狭隘的血缘部落意识,成为人类的共同理念。在"仁"的旗帜下面,一切具体的社会之人的差异,诸如种姓、国籍、出身、性别、贵贱、贫富等,都不复存在,大家都成了抽象意义的人。所有异于禽兽者都是人,都应当以人之义相待。你要别人如何待你,你就要如何待别人。即《论语·颜渊》所谓"己所不欲,勿施于人",其目的是实现天下归仁的美好社会。孔子表面上尊崇周礼,实际上却颠覆了周礼。经过孔子的改造,原先那种凭借鬼神威严、仗恃钟鼓玉帛、炫耀血缘身份、注重外表仪式、"礼不下庶人"的西周贵族之礼,变成了注重内心情感的,对社会所有成员均普遍适用的,人人都可以践行的民间之礼。在君君、臣臣、父父、子子、夫夫、妇妇、兄兄、弟弟的硕大网络当中,社会上的每个人都可以找到自己的伦理坐标,都可以找到通向"仁"的道路。孔子的法律思想是其"仁—礼"思想体系的重要组成部分。这主要包括:建立统一、开明、分权、自律式的贵族政体,提倡君子修身养性,克己复礼,率先垂范,选拔俊秀,使民以时,反对暴政滥刑,实行德治教化,致民富而后教,有耻且格而至于至善。

齐鲁法文化的实践创新者是管子。管子是春秋时代第一位革新家。他在周礼的薄弱环节齐国,进行了前所未有的改革。管子把"礼义廉耻"比作"国之四维"。① 认为发展经济是国家富强的前提,也是使人们遵守礼义法度和稳定社会秩序的物质基础。《管子·牧民》载管子名言:"仓廪实则知礼节,衣食足则知荣辱。"这对当时一味残酷压榨,不顾人民死活,而侈谈礼义廉耻的贵族也是一种深刻的批判。要想国富民安,就要发展生产和改善人民生活。这种思想是他在齐国进行一系列改革的理论基础。管子利用齐国的有利条件,大兴渔盐和铸铁之利。他设置盐官和铁官管理盐铁业,并采取渔盐出口不纳税的政策,以鼓励渔盐贸易。在农业方面,他也改革了赋税制度,按照土地的好坏分成等级来定税收额,即所谓"相地衰征"②。他号召人们开垦荒地,兴修水利,种植五谷、桑麻,饲养六畜,努力耕织。为了奖励耕织和发展工商业,他提出"与民分货"的政策③,即必须让人民分享到生产成果和经济利益,从而把"富国"和"富民"统一起来。管仲认为制定法律,必须顺从民意,即"令顺民心":"民之所欲,因而予之;民之所否,因而去之。"④不顾周礼任人唯亲的"亲亲"原则,主张"匹夫有善,可得而举",提倡破格选拔人才。并规定,乡大夫若有才不举,便以"蔽明"、"蔽贤"论罪。⑤ 管仲曾按职业和身份将"国"(国都以内)、"鄙"(国都以外)的居民重新加以编制并"寄内政于军令",把

---

① 《史记·管晏列传》。
② 《国语·齐语》。
③ 参见《管子·乘马》。
④ 《史记·管晏列传》。
⑤ 参见《国语·齐语》。

行政组织和军事组织结合起来,从而强化了地缘行政管理。总之,管仲的改革已超出了礼制的范围,突破了"礼不下庶人"①的旧传统。他还敢于打击旧贵族势力,据《论语·宪问》记载,他曾剥夺"伯氏骈邑三百"。管子的改革主张都与后来的法家一脉相通,他被视为法家先驱,是有道理的。《韩非子·五蠹》云:"今境内之民皆言治,藏商管之法者家有之。"管子和商鞅的改革成果被广为流传、历久不息。

　　齐鲁法文化的正统捍卫者是孟子。孟子是孔子"仁—礼"思想体系的忠实继承者。在孔子思想被批判冲决之际,孟子又成为孔子思想的勇敢卫道士。孟子对儒家思想的最大贡献,主要表现在两个方面:首先,经过孟子的思考和加工,把孔子关于"仁"的美好理想,具体化为可以操作实施的"仁政"措施。他借鉴了齐国重视物质生活的历史经验,试图从经济生活特别是土地财产制度入手,来解决社会危机,进而实现"仁"的目标。他的以"恒产"来维系"恒心"的思路,与管子的"仓廪实则知礼节"如出一辙。"五亩之宅,树之以桑",再加上"薄其税敛",给人们带来的不只是丰衣足食,还带来人们对君主的感恩戴德。在此基础上"谨庠序之教",对人们进行教化,从而使人们牢固树立伦理道德的"恒心";②至此,孔子泛泛而论的德治、教化主张,到了孟子那里,都成了具体的施政策略,让君主一望便知。其次,孟子坚持了孔子的开明贵族政体的主张,鲜明地反对专制暴君。他认为,对独夫民贼式的暴君,不仅社稷之臣可以易其位,人民也可以起来反抗。从这一立场出发,孟子又进一步派生出两个主张:一是"惟仁者宜在高位"③、贤者在位,能者在职的"人治"思想;二是"民为贵,社稷次之,君为轻"④的"重民"思想。他提出,国家重大事项都应当听取人民的意见:国人皆曰贤,才可任之,国人皆曰可杀,方可杀之。孟子的原始民主思想是其思想体系中最耀眼的一页,也是古代原始民主思想之绝唱。

────────────

① 《礼记·曲礼上》。
② 《孟子·梁惠王上》。
③ 《孟子·离娄上》。
④ 《孟子·尽心上》。

　　齐鲁法文化的批评修正者是墨子。如果说,孟子原始民主主张之实质,不过是为当权者长治久安计,教育他们不要倒行逆施,避免走向反面,因此应当自我约束,善待人民。那么,墨子则是鲜明地站在平民的立场上,公开批判不劳而获、养尊处优的贵族制度。墨子用"兼相爱,交相利"的平民之仁,批判"爱有差等"的贵族之仁。墨子主张"尚贤",即要求允许平民参与国家政治生活。墨子主张"尚同",要求天下人都服从天子,以天子之是非为是非。墨子主张"赏当贤,罚当暴","不党父兄,不偏富贵",①要求有效保护平民的权利。这些主张和法家反对世袭贵族政体,建立集权官僚政体,实行"缘法而治"、"刑无等级"的"法治"主张,是一脉相承的。

　　齐鲁法文化的革新者是齐法家。鲁国墨子与齐国法家的思想是相通的。齐国法家和三晋法家虽然都坚持"法治",但是由于社会生活、历史文化传统的差异,两种"法治"的内容、特征明显不同。齐国法家虽主张"尊君",但又强调"令尊于君"②。以实现"君臣上下贵贱皆从法"③的目标。他们认识到刑罚的威力是有限的,"刑罚不足以畏其意,杀戮不足以服其心,杀戮众而心不服则上位危矣"④。故而承认道德教化的作用:"教训成俗而刑罚省数"⑤。齐国素重工商,故齐国法家重农而不抑工商:"务本饬末则富。"⑥齐法家学派所具有的广阔理论视野,使它容易与其他学派相融合。齐法家的思想给齐鲁法文化注入了新鲜血液。

　　齐鲁法文化的理论装饰者是邹子。邹子即邹衍,他是战国时期阴阳五行学派的代表。他的功绩是预先为齐鲁法文化准备了一套理论形式。阴阳、五行本来是西周神权没落以后产生的具有原始朴素唯物色彩的流行思想。经过邹子的加工而盛行一时。其思想内容主要有三个方面:一是天文星历的天论;二是大九州的地论;三是五德终始论。其中影响最大

---

① 《墨子·尚同中》。
② 《管子·重令》。
③ 《管子·任法》。
④ 《管子·牧民》。
⑤ 《管子·权修》。
⑥ 《管子·幼官》。

的是五德终始论。根据这一理论,五德系五行在人类社会的显示,每一德都支配着某一朝代的兴衰。五德循环往复,便决定着王朝更替。黄帝土德,夏朝木德,商朝金德,周朝火德。因为木克土,金克木,火克金,故尔后朝取代前朝。未来的新王朝属水德,必须按照水的形象来治理天下。阴阳、五行本身并非缜密的思想体系,至多不过是一种论理形式。在汉武帝时代,经过董仲舒的加工,这种理论形式和正统法律思想结合在一起,使人间的三纲五常、德主刑辅等制度从神秘理论那里获得了合理性。

齐鲁法文化的理论总结者是荀子。荀子的历史功绩是:一方面改造了孔孟的"礼治"思想,既摒弃了其中的世卿世禄的宗法贵族政体,又保留了宗法家族的道德伦理精神;另一方面也改造了三晋法家的"法治"政策,既排除了其中的否定教化、严刑酷罚的内容,又保留了中央集权的官僚政体,同时将两种本来处于对立的思想在更高理论层次上融合起来,奠定了礼法统一的理论框架。放弃"世卿世禄"的贵族政体,转而支持"隆一而治"、"尚贤使能"的集权政体,是荀子思想的独特之处。这一主张实际上和三晋法家毫无二致。《荀子·劝学》说:"礼者,法之大分而类之纲纪也。"明确要求以宗法等级观念指导立法和司法,以维护宗法家族制度。经过一舍一取的改造,使原先的"礼"由于失去了国家政体这一阵地而发生量变,由"国"与"家"结合的一元化之"礼"蜕变为"国"与"家"相分的二元化之"礼"。①《荀子·大略》说:"礼之于正国家也,如权衡之于轻重也,如绳墨之于曲直也,故人无礼不生,事无礼不成,国家无礼不宁。"这里的"礼"实际上同国家的"法"几乎完全重叠了。荀子虽认为"人性恶",但坚信可以通过学习而改变之,故重视教化。这一见解与孔孟大体一致,都基于对统治者与被统治者的同一性(互相依存、相互转化)的认识。即《荀子·王制》所谓:"君者舟也,庶人者水也,水则载舟,水则覆舟。"重德思想和重礼思想是使荀子被列于儒家阵营的重要依据。荀子在"人治"思想的基础上提出混合法论理。在"人"与"法"的关系

---

① 参见张国华、饶鑫贤主编:《中国法律思想史纲》(上),甘肃人民出版社1984年版,第118~119页。

上，荀子更强调"人"的作用。《荀子·君道》说："君子者法之原也"；"法不能独立，类不能自行，得其人则存，失其人则亡。"成文法总是有缺欠的，必须靠"人"来补救。即《荀子·王制》所谓"法而不议，则法之所不至者必废，职而不通，则职之所不及者必坠。故法而议，职而通，无隐谋，无遗善，而百事不过，非君子莫能"。法律既不能包揽无遗，又不能随机应变，全靠"人"来掌握。其结论如《荀子·王制》所说："有良法而乱者，有之矣，有君子而乱者，自古及今，未尝闻也。"《荀子·王制》还提出"有法者以法行，无法者以类举，听之尽也"的司法审判原理。即在审判中，有现成的法律条文可援引的，就按法律条文定罪科刑；没有法律条文援引，就依照统治阶级的法律意识、法律政策来定罪量刑，创制判例。这种方式既吸收了西周春秋时"议事以制"的判例法和战国时"事皆决于法"的成文法的优点，又克服了它们的缺欠。荀子的"隆礼重法"和混合法理论对后世影响极大。整个封建社会的法律实践方式都是沿着这一模式进行的。可以说，二千年来之法，荀法也。

四、齐鲁法文化奠定了中华法系的基本形象

齐鲁法文化的共同价值基础是宗法家族主义的礼。这和齐鲁以农耕为主体的生产方式有关。农耕经济是稳定的经济。人们世世代代在同一块土地上休养生息，于是，父系家族制度就发达起来了。在中央集权王朝的统治下，宗法家族成为王朝的社会基础。维护宗法家族的稳定具有重大政治意义。这就使宗法家族的礼天然具有法的权威。在西周春秋，礼是靠风俗习惯和判例法来维系的。战国秦汉以后，经过国家政权的确认，原先的礼仪被不断法典化（制定法化）。《睡虎地秦墓竹简》所记"不孝"、"非公室告"等即其证。学界耳熟能详的"古代法律儒家化"，究其实，只是民间之礼的成文法化。其最高成就是"一准乎礼"的唐律。宗法之礼对法律的全方位支配成为中华法系唯我独有、其他法系所无的第一

大特征。

齐鲁法文化留给后世的另一宗遗产是对混合法的设计。孔孟坚持贵族政体,因此,在法律样式上是倾向于"议事以制"的判例法的。战国已降,由于社会变革的需要,以明确规定何种行为系违法犯罪,又当承担何种责任而又晓之于众的成文法开始兴盛起来。这种成文法由于系国君制定的,故具有无上权威,法官只能遵行,不得议论擅改。但成文法本身是有缺欠的。它既不能包揽无遗,又不能随时更新。在这种情况下,荀子提出了成文法和判例相结合的混合法的设计方案。纵观西汉至清末的二千年及民国时期,这种混合法一以贯之未曾中断。混合法理论是齐鲁法文化留给后世的重要遗产。混合法成为中华法系唯我独有、其他法系所无的第二大特征。

齐鲁法文化酿造的为整个中华民族确认并继承的共同理念是仁。仁实际上成为古往今来中华民族各类人群判别人们言论行为是非曲直善恶美丑的最高准则,成为人们推动社会文明持续发展的集体良知。《论语·子张》中孔子曰:"上失其道,民散久矣,如得其情,则哀矜而勿喜。"此仁者之心也。《商君书·更法》记商鞅向秦孝公建议更法,说"法者爱民也",实际上也是以仁为旗号。《汉书·刑法志》载,汉文帝闻缇萦救父事,说:"夫刑至断肢体,刻肌肤,终身不息,岂称为民父母之意哉?其除肉刑。"汉初,仍行父母妻子同产相坐之法,文帝曰:"是法反害于民,为暴者也。"遂尽除收律相坐法。《后汉书·光武帝纪》载:汉光武帝诏曰:"天地之性人为贵,其杀奴婢,不得减罪";"敢灸灼奴婢,论如律,免所灸灼着为庶人";"诏除奴婢射伤人弃市律"。礼的脉脉温情,仁的换位思考,毕竟慢慢消蚀了残忍酷烈。及至清末,修订法律,欲去除落后刑制。故沈家本奏曰:"治国之道,以仁政为先,自来议刑法者,亦莫不谓裁之以义而推之以仁,然则刑法之当改重为轻,固今日仁政之要务,而即修订之宗旨也。"①总之,仁观念成为推动中国古代法律从野蛮走向文明的经久不衰的精神杠杆。

---

① 沈家本:《删除律例内重法折》,载《历代刑法考》第 4 册,中华书局 1985 年版,第 2024 页。

第十一章

儒家法律传统与中华法系[*]

一、儒家法律传统界说

　　法律传统是一个民族或国家经过漫长法律实践活动所形成的稳定模式,其中最重要的内容是法律实践活动的价值基础,即法律实践活动所期达到的总体目标。一定国家或社会的法律传统,是一定社会政治、经济、历史、文化和民族心理等因素的综合产物。它一经形成便具有巨大惯性力,很难轻易改变。一定的法律传统又反过来制约着该社会法律实践活动的内容、特征及其发展方向。儒家法律传统是中国古代社会法律实践活动的历史产物。其思想渊源可以追溯到东夷文化,其理论形式发端于孔子,经孟子特别是荀子的加工改造而初步形成,尔后又不断自我修正和完善。儒家法律传统的社会背景是自给自足的农耕生产方式,以父系为核心的宗法家庭组织,以及与此相适应的国家政权形式。这三者相辅相成、紧密结合,构成了中国古代社会的基本特征。儒家法律传统中包含的"礼治"、"德治"、"人治"等内容无不可以从中国古代社会的基本特征中

---

　　* 本章部分内容同名发表于《儒家法律传统》,法律出版社 2004 年版。

找到它们的原型。在中国古代社会的发展进程中,儒家代表人物在吸收其他学术派别的思想成分的过程中不断完善自己的理论体系,增强其思想理论的社会适应性,保持了其理论体系对社会政治法律活动的支配地位,使儒家法律传统成为指导古代法律实践活动的官方正统的价值基础,并决定了中华法系的基本特征。

二、儒家法律传统的思想渊源

儒家法律传统既不是儒家人物的主观创造,也不是儒家对前代思想的简单转述,而是儒家知识分子在前代思想材料的基础上进行选择、加工、改造之后形成的新的理论体系。儒家法律传统不仅可以从东夷、殷商、西周思想中找到它们的雏形,同时春秋战国时代产生的新思想又不断为其提供了丰富营养。

(一)继承古老的"仁"的理念

"仁"是春秋时代同时也是儒家思想的重要基石。"仁"的原始含义在甲骨文当中即有所体现。甲骨文中有没有"仁"字? 目前学术界尚无最后定论。但是,在甲骨文当中,"人"字字形不论是侧立屈膝,还是踞、蹲、坐,大都反映了东夷人的形象。而古"仁"字与古"夷"字又有着特殊联系。笔者认为,在甲骨文里面,"人"和"仁"字是相通的。由左右两个侧卧之人和倒立之人组成的被学者确定的"化"字,很可能就是"仁"字的原型。该字的初始意义即"抵足而眠"。象征亲人之间相濡以沫、相亲以热的亲人爱。"仁"的本质特征是"相人偶"亦即"人相偶"。由此派生出夫妇、母子、兄弟、姐妹和同胞氏族之间互相友爱、相互尊敬之义。当文字产生之际,那些古老传说和集体意识便体现在笔画中。春秋时代的孔子把"仁"加工提炼成人世间最高的精神境界和理想。"仁"是人类自觉的表现。"仁"摒弃了对鬼神仰慕,专注于人与人的对应关系,讲求此方对彼方的感情和责任。强调互相依存、友好相处。西周的"德治"思想就是对"仁"的第一次政治化。"仁"的精神经过孔子、管子、墨子、孟子、荀子等思想家的陶冶提炼,最后演化成儒家思想亦即中华民族文化的基本精神。

(二)完善前代的"礼"的思想

"礼"作为一种行为规范和思想,可能有着更为久远的历史。见于古文献的礼有夷礼、夏礼、殷礼、周礼。礼与祭祀活动有着密切联系。甲骨文的礼写作"豊"(豐)。该字由表示祭祀器皿的"豆"和献祭之物的"丰丰"组成。而"丰"表示成串的玉。这个玉即琮。琮是今所谓班指,琮和玦、鞢一样都是射箭的器具。良渚文化出土玉琮上面的神人兽面纹盖即蚩尤的形象。蚩尤是东夷部落的领袖,后来成为战胜之神。所以,"豊"可能源于对战胜之神蚩尤的祭祀。这种祭祀活动常常伴随着战争之舞、颁布军令、论功行赏。这就使礼和军法军令联系在一起。礼还源于氏族内部的纹身。纹身是成童礼、成人礼的仪式,也是一种禁忌。通过纹身,原始人类逐渐杜绝了父与女、母与子、兄弟与姐妹之间的性行为,延续了人种的优化。这种纹身后来演变成黥刑。①

西周初期的统治集团,在继承商代礼制的基础上,对礼制进行大规模的修正和完善,形成空前完整详备的一套典章制度礼节仪式。相传周公"制礼作乐",就是指的这件事。西周的礼制又称"周礼",是以宗法等级制为中心的行为规范。其内容相当广泛,包括政治、经济、军事、行政、法律、宗教、婚姻家庭、风俗习惯、伦理道德等各个方面。上至君主立法行政、贵族权利义务,下至衣食住行、婚嫁丧葬、送往迎来,几乎无所不包。"礼治"的原则有"亲亲"(任人唯亲)、"尊尊"(服从上级)、"男女有别"

---

① 参见武树臣:《寻找最初的礼——对古礼字形成过程的法文化考察》,《法律科学》2010年第3期。

（男尊女卑）、"长长"（敬重长辈）、"同姓不婚"、"礼不下庶人，刑不上大夫"①。在法律领域则视"不孝不友"行为为"元恶大憝"（罪大恶极），要求"刑兹无赦"（不予宽免）②。

孔子、孟子在稍事修订之后基本上继承了周礼的原则，坚持宗法贵族政体，并主张用礼来指导立法和司法活动。荀子虽然拥护中央集权的封建官僚政体，但在宗法家族领域仍然坚持礼治原则。他们在坚持"君君、臣臣、父父、子子"的宗法等级名分的同时，还强调对人民进行教化，即"富而后教"。孟子的性善说强调了教化的可能性；荀子的性恶说则强调了教化的必要性。同时，他们都反对专任暴力和"不教而杀"。这一思想也源于周公。周公为争取殷商遗民，对初次犯罪者主张"勿庸杀之，姑为教之"③。

（三）摒弃前代的"神权"思想

如果说商代是"迷信鬼神，不重人事"的时代，那么，到了西周，便进入了"既信鬼神，兼重人事"的时代。神权的动摇始自西周初期。其标志是"皇天无亲，惟德是辅"④的"以德配天"说。春秋时代，人们普遍"不讲鬼神，注重人事"，故而神权思想进一步动摇。

儒家创始人孔子以"未知生，焉知死"、"未能事人，焉能事鬼"⑤、"不语怪力乱神"⑥的态度，把鬼神推向远处，奠定了儒家"六合之外，圣人存而不论"⑦的现实主义学风。孟子承孔子之绪，不讲鬼神。他所讲的"天命"，实际上是"心性"，即儒家的伦埋道德。"心性"与"天命"是相通的，

---

① 《礼记·曲礼上》。
② 《尚书·康诰》。
③ 《尚书·酒诰》。
④ 《左传·僖公五年》，引《周书》。
⑤ 《论语·先进》。
⑥ 《论语·述而》。
⑦ 《庄子·齐物论》。

故"知性"可以"知天":"尽其心者,知其性也;知其性,则知天矣。"①荀子则主张"天人相分",即人类社会与自然界各自独立,两者各有自己的规律,互不干碍。自然之天本无意志、无好恶,自然现象(包括灾异)与人类社会的治乱无关。这种唯物主义的见解等于断绝了人类社会与鬼神世界的联系,既不给神权思想留有余地,也很难使人间帝王神圣化。后世儒家虽然吸收了"阴阳五行"和佛教、道教的思想因素,但总体上还保持了轻视鬼神、注重人事的现实主义精神。总而言之,儒家的美好社会的理想不是通过构筑彼岸世界来实现的,而是通过君子的自我修炼并进而解决一系列现实的社会矛盾来实现的。

(四)继承周公的"德治"思想

西周初期的政治家周公,吸取了商纣迷信鬼神、专横暴虐而被推翻的历史教训,修正了商代的神权思想,提出了"以德配天"的君权神授说,从迷信鬼神走向注重人事,客观上为使法律思想摆脱神权的束缚创造了条件。与此同时,周公还提出了"明德慎罚"的思想。"明德"思想包括两方面内容:一是要求统治者自我约束,克制过分的欲望,杜绝倒行逆施之举;二是要求统治者关心人民的疾苦,减轻一点剥削,使人民安居乐业。这两方面做法的共同目标是获得人民的拥戴以保持"德"。有了"德"才能获得天帝的保佑。因为天帝是喜欢"德"的。谁有"德",天帝便把对人间的最高统治权交给谁。"慎罚"即谨慎小心地施用刑罚,不可滥杀无辜。具体而言,"慎罚"包括以下内容:一是对犯罪进行具体分析,区别对待。《尚书·康诰》提出,对过失犯罪(眚)和初次犯罪(非终)要从轻处罚,而对故意犯罪(非眚)和多次犯罪(惟终)要从重处罚;二是限制族诛连坐,强调"罪止其身","父子兄弟,罪不相及"。② 这些思想在当时是非常进步的。

---

① 《孟子·尽心上》。
② 《左传·昭公二十年》,引《尚书·康诰》佚文。

（五）延续西周的"人治"思想

在宗法贵族政体的条件下,形成"人治"思想是十分自然的。因为在各级贵族拥有领地内一系列相对独立的权力的情况下,贵族个人素质的优劣对于该封地的治乱是起决定作用的。但是,由于西周实行"任人唯亲"的世袭制,从而极大限制了个人素质的价值。尽管如此,西周统治集团已经注意到统治者个人素质的重要性。其中最典型的一句话是:"虽有周亲,不如仁人。"①值得注意的是,由于西周的法律制度是判例法,法官的地位是极为重要的。因此,在司法领域,西周统治集团十分重视法官素质问题。《尚书·吕刑》总结苗民"罔择吉人,观于五刑之中,惟时庶威夺货,断制五刑,以乱无辜。上帝不蠲,降咎于苗"②的教训,强调法官个人素质的重要性:"尔安百姓,何择非人";"非佞折狱,惟良折狱";"非德于民之中,尚明听之哉,哲人惟刑"。儒家的"人治"思想正是在西周的"人治"思想的基础上完善而成的。总的来看,孔子、孟子是从政治的和政体的角度,强调统治阶级个人素质的重要性;而荀子则主要是从司法领域强调法官个人素质的重要性。

儒家在对待前代思想成果的问题上,体现出独立性格和创新精神。这主要表现在:第一,儒家敢于顺应社会发展的进步潮流,摒弃了神权思想;第二,儒家在继承前代思想成果时,善于结合时代的要求对它们加以必要的修正。严格来说,儒家的"德治"、"礼治"、"人治"思想虽然源于前代,但又与前代不同。因为其中修正了许多旧内容,增加了许多新内容。

（六）改造吸收法家的法治思想

孔孟并非一般地否定法律或刑罚的作用。但是他们认为德政、教化和

① 《论语·尧曰》,引《泰誓》佚文。
② 意思是:苗民不选择有道德的人去明察刑罚是否得当,致使司法者依仗威势,夺取百姓的财产,滥施五刑,诛及无辜,终于受到上帝的惩罚。

贤人的作用是根本性的,是居第一位的。法律或刑罚只是暂时的辅助性的。春秋末期的管仲在实行政治改革时即提出重视法制的思想和措施。商鞅、韩非的法治主张为建立和维护中央集权的君主专制政体提供理论基础。战国末期的荀子,在中央集权的大帝国即将出现的新的历史条件下,提出"隆礼重法",一方面把西周春秋亲贵合一(国家与家族合一)的一元化的礼,改造成国家政权与宗法家族相分离的二元化的礼,另一方面又改造了法家的法治,去其严刑酷罚,取其有利于维护集权官僚政体的内容,从而将儒家的礼和法家的法有机结合起来,即将宗法家族的礼和中央集权的法结合起来,为后世历代王朝的官方正统学术奠定理论基础。不仅如此,为了修正法家一味重视成文法所带来的弊病,他强调"人"的第一性作用和判例的辅助作用,提出成文法与判例相结合的"混合法"理论。

除此之外,儒家法律传统在理论形式上还吸收了阴阳五行、佛教、道教的某些元素,以增强其理论色彩和感召力。

三、儒家法律传统的理论构成

儒家法律传统作为支配中国古代法律实践活动的价值基础,是由一系列理论或主张构成的。这些理论或主张是相互协调统一的,共同服务于儒家法律传统的整体。这主要包括以下几个方面:

第一,法律的价值标尺不是指向个人,而是指向人的特定集体——宗法家族。儒家认为,人之所以异于禽兽,就在于人有"礼"而禽兽无"礼"。人有父子之别,有父慈子孝之礼;有夫妇,有夫宜妇顺之礼;有兄弟,有兄良弟悌之礼;有君臣,有君仁臣忠之礼。而禽兽虽有父子、夫妇、兄弟,但没有与之相应的礼,更没有基于礼的内心的宗法伦理观念。因此,儒家强调,"礼"是使人成为真正的人的最基本的条件,而法则是推行"礼"的手段和条件。这样,法的价值也是使人成为真正的人。要使人成为真正的人,最重要的是要确立并维护使人成为人的条件和环境,这就是宗法家族制度。于是,法的社会功能就在于确立和维护宗法家族制度。在宗法家族内,人们根据自己的多重身份,履行多重的礼的义务。你是父,就应慈;你是子,就应孝;你是夫,就应宜;你是妇,就应顺;你是兄,就应良;你是弟,就应悌。如此种种,你履行了这些礼所要求的义务,你便成为真正的人。于是,法律的价值并不是指向个人,即法律并不确认和维护个体自然人对于他人或社会的权利,而是指向人的集体——宗法家族。法律用强制的威力要求个人服从宗法家族的整体利益。这样做的结果,不仅使个人完全融化到家族的集体之中,成为毫无个性的机器零件,而且还阻隔了个人与社会整体之间的正常联系。使个人既不可能通过个人与个人的交流,也不可能通过个人与整个社会的交流,来实现自己的价值。儒家法律传统的这种集体本位的价值观,曾经为维护中华民族的整体利益,为维护中华民族的生存、团结、发展做出某些积极的贡献。但从宏观角度来看,它对社会进步的阻碍作用则是基本的。当然,这不能归咎于儒家本身,而应当从历史的社会条件中去寻找原因。因为,儒家的法律传统不过是自然经济与宗法社会的共同产物。

第二,法律不是神的意志,而是从现实社会生活中产生,又施之于社会的行为准则。儒家常常把礼描述为与人们日常生活息息相关的行为准则,又把法、刑看作实现礼的手段和保障。特别是荀子,他把礼和法视为同等重要的行为规范,认为它们是适应"养人之欲,给人之求"①的客观需要而产生的。这样,在儒家看来,法律是与神的意志毫无关系的现实社会的产物。不仅如此,从孔子的"不语怪力乱神",到荀子的"天人相分",实际上都否定了人格神的存在,这种无神论的唯物主义态度对中国古代的法律实践活动带来了积极的作用。首先,在立法领域,人们积极地通过研究社会现实问题的手段来制定法律,而不是祈求神的启示。这就使立法技术发展起来;其次,在司法领域,法官也是以客观冷静的态度来审判案件,而不去求助神判。这样,客观上促进了司法制度的完善和法律技术的发达。但是,换个角度来看问题,也正因为法不是神的启示,不是神的意

---

① 《荀子·礼论》。

志的体现,因而法也就不具有神性,不具有最高权威。法与神之间没有联系,倒使君权同法律牢牢地挂上了钩。法反倒成了君王的意志的体现,而君王则享有不受法律制约的特权。同时,法律既然不能从神那里获得权威,便只得仰仗两件东西:一是礼,二是刑。这就使中国古代法律带有两个基本特征:一是宗法的差异性,二是刑罚的酷烈性。

第三,在道德规范与法律规范两者之间,强调前者是第一性的,后者是第二性的。在儒家看来,社会行为规范大致上可以分为两种:一种是以内心感情为基础的道德伦理规范;另一种则是凭借强制力保障实行的法律规范。儒家认为,发自内心的道德规范是真实的、有价值的、美好的,因而也是最为有效的;而靠暴力驱使的法律规范则是不真实的、片面的、不美的,其效力是十分有限的。法律用强迫的办法迫使人们做什么,禁止人们做什么,但并不能使人们从内心深处自觉地弃恶从善。只有使人们从内心的伦理要求出发去做什么或不做什么,人们才能够自我制约,这样,法律就失去了作用。正由于儒家强调宗法道德伦理规范的作用,所以,他们特别强调教化。使人们通过学习和自我改造,获得道德伦理感情和道德伦理规范。而要对人们施行教化,必须首先改善人们的物质生活状况,这就要施行"德治"和"仁政"。在儒家看来,只要认真施行"德治"和"仁政",就可以消灭犯罪,使"刑措而不用"。正由于儒家强调宗法道德伦理规范的作用,所以,他们要求将宗法伦理规范法律化,用国家强制力保证礼的权威。这就使中国封建社会的法律浸透着礼的差异性精神和宗法血缘的脉脉温情。同时,使宗法家族的首长(父系家长)享有一系列特权,而一般家族成员则只承担种种义务。因为"国之本在家",于是,维护了宗法家族的安宁,也就等于保证了国家的稳定。

第四,在君主与民众的关系上,认为两者相互依存并可以互相转化,故主张"德治"。儒家对统治阶级与被统治阶级之间的辩证关系(即相互依存缺一不可,在一定条件下又可以互相转化)有极为深刻的认识。在他们看来,统治阶级与被统治阶级的划分(即"君子"与"小人"之分)是社会分工的产物,也是社会文明的需要。"君子"是治理民众的人物,民众是被治理的人群;"君子"的职责是管理社会,而"小人"的义务是供养

"君子"。二者缺一不可：没有"小人"，社会就失去存在的物质基础；没有
"君子"，社会就不是"文明"社会。儒家还用水与舟的关系来比喻"君
子"与"小人"的关系。《荀子·王制》说："君者，舟也；庶人者，水也。水
则载舟，水则覆舟。"因此，儒家反复强调要重视老百姓的问题，注意改善
人民的物质生活条件，劝说统治阶级不要过分压迫剥削劳动人民，要自我
克制，不要专横暴虐以免引起人民的反抗斗争。其基本方法就是"富而
后教"，即"德治"、"仁政"。儒家相信，只要认真维护"德治"、"仁政"，就
可以处理"君子"与"小人"之间的矛盾，实现永久的和平，以期维护一个
既有阶级分别和阶级剥削却没有阶级反抗的和谐社会。儒家站在如何处
理好"君子"与"小人"之间的矛盾的高度上来看待犯罪问题。他们认为，
人民犯罪有两个原因：一是经济原因，即生活无着，饥寒交迫，不得不铤而
走险；二是道德原因，即没有用道德伦理观念去制约自己的行为。而两者
的共同原因是统治者不行"德治"。这样一来，就在一定程度上把犯罪的
根本原因归结到统治阶级身上，这对于加强统治阶级内部的自我约制力
无疑是有益的。这种态度，比起那种就犯罪而论犯罪，甚至仅仅依靠刑罚
手段或重刑来解决犯罪问题的做法来，要深刻和高明得多。

　　第五，在君主与大臣的关系上，主张限制君主专横并给大臣以更多发
言权，实行君臣共治。在政体问题上，儒家基本上坚持贵族政体。因此，儒
家要求君主通过道德的自我陶冶，成为真正贤明的君主。从而处理好与大
臣之间的关系，即"君仁臣忠"，"君使臣以礼，臣事君以忠"。① 用君主的
"仁"、"礼"换取大臣的"忠"。君主对待大臣，一方面，如果大臣没有重大
过错就不要撤销其职位；另一方面，在重大决策时要充分听取大臣们的意
见，不能凭着个人的喜怒专断。孟子甚至提出，对暴虐的君主，人民可以起
来把他打倒；对屡劝不改坚持作恶的君主，大臣有权力罢免其王位并选立
新的君主。即使是主张确立封建官僚政体的荀子，也要求君主为整个统治
阶级的长治久安而约束自己的言行。总之，儒家不仅要求君主为了长治久
安而控制个人的好恶和专横行为，尊重大臣的意见，重大事情要与大臣商

① 《论语·八佾》。

量,同时还要求大臣为了国家的利益敢于讲真话,敢于批评君主的过失,这才是真正的"忠"。儒家把君主和大臣视为统治阶级的一个整体,认为君主与大臣虽然有差别,但不像法家所认为的那么大。更不像法家那样,认为凡是君主的命令,尽管是错误的,也要绝对执行,不得违抗,否则就是犯上作乱。显然,儒家的"君臣一体"与法家的"尊君卑臣"是大异其旨的。

第六,在"法"与"人"的关系上,偏重"人"的作用,主张将"法"与"人"结合起来。虽然儒家认为道德规范的价值高于法律规范的价值,但是,儒家并不是一般地、全面地否认法在治理国家中的作用。不论是孔子还是孟子,都是持这样的立场。荀子则更进了一大步,把"法"的作用同"礼"合而为一,主张"隆礼重法"。儒家除了探讨道德规范与法律规范两者之间的关系之外,还研究了"法"与"人"之间的关系问题。其中,最具代表性的是荀况。荀况所理解的"法",确切地说,是"成文法"。即国家制定一系列成文法典、法规,公之于众。法官在司法中必须严格依法办事,既不能发挥个人的主观能动性,也不得比照以往的判例。这种立法、司法的工作程序或方式就是"成文法"样式。荀况认为,"成文法"样式有其长处,也有其不足。不足之处主要是:成文法典不可能包揽无遗,也不可能随时应变,因此,成文法典一经制定颁布,总会存在空白之处,也免不了会落后于变化了的社会生活。因此,最为有效的补救方法,就是强调"人"即法官的主观能动作用,允许法官在成文法典不适合社会生活实际情况的场合下,创制和适用判例。这种把"法"与"人"结合起来的法律样式(立法、司法的基本工作程序)就是成文法与判例法相结合的"混合法"。

四、儒家法律传统的学术流变

儒家法律传统是在继承和修正先代法律思想传统的基础上形成的。尔后,随着社会生活和学术思想的变化,儒家法律传统也发生某些局部的修正和总体的完善。

孔子是儒家的创始人,也是儒家法律传统的缔造者。他主要是摒除了前代的神权思想,继承了前代的"礼治"、"德治"、"人治"思想,创造发明了"仁"的学说,构筑了儒家法律传统的基础。

孟子是孔子学术的继承者,他主要是将孔子的"仁"的学说,发展成为详备的"仁政"理论和政策。此外,他还继承了"礼治"、"德治"、"人治"的思想。同时,他提出的"人性善"的理论,为实施教化提供了依据。

荀子虽然也是儒家代表人物,但他的思想已经跨出了儒家思想的原有领域。他的主要贡献是提出儒法合流、礼法统一的理论,并且在"人治"理论方面别有建树。荀子采纳了法家的某些主张,由拥护贵族政体转而拥护集权专制政体。荀子的理论实际上完成了儒学的第一次蜕变。

董仲舒是研究公羊学的大儒。他继承了儒法合流的荀子的学说,并采纳了阴阳五行的神秘理论,缔造了封建正统法律思想的基础。通过阴阳五行神秘学说的武装,儒家和法家的基本主张都被神圣化了。董仲舒还开创了"春秋决狱"的做法,为尔后成文法与判例相结合的"混合法"的形成,创造了重要的条件。

朱熹是南宋理学的集大成者。他的贡献是在董仲舒思想体系的基础上,吸收了佛教、道教的某些思想因素,完成了儒家法律思想的哲理化。他提出的人性论为教化、德治和政刑等治国措施提供了理论依据。朱熹强调司法"以严为本",表达了用严刑维护封建纲常名教的愿望。在"人治"思想方面,他坚持了儒家的一贯立场,认为"人"的作用高于法律。

儒家法律传统的流变可以用下面的图示简单表示出来:

儒家法律传统流变示意表

殷　周	神治——德治——礼治——人治
孔　子	仁　——德治——礼治——人治
孟　子	仁政——礼治——人治
荀　子	德治——礼治——人治——法治
董仲舒	德治——礼治——人治——法治——阴阳五行
朱　熹	德治——礼治——人治——法治——阴阳五行——佛教——道教

从儒家法律传统的理论构成的角度来看,其发展流变的轨迹也是比较清晰的。现分别简述如下:

第一是"德治"。孔子主要通过统治者加强自我约制、自我反省的手段来推行"德治";孟子则通过强调人民反抗力量的强大来劝戒统治者自我约束以推行"德治",并设计出具体的"仁政"措施;荀子则主张通过法律和刑罚来保证"德政"的实现;董仲舒运用"阴阳五行"的神秘理论证明"德"和"刑"的权威,用刑来保障"德治"的实现;朱熹运用"理同而气异"的人性论,论证"德刑"相辅相成的内在联系,并公开主张用"严"的刑罚来推行德教。

第二是"礼治"。孔子、孟子大体上是从国家政权形式的角度坚持"礼治",即宗法贵族政体和"君君、臣臣、父父、子子"的尊卑长幼之秩序;荀子在政体上转而拥护集权官僚政体,只是在宗法家族的社会领域继续坚持"礼治"。这实际上是对"礼治"的一次削弱和淡化;董仲舒、朱熹大体上继承了荀子的思想模式。朱熹曾主张恢复"封建"之制,这可以说是企图用"礼治"原则来修正集权官僚政体。

第三是"人治"。孔子、孟子的"人治"思想基本上属于政体问题,即坚持宗法贵族政体,强调统治者个人素质之优劣对于国家、领地之治乱的决定性意义。荀子、董仲舒、朱熹则基本上绕过政体问题,仅仅从"法律样式"上论述"人"即法官在立法、司法活动中的主导性作用。荀子提出"有法者以法行,无法者以类举"的司法原则,董仲舒则用春秋决狱来实践这一原则,朱熹则强调立法应当只立个大纲,给法官以充分的裁量权。正是在这种"人治"思想的影响下,才形成了成文法与判例法相结合的"混合法"样式。

第四是"法治"。孔子、孟子曾经排斥法家"以法治国"的"法治"。但是他们并不是一般地否定法律和刑罚的作用,他们只是强调在治理国家的各种措施当中,德治教化是基本的和第一位的。荀子以及董仲舒、朱熹虽然都程度不同地吸纳"法治"成分,但他们不是在一般意义上坚持法家的"法治",而只是坚持中央集权的君主专制政体,同时主张用法律和刑罚来维护"德治"、"礼治"。

第五是阴阳五行、佛教思想、道教思想因素。这些思想因素作为一种理论形式使儒家法律传统的内容更具理论性和系统性,因而更能征服人们的心。但是,虽然它们对立法、司法活动也有一些影响,但是在儒家法律传统中不具备价值独立性,它们主要是附着在儒家法律传统上面,起着某种衬托和装饰的作用。

五、儒家法律传统与中华法系的基本特征

中华法系是世界法律体系中的一支。中华法系具有唯我独有他人所无的特征,而这些特征正来源于儒家法律传统。这主要表现在两个方面:一是古代法律实践活动的价值基础;二是古代法律实践活动的宏观样式。

首先,中国古代法律实践活动的价值基础是家族本位的礼。礼是自远古时代就已出现并且被社会严格遵守的行为规范和思想观念。儒家法律传统的价值基础是"礼治",即用宗法伦理道德支配社会生活的各个方面,其中也包括法律实践活动领域。西汉武帝时,儒学被朝廷定为一尊,成为封建主义正宗学术,并凭借国家政治权威的支持,完成了由子学到经学的转变。于是,儒家法律传统得以法律化,"礼"成了支配立法和司法活动的最高原则。从汉代开始,儒家法律传统开始了法律化进程。其过程大体上是:(1)两汉。汉文帝时贾谊上疏,宣传西周"刑不上大夫"的原则,被采纳;实行"上请"制度,皇亲贵戚官僚犯罪,法官不得擅断,必须上请皇帝圣裁;承认"父子相隐"的原则,宣布子为父母、妻为夫、孙为祖父隐瞒罪行,都不算犯罪,相反,相互揭发的反而有罪;盛行"春秋决狱",即运用儒家经典所提倡的原则或所记载的判例,来审断案件。(2)魏晋。知识分子通经入仕之后,通过注律(或引经注律)的方式,使儒家经义与法律条文结合起来;与此同时,他们还参与立法活动,使儒家的法律原则直接变成法律制度,比如"八议"制度①、以五服定罪②、子孙违犯父母教

---

① 八种有特殊身份的人犯罪,要报皇帝亲裁并得以减免刑罚。
② 以血缘亲疏为差等的服制,来确认行为人的行为是否构成犯罪并如何制裁。

令①,等等。(3)北朝。出现"重罪十条",十种重大犯罪,常赦所不原;"犯罪存留养亲"之制②;"官当"③;重"不孝"之罪。(4)隋唐。唐律标志着儒家法律传统法典化的完成。至此,一些重要的礼治原则,比如"八议"、"十恶"、"官当"、"服制"、"相隐"、"存留养亲"等礼的原则,都以明确的法条的形式被确立下来,并为后世所效法。儒家法律传统的法典化(即成文法化),实现了"礼"对法律实践活动的全方位渗透和支配,并使中国古代法律以其独特的伦理主义精神标新立异于世界各主要法系之林。

其次,中国古代法律实践活动的宏观样式是"人"与"法"相结合的"混合法"。在荀子"有法者以法行,无法者以类举"④即"人"与"法"相结合的"混合法"理论的指导下,经过长期的实践和总结,终于形成了"成文法"与"判例法"相结合的"混合法"样式。与英美法系的判例法相比较,中国古代的判例法具有土生土长的中国特色。西汉时大量的决事比和由董仲舒创造的"春秋决狱",实际上是对西周判例制度的一次历史性回顾。这种做法一直延续到唐代,待古代的礼基本法典化之际,其历史使命才告一段落。与此同时,原始判例以及判例抽象化的例,以其独有的价值弥补当时成文法典之不足,并为尔后的成文立法奠定基础。后世历朝,判例的作用经久未衰。它们或者被分门别类、汇编成册,以指导当时的司法审判;或者作为重要补充,与相应法条列为一典。待到判例积累到一定程度,它们又被立法机关上升为法条,最终被成文法典所吸收。此后,由于成文法典自身的欠缺,原始判例及其被抽象的例又被不断创制出来。如此循环往复,未有穷期。中国独有的"混合法"运行方式,从某种意义上可以说,体现了人类法律实践活动的规律性。这也是中华法系区别于其他主要法系的重要特点。

---

① 父母告官,要求惩治不孝的子女的,官府照办。
② 杀人当死,但父母祖父母年迈无人供养的,可免死以供养老人。
③ 有地位的官吏犯罪,可用官爵抵免刑罚。
④ 《荀子·王制》。

第十二章
"横的法"与"纵的法"
——先秦法律文化的冲突与终结*

一、交易·盟约·诉讼:家族
本位下的横向法律

在有文字直接记载的商周时代,宗法家族制度构成了早期国家即宗法贵族政体的社会基础。宗法家族一方面把自己的成员固着在宗法血缘网络之中,以拱卫父系家长的一系列特权;另一方面它又作为社会的基本细胞或单位,与其他家族一起大体平等地参与各种社会活动。这种局面使当时的法律表现为两支:一是宗法家族内部的纵向的法律,即礼制;二是宗法家族之间平等交流的横向的法律,即习俗。而后者则构成了当时社会法律的主体。其主要表现在以下几个方面:

(一)尊重他人所有权的原则:"不富以其邻"

《易经》的《泰》、《谦》均载有"不富以其邻",这是一条古老的道德准

---

* 本章基本内容同名发表于《南京大学法律评论》1996年秋季号。

则,意即不能通过侵害他人的手段来致富。《易经·恒》"不恒其德,或承之羞(又见《论语·子路》)",是说如果不能长久保持德行,就免不了遭受耻辱。《易经》"畜臣妾","执之用黄牛之革,莫之胜说(脱)",是说因为擅自收留他人的奴隶并据为己有,而被捆绑以示羞辱。

侵犯他人所有权的行为,常常导致纠纷,甚至武力冲突。《易经·小畜》"富以其邻","夫妻反目","有孚血去"。侵犯他人所有权可以使姻亲氏族反目为仇,并诉诸武力。《易经·大壮》:"丧羊于易";《族》:"鸟焚其巢,族人先笑后号,丧牛于易"。经王国维、顾颉刚考证,系指失传的一段史事:殷先王亥到有易部落,被土著杀死并抢走牛羊,后来王亥的后代打败有易,夺回牛羊。① 筮辞反复强调复仇的故事,意在警告人们不要侵犯他人的所有权。当然,纠纷也可以达成和解。《易经·解》:"田获三狐,得黄矢","负且乘,致寇至","解而拇朋至斯"、"君子维有解,吉,有孚于小人"。是说,一方将他人的猎获物据为己有,如致争斗,最后以付出赔偿金达成和解,这对贪利的小人是一个教训。

(二)禁止不当得利的原则:"迷逋复归"

"迷逋复归"的意思是:获得他人跑失的牛羊、逃亡的奴隶、遗失的财物,不能据为己有,要呈报专门机关以归还原主,并从原主获得酬金,否则将引起诉讼。

《易经·损》:"利有攸往,得臣无家","益之十朋之龟,弗克违,无吉"。《旅》:"丧其童仆","怀其资,得童仆","得其资斧,我心不快"。都是说一方拾得逃亡奴隶,原奴隶主出了一笔酬金后,获得对奴隶的所有权。

《易经》中的"行"、"中行"、"行师"的职责之一就是处理遗失财物问题。《易经·睽》:"丧马,勿逐,行,复";《泰》:"不遐遗朋,亡得,尚(偿)

---

① 王国维:《殷卜辞中所见先公先王考》;顾颉刚:《周易卦爻辞中的故事》,《燕京学报》第6期,1929年11月。

于中行"。是说,失主丢失财物后不必寻找,可以报告给中行,以待招领,也可以预交酬金,以报拾者。拾物招领是有期限的。《易经·震》:"亿丧贝,跻于九陵,勿逐,七日得";《既济》:"妇丧其,勿逐,七日得"。可见,招领期是七天。

捡拾他人财物不归还或使他人财物蒙受损失的,将引起诉讼。《易经·无妄》:"无妄之灾,或系之牛,行人之得,邑人之灾。"拾得跑失之牛而不上报,"行人"受理失主提起的诉讼,将会给拾者带来惩罪。《复》:"迷,复,凶,有灾眚,用行师,终有大败"。虽归还拾物,但由于过错使失物蒙受损害,失主可以告到"行师"处,结果拾者败诉。《讼》:"不克讼,归而逋,其邑人三百户无眚。"归还逃亡奴隶后,奴隶又逃亡的,原拾者不负责任,失主不得以"诱逃"为由控告原拾者。

"迷捕复归"不仅是古老习俗,而且也被制度化了。《尚书·费誓》载:"马牛其风,臣妾逋逃,无敢越逐,祇复之,我商赉汝。乃越逐不复,汝则有常刑";《周礼·秋官司寇·朝士》"凡得获货贿、人民、六畜者,委于朝,告于士,旬而举之,大者公之,小者庶民私之"。是说,拾得走失牛羊、逃亡奴隶而归还原主的,将得到一定酬金,否则将受到制裁;凡拾得各类财物者均应报告官府,官府招领十天,过期无人认领,马牛奴隶归官府所有,小额财物归拾者所有。《礼记·月令》仲冬之月有"农有不收藏积聚者,马牛畜兽有放佚者,取之不诘",则是一个例外。旨在惩戒那些过分不爱惜自己财产的人。

(三)公平交易的原则:"无平不陂,无往不复"

《易经·泰》:"无平不陂,无往不复。"这是买卖交易的古老原则。平:议,指契约;陂:借为贩,《说文解字》:"移予也。"即把财物从此地迁至彼地;往、复:财物的交换往来。意思是:买卖双方如未达成契约,那么卖方便无义务送货;卖方没有送货,买方也无义务付出价金;或者是:没有签订了契约而卖方不予送货的,也没有卖方送了货而买方不付价金的。《易经》中言"往"、"复"者颇多,大都指异地间的买卖交易。《复》:"朋来无咎,反复其道,七日来复,利有攸往。"这是一宗先付定金后送货的交易。《解》："利西南,无所往,其来复,吉,有攸往,夙吉。"这是建立在相互信任基础上的买卖,达成契约后,货物还没送去,买方就支付了价金。《复》："频复,厉,无咎。"是说,拖至几次付款的,不好,但不算大错。这种公平交易原则是在长期异地交易活动中形成的,其基本内容与《拿破仑法典》的第 1612、1702、1650 条大致相同。《拿破仑法典》第 1612 条:"在买受人未支付价金且出卖人并未同意于一定期间后支付价金的情形,出卖人不负交付标的物的义务";第 1702 条:"称互易者,谓当事人双方约定互相以一物交换他物契约";第 1650 条:"买受人的主要义务,为按照买卖契约规定的时日及场所支付价金"。① "无平不陂,无往不复"原则还与礼的原则相一致,如《礼记·曲礼上》所谓"礼尚往来,往而不来非礼也,来而不往亦非礼也"。

(四)保护私有制的原则:"有亡荒阅"与"董逋逃,由质要"

"迷逋复归"的传统习俗在商末曾经被纣王所践踏,并被周文王所恢复。《左传·昭公七年》载:楚灵王"为章华之宫,纳亡人以实之。"无宇的奴隶也在其中。无宇在王宫里捉住他的奴隶想带回去,官员不准,并将无宇押到楚王面前。无宇说:"周文王之法曰:有亡荒阅,所以得天下也。吾先君文王(楚文王)作仆区之法曰:盗所隐器,与盗同罪,所以封汝也。……昔武王数纣之罪以告诸侯曰:纣为天下逋逃主,萃渊薮,故夫致死焉。君王始求诸侯而则纣,无乃不可乎?若以二文之法取之,盗有所在矣。"结果无宇执其奴隶而归。《尚书·牧誓》载武王宣布纣王罪状之一是:"昏弃厥遗王父母弟,不迪。乃惟四方之多罪逋逃,是崇是长,是信是使,是以为大夫卿士。"纣王也许是出于改革的需要而排挤同宗兄弟亲戚,任用外来的逃亡者,但这样一来就背叛了古老的习俗而导致普遍的不满。

---

① 《拿破仑法典》(即《法国民法典》),李浩培译,商务印书馆 1979 年版,第 40、41 页。

周文王的"有亡荒阅",意即奴隶逃亡后被他人据为己有而不归还原主的,经原主之请求得以在可疑地区进行大搜捕。依据奴隶身上的烙印等符号得以辨其所属。然后对窝藏者加以制裁。参照《汉谟拉比法典》的规定:交出逃亡奴隶的可以得到酬金,藏匿不交的,要处死,周代的制裁也许同样严厉。

到了春秋时代,由于奴隶买卖、奴隶解放日渐普遍,在确认奴隶身份和归属的纠纷很难继续适用"有亡荒阅"的行政措施了。于是一种新的原则便产生了。这就是《左传·文公六年》载赵盾所作"夷蒐之法"中的"董逋逃,由质要"。即在处理逃亡者身份及所属的纠纷中,要以相应的契约文书(奴隶买卖文书或奴隶解放文书)来判断。法律赋予契约以绝对权威,而契约又是维护财产私有权的护身符。

(五)诚实信用原则:盟誓与盟约

为了保障正常交往的秩序,诸侯和各级贵族常常与平等主体达成合约,以期共同遵循。《左传·昭公十六年》载郑子产语:晋郑二国"世有盟誓,以相信也。曰:尔无我叛,我无强贾,毋或夺,尔有利市宝贿,我勿与知。持此质誓,故能相保以至于今。"

《孟子·告子下》载:"五霸,桓公为盛。葵丘之会,诸侯束牲载书而不歃血。初命曰:诛不孝,无易树子,无以妾为妻;再命曰:尊贤育才,以彰有德;三命曰:敬老慈幼,无忘宾旅;四命曰;士无世官,官事无摄,取士必得,无专杀大夫;五命曰:无曲防,无遏籴,无有封而不告。曰:凡我同盟之人,既盟之后,言归于好。"

《左传·成公十二年》载晋楚之盟:"凡晋楚无相加戎,好恶同之,同恤灾危,备救凶患。若有害楚,则晋伐之,在晋,楚亦如之。交贽往来,道路无壅,谋其不协,而讨不庭。有渝此盟,明神殛之,俾堕其师,无克胙国。"

《左传·襄公十一年》载晋郑卫齐宋诸国之盟:"凡我同盟,毋蕴年,毋壅利,毋保奸,毋留慝,救灾患,同好恶。或间兹令,司慎,司盟,名山,名川,群神,群祀,先王,先公,七姓十二国之祖,明神殛之,俾失其民,堕命亡氏,踣其国家。"

这些盟约既涉及缔约各方之间平等交往的行为规范,如:买卖自由,不许屯粮不售,不许独揽山川之利,不许以邻为壑等。也涉及内部的行为规范,如:不要藏匿奸人,不要妻妾倒置,不要专杀大夫等。这些行为有时也会引起"国际交涉"。盟约中有起誓之词,而且还有专门的仪式如"歃血"、"埋牲"之类。在这种盟约中,神充当了契约的见证人、保存者和监督人的多重角色,而国家民族的灭亡则成了对违约一方的潜在的惩罚。于是,诚实履约的观念,成了对神的敬畏、对祖先信奉观念的一个自然的衍生物。

(六)诉讼五原则:神判主义、当事人主义、
辩论主义、证据主义、共议主义

远古社会曾盛行过神判方式,这从"法"字的古代写法及《墨子·明鬼》、《易经·大壮》、《履》所载的神羊裁判、虎裁判可以得到证明。后来,随着司法审判经验的积累,神判方式日渐弱化,在商代转化为占卜,在周代则演化为诉讼的一个程序:盟诅。《周礼·秋官·司盟》:"有狱讼者,则使之盟诅。"盟诅即发誓。誓又写作矢。《睡虎地秦墓竹简·为吏之道》有"听其有矢"。

所谓当事人主义是说,诉讼的产生和进行以当事人的起诉表示和诸方当事人的直接参与为条件。《尚书·吕刑》:"无简不听","两造具备";《周礼·秋官·大司寇》:"以两造禁民讼,入束矢于朝,然后听之";又《司盟》:"有狱讼者,则使之盟诅",都是证明。《小司寇》有:"命夫命妇不躬坐狱讼",是保留贵族体面和免除奔波之苦的一项特权。《左传》所载大量诉讼,常常由其代理人参加,是其佐证。

允许当事人在法庭上充分发表意见,不仅是赋予当事人的一项权利,也是法官审理案件的必要程序或手段。《尚书·吕刑》有"师听五辞","中听狱之两辞,无或私家于狱之两辞","无僭乱辞"等。讼辞有五,大约

指誓辞、起诉辞、答辩辞、证辞、判辞之类,可见法庭辩讼不仅允许而且还十分规范。《左传》及西周出土铭文都证明了这一点。

判断讼辞的曲直并不在其文采,而在其真实性。而其是否真实又取决于证据。辩论主义的直接产物是证据主义。《左传·文公六年》:"董逋逃,由质要";《周礼·秋官·士师》:"凡以财狱讼者,正之以傅别约剂";《朝士》:"凡有责(债)者,有判书以治则听","凡属责(委托债务)以其傅而听其辞";《天官·小宰》:"听师田以简稽","听闾里以版图","听称责以傅别","听取予以书契","听买卖以质剂";《小司徒》:"凡民讼,以地比正之;地讼以图正之"等。《礼记·月令》有"命理瞻伤、察创、视折,审断决,狱讼必端平",都强调证据对于公平断讼的意义。

法官在审判中的共议是保证正确判案的重要条件。《周礼》多处记载乡士(遂士、县士)向司寇、司寇向士师汇报请示之制。《小司寇》有"用情讯之";《司刺》有"讯群臣","讯群吏","讯万民","求民情,断民中";《乡士》有:"断其狱,弊其讼于朝,群士司刑皆在,各丽其法,以议狱讼";《左传·襄公五年》引佚诗:"讲事不令,集人来定";《国语·周语》:"事莫若咨","咨寡失也"。当时注重证据和案件事实,以及法官的共议,是排除偏重口供和刑讯的天然屏障。

二、从"神·礼"到"仁·法":家族
制度的衰落与个体意识的萌芽

春秋战国时期的变革带来了思想界的繁荣。伴随着统一王朝和宗法贵族政体的崩坏,神权、礼治思想黯然失色。在新式思想当中,最具代表性的莫过于"仁"和"法"。

"仁"是孔子发明的新思想。其进步性有三:(1)"仁"是讲人与人而非人与神的关系的,故重人而轻神;(2)"仁"是讲个体自然人与个体自然人之间的关系的,《论语·雍也》所说"己欲立而立人,己欲达而达人"的

"忠"和《颜渊》所说"己所不欲勿施于人"的"恕",是其信条;(3)"仁"是讲人的全体的,所有异于禽兽者不分阶级种族贵贱君子小人,都是"人"。《论语·阳货》说:"性相近也,习相远也。"人的先天差异小到几乎可以忽略不计的程度。与欧洲中世纪人文主义通过神来发现人的价值不同,孔子的"仁"则是用自己的目光并通过对方的瞳孔来发现人的价值。

"法"是一代法家的新思想。其进步性有四:(1)"法"宣布天下的公利高于一家一姓的家族的私利;(2)"法"重视人们后天的努力而轻视先天的血缘身份;(3)"法"使国家社会与个人之间结成简洁的权利义务关系,它打破宗法家族对个人的束缚,并为个人的发展提供了一切机会;(4)"法"的目标是朴实而可及的,那就是国家的强盛和个人的富有。

"仁"和"法"都是进步思想。两者的结合必将产生极大的思想威力。然而,"仁"毕竟与"礼"有着深层的联系,"仁"与"礼"的结合足以掩盖"仁"的所有光辉。这便是孔子思想的光荣与悲哀。"法"毕竟与集权专制有着密切的渊源关系,"法"与专制政体的结合足以使"法"的光芒毁于一旦。这就是法家的伟大与局限。春秋战国的悲剧是旧的拖住新的,"礼"败坏了"仁",专制制度腐蚀了"法",而后世封建时代的悲剧则是专制政体与礼的结合。这种"婚姻"及其后代构成了中国封建思想体系的基础。

然而,春秋战国毕竟是酿造新思想的时代。与传统思想相悖逆的个体观念悄然问世。孔子的"性相近也,习相远也"否定了人类差异的先天依据;孟子的"人皆可以为尧舜"则宣布人在能力上的平等性。杨朱的"重生"、"为我"是对一切忠孝感情的无情亵渎;墨子的"兼相爱,交相利","天下之人皆相爱"描述了人人平等生存的理想蓝图;道家则用个人的绝对精神自由,以及对传统制度的无情鞭笞,给人们鼓足批判旧世界的勇气;法家的"公法"、"公义"、"公正"、"公民"的"公"的颂歌,"君臣上下贵贱皆从法"的"法治"理论,以及主客交易、君臣相市的"好利恶害"的人性说,都为行将出现的商品交换社会鸣锣开道。

个人第一次从古老家族的樊篱中挣脱出来,凭着自己的判断和选择,与他人签订了各种各样的"契约",并以社会成员的姿态投身于社会变革之中。当时,诚如李斯所谓"布衣驰骛之时而游说者之秋"①的好时光。他们以自己的血汗和智慧,为国家建功立业,为自己赢来良田美宅。这批成千上万的个人,正是新兴地主阶级改造世界的基础力量。

三、"国家"与"公民"结盟:国家本位对家族本位的清算

春秋战国时期政治变革的主要脉络是:地域性的国家取代血缘性的国家;官僚政体取代贵族政体;国家主义的法律取代家族主义的法律。新兴地主阶级之所以能够赢得这场变革,关键在于获得了人民的支持。韩非曾经把臣民分为两类:"公民"与"私人"。前者是与国家建立权利义务关系的个人;后者是宗法家族。法家要确立并维护中央集权的君主专制政体,必须把"私人"变成"公民"。其措施不是思想教育而是无情的清算。这主要表现在以下几方面:

政治上的清算。即打破世卿世禄的世袭制,实行"尚贤使能"的政策。商鞅变法,"宗室非有军功论不得为属籍",目的就在这里。

行政上的清算。即实行郡县制,君主委任官吏治理地方,剥夺贵族兼有土地所有权和对土地上人民之管理权的特殊权利,用什伍等行政组织把居民管理起来。

法律上的清算。即实行"刑无等级",人人在君主和国法面前平等,赏不遗匹夫,罚不避权贵,以提高君主和国法的权威。

思想上的清算。用"好利恶害"的人性论涤荡古老尊尊亲亲忠孝仁爱的伦理感情,并用文化专制主义政策禁绝私学的传播。

经济上的清算。用小家庭的土地所有制取代宗法家族的土地所有

---

① 《史记·李斯列传》。

制。开阡陌,废井田,奖农耕,允许土地买卖。以清扫宗法家族制度的经济基础。

新兴地主阶级以清算宗法家族制度为手段,使"国家"与"公民"建立了确切意义的权利义务关系。应当注意,在这种新的政治关系中,处于核心地位的是"国家"而非"公民"。"国家"利益高于一切,"公民"只是实现"国家"利益的手段或条件。这就是法家国家本位的法律观。即按照"国家"的利益来塑"公民"的形象。其结果是"国家"拥有全部权利而"公民"承担全部义务。专制君主是"国家"的正宗代表,国家本位与集权专制便融合为一。在这种政治格局下,"公民"仅有的权利便是在为"国家"效忠之后,从"国家"那里获得些许"回扣"。尽管如此,新兴地主阶级毕竟按照自己的意愿打破了旧世界,并在古老宗法血缘的废墟上第一次构筑了新型的超血缘的"国家"。

四、"皆有法式":国家本位下的纵向法律

新兴地主阶级在打击世袭贵族政体时,也在很大程度上冲决了宗法家族制度。其重要手段就是把个人从家族的樊篱中拉将出来,使个人与国家建立了直接而简洁的权利义务关系。这样一来便从客观上多少承认并保护个人的某些利益。但是,新兴地主阶级的政治目的并不是解放个人,使个人自由地发展工商业,并进而建立一个"市民社会";而是建立和巩固中央集权的君主专制政体。为保证集权专制机器的正常运转,新兴地主阶级建造了庞大的官僚机器并严密地操纵着它。靠着这架机器和法律,社会生活的各个方面毫无例外地置于专制王权的支配之下。国家享有一切权利,个人都承担全部义务。这就使原先横向的法律终于变成纵向的法律。个人在经历了宗法家族世界的长途跋涉之后,攀上山顶,刚刚看到新世纪的霞光,接着便走向专制主义的深谷。

（一）专制法律对居民的控制

专制法律对一般居民的控制表现在以下几个方面:首先是户籍管理制度。《商君书·境内》:"四境之内,丈夫女子皆有名于上,生者著,死者削";《徕民》:"上无通名,下无田宅。"居民生了孩子要去官府登记。籍簿上注明姓名、年龄、身份、籍贯、住所及其他事项。秦律规定:生了女孩"弗举而杀之",即"擅杀子,黥为城旦舂"。① 居民取得户籍,便具有了相应的法律身份。居民死亡应去官府注销户籍。有人自杀,其家人不向官府报告就把死者埋掉,要处以罚金。② 官吏帮助秦人出境或除去户籍的,要受到处罚。③ 居民非正常死亡的,要"以其诊书告官论之"④。其次是什伍连坐之制。什伍连坐之制起初始于军队。《商君书·境内》:"其战也,五人束簿为伍,一人羽(逃)则轻(刭)其四人。"后推广到地方行政领域。《韩非子·定法》:商鞅"连什伍而同其罪";《史记·商君列法》:商鞅"令民为什伍,而相牧司连坐。不告奸者腰斩,告奸者与斩敌首同赏"。秦律规定:"盗及诸它罪,同居所当坐。"⑤某地发生强盗案,当地里典、伍老要承担法律责任。⑥ 甲控告乙"贼杀人",应赏甲黄金二两。⑦ 夫有罪,妻告发,妻可免罪。⑧ 其三是对居民其他行为的控制。比如,禁止投递匿名书信;诬告反坐;弃妻应向官府登记,"弃妻不书赀二甲";居住在农村的百姓不得卖酒;看见有人杀伤他人,有百步之内不去制止的,应处罚金;⑨百姓在外住店,须有凭证。否则,"舍人无验者坐之"⑩等等。

---

① 《睡虎地秦墓竹简》,文物出版社1978年版,第181页。
② 参见《睡虎地秦墓竹简》,文物出版社1978年版,第184页。
③ 参见《睡虎地秦墓竹简》,文物出版社1978年版,第130页。
④ 《睡虎地秦墓竹简》,文物出版社1978年版,第33页。
⑤ 《睡虎地秦墓竹简》,文物出版社1978年版,第160页。
⑥ 参见《睡虎地秦墓竹简》,文物出版社1978年版,第193页。
⑦ 参见《睡虎地秦墓竹简》,文物出版社1978年版,第208页。
⑧ 参见《睡虎地秦墓竹简》,文物出版社1978年版,第224页。
⑨ 参见《睡虎地秦墓竹简》,文物出版社1978年版,第174、224、194页。
⑩ 《史记·商君列传》。

（二）专制法律对官吏的控制

《商君书·农战》："善为国者官法明"；《韩非子·外储说右下》："明主治吏不治民"。可见新兴地主阶级十分重视对官僚的控制和支配。这主要表现在以下几方面：首先，要求官僚忠于君主。《商君书·画策》："为人臣忠"；《韩非子·忠孝》："尽力守法，专心于事主者为忠臣"。《睡虎地秦墓竹简·语书》说，百姓犯罪"令丞以下知而弗举论，如此，则为人臣亦不忠矣"；《为吏之道》则宣扬"忠信敬上"、"敬上勿犯"，"为人臣则忠"。其次，官吏要通晓法律。《商君书·定分》："敢忘行主法令之所谓之名，各以其所忘之法令名罪之"。《睡虎地秦墓竹简·语书》："凡良吏明法律令事"。其三，官吏要严格依法办事。《商君书·定分》："有敢定法令损益一字以上，罪死不赦"。秦律规定：听命书时"不避席立"，撤职；不执行命书，判处徒刑；①在司法审判中，官吏不得私自创制和适用判例，也不得自行适用类推；官吏违法，要依法受到制裁。如《史记·秦始皇本纪》载："谪治狱吏不直者，筑长城及南越地"。其四，官吏犯法也要实行株连。比如，"秦之法，任人而所任不善者，各以其罪罪之"②。秦律规定：府吏有罪，令一丞也要承担责任；囚徒毁公家财产，官吏应立即笞打，否则应按半值赔偿。③

（三）专制法律对国家财产的保护

专制法律的重要职能之一，是确保地主阶级国家的财产所有权。秦律规定：仓库粮食因漏雨而腐烂的，主管官吏要赔偿；谷物、官有器物经检验不足数的，主管官吏要赔偿；公家之牛，一年中有三分之一死亡的，官吏有罪；私人借用官府牛车，致使牛瘦瘠，车毁损的，主管之吏有罪；百姓借

---

① 参见《睡虎地秦墓竹简》，文物出版社1978年版，第129页。
② 《史记·范雎列传》。
③ 参见《睡虎地秦墓竹简》，文物出版社1978年版，第124、90页。

官器物及负债未还而死亡的,主管之吏赔偿;百姓借官府债务无力偿还的,以劳役(一日八钱)抵偿。①

(四)专制法律对工商业的控制

新兴地主阶级出于"富国强兵"和巩固统治的政治需要,采取了"重农抑商"的政策。一方面加强农业、畜牧业、官营工商业的管理,另一方面竭力抑制和打击民间工商活动。《商君书·垦令》提出"废逆旅"(即商旅),"无得取庸"(即雇用佣工),"贵酒肉之价重其租","重关市之赋则农恶商"的主张。商鞅变法时规定:"无功者虽富无所芬华"②。秦律则规定:客商未向官吏交验通告证就进行交易的,要处罪;禁止穿"绵履"(有花纹的丝织鞋);不准雇人代服劳役;不能将珠宝卖出境外;禁止向债务人强索人质;行贿一钱的处以黥城旦之刑。③

(五)专制法律对宗法家族秩序的维护

新兴地主阶级并非全然否定"礼"的作用。《商君书·画策》:"所谓义者:为人臣忠,为人子孝,少长有礼,男女有别;非其义也,饿不苟食,死不苟生。此乃有法之常也"。《韩非子·忠孝》:"臣奉君,子事父,妻事夫,三者顺则天下治,三者逆则天下乱,此天下之常道也"。《管子·任法》:"仁义礼乐者皆合于法,此先圣之所以一民者也"。《睡虎地秦墓竹简·为吏之道》:"为人君则怀,为人臣则忠。为人父则慈,为人子则孝","君怀臣忠父慈子孝,政之本也"。正是在这种思想指导下,秦律才公开维护父家长的特权和宗法家族秩序。秦律规定:"父盗子,不为盗";六十岁以上的老人告子不孝,要求官府判以死刑,官府应立即拘捕之,勿令逃走;父亲告子不孝,要求官府斩其子之足,终身流放到蜀境,官府照办;家

---

① 参见《睡虎地秦墓竹简》,文物出版社 1978 年版,第 97、99、101、33、81、61、84 页。

② 《史记·商君列传》。

③ 参见《睡虎地秦墓竹简》,文物出版社 1978 年版,第 230、220、123、211、214、230 页。

长告男奴隶强悍无礼,要求卖给官府作官奴隶,家长告女奴隶凶悍,要求施以割鼻刺面之刑的,官府均照此办理;"子告父母,臣妾告主,非公室告,勿听","而行告,告者罪"。① 国家用这种法律来维护家长的特权,并借此让父家长协助国家管理好臣民。

(六)专制法律对思想学术的控制

新兴地主阶级为了巩固自己的统治而采取愚民政策。《商君书·垦令》:"愚农不知,不好学问,则务疾农。"为此,必须禁绝民间学术活动:"博闻、辩慧、游居之事,皆无得为"。《靳令》以"礼乐"、"诗书"、"修善孝弟"、"诚信贞廉"、"仁义"、"非兵羞战"为"国之六虱",要求严加禁绝。这样做的目的在于提高法律的权威。如《韩非子·和氏》所言:商鞅"燔诗书而明法令"。为此,法家主张,法律一旦公布,严禁百姓私议:"作议者尽诛"。《史记·商君列传》载:"秦民初言令不便者,有来言令便者。卫鞅曰:'此皆乱化之民也。'尽迁之于边城。其后,民莫敢议令"。《韩非子·五蠹》说:"明主之国,无书简之文,以法为教。无先王之语,以吏为师"。无情的法律扼杀了百家争鸣的学术繁荣,使学术活动重新回到"学在官府"的老路上去。

(七)集权主义的司法:"罪刑法定"、
"有罪推定"、刑讯、"重刑主义"

为保证国家法律在时间上和空间上得到统一贯彻,必然要求官吏严格依法办案。这一原则反映在司法活动中,就是"罪刑法定"。这是君主立法权绝对支配官吏司法权的一种表现。该原则包含以下几层意思:(1)官吏在司法中要严格依成文法条来定罪量刑;(2)产生疑义时要逐级上报请示;(3)适用类推时要上报候旨;(4)不得直接援引判例,更不能直

---

① 《睡虎地秦墓竹简》,文物出版社 1978 年版,第 159、195、261、259、260、195、196 页。

接创制判例。这些内容在《睡虎地墓竹简》中都得到证实。

所谓"有罪推定",即刑事被告人在法庭判决前被预先视为有罪的一种制度。《尚书·大禹谟》的"罪疑惟轻",便透露着有罪推定的意味。秦律关于父家长控告子女、奴婢不孝、凶悍,要求施以刑罚,官府应立即照办的规定,就是"有罪推定"的突出表现。与此相应的,就是被告人负有举证责任。以证明自己有罪为前提的"自首"、"自出"、"自告"等制度就是证明。

《睡虎地秦墓竹简·封诊式》说:"毋笞掠而得人情为上,笞掠为下,有恐为败";"有恐为败",原释文为:"恐吓犯人,是失败"①。不妥,应译为"恐怕造成错案"。"诘之而数之沱(欺骗),更言不服,其律当笞掠者,乃笞掠。笞掠之必书曰:爰书:以某数更言,无解辞,笞讯某"。虽然表面上未公开提倡刑讯,但由于有刑讯的具体规定,刑讯是被允许的。关键在于,获得被告人承认自己有罪的口供是至关重要的。这一方面可以使官吏放心地定罪处刑;另一方面也证明官吏未曾"出入人罪",当然不会产生"失刑"罪、"纵囚"罪、"不直"罪,也就不会影响官吏的升迁。可以说,刑讯是官僚制的产物。

新兴地主阶级由于统治经验不足,又基于人性皆"好利恶害"的见解,故迷信暴力。在刑罚政策上表现为"重刑主义"。《商君书·说民》:"行刑重其轻者,轻者不生,则重者无以至矣。"《韩非子·六反》:"重一奸之罪而止境内之邪。"秦律规定:"五人盗,赃一钱以上,斩左趾,又黥为城旦";"盗采人桑叶,赃不盈一钱,赀徭三旬";"同母异父相与奸,何论?弃市";"府中公金钱私贷用之,与盗同法";②等等。其结果是"赭衣半道,断狱岁以千数","民愁亡聊,亡逃山林,转为盗贼",③终于致秦朝短祚而亡。

"横的法"、"纵的法"是一对相对的宏观的概念。这并不排除"横的法"中含有"纵的法"的因素,反之亦然。大体而言,"横的法"是相对松散

① 《睡虎地秦墓竹简》,文物出版社1978年版,第246页。
② 《睡虎地秦墓竹简》,文物出版社1978年版,第150、154、225、165页。
③ 《汉书·食货志》。

的贵族政体之下宗法家族之间平等交往的产物；而"纵的法"则是集权专制政体下官僚机器对个人进行控制和支配的产物。从"横的法"到"纵的法"的历史演进过程中，我们既看到了个人对家族的战胜，又看到了个人对集权政体的屈服。这段既错综复杂又自然而然的历史过程，并非用梅因的著名命题便能概括的。

下　编

中国法的演进规律与展望：
在创新中返回历史

第十三章

政体、法体之变与法的演进

——对中国古代法律"法家化"、 "儒家化"的法文化考察

20 世纪 40 年代,陈寅恪在《隋唐制度渊源论稿》中首先提出"刑律儒家化"的命题:"古代礼律关系密切,而司马氏以东汉末年儒学大族创制晋室,统制中国,其所制定之刑律尤为儒家化。既为南朝历代所因袭,北魏改律,复采用之。辗转嬗蜕,经由齐隋,以至于唐。实为华夏刑律不祧之正统。"①此后,瞿同祖在《中国法律与中国社会》中首先系统论述"中国法律之儒家化"问题。他指出:"秦汉的法律是法家所制定的,其中并无儒家思想的成分在内。"自从汉武帝独尊儒术以后,实行以礼入法,开始了法律的儒家化,直至唐代才告完成。"儒家化是中国法律发展史上一个极为重要的过程,中国古代法律因此而产生了重大深远的变化。""所谓儒法之争""亦即差别性行为规范及同一性行为规范之争","所谓法律儒家化""也就是怎样使同一性的法律成为有差别性的法律的问题"。② 瞿同祖的观点在历史学界特别是中国法史学界影响很大。许多教材、论文都在不同程度上沿用了这一论断。20 世纪 70 年代以后,随着睡虎地秦墓竹简、张家山汉简等出土文献的出现,其中所反映的看来应当

---

① 陈寅恪:《隋唐制度渊源论稿》,河北教育出版社 2002 年版,第 102 页。
② 瞿同祖:《中国法律与中国社会》,中华书局 1981 年版,第 327、329、346 页。

属于儒家思想的内容引起重视。因此,有学者提出,古代法律的儒家化从战国秦代就已经开始。① 在这之前,余英时提出"儒学的法家化"②。祝总斌亦撰文指出,古代法律的儒家化成果集中体现在晋代的晋律当中。③张纯、王晓波提出汉代法家被儒家化、儒家被法家化的观点。④ 郝铁川在《中华法系研究》中提出"封建法典法家化"一说。认为李悝法经、竹简秦律和后世法典一脉相承,都是"法家化的法典",古代法律未曾儒家化。⑤对此,范忠信撰文提出批评。⑥ 杨振红在对中国古代法律儒家化、法家化问题进行总结性评论的同时,以大量出土秦汉律文献为证据,描述了秦汉社会的等级秩序和家庭伦理秩序,指出:"中国法律之儒家化说的前提——秦汉的法律是法家所制定的,其中并无儒家思想的成分在内,是对秦汉律特质以及中国历史上儒家、法家思想的误读";"秦汉律的基本框架、原则和内容为商鞅所确立","秦汉律所构建和维护的家庭伦理秩序亦应当本于商鞅"。这种秩序,"是从其建立伊始就已经存在了,而不是法律儒家化的结果。这样的结论显然与儒家化或法家化说关于礼法观念、关于儒法思想主张的认识有相当大的距离"。⑦

　　这些观点都分别反映了作者各自对中国古代法律历史演进过程的某一阶段或某一侧面的特征的理解,因此都具有相对客观性。但是应当指出,上述观点所谓之"法律"实际上大都属于刑事法律,并未涉及刑事以外的诸如民事、经济、行政等领域的法律制度。而所谓法律的"儒家化"、"法家化"实际上或者在很大程度上只是"刑事法律"的"儒家化"、"法家

---

① 参见孙家洲:《试论战国秦汉时期立法指导思想的演变》,《杭州师院学报(社会科学版)》1986年第1期。

② 余英时:《反智论与中国政治传统》,载《历史与思想》,(中国台湾)联经出版事业公司1981年版,第31页。

③ 参见祝总斌:《略论晋律之儒家化》,《中国史研究》1985年第2期。

④ 参见张纯、王晓波:《韩非思想的历史研究》,(中国台湾)联经出版事业公司1994年版,第249页。

⑤ 参见郝铁川:《中华法系研究》,复旦大学出版社1997年版,第1~56页。

⑥ 参见范忠信:《中华法系法家化驳议——〈中华法系研究〉商榷》,《比较法研究》1998年第3期。

⑦ 杨振红:《从出土秦汉律看中国古代的礼、法观念及其法律体现——中国古代法律之儒家化商兑》,《中国史研究》2010年第4期。

化"。为了讨论的方便,本章也沿用了这一习惯用法。至于刑事以外的诸如民事、经济、行政等领域的法律制度是否存在"儒家化"、"法家化"的问题,也许是值得探讨的新课题。从中国古代法律的价值基础来看,确立并维护社会阶级的等级性和家族家庭的伦理秩序,是中国古代法律一以贯之的总体精神,也是中华法系的最重要的特征之一。正如瞿同祖所说:"家族主义及阶级概念始终是中国古代法律的基本精神和主要特征,它们代表法律和道德伦理所共同维护的社会制度和价值观念。"①这种精神最早甚至可以追溯到古代文明初起的时代,并且一直延续到清末而未曾中绝。这种精神和"混合法"共同构成了中华法系区别于世界其他"法系"的最基本的特征。春秋战国时代,儒家的"礼"和法家的"法"曾经发生严重的对立。作为一种行为规范,儒家主张的"礼"是适用于具有"骨肉之恩"的"血缘群体"的规矩,而法家主张的"法"则是适用于"好利恶害"的陌生人的"地缘群体"的规矩。这两种规矩或者可以简称为"熟识人的法"和"陌生人的法",它们之间有对立也有重叠。前者靠风俗习惯和世袭法官的"判例法"来维持,后者靠官僚法官的"成文法"来维持。在表现形式上,"礼"通过风俗习惯的熏陶、教育和"先例故事"来保护,"法"则通过国家正式制定的成文法和司法活动来体现。正如《商君书·画策》所言:"所谓义者,为人臣忠,为人子孝,少长有礼,男女有别,非其义者,饿不苟食,死不苟生,此乃有法之常也。"当道德变成法律时,符合道德的行为同时也就成了合法的行为。可见,儒家和法家在实质上都维护"礼"的精神,只不过侧重点和方法有所不同而已。因此,如果有学者把古老风俗的"礼"变成成文法律这一过程称作"儒学的法典化"或者"法律的儒家化",尽管这种概括只触及事物的表面现象而没有反映事物的本质,但是亦未尝不可。事实上儒家、法家的思想主张并非绝对对立,它们既具有同源性又具有演变性和兼容性。"儒法两家都维护自然经济和宗法家族结构,只不过方法不同";"法家自战国初期到末期的发展,与儒家自孔、孟到荀况的发展之间有着微妙的和谐之处。儒、法两家都由理想

① 瞿同祖:《中国法律与中国社会》,中华书局1981年版,第327页。

型转为务实型,儒家容忍集权专制,法家也捍卫宗法等级,他们都由强调礼法对立转而强调礼法合一。秦律维护官吏及父系家长的特权,无异于礼治的局部法典化。礼治、法治都是自然经济与宗法社会的产物,两者的差异仅仅在于:儒家是从维护宗法社会到维护自然经济,法家则是从维护自然经济到维护宗法社会,这正是绝妙的异曲同工、殊途同归"。① 问题在于,如果仅仅以社会阶级的等级性和家族家庭的伦理秩序这一基本精神及其在法律上的表现程度为标准,来描述或界定中国古代法律的"法家化"、"儒家化",也许就远离了事物的本质特征;如果由此派生出"差别性的法律"和"同一性的法律"的分野来,这样就不仅背离了事物的客观性,反而还有可能曲解中国古代法律的历史发展规律。探寻古代法律的发展规律,不仅应当重视法律规范本身的内容及其所体现的精神,还应当将法律与国家政体、法体②联系起来,这也许是揭示古代法律发展规律性的关键。因此,笔者想尝试从先秦时代政体、法体演变的角度,来对中国古代法律和法律思想的演进过程做一个综合宏观的描述。并且对中国古代法律的"法家化"、"儒家化"的内涵和实质意义进行新的界定。我的主要观点是:

(一)西周春秋的"礼制"在政体上的反映是"世卿世禄"的贵族政体,在法体上表现为"议事以制"的"判例法",在法律精神上的反映是维护"亲亲""尊尊"的社会阶级的不平等和父系家族伦理秩序。

(二)"礼"的差异性秩序并不是孔孟儒家(鲁儒)创造的。儒家的作用是在"仁"的思想指导下对周礼进行改造,形成新的"礼治"思想。这种"礼治"已经打破了以往狭隘的先天血缘界限和神权思想的束缚,一方面重视统治者个人后天的品质和能力,另一方面主张用"礼"即宗法道德伦理观念对劳动人民进行教化,从而把"礼"普及到民间;孔孟在"仁"的基础上形成"德治"、"人治"思想,这些思想产品最终演变成"贵族精神",它是对西周春秋贵族政体和"判例法"的理论阐述和文化升华。

---

① 武树臣等:《中国传统法律文化》,北京大学出版社1994年版,第287、288页。
② 法体即法律样式,指立法、司法的基本运行方式,如判例法、成文法、混合法。

　　（三）战国时代以商鞅韩非为代表的晋秦法家的"法治"与孔孟儒家的"礼治"、"德治"、"人治"形成对立,这主要表现在三个方面:在政体上是集权专制政体和宗法贵族政体的对立;在统治方法上是"以力服人"和"以德服人"的对立;在法体上是"成文法"和"判例法"的对立。法家的"变法"运动旨在废除宗法贵族政体,确立和维护中央集权的官僚政体,保护土地私有,并实现富国强兵,统一天下。而"成文法"则是达到这一目标的最为有效的政治手段。此间,"礼崩乐坏"与"君强法盛"彼消此长、同步进行。法家只是在政治上反对世袭贵族政体,而在理论上不仅没有一般地否定父系家族伦理秩序,反而十分注意用法律手段维护这种秩序,这一特征在《睡虎地秦墓竹简》中得到较为充分的反映。秦律"子告父母,告者罪"的法条与儒家提倡的"君臣无狱"、"父子无讼"原则是一脉相承的。集权政体和"成文法"的确立,特别是"礼"的风俗习惯和原则的"成文法化",标志着古代政治法律的"法家化"进程。法家的"劲士精神"则是对集权政体和"成文法"的精神加工和意识凝炼。

　　（四）西汉已降,宗法家族的恢复与发展促进了"礼治"思想的繁荣,宗法家族因为构成了集权王朝的社会基础而价值倍增;而内忧（地方割据）外患（西北边患）又时时呼唤着"法治"的威严。集权政体与家族制度的联盟促成了儒学的第一次蜕变,从而使主张"隆礼重法"、"德主刑辅"和"混合法"的荀况、董仲舒之学（齐儒）成为真正的官方御用学术。此时的儒家终于吻别久仰的贵族政体转而颂扬集权政体,法家也不再否定德治和教化,更不再公开提倡以力服人、严刑酷罚。于是,战国时代那种壁垒森严的儒法两种统治方略的对立,和两汉官僚队伍中"循吏"与"酷吏"之间,"先进于礼乐"的儒生与"后进于礼乐"的文吏之间那种近距离的摩擦冲突,都已渐行渐远。这时的儒家、法家实际上已经变成"儒法家"、"法儒家",是"你中有我,我中有你"。儒家、法家只是作为学术思想的原产地符号而继续被人们追忆和阐发。尽管时光模糊了他们的本来面貌,而他们的精神脚步却未曾停止。此间,儒家的"人治"思想失去了贵族政体的社会支撑,但是它仍然仰仗着"判例法"传统,借助"通经入仕"的儒生官吏介入立法司法活动,通过"春秋决狱"、"引经注律"等渠道而浸入原先由法家缔造的"成文法"王国,并最终获得一席之地。"判例法"的顽强崛起,以及"成文法"与"判例法"相结合这一"混合法"样式的确立,标志着古代法体"儒家化"的成功。

（五）西汉以后的"儒法合一"、"礼法融合"、"人法兼用"的过程,从法律精神（兼而维护集权政体和宗法家族制度）和法体（"成文法"与"判例法"相结合）两方面促成了中国古代法律的自我完善。《唐律》的诞生标志着这一过程的完成。集权政体、自然经济、宗法社会的三合一的社会存在是这一过程得以实现的物质基础。而儒家的"贵族精神"和法家的"劲士精神"则作为统治集团的政治信仰,成为推动这一历史行进的精神力量。

一、西周春秋时代的政体与法体："世卿世禄"的贵族政体与"议事以制"的"判例法"

西周春秋的"礼制"在政体上的反映是"世卿世禄"的贵族政体,在法体（法律样式）上表现为"议事以制"的"判例法",在法律精神上的反映是维护"亲亲""尊尊"的社会阶级的不平等和父系家族伦理秩序。

周王朝与商王朝有很大差异之处。如果说,商王朝是靠着强大的暴力机器和神权意识形态,来获取林立的异姓方国的效忠和臣服的话,那么,西周建国伊始便确立了以"任人唯亲"为原则的、以"立嫡以长不以贤,立子以贵不以长"①为程序的、以"世卿世禄"制和土地分封制为基础的宗法贵族政体,逐渐建立了一个"溥天之下,莫非王土,率土之滨,莫非王臣"②的,以姬姓周室宗族体系为主干同时融合诸异姓部族而组成的国家。周王朝的统治虽然也仰仗暴力机器和神权意识形态的作用,但是,更

---

① 《春秋公羊传·隐公元年》。
② 《诗经·小雅·北山》。

多的是充分运用宗法血缘的内在亲和力和外在等级秩序。这种秩序就是"周礼"。与此有关的一切政治理念和制度设计,从西周初期的建国过程中就已经表现得淋漓尽致了。

西周初期的封邦建国是一个重大的历史事件。故后世文献记之颇详。这主要包括三个方面:一是封国。即"封建亲戚,以蕃屏周"①。二是授民。即将亡国的"殷民六族"、"殷民七族"、"怀姓九宗"完整地分配给各诸侯,作为臣民②。三是制礼。史称"周公制礼作乐",即在改革殷礼的基础上确立以嫡长继承制、庙数之制、同姓不婚之制为内容的严格有序的"周礼"③。取得对殷战争胜利的周民族,就是以封国、授民、制礼为驱动,在新的民族大迁徙的过程中,悄悄地建立了新的国家和新的制度——"周礼"。"周礼"与"夏礼"、"殷礼"一样,都体现了中国古代文明的独特性——当我们的先民迈进文明门槛的时候,古老氏族的血缘纽带不仅没有被清除反而被保留下来并继续发挥着巨大的功用。

———————————

① 《左传·昭公二十六年》:"昔武王克殷,成王靖四方,康王息民,并建母弟,以藩屏周";《昭公二十八年》:"昔武王克商,光有天下,其兄弟之国者十有五人,姬姓之国者四十人,皆举亲也";《僖公二十四年》:(周公)"封建亲戚,以蕃屏周:管、蔡、郕、霍、鲁、卫、毛、聃、郜、雍、曹、滕、毕、原、酆、郇,文之昭也;邘、晋、应、韩,武之穆也;凡、蒋、邢、茅、胙、祭,周公之胤也";《荀子·儒效》:(周公)"杀管叔、虚殷国,而天下不称戾焉,兼制天下,立七十一国,姬姓独居五十三人"。

② 《左传·定公四年》:春秋时卫国大夫子鱼在追述周初封建时曾说道:"昔武王克商,成王定之。选建明德,以蕃屏周。故周公相王室,以尹天下,于周为睦。分鲁公以大路、大旂,夏后氏之璜,封父之繁弱,殷民六族:条氏、徐氏、萧氏、索氏、长勺氏、尾勺氏,使帅其宗氏,辑其分族,将其丑类,以法则周公,用即命于周。是使之职事于鲁,以昭周公之明德。分之土田陪敦、祝、宗、卜、史,备物、典策、官司彝器。因商奄之民,命以伯禽,而封于少皋之虚。分康叔以大路、少帛、綪茷、旃旌、大吕,殷民七族:陶氏、施氏、繁氏、锜氏、樊氏、饥氏、终葵氏。封畛土略,自武父以南及圃田之北竟,取于有阎之土以共王职,取于相土之东都以会王之东蒐。聃季授土,陶叔授民。命以《康诰》而封于殷虚。皆启以商政,疆以周索。分唐叔以大路、密须之鼓、阙巩、沽洗,怀姓九宗,职官五正。命以《唐诰》而封于夏虚,启以夏政,疆以戎索。"

③ 廖平《经话》甲编卷二:"盖商法兄弟相及。武王老,周公立,常也。当时初得天下,犹用殷法。自周公政成以后,乃立周法,以传子为主,周家法度皆始于公。"(李耀仙主编:《廖平选集》(上),巴蜀书社1998年版,第452页。)王国维《殷周制度论》:"周人制度之大异于商者,一曰立子立嫡之制,由是而生宗法及丧服之制,并由是而有封建子弟之制,君天子臣诸侯之制;二曰庙数之制;三曰同姓不婚之制。……定为立子立嫡之法,以利天下后世,而此制实自周公定之,是周人改制之最大者。可由殷制比较得之。有周一代礼制,大抵由是出也。"(《观堂集林》(上),中华书局1959年版,第453、454、458页。)

（一）"周礼"在政权形式上的表现是宗法贵族政体

"周礼"在政权形式上的表现是宗法贵族政体。在这个政体下面,天子既是国家最高领袖,又是宗法血缘网络里的大宗。诸侯、卿、大夫、士等都是按照宗法血缘网络进行权力再分配的产物。各级贵族的权力又按照宗法血缘网络世代延续下去。同姓贵族与异姓贵族又在"同姓不婚"的原则下通过联姻结成政治联盟。他们不仅拥有土地的相对永久使用权,还拥有对土地之上的居民的行政支配权。同时,血缘网络把贵族内部上下级之间以及贵族与平民之间紧紧地联结在一起。贵族领袖以"民之父母"的身份和形象管理着臣民。各级贵族享有相对独立的政治、经济、军事、法律等方面的权力。在政治生活中礼成为权威的行为规范:诸侯对周天子有朝觐之礼,诸侯之间有朝聘之礼,祭祀祖先有宗庙之礼,训练部队指挥战争有军旅之礼,等等。"礼"实际上完成着法的社会功能。"礼"不仅成为划分统治与被统治阶级的血缘标志,而且还成了确定宗法家族内部成员权利、义务的尺度。宗法家族成为社会的基本细胞,家长、族长成为家族的代表。社会与个人的关系,国家与臣民的关系,实际上不过是君主与家长、族长的关系。家长、族长是全体家族成员的最高领袖,又是国家的无俸的官员。在封闭式的自然经济土壤上,宗法家族或家庭不仅是物质生产和人类自身再生产的基本单位,还是社会保障、社会保险的基本组织。宗法家族在组织生产、对外复仇、对内抚育赡养等方面发挥着重要职能。在这种环境中,个人从出生到死亡不可能离开家族、家庭而独立生存。个人既不能因为据有独立的私有财产而自由,也不可能通过物质交换而走上社会。

（二）"周礼"在法律精神上体现为"尊尊"的社会等级 差别性和"亲亲"的宗法家族的伦理秩序

"周礼"在法律精神上体现为"尊尊"的社会等级差别性和"亲亲"的

宗法家族的伦理秩序。既然宗法贵族政体的秩序是严格按照"礼"的原则确立起来的,于是,"礼"就成了与国家法律毫无二致的行为规范;既然家族是社会的基本细胞,那么家族的安定便成了国家与社会安宁的基本前提,为此,国家不得不赋予家族首长以特殊的法律特权,即半司法权或准司法权,让他们共同维护社会的秩序。这样,法律规范就不能不把维护宗法制度和父系家长特权当作自己的重要内容。"礼"作为行为规范表现为以"孝"为核心的尊卑长幼之序。《尚书·酒诰》说:"纯其艺黍稷,奔走事厥考厥长。肇牵车牛,远服贾,用孝养厥父母。"《韩非子·说疑》引《周记》(《逸周书》):"故《周记》曰:无尊妾而卑妻,无孽适子而尊小枝,无尊嬖臣而匹上卿,无尊大臣而拟其主也。"《康诰》集中论述了对"不孝不友"行为应严加制裁的道理:"元恶大憝,矧惟不孝不友。子弗祗服厥父事,大伤厥考心;于父不能字厥子,乃疾厥子。于弟弗念天显,乃弗克恭厥兄;兄亦不念鞠子哀,大不友于弟。惟吊兹,不于我政人得罪,天惟与我民彝大泯乱。曰:乃其速由文王作罚,刑兹无赦。"这是中国古代"不孝"罪的最早记录。也是后世《孝经》所谓"五刑之属三千,罪莫大于不孝"①的滥觞。在"礼"的支配下,法律充满"尊尊"、"亲亲"的差异性精神,比如,"君臣无狱"、"父子无讼"、"直均则幼贱有罪"②,"王之同族有罪不即市"③,"有赐死而无戮辱"④,"公族无宫刑"⑤,等等;在诉讼上也有"命夫命妇不躬坐狱讼"⑥之类的规定。不但如此,许多高级贵族还享有减免罪刑的特权。古老的家法、族规都上升为重要的司法原则。据《朕匜铭文》所载牧牛的罪名之一是"敢以乃师讼",应当处以鞭笞和墨刑。⑦ 正如王国维所言:"周之制度典礼,乃道德之器械。而尊尊、亲亲、贤贤、男女有别四者之结体也,此之谓民彝。其有不由此者,谓之非彝。《康诰》曰:勿

---

① 《孝经·五刑章》。
② 《左传·昭公元年》。
③ 《周礼·秋官·小司寇》。
④ 《汉书·贾谊传》。
⑤ 《礼记·文王世子》。
⑥ 《周礼·秋官·小司寇》。
⑦ 参见武树臣主编:《中国传统法律文化辞典》,北京大学出版社 1999 年版,第 25 页。

用非谋非彝。《召诰》曰:其惟王勿以小民淫用非彝。非彝者,礼之所去,刑之所加也。"[1]在西周的分封制和世袭制下,各种贵族,特别是大夫以上的大贵族在自己封地内都拥有相对独立的行政、立法、审判权和各自的武装力量。天子和国君要想惩治他们,往往必须兴师动众,兵戎相见。这正是古代"大刑用甲兵"[2]和兵刑不分的重要原因之一。另一方面,对于广大劳动人民的反抗则一味强调镇压。周初的"明德慎罚"只是昙花一现。何况周礼还赋予各级贵族对其所属奴隶以擅自刑杀的特权。

(三)"周礼"在法体上的体现是"遵循先例"、 "议事以制"的"判例法"

"周礼"在法体上的体现是"帅型先考"、"议事以制"的"判例法"[3]。西周的"判例法"是在继承殷商"御事"即判例、先例、故事的基础上形成的。自称"西土之人"的周民族,凭借武力"终大邦殷之命",获得政权。他们初登王位之后,面临的是一个乱纷纷的泱泱大国。周人冷静而现实地制定了"反(返)商政,政由旧"[4]的基本国策。他们一方面继承了商朝的职官设置,[5]另

---

① 王国维:《殷周制度论》,载《观堂集林》(上),中华书局 1959 年版,第 477 页。

② 《国语·鲁语上》。

③ 指中国古代以创制适用判例为特征的法律样式,有别于英国的判例法。"判例法"等术语都是"舶来"的术语,笔者一时还找不到更为本土化的术语来取代之。但是,仍需说明,我在使用这一术语时,只是基于这样一种认识,即人类法律实践活动存在着大致的相通之处。而并不等于宣布中国古代曾经有过英国那样的"判例法",就如同我们讨论战国法家的"法治"时,并不等于宣布中国古代曾经有过近代欧洲资产阶级那样的"法治"一样。中国古代的法律实践活动是在封闭的自然的环境中进行的,她所形成的法律文化成果及其法律话语,与近代"舶来"的欧法成果之间呈现出隔膜,是十分自然的事情。尽管如此,笔者仍然认为发现不同民族文化的共同点比指出它们的差异有时也许会更有价值。

④ 《尚书·武成》。

⑤ 王国维指出:"史为掌书之官。自古为要职。殷周以前,其官之尊卑虽不可知,然大小官名及职事之名,多由史出。则史之位尊地要可知也。……然殷人卜辞皆以史为事,是尚无事字。周初之器,如毛公鼎番生敦二器,卿事作事,大史作史。始别为二字。……殷周间王室执政之官,经传作卿士,而毛公鼎小子师番生敦作卿事,殷虚卜辞作卿史。是卿士本名史也。又天子诸侯之执政,通称御事,而殷虚卜辞则称御史。是御事亦名史也。"《释史》,载《观堂集林》(上),中华书局 1959 年版,第 269、270 页。

一方面在处理政务和司法时,注意参考和比照殷人的法律原则、成事或判例,即《尚书·洛诰》所谓"肇称殷礼",《尚书·康诰》所谓"陈时臬事,罚蔽(比)殷彝","师兹殷罚有伦","先服殷御事,比介于我有周御事"。周人抛弃了殷人典册中神权迷信的形式,取其有利于维护周人统治的内容,简洁地加以移植和借用。

西周的"判例法"是当时"单项立法"的必然产物。所谓"单项立法"是国家单独制定颁布三种内容的法律规范:A项,稳定的刑罚制度;B项,相对稳定的法律政策和司法原则;C项,随时制定的禁与令。上述三项内容相互独立存在,不合于一典,它们之间不能发生因果逻辑关联。A项指五刑(墨、劓、剕、宫、大辟);B项如《左传·文公十八年》载周公所作《誓命》:"毁则酌贼,掩贼为藏,窃贿为盗,盗器为奸,主藏之名,赖奸之用,为大凶德,有常无赦,在九刑不忘"[1];C项是关于禁止和提倡某种行为,但不涉及具体后果及责任。如临时性的法律规范常用一时一事而发,如《尚书·费誓》:"越逐不复,汝则有常刑","无敢寇攘,……,汝则有常刑";[2]以"无敢寇攘、逾垣墙、窃马牛、诱臣妾,汝则有常刑"句为例来分析,何为"寇攘",又处以何种刑罚,是不明示的,有待执政者根据具体情况临时处分。在各诸侯国,被分立的三项内容统称为刑或法。"单项立法"的结果是使判例故事成为最重要的法律规范,从而使法官则居于十分优越的主导地位。当时的审判方法是《左传·昭公六年》所谓"议事以制,不以刑辟"。孔颖达疏:"临事制刑,不豫设法"。"议事以制",议,选择;事,指先例、故事;制,裁断。意谓选择适当的先例、故事以为依据来裁判,不预先制定包括何种行为为违法、犯罪,又当给以何种处分这两项内容的成文法律。当

---

① 《左传·昭公七年》的"有亡荒阅",《尚书·吕刑》的"刑罚世轻世重","五辞简单,正于五刑","五刑之疑有赦","上下比罪,无僭乱辞","两造具备,师听五辞";《左传·昭公元年》的"直钧则幼贱有罪",《易经》的"不富以其邻","无平不陂,无往不复","迷逋复归";《左传·文公六年》的"董逋逃,由质要"等法律原则或法律政策。

② 《左传·哀公三年》:"命不共,有常刑";《国语·越语》:"进不用命,退则无耻,如此则有常刑。"《逸周书·大匡》:"有不用命,有常不违。"《周礼·地官·司徒》:"不用法者,国有常刑。"《兮甲盘铭》:"毋敢或入蛮宄布,则亦刑","敢不用令,则即刑扑伐"。参见郭沫若:《两周金文辞大系图录考释》,科学出版社1957年版。

时的法律规范主要由先例、故事组成。先例、故事整理和编纂的方式是"以刑统例"即在五种刑罚后面分别列出处以该种刑罚的先例。这种方法即《尚书·刑》所谓"五刑之属三千"。当时还不太讲究系统的罪名之制,故某一刑罚后面囊括罗列各种曾经处以该刑罚的犯罪之先例、故事。

法官审判案件,就从这些文献中去寻找最为合适的先例、故事,作为审判的依据,即《周礼·秋官·司寇》所谓"司寇断狱弊讼,则以五刑之法诏刑罚以辨罪之轻重";《周礼·地官司徒·遂师》所谓"比叙其事而赏罚";《礼记·王制》所谓"必察小大之比以成之"。亦即《庄子·田子方》所谓"援佩玦者事至而断"。当时法官的标准是《国语·晋语》所谓的"直"和"博":"直能端辨之,博能上下比之。""直",是道德品质,"直能端辨之",即公平正直、不偏不颇、不畏强暴、忠于职守;"博",是业务水平,即熟知古往今来的判例故事并能准确适中地援用。因此,很多杰出的政治家或官吏都"求多闻","端刑法、缉训典"①。当时的法官是学习型的法官。学习的内容就是历史典故。即"帅志博闻"、"习于春秋"、②"心率旧典"、"能道训典"③。"天子听政"尚且离不开"史献书"、"瞽史教诲","而后王斟酌焉,是以事行而不悖"④。法官当然也不例外:"事莫若咨","赋事行刑,必问于遗训,而咨于故实,不干所问,不犯所咨";"启先王之遗训,省其典图刑法,而观其废兴者,皆可知也"⑤。历史典故就是风俗习惯。而风俗习惯就是天理人情,就是"礼"。

"单项立法"给司法带来的必然结果有二:首先是判例故事地位的提高。法官将 A 项稳定的刑罚制度,B 项半稳定的司法原则,C 项随时制定的禁与令,施用于具体案件,作为判决,是为判例,即所谓"临事制刑,不豫设法"⑥。这种判决既适用本案当事人,又对以后的同类案件的审理具有指导或参考作用。其次是使法官处于关键地位。由于 A、B、C 三项是分离的,因此,法

---

① 《国语·晋语八》。
② 《国语·晋语七》。
③ 《国语·楚语下》。
④ 《国语·周语上》。
⑤ 《国语·周语下》。
⑥ 《左传·昭公六年》孔颖达疏。

官对某一具体案件的裁决完全取决于他对"三项"内容的理解和对案件事实的评价,即《庄子·田子方》所谓"缓佩块者(指法官)事至而断"。判例的特殊价值和法官的关键性作用,正是"议事以制"的审判方式的基础。

"判例法"时代的法律之所以具有"秘密法"的特征,其原因有二:一是在"议事以制"的情况下,对于一般平民来说,除了简单的政令和刑罚手段之外,作为整体意义上的"名例项"、"刑罚项"、"判例项",是无从知晓的。对某一具体行为是否系违法犯罪,又应处何种刑罚也是无法预先明知的。二是当时的法律文件多由专职人员收藏于官府,或铸之于金属礼器,称为"刑器",谓"器以藏礼"①。这些载有法律原则和判例内容的"刑器"是贵族统治权和司法权的象征,它们被置于贵族的庙堂之中,奉于祖先神灵的祭台前面,不许子民入而观之,谓"国之利器不可以示人"②。综上二因,使当时的法律颇具"刑不可知,威不可测"③的"秘密法"的意味。此非人为,其势然也。

判例法是宗法贵族政体的产物。判例法的条件是:社会上存在着普遍公认的法律原则,这在当时就是"礼";有一批善于在司法中立法的高水平的世袭的贵族法官;一个允许法官独立进行立法司法活动的政治法制环境,这在当时就是宗法贵族政体。宗法贵族政体和判例法为当时的政治家和法律家提供了肥沃的土壤和广阔的舞台。他们培育演员、设计角色、编导剧目,为后世留下一曲无韵的贵族之歌。

二、古代法律传统的理论诠释:孔孟(鲁儒)的"为国以礼"和"贵族精神"

宗法贵族政体和宗法家族制度在意识形态领域的反映就是"礼治"

---

① 《左传·成公二年》。
② 《老子》第三十六章。
③ 《左传·昭公六年》孔颖达疏。

思想。如果说西周是"礼"在制度法律方面确立发展的时代,那么,春秋则是"礼"在思想领域形成和成熟的时代。具有讽刺意味的是,"礼"在思想上的成熟与"礼"在制度上的衰败同步进行。对"礼"的歌颂之音似乎成了对礼制的一首挽歌。

(一)孔孟(鲁儒)"为国以礼"的"礼治"思想

"礼"的思想成熟于春秋时代。这主要表现在当时政治思想家们对"礼"的内容、特征、作用等方面的认识逐渐系统化。对此《左传》有大量详细的记载。① 但是,这种诸如"礼者……也"之类的平铺直叙的议论无非都在反复强调礼的伟大。而礼真正在理论上的成熟,是由于孔子的改造加工。孔子之所以能够完成这一历史使命,就因为他发现了"仁"。"仁"具有异常悠久的历史沉积。刘文英指出,"仁"的观念来源于古老的礼仪,表示互相问候和尊重。② 我推测,甲骨文里面有"仁"字,即"化"字。徐仲舒认为:"化"字"象人一正一倒,所会意不明"③。刘兴隆认为:"化"字"象一人上下翻腾以示变化"④。"化"字中的"匕"字本来就是"人"字,后来,当"人""匕"合成"化"字时,"化"、"仁"两字就各自分化出来了。甲骨文"化"字由一个正立的"人"和一个倒立的"人"相并组成,像二人以背靠背、抵足而眠。正如泉涸之鱼"相濡以沫"一样,"化"字表示亲人在严冬之际"相亲以热"。这正是"相人偶"的本义。后来从"相人偶"派生出"仁者爱人"和相互对等匹配公平之义。而"货"(上化下贝)则表示公平交易,亦即《易经》"无平不陂(贩),无往不复"之意。⑤ 殷商甲骨文在成熟之前曾经历了漫长的岁月。殷商作为东夷的一支,有可能保留大量东夷民族的生活记忆。当文字产生之际,这些口耳相传的集体记忆便浓缩为文

---

① 参见武树臣:《儒家法律传统》,法律出版社 2003 年版,第 236、237 页。
② 参见刘文英:《仁的抽象与仁的秘密》,《孔子研究》1990 年第 2 期。
③ 徐仲舒主编:《甲骨文字典》,四川辞书出版社 1989 年版,第 12 页。
④ 刘兴隆:《新编甲骨文字典》,国际文化出版公司 2005 年版,第 504 页。
⑤ 参见武树臣:《〈易经〉与我国古代法制》,《中国法学》1987 年第 4、5 期。

字。因此可以说,"仁"字是殷商甲骨文记载东夷风俗习惯的生动一例。当"西土之人"的"礼"日渐衰败之际,东夷之民的"仁"却应运而生。"仁"的伟大意义在于它与个体自然人的概念相联系,由此衍生出个人的平等观和人的"同类意识"①和"人类自觉"②。完成这一思想飞跃的,就是孔子的"仁"。"仁"字从人、从二,讲的本是人与他人的关系。如果说欧洲"文艺复兴"时代的"人文主义"是通过神的折射来发现"人"的价值的话,那么,孔子的"仁"则是一个人从对方的瞳孔中发现自己的存在。就是说,一个人是仰仗他人的存在而来印证自己的存在的。因此,人首先应当善待他人。这就是"仁者爱人"的要义。孔子把"仁"视为未来美好理想的蓝图,其深意还在于改造当时的社会。他透过"仁"的透镜,对传统思想成果进行审视、取舍和改造,他打破了以往狭隘的先天血缘界限和神权思想的束缚,改造了西周之"礼",提升了西周之"德",把它们融进统一的仁学体系。

孔子之"礼"与西周之"礼"既有区别又有联系。就区别而言,西周之礼崇敬鬼神,"礼不下庶人",以奴隶为财产视同牛马,"任人唯亲";孔子之礼则"敬鬼神而远之",主张"礼下庶人","有教无类",承认奴隶也是人,反对殉葬,主张在"亲亲"前提下"举贤才"、举"善民"。西周之礼注重形式,是适用于贵族阶级的外在的行为规范;孔子之礼则注重内容,是适用于一切人的内心伦理观念。以"孝"为例,《尚书·酒诰》说:"肇牵车牛远服贾,用孝养厥父母。"可见,西周之"孝"注重"养"(供养、赡养)的外在行为;《论语·为政》说:"今之孝者,是谓能养。至于犬马,皆能有养。不敬,何以别乎?"可见,孔子注重"孝"的内在感情。正因为孔子之礼是基于内心情感的,所以,孔子的礼是普遍的礼,对一切人都适用;就相同的一面而言,西周之礼和孔子之礼都以宗法贵族政体为其政治基础,孔子的"正名"是恢复礼的秩序的手段,其目的正是要恢复西周的贵族政体。西周之礼和孔子之礼都维护"君君、臣臣、父父、子子"的宗法等级秩序,既反对统治阶级内部成员的僭越行为,更禁止劳动人民的"犯上作

---

① 梁启超:《"仁"是"二人以上相互间之同类意识"》,载《先秦政治思想史》,东方出版社1996年版,第82页。

② 冯友兰:《中国哲学史新编》第一册,人民出版社1962年版,第117页。

乱"。这是沟通两种礼的一座政治桥梁。然而,尽管"孔子之礼"在其基本精神方面几乎全部继承了"西周之礼",但是在实现"礼"的方法上却带有创新色彩:西周靠礼节仪式和刑罚,孔子则靠德政教化,从而把"礼"的精神植入人们的内心世界。从"仁"与"礼"的内涵来看,"仁"不论是作为道德修养的最高境界,还是作为美好社会的理想蓝图,都是为"君子"(即贵族)特意设计的方案,而不是面向平民大众的。这就使生机勃勃的"仁"浸透着浓烈的"君子"(即贵族)气息,从而使"仁"无法充当结束一个时代又开启一个新时代的革命旗帜。

孔子要求用礼的精神和原则来指导国家的政治法律实践活动,从而形成了"为国以礼"的理论。这主要包括以下内容:首先,在政体上主张建立统一而开明的贵族政体。孔子虽然维护贵族特权,却反对分裂割据,希望全国统一。所以他主张制礼作乐的立法权应归天子掌握,出兵征伐应由天子决定;最好能像西周初年那样再出现一个"天下有道,则礼乐征伐自天子出"①的"太平盛世"。孟子看到当时各诸侯国之间"争城以战"、"争地以战"、"杀人盈城"、"杀人盈野"给广大人民带来的苦难,强烈要求用"仁政"统一国家以安定社会。在君主和大臣的关系问题上,孔子主张"君使臣以礼"②的原则。要求君主尊重大臣的意见,做到"尊贤而容众"③,选拔贤人:"先有司,赦小过,举贤才"④。孔子反对君主一个人说了算的集权专制。他认为,"唯其言而莫予违"是"丧邦"之言⑤。其次,在统治方法上主张"兴礼乐,正刑罚"。即以"礼"作为适用刑罚的指导:"礼乐不兴则刑罚不中,刑罚不中则民无所措手足。"⑥孟轲也认为,"无礼义,则上下乱"⑦。在"亲亲"与法律发生矛盾时,孔子主张"父为子隐,子为父隐"⑧,反对父

① 《论语·季氏》。
② 《论语·八佾》。
③ 《论语·子张》。
④ 《论语·子路》。
⑤ 《论语·子路》。
⑥ 《论语·子路》。
⑦ 《孟子·尽心下》。
⑧ 《论语·子路》。

子互相告发。孟子面对"舜为天子,皋陶为士,瞽叟杀人,则如之何"的提问时回答:"舜视弃天下犹弃敝屣也,窃负而逃,遵海滨而处,终身欣然,乐而忘天下。"①他们重视道德的感化作用,相对轻视法律的强制作用。认为要想人们遵守礼义法度,主要不应靠刑罚而应靠教化。主张对人们"教以人伦:父子有亲,君臣有义,夫妇有别,长幼有叙(序),朋友有信"②。这样就可做到"人人亲其亲,长其长,而天下平"。第三,坚持"为政在人"的"人治"。"德治"、"人治"思想是从"礼治"派生出来的。为了维护"礼治",必须实行"德治",减轻剥削压迫,缓和阶级矛盾,实现长治久安。实行德治,就必然要求各级贵族以身作则以发挥道德感化作用,因而也必然重视统治者个人的作用。孔孟始终坚持"人治"。认为"不能正其身,如正人何?"③甚至认为"其身正,不令而行;其身不正,虽令不从"。"其人存则其政举,其人亡则其政息"。他们希望统治者都能成为尧、舜、文、武、周公那样的"圣贤",因而主张"祖述尧舜,宪章文武"④的"贤人政治"。孟子反对"望之不似人君"的暴君暗主,主张"贤者在位,能者在职"⑤。他和孔丘相同,并不一般地否定法律和法制的作用。他曾提出"徒善不足以为政,徒法不能以自行"⑥。既反对"上无道揆",也反对"下无法守"。他认为"善"和"法"必须互相配合,而二者都必须统一于"仁政"。要实行"仁政",就得让仁者处于统治地位:"惟仁者宜在高位","不仁而在高位,是播其恶于众也"。由此可知,他们的侧重点始终是"人"而不是"法"。

(二)儒家的贵族精神

在宗法贵族政体下,贵族的政治权力即对领域的统治权,在政治上来源于国家最高权力,在时间上靠嫡长继承制得以延续,在空间上靠其他贵

① 《孟子·尽心上》。
② 《孟子·滕文公上》。
③ 《论语·子路》。
④ 《礼记·大学》。
⑤ 《孟子·公孙丑上》。
⑥ 《孟子·离娄上》。

族的承认和平共处得以维系,在内部靠贵族集体的合作得以实现。从形式上看,贵族的权力是从祖先那里凭借血缘标志继承而来的。这种权力因为得到神权和血缘意识的确认而带有无上尊严并得到社会的普遍认可和尊重。掌握权力的贵族的心态是从容的,没有危机感。他没有必要刻意地说什么和做什么以保住自己的权力。他关心的是如何才能不辱父辈之命,并为后世留下好的范例。因此,一个有觉悟的贵族领袖必须立足于自身,不断提高个人修养和施政能力,从而使贵族个人的品行、好恶、举止、言行无不带有政治性和权威性。于是由此产生三种社会效果:一是使贵族领袖个人十分重视个人品行的修养,避免产生"望之不似人君"的现象;二是使贵族统治集团非常重视贵族领袖个人的人格的作用,从少年开始进行文化素质方面的训练,并且用贵族集体的力量对贵族领袖人物的个人品格施加影响、匡正其弊;三是在贵族集团中形成了公认的人格道德观,它成为贵族集团的内部行为规范。这一切都沉淀凝化为一种心理模式和文化传统——贵族精神。酿造这一精神的是贵族时代,而表述这一精神的是孔子。

孔子崇尚的贵族精神与夏、商、西周的贵族精神是不一样的,夏、商、西周的贵族精神包括迷信鬼神,注重仪式,强调血缘差异,有时也迷信暴力。而孔子的贵族精神,包括"敬鬼神而远之",注重个体自然人的真实感情,淡化血缘符号,注重宽容与教化。如果说,夏、商、西周的贵族精神,表现为强调血缘高贵,藐视民众,注重仪式与威严的群体风尚的话,那么孔子的贵族精神,便是强调道德情操,悲天悯人,同情弱者,温文尔雅的优秀的个体自然人的形象。孔子不仅提出了贵族精神的标尺,即君子应该达到的全部优秀道德品行,而且还设计出了达到这一标准的途径和方法。在这里,标准和途径实现了完美的统一。

优秀贵族执政者的标准是由两方面构成的:一是德行操守,称作"直",正直无私,不偏不倚,公平无颇;二是知识广、阅历演化,称作"博",熟知历史与现实。① 一个真正的贵族执政者,不仅能够做到出入合矩、

---

① 参见《国语·晋语八》。

进退合礼,更重要的是满腹经纶。在外交场合,他能够恰如其分地将雅颂之诗信手拈来、击节吟诵;在誓师动员之际,他能够如数家珍地追溯祖先的足迹和武功,催人奋进;在司法审判中,他能够在无数先例故事之中探囊取物般择其最宜于时者,画龙点睛,一语破的,令人折服。为达到这个目标,最为有效的手段是学习。而"学在官府"的庠序之教便完成着干部培训学校的职能。这些通晓历史、熟读"春秋"的贵族一旦执政之后,便一身而二任:既是社会生活的管理者,又是文化的传播者;既是裁判官,又是教育官;既是民之长吏,又是民之父母;既读有文之简,又写无字之书。总之,他们所具备的综合人文素质本能地使他们始终成为一个真正的贵族。

　　孔子的贵族精神是通过具体的贵族群体形象来标榜的。首先,贵族精神之下的天子和国君。在孔子看来,贵族精神之下的天子,就是夏商周帝王中的楷模人物,尧、舜、禹、汤、文武、周公。他说:"巍巍乎,舜禹之有天下也","大哉尧之为君也","禹,吾无间然矣。"汤说:"朕躬有罪,无以万方;万方有罪,罪在朕躬。"①天子的神圣境界是"博施于民而能济众"②,勤劳无私,博爱天下。合格的国君应当做到三点:一是以"仁"待民,"使民以时"。"谨而信,泛爱众,而亲仁"③。二是以"礼"待臣。"君使臣以礼"④,"先有司。赦小过,举贤才"⑤。三是严于律己。君主应当严于要求自己而宽于待臣下:"躬自厚薄责于人。"⑥"修己以安百姓"⑦。尊重百姓的意见,"不以人废言"⑧。贵族精神下的臣僚:社稷之臣。在贵族政体下,大臣在国君面前有着相对独立的发言权。臣僚的最高境界是"事君以忠","仁"以待民。"事君,能致其身"⑨。"所谓大臣者,以道事

---

① 《论语·泰伯》。
② 《论语·雍也》。
③ 《论语·学而》。
④ 《论语·八佾》。
⑤ 《论语·子路》。
⑥ 《论语·卫灵公》。
⑦ 《论语·宪问》。
⑧ 《论语·卫灵公》。
⑨ 《论语·学而》。

君,不可则止"①。"志士仁人无求生以害仁,有杀身以成仁"②。这些社稷之臣,"可以托六尺之孤,可以寄百里之命,临大节而不可夺也。君子人与? 君子人也"③。第三,主张"贵贱不愆",反对公布成文法。据《左传·昭公六年》记载,公元前 513 年晋国赵鞅等"铸刑鼎",公布了"范宣子所为刑书"。孔子反对之:"民在鼎矣,何以尊贵,贵何业之守? 贵贱无序,何以为国?"在他看来,制定和公布包括何种行为是违法犯罪又当如何制裁两方面内容在内的新式成文法,违背了贵族的传统,必将束缚贵族手脚,有碍贵族尊严。

孔子孟子基本上没有管理国家的经历,因此他们的贵族精神带有理想色彩。儒家的贵族精神只有经过荀子加工改造,才获得了实践性。

三、战国秦代的集权政体和"成文法":商韩 （晋秦法家）的"以法治国"和"劲士精神"

战国时代,是社会大变革大改组的时代。新兴地主阶级用血与火的政治革命摧毁了贵族政权及其经济根基,用"文化革命"清扫了血缘政治的古老世界,用人皆有之的"好利恶害"自私自利的本性和现金交易式的"君臣相市",莫测高深的帝王之术,尔虞我诈的"君臣上下一日百战",取代了"君礼臣忠"的温情脉脉的伦理薄纱;用官僚制法官取代了世袭的贵族法官;用"诸产得宜,皆有法式"的成文法取代判例法;用"以吏为师"和冷冰冰的法律条文取代了礼乐射御书数……一批出身卑微但凭着自己的努力而获得土地的平民,构成了社会变革的激进势力。他们的政治代言人是以商鞅、韩非为代表的法家学派,他们强烈要求保护自己的人身安全、土地私有权和参与国家政治活动。他们把自己的意志说成是对社会全体成员都是公

---

① 《论语·先进》。
② 《论语·卫灵公》。
③ 《论语·泰伯》。

正无私的"法",要求用"后天"的人为功利代替"先天"的血缘身份,要求废除"为国以礼"的"礼治",实行"以法治国"的"法治"。"法治"思潮标志着中国古代社会国民意识的第一次萌动。它的目标是:以按地域划分居民来取代以血缘确定阶级;打破宗法等级与政治等级的合一结构,使土地所有权与行政统治权分离开来;废止分封制与世卿制,建立非世袭的郡县官僚制与专制集权政体。"法治"思潮逐渐兴起,它不断发展壮大,终于开拓了一个新的时代——集权政体和"成文法"时代。而集权政体和"成文法"的确立,则标志着古代政治法律的"法家化"。

(一)"以法治国"的理论与实践

1. 礼治、法治的对立与重叠

在春秋战国的特殊历史背景下,儒家与法家两家"为国以礼"的"礼治"与"以法治国"的"法治"之间曾处于整体对立的状态。两者的对立主要表现在三方面:一是政体,即坚持"世卿世禄"的贵族政体,还是建立"尚贤使能"的专制官僚政体。儒家的"礼治"坚持宗法贵族政体并按照宗法家族的原则来指导国家的法律活动,塑造个人的权利与义务,依人们"先天"的血缘来划分阶级,并实行权利再分配;法家的"法治"则是按照新兴地主阶级的意志来指导国家的法律活动,确定个人与国家(即专制君主)间的关系,依人们"后天"的行为和业绩实行权利再分配。新兴地主阶级"以法治国"的"法治",其实质是要求废除宗法贵族政体,建立和维护中央集权的君主专制官僚政体,以保护新兴土地所有者的既得利益。二是统治方法,即是坚持"富而后教"、"以德服人"、"以德去刑"的"德治",还是实行"以力服人"、"严刑酷罚"、"以刑去刑"的"罚治"。儒家基于对统治阶级和被统治阶级之间的同一性(两者互相依存、相互转化)的深刻认识,要求统治阶级为其政体长远利益考虑,约束自己的过分行为,绝对不可迷信暴力和刑罚,只要实行德政和教化,就能达到长治久安;法家则认为,仁政德治只适用于洪荒质朴的上古时代,当今之世,人人都自私自利、"好利恶害",各国都扩张实力以图兼并他人,只有实力才能保国安民,为此,必须实行"法治",赏耕战,罚奸宄,使人们在利益的引诱和刑罚的驱使之下奋力于生产和战争,从而达到强兵富国统一天下的目标。三是法体,即是坚持"议事以制"、"刑不可知,威不可测"的"判例法",还是实行"定分止争"、"妇孺皆知"可以预测的"成文法"。"判例法"是宗法贵族政体的产物,它崇尚法官的主观能动性,允许法官在遵循先例的总原则下,凭借法律意识和法律政策对案件进行裁判,判例既是司法的结果又是立法的产物,"寓立法于司法之中",使司法和立法活动巧妙地融合起来。"成文法"是集权官僚政体的产物,它由国家组织专门机构依一定程序制定相对稳定的法律规范群或法典,让各级法官根据法律的详细规定并依法定程序审判案件,既不得参考以往的判例,也不允许任意出入、各抒己见。如果说"判例法"时代培养了一批善于思考和随机立法的司法官的话,那么,"成文法"时代则造就了一批博闻强记、长于操作的执法工匠。

但是,必须指出,法家"法治"就其本质而言是个政治变革的纲领,其矛头仅仅指向政治领域。一切反对、破坏、诋毁这种政治变革的思想、行为、言论,都在禁止和打击之列。而在社会基层组织领域,"法治"并没有宣布以宗法家族秩序为敌,更没有一般地否定忠孝仁爱等宗法道德观念。正如瞿同祖所言:"法家并不否认也不反对贵贱、尊卑、长幼、亲疏的分别及存在,但法家的兴趣并不在这些与治国无关、无足轻重甚至与治国有妨碍的事物上,他所注意的是法律、政治秩序之维持。"①在意识形态方面,儒、法两家都维护宗法道德观念。儒家强调忠孝仁爱的内在伦理感情,故重视教化;法家强调它们的外在表现,故崇尚法律。正如《商君书·画策》所言:"所谓义者,为人臣忠,为人子孝,少长有礼,男女有别,非其义者,饿不苟食,死不苟生,此乃有法之常也。"当忠孝礼义都变成具体法条时,合法的行为同时也就成了符合道德的行为了。《韩非子·忠孝》:"臣事君,子事父,妻事夫,三者顺则天下治,三者逆则天下乱。"也是强调人

---

① 瞿同祖:《中国法律与中国社会》,中华书局 1981 年版,第 282 页。

们的外在行为,至于是否具备忠孝的伦理感情,法家是不关心的。《睡虎地秦墓竹简》的"非公室告","父盗子不为盗","子告父母,告者罪","免老告以不孝,急执勿失",《为吏之道》的"君怀臣忠,父慈子孝,政之本也"。① 秦律维护官吏及父系家长的特权,无异于礼的局部法典化。而当年子产宣判子皙、子南案时所云"畏君之威、听其政、尊其贵、事其长、养其亲"五项"国之大节"②,大都已经变成了成文法条。这些都反映了新兴地主阶级用宗法观念维系统治阶级内部及家族伦理秩序的愿望。于是,我们发现"礼治"、"法治"除了对立还有重叠,这就是维护社会阶级的差异性和家族的伦理秩序。这对于儒家来说不过是与天地同久颠扑不破的真理,对于法家来说则是基于统治经验积累的现实觉悟。

2."法治"理论与"君权独尚"的政体和"事断于法"的法体

法家"以法治国"的理论基础就是"二权分立"("二权分立"仅指立法权与司法权分离,没有相互制约的意思),由此派生出"君权独尚"和"缘法而治"的学说。它们成为中央集权君主专制政体和"成文法"法律样式的理论基础。

《管子·任法》说:"有生法,有守法,有法于法。夫生法者君也,守法者臣也,法于法者民也。"明确提出君权与臣权、君主立法与臣下司法的分离即"二权分立"的基本原则。"二权分立"首先是一个政治口号。它指的是君权与臣权的分离。这一学说是批判旧的贵族政体的武器,也是确立中央集权的君主专制政体的理论依据。其基本内容是,把各级贵族在其各自领地的各种相对独立的权力,都收缴上来集中在国君一人手里,同时把他们变成被君主雇佣、受君主指使、对君主负责的官僚。在这种关系中,处处表现着"君尊臣卑"的等级差异精神和赏罚的功利色彩;其次,"二权分立"又是一个法律原则。它指的是君主的立法权与臣下的司法权相分离。它要求君主独揽立法权,使经过君主御批而产生的成文法律

---

① 《睡虎地秦墓竹简》,文物出版社1978年版,第285页。
② 《左传·昭公元年》。

和君主随时发布的法令都具有绝对权威;它要求臣下无条件服从法律法令并依据法律法令审判案件,更严厉禁止法官以任何形式染指立法事务。

法家特别重视"势"即国家政权的作用。他们把"势"看作推行法治的前提和区分君权与臣权的重大标志。在法家看来,"势"是决定君主成为真正君主的必要条件。它像一枚重要的砝码,把它放在君主一边君主就是真正的君主,放在臣子一边臣子便上升为君主。正如《韩非子·难势》所谓"贤人而屈于不肖者,则权轻位卑也;不肖而能服贤者,则权重位尊也"。韩非是个专制主义的积极鼓吹者,他要求臣下无条件服从君主,他说,皇帝再坏,也不准反抗,即《韩非子·外储说左下》所谓:"夫冠虽贱,头必戴之;屦虽贵,足必履之。"帽子再破也不能穿在脚上,鞋子再新也不能戴在头上。他强调君主必须"擅权"。他说:"势重者,人主之渊也"①;"势重者,人主之爪牙也"②;"主所以尊者,权也"③。李斯则把"重势"发展到极端:"明主圣王之所以能久处尊位,长执重势而独擅天下之利者,非有异道也,能独断而审督责、必深罚,故天下不敢犯也";"是故主独制于天下而无所制也";"独操主术以制听从之臣,而修其明法,故身尊而势重也";"明君独断,故权不在臣也,然后能灭仁义之涂,掩驰说之口,困烈士之行","故能荦然独行恣睢之心而莫之敢逆"④。秦始皇便是这个"独制"主义的实践者,他"躬操文墨,昼断狱,夜理书",乃至"天下之事无小大皆决于上"⑤。

法家认为,法官的职责是"守法"即司法。因此,在司法过程中,法官要严格依法办事,不得夹杂个人的判断:"不淫意于法之外,不为惠于法之内,动无非法。"⑥绝不允许稍微变更法令,曲解法条的原意:"亏令者死,益令者死,不行令者死,留令者死,不从令者死。五者死而无赦,惟令

---

① 《韩非子·内储说下》。
② 《韩非子·人主》。
③ 《韩非子·心度》。
④ 《史记·李斯列传》。
⑤ 《汉书·刑法志》。
⑥ 《管子·明法》。

是视。"①《睡虎地秦墓竹简·语书》也指出,"喜争书"(用自己的观点来解释法条)是"恶吏"的表现之一。法家主张,法令一旦公布就禁止臣民"议法","作议者尽诛"②。甚至发展到"燔诗书而明法令"③。因此,如果法官不依法办事甚至损益法令都应严惩不贷:"守法守职之吏有不行王法者,罪死不赦,刑及三族"④;"有敢列定法令,损益一字以上,罪死不赦"⑤。目的就在于维护国君和法律的绝对权威,杜绝法官背离法律自作主张。

3.战国秦代"成文法"的确立

同西周春秋的"判例法"相比较,战国秦代"成文法"的最大特点是"诸项合一",即法律政策、法律原则、刑罚制度诸项内容合为一典。明确告诉人们,何种行为是违法犯罪,又应当承担何种责任或刑罚。这种"诸项合一"的法律样式早在远古时代的战争誓命中就已初见端倪了。《尚书·甘誓》:"左不攻于左,汝不恭命;右不攻于右,汝不恭命;御非其马之正,汝不恭命。用命赏于祖;弗用命,戮于社。予则孥戮汝。"该誓词立足于罚,将"不恭"的三种表现及其责任,说得十分具体。《左传·哀公二年》载晋赵鞅"铁之誓":"克敌者,上大夫受县,下大夫受郡,士田十万,庶人工商遂,人臣隶圉免。"该誓词立足于赏,将不同身份之赏格开列得明明白白。誓是在广众之中面对神灵发出的,其语言通俗易懂,使人人耳而难忘,便于大众传播。战国时的学者们,曾经对这种诸项合一的新式法令进行概括。如《墨子·非命》:"发宪出令,设为赏罚,以劝善沮暴";《管子·立政》:"凡将举事,令必先出,曰:事将为,其赏罚之数,必先明之。立誓者慎守令以行赏罚,记事致令,复赏罚之所加。有不合于令之所谓者,虽有功力,则谓之专制,罪死不赦。"这种严格"缘法而治"的办法,极

---

① 《管子·重令》。
② 《管子·法法》。
③ 《韩非子·和氏》。
④ 《商君书·开塞》。
⑤ 《商君书·定分》。

大地提高了君主和法律的权威。

"成文法"之所以具有权威,是因为它是国家正式制定颁布的。《韩非子·八说》:"法者,编著之图籍,设之于官府,而布之于百姓者也。"《商君书·定分》强调公布成文法的好处是使"万民皆知所避就","吏不敢以非法遇民,民不敢犯法以干法官"。法家强调"为法必使之明白易知"。使家喻户晓,人人皆知。《韩非子·五蠹》载:"今境内之民皆言治,藏商管之法者家有之";《战国策·秦策一》载:"妇人婴儿皆言商君之法",就是证明。这就彻底打破了以往"判例法"时代那种"刑不可知则威不可测"①的神秘色彩。

中国古代的"成文法"由春秋末年郑国子产"刑书"、晋国赵鞅"刑鼎"而开其端。郑国子产之"刑书"盖有三篇之格局;晋国赵鞅之"刑鼎"著赵盾"夷蒐之法",盖有四篇之格局。② 从鲁昭公二十九年(公元前513年)晋国"铸刑鼎",至李悝(约公元前455—前395年)"撰次诸国法,著法经",大约又过了一个世纪。李悝在总结各诸侯国立法司法经验的基础上编纂了《法经》六篇,商鞅授之以相秦,改法为律,终于告其成功。

秦律是完备的"成文法"体系。西周春秋的"判例法"是"以刑统例",秦国的"成文法"则是"以罪统刑",即罪名在前,诸刑在后。秦国统治集团在两个方向上做得十分出色:一是详定律文。秦律文字精细,一望便知。这一特点,在《睡虎地秦墓竹简》中随处可见。如:"其以牛田,牛减絜(腰围),笞主者寸十"。用牛耕田,饲养不善,牛腰围每减瘦一寸,鞭打主者十下。再如:"城旦舂折亙器、铁器、木器,为大车折辕,辄笞之。值一钱,笞十。值廿钱以上,熟笞之,出其器。弗辄笞,吏主者负其半。"又如:"五人盗,赃一钱以上,斩左止,又黥以为城旦;不盈五人,盗过六百六十钱,黥以为城旦;不盈六百六十至二百廿钱,黥为城旦;不盈二百廿钱以下至一钱,迁之"。二是司法解释。即通过经常性的司法解释,及时有效地指导司法。如:对律文"擅杀子,黥为城旦舂"的解释是:"今生

---

① 《左传·昭公六年》注。
② 参见武树臣等:《中国传统法律文化》,北京大学出版社1994年版,第294~299页。

子,……直以多子故,不欲其生,即弗举而杀之。"又如:"何为家罪?家罪者,父杀伤人及奴妾,父死而告之,勿治。"再如:"盗采人桑叶,赃不盈一钱,何论?赀徭三旬";"父盗子,不为盗,今假父盗假子,何论?当为盗";"殴大父母,黥为城旦舂。今殴高大父母,何论?比大父母"。[1] 这两种手段有效地克服了成文法难以包揽无遗且不便随时应变的弱点,极大地提高了统治效率。

在成文法法律样式下,法官的作用是有限的,他们的主观能动性受到种种限制。法官的作用仅仅是依照成文法条来审理案件,他们既无权表述自己的见解,也不得援引以往的判例,更不得通过司法来立法。甚至在法律解释方面也受到种种限制:"立法权同司法权分立的原则不允许法官对立法机关制定的法规中有缺陷、互相冲突或者不明确的地方进行解释。这些问题总是留待立法者作权威性的解释。"法官审判要严格依照法条,其判决"很大程度上是照本宣科"。因此,"法官的形象就是立法者所设计和建造的机器的操作者,法官本身的作用也与机器无异",大陆法系中的伟大人物不出于法官而是那些立法者和法学家。"在典型、正统的大陆法系国家中,法官被视为一个由法学家和立法者所设计、建造的法律机器的操作者,扮演着次要的或是无足轻重的角色。"[2]秦代法官和大陆法系国家的法官何其相似!

(二)法家的劲士精神

战国、秦朝是我国中央集权官僚政体确立的时代。它酿造了"尊君尚法"的劲士精神和"事皆决于法"的成文法传统。这两者互为因果相辅相成。尔后,虽经世代变迁、王朝更迭,劲士精神因深深植入忠君敬上的为臣之道的行为模式,而始终发挥着支配作用。劲士精神是中国古代一气呵成的成文法的精神支柱。正是仰仗着这种劲士精神,中国古代成文

---

① 《睡虎地秦墓竹简》,文物出版社1978年版,第30、154、181、159页。
② [美]约翰·亨利·梅利曼:《大陆法系》,知识出版社1984年版,第29、41、40、53页。

法传统才得以维系和发展,进而维护着统一的泱泱大国的生存与发展。

所谓劲士精神,是指执法守职之吏心存法律,严格依法办事,不畏权贵,不徇私情,不记个人得失,忠于职守的风格和情操。其内涵是:忠于国家,忠于君主,忠于法律,依法办事,敢于同违法行为做斗争。劲士又称"端直之士"、"能法之士"、"智术之士"、"法术之士"。先秦古籍对此论述颇多。如《商君书·修权》:"君好法则端直之士在前";《庄子·天下》:"以法为分,以名为表,以参为验,以稽为决,其数一二三四是也,百官以此相齿";《管子·君臣下》:"据法而不阿,上以匡主之过,下以振民之病者,忠臣之所行也";《韩非子·孤愤》:"能法之士必强毅而劲直,不劲直不能矫奸";"智术之士明察,且烛重人之阴情;能法之士劲直,且矫重人之奸行";《诡使》:"据法直言,名刑相当,循绳墨,诛奸人,所以为上治也";《荀子·儒效》:"行法志坚,不以私欲乱所闻,如是,则可谓劲士矣"。

劲士精神的形成与中央集权君主专制政体密切相关。在春秋后期,以官僚为基础的集权政体问世了。这种政体是在古老的宗法血缘为纽带的贵族政体的废墟上建立起来的。集权政体的核心是君主,他掌握最高权力,所有官僚由君主委派,并向君主直接负责。这种政体要求臣民对君主无条件服从和效忠。《国语·晋语》说:"委质为臣,无有二心","事君以死,事主以勤","事君不避难,有罪不逃刑","委质而策死,古之法也","无私,忠也,尊君,敏也","报生以死,报赐以力,人之道也"。这是忠君的一面。作为君主则集大权一身:"不图(商议)而杀者,君也","不从君者为大戮"。这种以集权君主为对象的"忠君"思想是在"亲亲"的宗法礼治思想的废墟上确立并发展起来的。"忠君"思想在社会生活领域的折射,便是"士为知己者死"的侠义精神。

劲士精神的形成还有其历史文化的渊源。首先是祭祀的"直史"精神。《左传·成公十三年》:"国之大事,在祀与戎。"古人把祭祀和战争视为国家最重要的活动。祭祀的价值,一方面将族人、国人凝聚在一起,另一方面是通过占卜占筮求得祖先神的启示。最早的史官是占卜之官,他们既要忠实于神的征兆,又要恪于职守,从而养成了"忠"和"直"的职业道德。《国语·晋语》载春秋晋国占卜者史苏所谓"兆有之,臣不敢蔽,蔽兆之纪,失臣之官,有二罪焉,何以事君?"这种品质和精神为"诸史"所继承,故历史上不乏直言犯上、忠于史实、"书法不隐"、"以死奋笔"的"古人良史"。①《左传·襄公二十五年》载:"大史书曰:崔杼弑其君。崔子杀之。其弟嗣书,而死者二人。其弟又书,乃舍之。南史氏闻大史尽死,执简以往。闻既书矣,乃还。"一幅坚贞不渝的史官风范跃然纸上。其次是战争的尚法精神。在古代,战争是关系民族生死存亡的大事。为了赢得战争,必须把民众集中起来,统一调动。于是,最早的军法、军令就产生了。《易·师》:"师出以律",意即军队行动要遵从号令。律指乐律,即钟鼓发出的高低不同、频率各异的声音,如后世"击鼓进军,鸣金收兵"之类。《周礼·春官·大师》载:"大师执同律以听军声而诏吉凶。"这些号令具有极大权威,任何人不得违犯,否则便施以刑罚。如《尚书·甘誓》所谓:"用命赏于祖,弗用命,戮于社,予则孥戮汝。""尚法"的派生物是"尚能"、"尚功"、"尚贤"。《国语·晋语》说:"晋人之数,因材授官","称其仇,不为谄;告其子,不为比"。《左传·襄公九年》说:"晋君类能而使之,其卿让于善,其大夫不失守,其士竞于教……君明、臣忠、上让、下竞。当是时也,晋不可敌。""尚法"精神的形成本身就意味着宗法礼治观念的衰弱。

先秦时代形成的劲士精神对后世的法律实践活动发生了重大影响。这主要表现在以下几个方面:首先,在整个封建社会,大凡新的王朝诞生,或经历重要的社会变革(即"变法"),总会伴以重要的立法活动,经过审慎的立法程序,制定法典,颁行天下"与民更始",或除旧制,行新政,励精图治。在这种情况下,成文法起着不可替代的巨大作用。其次,重视成文法的结果之一是对法律研究的青睐。由于成文法是用专门术语(法言法语)写成的,而严格依法办事的前提是正确理解"法律之所谓"。因此,从秦朝开始,统治者十分重视对成文法的研究和注释。《睡虎地秦墓竹简》中的《法律答问》,便是对法律术语的官方注解。晋张斐的《律表》(律

---

① 《左传·宣公二年》。

序),以及唐长孙无忌的《唐律疏议》等,都是杰出的律学成果。而整个封建社会不绝如缕的律学,正是成文法的孪生兄弟。最后,在封建时代,由于对成文法的崇尚,在司法活动中曾涌现出许多不计私利、执法如山、不畏权贵甚至敢于犯上的正直法官。如西汉廷尉张释之依法断案,两次触怒汉文帝;①东汉洛阳令董宣执法不阿,被称为"强项令";②东汉冀州刺史苏章执法不私其友;③东汉太尉桥玄因执法而牺牲爱子;④三国汝南郡阳安都尉李勇以枉法者仇,以执法者亲;⑤司马芝执法不受太后令;⑥隋朝大理寺少卿赵绰执法屡犯帝颜;⑦唐朝大理寺少卿戴胄执法无私、力抗帝旨;⑧更不必说宋代包拯、明代海瑞了。

战国、秦朝是我国中央集权官僚政体确立的时代。它酿造了"尊君尚法"的劲士精神和"事皆决于法"的成文法体系。这两者互为因果相辅相成。尔后,虽经世代变迁、王朝更迭,劲士精神因深深植入忠君敬上的为臣之道的行为模式,而始终发挥着支配作用。劲士精神是中国古代一气呵成的成文法的精神支柱。正是仰仗着这种劲士精神,中国古代成文法传统才得以维系和发展,进而维护着统一的泱泱大国的生存与发展。

四、先秦儒学的第一次蜕变:荀子(齐儒)的"隆礼重法"和"大儒风范"

荀况虽然以儒家自居,而且是继孔、孟之后的最有影响的儒家大师,

---

① 参见《汉书·张释之传》。
② 参见《后汉书·董宣传》。
③ 参见《后汉书·苏章传》。
④ 参见《后汉书·桥玄传》。
⑤ 参见《三国志·魏书·李通传》。
⑥ 参见《三国志·魏书·司马芝传》。
⑦ 参见《隋书·赵绰传》。
⑧ 参见《旧唐书·戴胄传》。

但他的思想已远远跳出孔孟之学的框框而独成一家。他不仅改造了孔孟的"礼治",而且还修正了法家的"法治",并把本来是水火不容、冷眼相向的东西,在新的理论框架上融为一体,成为儒法合流、礼法统一的先行者。正因为荀子思想中吸收了法家的思想成分,主张"法后王","王霸"并提,宣传"人性恶","天人相分",直语严刑等,故后世称荀子之学"不醇",甚至将荀子列为法家。其实,就其思想内容本身而言,荀子之学既非孔孟之儒学,又非商韩之法术,而是"儒法家"或"法儒家"之学。究其实乃齐国之学的特殊产物。朱熹曾感慨道:"尧舜三王周公孔子所传之道,未尝一日得行于天地之间也。"①近代梁启超指出:"孟传大同,荀传小康,汉代经师不论今文家或古文家,壹皆盘桓荀子肘下,孟学绝而孔学衰。"②谭嗣同曾指出:"两千年来之学,荀学也。"③李则芬认为,荀子所传之学是"齐国化的儒学","武帝所接受的乃是齐化的儒学","这个新面目的儒学,替儒家夺取了中国思想盟主的宝座,高据二千年之久"。④ 中国封建社会的官方学术,虽然打着孔孟的旗号,但实际上既非孔孟的道德仁爱,亦非商韩者流的严刑酷罚,而是兼两者而有之的荀子之学。荀子的"隆礼重法"是封建王朝的"法统"即集权国家与家族主义的雏形,而其"人治"理论和"有法者以法行,无法者以类举"的原则正是封建时代成文法与判例相结合的"混合法"的指南。故二千年来之学,荀学也;二千年来之法,荀法也。仅此两端,足以使荀子成为封建时代的无冕之圣。

（一）荀子的"隆礼重法"说

"隆礼重法"的礼法统一论是荀子思想中的重要内容之一,也是最富于特色的内容。这个理论是荀子在对以往的思想材料(主要是儒家和法

---

① 朱熹:《答陈同甫》,《晦庵先生朱文公文集》,(中国台湾)商务印书馆1965年版。
② 梁启超:《清代学术概论》,(中国台湾)商务印书馆1994年版,第1页。
③ 谭嗣同:《仁学》第二十九,载《谭嗣同全集》,中华书局1981年版,第337页。
④ 李则芬:《从叔孙通、公孙弘、董仲舒三人看儒家的齐化》,(中国台湾)《东方杂志》第14卷第3期,1980年9月。

家)进行加工修正之后形成的。从某种角度而言,这一理论是对先秦法律思想的高度总结,也是献给未来社会的一宗宝贵遗产。

礼作为宗法社会的行为规范和伦理观念,在先秦时代曾发挥过重要作用。但是,在战国时期,非贵族出身的平民阶级和新兴地主阶级曾高举批判"礼治"的大旗,用"以法治国"的"法治"武器涤荡了"尊尊亲亲"、"亲贵一体"的宗法贵族政体,引来了守旧势力"礼崩乐坏"、国将不国的叹息。生活在战国末期的荀子,他也同孔孟一样重视并强调"礼治",但"礼"的内容已经发生了局部质变,从而使荀子之礼已不同于孔孟之礼了。孔孟所主张的"礼治",是国家政治生活与宗法家族活动全面适用的"一元化"的"礼治"。就是说,孔孟的"礼治"是全方位的,它不仅适用于当时的贵族政权形式,即"为国以礼",而且还适用于宗法社会,即"为家以礼"。而在西周、春秋的"亲贵合一"的政体下,政治等级与血缘等级相互重叠,政治上的"尊尊"与宗法上的"亲亲"毫无二致,服从君长与孝于父辈无实质差别。因此,可以说,孔孟的"礼"是宗法贵族政体的代名词。孔孟坚持"君君、臣臣、父父、子子"的宗法等级名分,实质上是维护以世袭制、分封制、世卿世禄制为特征的贵族制度。

荀子对"礼"的改造主要表现在:首先,荀子吸收了法家的"尚贤使能"即建立官僚政体的主张,以清除"礼治"在政体领域内的根基。如《荀子·王制》所说:"贤能不待次而举,罢不能不待须而废,元恶不待教而诛,中庸民不待政而化。分未定也则有昭穆。虽王公士大夫之子孙也,不能属于礼义,则归之庶人。虽庶人之子孙也,积文学、正身行,能属于礼义,则归之卿相士大夫。……王者之论,无德不贵,无能不官,无功不赏,无罪不罚。朝无幸位,民无幸生。尚贤使能,而等位不遗。折愿禁悍,而刑罚不过。"其次,荀子把"礼治"仅仅局限在家族社会的范围内,使礼仅仅作为宗法家族的行为规范在宗法家族领域内发挥作用。荀子之礼是使"人之所以为人"的重要保障。《荀子·非相》说:"人之所以为人者,非特以其二足而无毛也,以其有辨也。夫禽兽有父子而无父子之亲,有牝牡而无男女之别。故人道莫不有辨。辨莫大于分,分莫大于礼。"荀子之礼是宗法社会的行为规范和伦理观念,适用于一切生活在宗法世界的人们。

这样一来,就把孔孟的国家与家族一气呵成的一元化的礼,改造成国家与家族相分的二元化的新礼。① 如果说,法家的"法"包括两项最基本的内容:一是确立和维护中央集权的君主专制政体;二是"以力服人",以赏罚为"二柄",以"严刑酷罚"治理天下,那么,经过荀子的加工和修正,最后只余其一而摒弃其二,即仍然主张建立和维护中央集权的官僚政体,而用儒家传统的"德政"、"礼义"来修正法家的"专任刑罚"。还应当指出,在荀子眼睛当中,合格的官僚已远远不是法家政治所锻造的刀笔之吏,而是胸怀儒家之大义的"雅儒"、"大儒",即"爱民如子"、"为民父母"的儒家式的"圣臣"。换句话来讲,在荀子看来,君主要像法家所主张的那样集权专柄、"隆一而治"②,而臣子要像儒家所要求的那样"忠君爱民"。

荀子作为平民阶级的代表,一方面对宗法贵族政体的衰败和新兴地主阶级的胜利表示了由衷的喜悦,他对秦的赞颂即最明显的例证;另一方面又对法家专任刑罚,以力服人的酷烈政策提出严厉的批评。荀子指出,"秦四世有胜,兵强海内,威行诸侯,非以仁义为之也……礼者,治辨之极也,强固之本也,威行之道也,功名之总也。王公由之所以得天下也,不由所以陨社稷也。……故赏庆刑罚势诈之为道者,佣徒鬻卖之道也,不足以合大众美国家,故古之人羞而不道也"③。荀子批评并修正法家的"严刑酷罚",其原因一方面来自他对统治与被统治阶级之间的"同一性"(相互依存,互相转化)的深刻认识,即《荀子·哀公》所谓"君者,舟也,庶人者,水也。水则(能)载舟,水则覆舟";另一方面还由于他在人性论方面持与法家不同的看法。法家认为人皆自私自利,"好利恶害",而且这种本性不可改变,道德教化不起作用,故只能靠"赏罚二柄",特别是刑罚的一手。荀子认为,虽然人都是"好利恶害"的,有"性恶"的一面,但这种"先天"的本性可以通过"后天"的实践和自我改造而加以改变,并且可以成为尧舜禹那样的圣人。故谓"人之性恶,其善者伪(人为)也"。而且,正

----

① 参见张国华、饶鑫贤主编:《中国法律思想史纲》上册,甘肃人民出版社 1984 年版,第118 页。

② 《荀子·致士》。

③ 《荀子·议兵》。

由于人生下来是"恶"的,所以才必须进行后天的改造,以实现"群居和一之道"①。

经过对礼和法的改造与融合,荀子提出了"礼法"的新概念。荀子认为,从社会功用的角度看来,礼与法所起的作用是完全一样的。《荀子·王霸》说:"国无礼则不正。礼之所以正国也,譬之犹衡之于轻重也,犹绳墨之于曲直也,犹规矩之于方圆也,既错之而人莫之能诬也。"荀子用"绳墨规矩"比喻"礼",正如同法家用"绳墨规矩"比喻"法"。如《管子·七法》:"尺寸也,绳墨也,规矩也,衡石也,斗斛也,角量也,谓之法";《商君书·修权》:"法者,国之权衡也。"这说明,荀子之"礼",已经从靠内心感情和舆论调节的道德观念,演变成客观的靠国家机器维系的法律规范,从而标志着家族世界的"礼"受到国家政权的拱卫。于是,原先分离的"礼"和"法"终于合并为一体了。梁启超在《先秦政治思想史》中指出:"荀子生战国末,时法家已成立,思想之互为影响者不少。故荀子所谓礼,与当时法家所谓法者,其性质极相逼近。"②诚如此言。正是基于对"礼法"一致性的认识,荀子才高举着既不同于儒家(孔孟)又不同于法家的新口号:"隆礼重法。"《荀子·强国》:"人君者,隆礼尊贤而王,重法爱民而霸,好利多诈而危,权谋倾覆幽险而亡"。《天论》:"君人者,隆礼尊贤而王,重法爱民而霸。"《君道》:"至道大形,隆礼至法则国有常,尚贤使能则民知方。"这种以"法"来确认的"君臣上下"政治之序,和用"礼"调整的"贵贱长幼"的家族之制,正是以宗法家族为社会基础的中央集权的君主专制政体。总之,荀子"隆礼重法"的"礼法"统一观,结束了儒法两家之间"为国以礼"与"以法治国"的对立,经过加工修正之后,使两者各司其域并相互辅助,成为未来中央集权的统一王朝的基本制度。

(二)荀子的"混合法"设计

荀子"混合法"理论的基础是"人治"思想。与孔孟不同,荀子的"人

---

① 《荀子·荣辱》。
② 梁启超:《先秦政治思想史》,江苏广陵古籍刻印社影印 1980 年版,第 96 页。

治"思想已经脱离政体的内容,而仅仅与法体有关。因此,荀子主张"人治"既不意味着恢复贵族政体,也不意味着对中央集权的官僚政体作实质上的修正。这样一来,荀子实际上改变了以往在政体意义上谈"人治"、"法治"问题的旧路数。荀子的"人治"思想仅限于法律实践活动中,作为法律操作者的"人"和作为行为规范的"法"两者当中,谁最重要? 谁为第一性? 荀子第一次提出了堪称法哲学领域中永恒主题之一的"人法"关系的著名论断。《荀子·君道》说:"有治人,无治法","法者治之端也,君子者,法之原也"。意思是说,天下没有十全十美的法律,但是有十全十美的贤人君子。法律虽然是治理国家的前提,但法律毕竟是靠"人"创定的,"人"的好坏决定着"法"的好坏,"人"的完美程度决定着"法"的完善程度;法律是靠人来实施的。即使有了好的法律,也并不能保证实现。因为"法不能独立,类不能自行。得其人则存,失其人则亡"。法律有毛病也可以通过君子的矫正而得以避免。法律即使是好的法律,如果没有贤人加以操作,就只能是一纸具文,而坏的法律没有贤人加以矫正,便只能造成恶果;社会生活非常复杂而且经常变化,法律既不能包揽无遗又不能随时应变,完全仰仗"贤人君子"的灵活掌握和首创精神。《荀子·王制》说:"法而不议,则法之所不至者必废。职而不通,则职之所不及者必坠。故法而议,职而通,无隐谋,无遗善,而百事无过,非君子莫能。"《致士》也说:"君子也者,道法之总要也,不可以顷旷也,得之则治,失之则乱,得之则安,失之则危,得之则存,失之则亡。故有良法而乱者有之矣,有君子而乱者,自古及今,未尝闻也。"

在荀子的"人治"理论中,作为"人"的对立面的"法",不仅仅是法律规范或法律制度,"法"的确切含义是"成文法",即君主立法、法官司法的立法权与司法权相分离的"成文法"法律样式。在这种法律样式中,法官个人的主观能动性被大大地压抑着,"作议者尽诛"的严峻法律使法官成为机械比照法条来断案的"司法工匠"。这一特征在《睡虎地秦墓竹简》中得到充分反映。同时,由于成文法律本身的局限性(它不可能包揽无遗,又不能随机应变),使得这种法家式的立法司法活动出现漏洞和毛病。荀子便针对这种弊病试图加以补救,其方法就是强化"人治",即重视法官的主观能动性和创造精神。

荀子的"混合法"理论即"有法者以法行，无法者以类举"。意思是说，在裁判案件时，有成文法条作为依据时，就依成文法条判决；没有成文法条作为依据时，就依"类"来判决。"类"是什么？《荀子》书中"类"字多见。《方言》："齐人谓法为类。"故其中从法律角度谈"类"者占大部分。如《荀子·劝学》："礼者，法之大分，类之纲纪也"；又《荀子·王制》："听断以类"。"类"本来就含有法式、模范的意义。如《楚辞·九章·怀沙》："明告君子，吾将以为类兮。"《左传·昭公十六年》："刑之颇类。"荀子从法律角度所言之"类"也有两种：一是与"法"并行之"类"，二是高于"法"之上的"类"即"统类"。荀子多处论及与"法"并行之"类"："依乎法而又深其类"①；"法不能独立，类不能自行"②；"有法者以法行，无法者以类举，以其本知其末，以其左知其右，凡百事异理而相守也，庆赏刑罚，通类而后应"③。可见，其一，"类"是与"成文法"不同而并列的法律形式；其二，"类"是"法"的重要补充；其三，"类"具有比法条更广更高的使用价值。据此可以说，荀子思想中的"类"就是判例、故事、成事、先例的意思，这种意义上的"类"不仅可以从已往的文献中找到，也可以由法官临时创制出来；同时，荀子的"类"还包含另一层含义，即它是判例所体现出来的某种法律原则，这种法律原则既可以从已往的判例当中引申、抽象、概括出来，又可以作为法官当时裁判案件的法律依据。于是，"类"便具有比判例更为抽象的色彩，这就是既不同于法条、判例，而又高于法条、判例的法律原则或法律政策。荀子所谓"有法者以法行，无法者以类举，听之尽也"，实际上提出了成文法与判例法相结合的"混合法"理论。即：当有成文法典或成文法典宜于时用之际，便依据成文法典对案件作出裁判；否则，便援引已往的判例或根据判例所体现的法律原则来作出裁判。这种"混合法"的运行方式，支配了整个封建时代的司法活动和法律编纂体裁。

---

① 《荀子·修身》。
② 《荀子·君道》。
③ 《荀子·大略》。

（三）从贵族精神到"大儒风范"

春秋战国时期的社会变革和思想革命,不断冲决着古老的贵族精神。这主要是儒家近人远神、"爱人"的"仁"和法家"刑无等级"(实际上是刑有等级)的"法"。它们充当着文化革命"批判的武器"和"武器的批判"的角色。经过"仁"、"法"的冲洗和过滤,贵族精神中包含的鬼神观念和狭隘的种族血缘意识所剩无几了。特别是经过以孔子、孟子、荀子为代表的几代儒家大师们的改造,原先旧贵族精神的鬼神意识和狭隘的宗法血缘观念被稀释,使它更具有"全民性"和"现实性"。孔子、孟子还通过亲身的民间教育培养了一大批具有儒者风范的优秀知识分子,为贵族精神的改革和发展提供了组织上和理论上的保障。荀子的作用则主要是使经过孔孟改造过的贵族精神,同旧的贵族政体彻底"断乳",并把它和新的官僚政体结合起来。荀子亲眼看到缺乏个性和个人首创精神的官僚政体的弊端,决心用新的贵族精神来加以改良。与孔孟不同的是,孔孟是站在"精神贵族"的政治立场上来改良贵族精神,而荀子则是站在官僚政体的立场上来培育"大儒风范"。

从贵族精神到"大儒风范",是具有局部质变的一个过程。这一过程不仅摈弃了原先贵族精神所具有的鬼神观念和狭隘血缘意识,更为重要的是,一方面,把贵族精神从原先的宗法贵族政体上面剥离出来,使它逐渐和新出现的具有生命力的官僚政体挂上钩。这种新的政体,正由于为优秀平民提供了步入政治舞台的平等机会而具有广泛的民众基础;另一方面,经过改造的贵族精神即"大儒风范",又作为一种清洁剂和润滑剂,清除官僚政体内部的消极因素,这主要是否定和限制个人首创精神的形式主义和机械式的法制管理模式,从而使新的官僚机器运行得更为合理、更为有效。

荀子的"大儒风范"之说具有鲜明的时代特征。这主要表现在以下几个方面:第一,荀子"大儒风范"的"儒"已经成为寻常百姓均可通过后天学习和自我改造而能够达到的境界。第二,荀子的"大儒"非在野之儒,而是在朝之儒,因此,他们既不具有与当权者的隔膜和不合作精神,也不具有不着边际的、好听不好用的迂阔色彩。第三,荀子的"大儒风范"已经和当时新兴地主阶级的官僚政体相融和,并充当官僚队伍的最高标准和行为典范,以胜任治理未来统一的泱泱大国的重任。第四,荀子的"大儒风范"之说与当时司法审判活动相结合,旨在修正和指导司法审判活动。实际上"大儒"正是荀子心目中的优秀法官的代表,他们所具有的高水平的道德操守和业务能力,足以担当全国立法和司法的大业。第五,荀子的"大儒风范"之论,又是针对当时片面重视成文法,严格限制和束缚法官的个性与首创精神的司法状况,以及法官队伍素质不高的现实情况提出来的。他所要求的法官不是只懂"法数"而不懂"法义"的执法工匠,而是能够既创制法律又适用法律、熔司法与立法于一炉的法律大家。

生活在战国末期的荀子,有机会对西周春秋"议事以制"的"判例法"和战国"事皆决于法"的"成文法",进行观察、比较,有条件对诸子百家的法律学说进行研究、分析,并针对当时盛行的成文法所体现出来的弊端,提出全局性的宏观策略。这个策略就是兼取"成文法"和"判例法"之长的"混合法"。在战国时代,还未形成像一个多世纪以前的欧洲大陆法系那样绝对的只承认成文法而不承认判例法的观念。如《方言》卷七所载:"齐人谓法为类。"可见,齐人已明确视判例为法的渊源。这种将成文法典与判例等量齐观、一视同仁的见解,正源于地域性的知识,它无意间成了"混合法"的理论支柱。

五、西汉至隋唐的"儒法合流"、"礼法互补"、 "人法兼用"与中国古代法律的自我完善

西汉帝国是我国历史上十分重要的朝代。西汉王朝一方面延续了秦朝中央集权的君主专制政体,这就不能不继续坚持法家"以法治国"的方略和"成文法"体系;另一方面又确立儒家思想为官方正宗学术,这就不

能不用新的思想原则来调整政治法律及社会生活的各个领域。从而开启了数百年儒法合流、礼法互补的历史过程。

（一）思想领域——西汉初期的"罢黜百家，表彰六经"

从西汉确立至文帝、景帝的六十余年间，由于第一，当时经济凋敝、府库空虚、人民困穷；第二，当时的统治者从秦亡中吸取教训，对秦专任刑罚的政策有所纠正；第三，儒学经秦国秦朝文化专制主义政策的打击之后，元气尚未恢复，"天下但有易卜，未有他书"，"在朝之儒，惟贾生而已"①。且儒家理论又有迂腐不切用之嫌；第四，汉承秦政，仍然沿袭了秦的中央集权的君主专制政体。因此，汉初统治集团选择了黄老之学作为当时制定政策的理论依据。到了汉武帝时代，形势有了较大变化。第一，在政权形式上，中央集权的君主专制政体由于平定地方势力的叛乱而空前加强；第二，在经济上由于文景之治而积累了实力而国库充实；第三，社会的安定和农业生产的发展，使宗法家族慢慢壮大起来；第四，儒学经过民间教育和政府的取士措施而逐渐恢复元气；第五，为了继续维护中央的权威以打击地方豪强势力，保护国家边境的安全，法家的法治手段显得异常必要；最后，汉武帝个人性格是好大喜功，他要有所作为，其中就包括确立新的官方学术。

武帝采纳董仲舒"推明孔氏，抑黜百家"的建议，"罢黜百家，表彰六经"，独崇孔子之术。然而，"自汉以后，暗忽不章，其尊孔术，奉以虚名，不知其所以教万世者安在"②。正如宣帝所谓"汉家自有制度，本以霸王道杂之，奈何纯任德教用周政乎"③。武帝时所崇之儒学并非孔孟之原始儒学，而是兼儒法、杂王霸、合德刑的荀子之术。"作书美荀卿"④而深明荀学大旨的董仲舒名崇孔孟之道而实倡荀子之道。董仲舒的政治法律观

---

① 皮锡瑞：《经学历史》，中华书局 1959 年版，第 65 页。
② 皮锡瑞：《经学历史》，中华书局 1959 年版，第 26 页。
③ 《汉书·元帝纪》。
④ 刘向：《孙卿叙录》。

主要有以下两点:其一,"天人合一"的君权天授说。天子是天之子,天下之圣明,天子承天意以治天下,天子治国失当、滥施刑罚,则天必降灾异以谴告之。这样既满足了帝王要求神化君权和强化中央集权政体的口味,又照顾了儒家限制君主专断的传统主张。其二,"大德小刑"说。天道有阴阳,阳为主而阴为辅,阳为德而阴为刑。故治理国家应以德为主而刑为辅。这样,既神化了儒家"重德轻刑"的传统见解,又在纠正秦朝专任刑罚的政策的同时,把法家的法治刑法提高到天道之一翼的地位,使法家的法治也无形中具有了神性。同时也把荀子的德刑兼重的主张权威化了,把本来是对立的主张在神学模式下调和起来。不仅如此,董仲舒还实践了荀子的"人治"主张和"混合法"设计,首创"春秋决狱"的审判方式,并作《春秋决狱》二三二事(今佚)。这一做法不仅对当时而且对唐以前的长期司法活动施以极大影响。因此,我们有理由把荀子和董仲舒视为同一学术派别——齐儒,他们的思想标志着先秦孔孟鲁儒的第一次蜕变。自武帝以降,在意识形态领域定儒学为一尊,五经之学兴而通经入仕者日众。同时,由于施政的实际需要,朝廷又重用有才干和经验的官吏,如张汤以狱掾为御史大夫,"天下事皆决于汤"[1],并采用先秦法家的一些治国措施。正所谓"武帝、宣帝皆好刑名,不专重儒",及至"元、成以后,刑名渐废,上无异教,下无异学,皇帝诏书,群臣奏议,莫不援引经义以为据依","四海之内,学校如林","朝廷议礼议政,无不引经,公卿大夫士吏,无不通一艺以上","公卿之位,未有不从经术进者"[2],这个过程才告一段落。

(二)组织领域——循吏与酷吏、儒生与文吏从对立走向融合

西汉以后,曾经备受打击与压抑的儒学逐渐复兴。民间教育的深厚根基使儒学保持生命力,通经入仕的政策又使儒学步入王朝的殿堂。于

---

① 《史记·循吏列传》。
② 皮锡瑞:《经学历史》,中华书局 1959 年版,第 103、101、26 页。

是,肩负着历史重任的一代儒家演出了新的一幕。"学而优则仕"是孔子也是儒家梦寐以求的理想。这一理想是在汉武帝时代逐渐实现的。高皇帝时"未暇遑庠序之事","孝惠、吕后时公卿皆武力有功之臣","孝文帝本好刑名之言","孝景不任儒者","窦太后又好黄老之术"。此间,"诸博士具官待问,未有进者",与秦朝"博士虽七十人,特备而弗用"曾无二致。然而至汉武帝时,形势大变。武帝下诏:"延天下方正博闻之士,咸登诸朝。"又"绌黄老刑名百家之言,延文学儒者数百人,而公孙弘以《春秋》白衣为天子三公,封以平津侯,天下之学士靡然乡风矣"。① 公孙弘曾提出四条建议:一是"因旧官":"为博士官置弟子五十人复其身,太常择民年十八已上仪状端正者补博士弟子";二是"选贤良":选拔"郡国县道邑有好文学、敬长上、肃政教、顺乡里、出入不悖所闻者,令相长丞上属所二千石";三是"举文学":"一岁皆辄试,能通一艺以上,补文学掌故缺,其高第可以为郎中者,太常籍奏,即有秀才异等,辄以名闻";四是"罢不材":"小吏浅闻,不能究宣","其不事学若寡材及不能通一艺,辄罢之"。② 武帝皆批准实施。于是,儒家"学而优则仕"的理想终于开始付诸实现。汉代官僚队伍的这一变化其实就是官僚队伍的"儒家化"。这一过程反映在两个领域:一是郡县首长群体,表现为循吏与酷吏的分野与合流;二是基层府吏群体,表现为儒生与文吏的摩擦与融合。

　　循吏、酷吏是汉代官僚队伍中出身不同、素质有别、施政风格迥异的两种官僚群体。西汉酷吏发迹于基层幕僚。如宁成曾为"小吏",赵禹"以刀笔吏积劳稍迁为御史",张汤"无尺寸功起刀笔吏,陛下幸致为三公",王温舒曾为亭长、小吏,"以治狱至廷史",尹齐"以刀笔吏稍迁至御史"③,等等。因此,他们谙习政务,通晓法律,其政务以推行朝廷法律为尚。为达此目的,不惜"以猛服民"、"如狼牧羊",采用强制手段以速见成效。何谓循吏?颜师古注《汉书·循吏列传》云:"循,顺也,上顺公法,下顺人情也。"西汉循吏大都受过儒家思想的教育和影响,通过选拔推荐进

----

① 《史记·儒林列传》。
② 《史记·儒林列传》。
③ 《史记·酷吏列传》。

入仕途,如朱邑以贤良被荐举,龚遂"以明经为官",召信臣,"以明经甲科为郎","举高第迁上蔡长"①。他们施政勿忘"为民父母",忧天悯人,注意个人品行的修养和形象,以德政教化为先,时间愈久,成效愈显,从而深得"吏民爱敬"。酷吏作为专制皇权的鹰隼,其政治作用主要是:镇压人民的反抗行为,翦灭地方豪强势力,维护社会治安,铲除奸党叛逆。循吏作为百姓的父母官其社会职能主要是:为民兴利,使民安居乐业,行德政以得民心,施行教化移风易俗,制约统治集团内部的过分行为。大致而言,循吏的作用在于维护封建王朝的社会根基。没有循吏的努力,封建王朝的社会基础就不牢固;酷吏则是用酷烈手段打击盗贼民变和地方割据势力,否则皇权就会旁落。随着儒家知识分子不断通经入仕,循吏、酷吏之间的鸿沟逐渐弱化。特别是循吏每每得到朝廷的褒奖,如黄霸被颂为"贤人君子",朱邑被赞为"淑人君子",王涣被誉为"忠良之吏"。而"俗吏"则往往受到舆论贬斥。如董仲舒谓:"今吏既亡教训于下。或不用主上之法,暴磨百姓,与奸为市,贫穷孤弱,冤苦失职,甚不称陛下之意。"②特别是随着法制的不断完善,在这种形势下,酷吏也改变了原来的形象,如酷吏黄昌"仕郡决曹",曾"就经学,又晓习文法",阳球"举孝廉补尚书侍郎",董宣"举高第,累迁北海相",李章"习《严氏春秋》,经明教授,历州郡吏",周坊"好韩非之术",而其奏章每引《春秋》,王吉"少好诵读书传"③。可见,东汉酷吏亦主动接受儒学的影响。特别是随着法制的不断完善,郡县首长如周阳由为郡守,"所爱者挠法活之,所憎者曲法诛灭之",王温舒为中尉,"有势家,虽有奸如山,弗犯;无势者,贵戚必侵辱"④,严延年为河阳太守,"贫弱虽陷法,曲文以出之,其豪桀侵小民者,以文内之,众人所谓当死者,一朝出之,所谓当生者,诡杀之"⑤,上述恣意妄为不断受到严厉制约,从而导致循吏、酷吏之间的差异最终消弭。这一过程正

---

① 《汉书·循吏列传》。
② 《后汉书·循吏列传》。
③ 《后汉书·酷吏列传》。
④ 《史记·酷吏列传》。
⑤ 《汉书·酷吏列传》。

反映了法家文化、儒家文化深层次融和的一个侧面。①

汉代的基层府吏也有两种成分:一种是"后进于礼乐"的"武力有功之臣"和子承父业而为官者。他们未曾系统接触过六经之学,不明子曰诗云之类,但谙习施政的惯例,通晓法律成事,熟知钱粮赋税捕盗及审判业务。正如《论衡·程材》所谓:"文吏幼则笔墨,手习而行,无篇章之诵,不闻仁义之语,长大成吏,舞文巧法。"另一种是"先进于礼乐"、"通经而入仕"出身平民的贤良文学。他们系统学习过儒家经典,深明仁义礼智信等道德伦理和宽惠博施、富而后教的治民之道,以及"格物致知正心诚意修身齐家治国平天下"②的路数。但是,他们暂时还不通政务,不习法律,不懂审判。当两种貌同而神异的官吏共同处理政务和司法时,将不可避免地发生分歧和冲突。文吏看不起儒生:"文学能言而不能行,居下而讪上,处贫而非富,大言而不从,高厉而行卑,诽誉訾议以要名采善于当世。"③儒生也看不起文吏:"文吏不晓吏道,所能不过案狱考事,移书下记。"④两种官吏相互鄙薄,互不通容,其结果是"儒生不晓簿书,置之于下第,法令比例,吏断决也","儒者寂于空室,文吏哗于朝堂"。⑤ 但是随着时间的推移,儒生的队伍不断壮大,致使"一府员吏,儒生什九","簿书之吏,什置一二"。⑥ 儒家知识分子不仅位居三公,而且在一些郡县官府中占了八九成。儒生改变了"入文吏之科,坚守高志,不肯下学"的孤芳自赏的态度,向文吏学习"理事"的本领;文吏也改变了"循今不顾古,趋仇不存志,竞进不案礼,废经不念学"的旧姿态,转而向儒生学习六经之术。互相学习的结果是:"吏事易知而经学难见也","儒生能为文吏之事,文吏不能立儒生之学"。儒生终于沾沾自喜,发出了"牛刀可以割鸡,鸡刀难以屠牛"⑦的慨叹。其结果是,鄙视儒生之论难以存在,而儒生必须亲

---

① 参见武树臣:《循吏、酷吏与汉代法律文化》,《中外法学》1993年第5期。

② 《礼记·大学》。

③ 《盐铁论·地广》。

④ 《论衡·谢短》。

⑤ 《论衡·程材》。

⑥ 《论衡·程材》。

⑦ 《论衡·程材》。

自"理事"。这就使儒生与文吏的对立与隔阂日益消除。儒生在官府中站稳了脚,便形成了"以经术润饰吏事"①的新局面。

总之,汉代的循吏、酷吏分别代表贵族政体和集权政体培养出来的官员形象。他们分别是先秦儒家、法家法律思想的实践者。儒家、法家思想在先秦是对立的、水火不相容的。而在汉代,他们却在中央集权的专制政体之下互相靠拢了。其原因就在于他们共同为专制皇权效力,只不过方式不同而已。在专制皇权支配下,先秦的中原文化和晋秦文化终于融和起来。这种融和,不仅表现为皇权一手高举仁政大旗,一手高悬霸道之鞭,而且更重要的是,随着封建官僚队伍"专业化"程度的提高,兼具儒学和法术的官僚逐渐增多。他们"力行教化而后诛罚"②,"以平正居身,得宽猛之宜"③。汉代循吏形象,为整个封建社会树立了良吏的榜样。西汉以后儒家学术被定于一尊,和官僚队伍文化素质的"儒家化",都为立法司法活动的礼法融合创造了思想上和组织上的条件。

(三)立法领域——"礼法互补"、"纳礼入律"

汉代司法在两方面仍体现法家精神:一是"刑无等级"(即"刑上大夫")。相国萧何"为民请苑",高皇帝疑其受贿,"乃下相国廷尉械系之"。④ 身为绛侯、食邑万户、官居右丞相的大将军周勃被诬下狱,被狱吏捆绑斥责,他叹道:"吾尝将百万军,然安知狱吏之贵乎!"⑤故有贾谊上书,建议大臣有罪"有赐死而无戮辱","系、缚、榜、笞、髡、刖、黥、劓之罪不及大夫";⑥二是客观归罪。《盐铁论·刑德》载:"盗马者死","乘骑车马行驰道中,吏举苛而不止,以为盗马而罪亦死";"盗武库兵,其罪死","今伤人持其刀剑而亡,亦可谓盗武库兵而杀之"。又《太平御览》载武帝

---

① 《汉书·循吏传》。
② 《汉书·循吏列传》。
③ 《后汉书·循吏列传》。
④ 《史记·萧相国世家》。
⑤ 《史记·绛侯周勃世家》。
⑥ 《汉书·贾谊传》及《新书·阶级》。

时有一案:"甲父乙与丙争言相斗,丙以佩刀刺乙,甲即以杖击丙,误伤乙,甲当何论?或曰,父也,当枭首。"①可见,汉代司法仍以法家精神和秦律原则为尚,而儒家思想尚未实际指导立法、司法活动。

汉武帝以后,儒家学术被定于一尊,官僚队伍文化素质的"儒家化",为立法司法活动的礼法融合创造了思想上和组织上的条件。特别是当儒家知识分子不断涌入官吏队伍,经过长期的施政实践,他们逐渐熟习政事与法律之后,便开始肩负起伟大的历史使命:用儒学精神改造和完善现行法律制度。就实质而言,这一过程可以称作伦理秩序的成文法化,或者成文法的伦理化。亦即将过去用风俗习惯和判例法维护的伦理秩序,变成用国家强制力和成文法保障实现的国家秩序。这一历史使命是分作以下三个阶段完成的:

首先是引经决狱。所谓引经决狱(或春秋决狱),是指遇到义关伦常而法律无明文律定或虽有明文却有碍纲常的疑难案件,则引用儒家经典中所记载的古老判例或某项司法原则对案件作出判决。这实际上等于确认儒家经义具有高于现行法律的特殊地位,从而为儒学向司法领域的渗透打开一条通道;汉代"春秋决狱"之风最为盛行,除董仲舒之外,公孙弘以《春秋》之义绳臣下,取汉相;吕步舒以《春秋》之义决淮南狱,深得天子赏识;儿宽以古法义决疑狱,颇受廷尉张汤的赞扬。汉代君臣均重儒家经义,武帝特令太子学习《公羊春秋》,以为治国之具。故人谓:"不通经术知古今之大礼,不可以为三公左右近臣。"②引经决狱是儒学在法律领域构筑的第一座桥头堡。

其次是据经注律。两汉经学大兴,著名经学大师获得官职之后,有机会兼而研讨儒经与汉律,从而派生出一门实用型的新学科——律学,或云法律注释学。他们用儒家经义来解释现行法律条文,洋洋万言。《晋书·刑法志》说,当时注律者"十有余家,家数十万言,凡断罪所当用者合二万六千二百七十二条,七百七十三万三千二百余言"。这样做的价值

---

① 《太平御览》卷六四〇。
② 《史记·梁孝王世家》。

在于:首先论证了某些法律条文的合理性;其次使某些法律条文经过注释以后向儒家经义靠拢;第三指出某些法律条文违背儒家伦理。这些注释之言或则经过朝廷的批准而具有法律效力,或则通过改变司法官的法律意识在司法中悄悄发挥作用。这一切都为立法活动创造了前提。

第三是纳礼入律。纳礼入律是指通过国家立法的渠道使儒家经义或古老的风俗直接上升为法律条文或法律制度。贾谊"刑不上大夫"的建议被采纳,应当说是纳礼入律的开端。大规模的纳礼入律是从魏开始的。如"除异之子科使父子无异财"①,既是对秦法"民有二男以上不分异者倍其赋"②的否定,又是对儒家孝义的强化。此后,"以服制论罪"、"子孙违犯教令"、"犯罪存留养亲"、父母在禁止"别籍异财"、"同姓不婚"、"义绝"、"七出"、"三不去"、"八议"、"官当"、"十恶"等体现儒家伦常精神的东西纷纷入律。其中最具典型意义的是"十恶"。纵观十恶之目,有四条(谋反、谋大逆、谋叛、大不敬)是维护中央集权的君主专制政体的;有四条(恶逆、不孝、不睦、内乱)是维护以父权为核心的宗法家族秩序的。剩下的两条:"不义"则两者兼而有之,"不道"则指灭绝人道的杀人罪。这充分体现封建法律的价值方向——维护君主专制政体和家族伦理秩序。直至"一准乎礼"③的唐律出现,刑礼合一,"出礼则入刑"④,纳礼入律便大功告成。它标志着,原先由民间古老的礼仪风俗和判例法调整的社会行为,至此便完全纳入国家法律的范畴,礼由于获得法的外衣而被强化。此刻,引经决狱之风渐息,而法律注释学便成了对现行法条的职业性阐发。

儒法合流、礼法互补是封建前期法律实践活动的两个侧面。其中起着决定作用的因素是:第一,儒学进居统治地位并发挥了实际作用,皇帝下诏、大臣奏章无不据引儒家经典,以儒家经义为最高指导思想;第二,儒家知识分子进居官吏行列且身居要职,获得修订法律和参与重大司法活

---

① 《晋书·刑法志》。
② 《史记·商君列传》。
③ 《四库全书总目·政书类·法令之属》案语。
④ 《后汉书·陈宠传》。

动的机会,得以贯彻初衷。儒法合流、礼法互补的过程,究其实正是儒家、法家法律思想血肉凝结、鲁文化与晋秦文化水乳融合的过程。这种融合奠定了中国传统法律文化的基本形象。①

（四）司法领域——调和国法与家礼之间的矛盾

从汉武帝时代开始,曾出现意识形态与法律实践分道扬镳的现象:在意识形态领域,由于罢抑百家、表彰六经,使儒学上升为正宗学术,儒家著作成为官方经典,儒家思想成为社会的统治思想;而在法律领域,由于汉承秦制、汉承秦吏、汉承秦法,致使当时的法律和司法活动仍体现秦律和法家的基本精神,这种情况又不可能在短期内改变。但是,既然儒家思想已上升为统治思想,就不可能不按照它的形象来支配法律活动。儒学对法律领域的渗透和支配最早是从司法领域开始的,其目的是调和国法（成文法）与家礼（判例法）之间的矛盾。最先执行这一使命的是西汉治公羊学的儒师董仲舒。

董仲舒是"春秋决狱"的始作俑者。《太平御览》六四载一案:"甲父乙与丙争言相斗。丙以佩刀刺乙,甲即以杖击丙,误伤乙。甲当何论? 或曰:殴父也,当枭首。（仲舒）论曰:臣愚以父子至亲也,闻其斗,莫不有怵怅之心。扶杖而救之,非所以欲诟父也。《春秋》之义,许止父病,进药于其父而卒。君子原心,赦而不诛。甲非律所谓殴父,不当坐。"董仲舒援引《春秋》中记载的一宗判例:许止父病,许止进药而未曾先尝,致使其父吃错了药而病故,当时的法官因许止无"弑父"的动机,只宜于受到道德舆论的谴责而未追究其刑事责任。董仲舒从这一判例中总结出一条审判原则"原心论罪",即在定罪量刑时应分析行为人的动机、目的。并用这一原则来分析当时的殴父案,认为甲无殴父的动机,不构成殴父罪,故不应处刑。董仲舒援引古老判例的"原心论罪"原则纠正了汉代法官"客观归罪"的偏差。不仅如此,他还从《春秋》中引出"夫死无男有更嫁之道"

---

① 参见武树臣等:《中国传统法律文化》,北京大学出版社 1994 年版,第 382~384 页。

和"妇人无专制擅恣之行"两条原则,免除了对再嫁妇女的处罚,从《诗经》、《春秋》中引出"养父如同亲父"和"父为子隐"两条原则,对隐瞒养子杀人罪的养父不予追究刑事责。① 这不仅调和了国法(成文法)与家礼(判例法)之间的矛盾,而且运用古老判例和风俗习惯修正完善了当时的法律,并且为后来的立法创造条件。用儒家遵从的经典判例来修正法家崇奉的成文法,也许正是黄源盛所论述的"春秋折狱与法律的儒家化"②。

在司法中如何处理复仇案,也是调和国法与家礼矛盾的典型事例之一。儒家一般是支持复仇的。作为儒家经典之一的《礼记·曲礼上》有:"父之仇,弗与共戴天;兄弟之仇,不反兵(身不离武器);交游之仇,不同国。"《周礼·地官·司徒》:"凡杀人而义(宜)者,不同国,令勿仇,仇之则死。"《公羊传·定公四年》说:"父不受诛,子复仇可也;父受诛,子复仇,此推刃之道也。"同时儒家还主张复仇者必须先报官,而且只能杀仇人本身。可见儒家并非一味放任复仇。法家是坚决反对复仇的。《商君书·战法》:"为私斗者各以轻重被刑",使秦民"怯于邑斗,勇于寇战"。法家强调国家法律高于一切,只有君主才有权行赏施罚,所以严厉禁止私人复仇。西汉以后,民间一般肯定复仇,官方则举棋不定,时而禁止,时而放宽。特别是汉武帝以后,以儒家为主的封建正统思想确立。进而实行"春秋决狱",使儒家经义高于法律。五伦范围以内的复仇已成习惯,不复仇则为社会舆论所蔑视和谴责。东汉初年的桓谭曾上疏道:"今人相杀伤,虽已伏法,而私结怨仇,子孙相报,后忿深前,至于灭户殄业,而俗称豪健。故虽有怯弱,犹勉而行之。"③东汉章帝时,有人因其父被人侮辱而将侮辱者杀死,章帝免其死罪从轻发落,成为后来判案的依据。和帝时制定《轻侮法》,对复仇者加以宽纵。该法不久即被废止。两汉司法对复仇者往往减免刑罚,致使民间极力支持复仇。这种状态一直延续下来。《唐律》没有禁止复仇或宽容复仇的条文,相反却规定不许与仇人"私

---

① 参见程树德:《九朝律考》,商务印书馆1935年版,第164~165页。
② 黄源盛:《汉唐法制与儒家传统》,(中国台湾)元照出版有限公司2009年版,第107页。
③ 《后汉书·桓谭传》。

和"。《唐律·贼盗律·亲属为人杀私和》："诸祖父母父母及夫为人所杀,私和者流二千里。受财重者,各准盗论。"这反映了统治者在复仇问题上既犹豫不决又偏向历史传统的复杂立场。从司法角度来看,对复仇行为有几种限制性的条件:(1)"父受诛",不得复仇;(2)"杀人而义",不得复仇;(3)复仇对象只限于杀人者本身;(4)过失杀人不得复仇,但杀人者须回避;(5)杀人者业经判处,后遇"恩赦"释放,不许复仇,但仍须回避。面对复仇问题,历朝统治者似乎都放弃通过立法渠道来解决问题的打算,而宁肯把这个难题交给法官去个案处理。

通过司法来调和国法与家礼矛盾的典型事例还有亲属相隐与族诛连坐。先秦儒家主张亲属之间应当相互隐瞒罪行不得告发。法家则从维护国家权威的角度出发,主张人人都遵守法律,都有义务揭发坏人坏事,并从政府那里获得奖赏。《商君书·禁使》:"民人不能相为隐","夫妻交友不能相为弃恶盖非"。在法家看来,人性都是"好利恶害"的,家族或家庭成员本应互相监督,杜绝违法犯罪。如果出现了违法犯罪行为,应当主动向官方揭发,并与犯罪分子划清界限。法家不允许人们互相隐瞒罪行来抗拒国家法律的实施。儒家主张亲属相隐,自然反对株连。儒家认为,对犯罪者进行制裁是应当的,但不能诛及无罪之人。孟子就公开反对"罪人以族",主张实行"罪人不孥"。① 这种"罪止其身"的思想最早可以追溯到西周。周公等统治者就曾主张"父子兄弟,罪不相及"②。法家反对"亲属相隐",自然主张族株连坐。法家为了执行法治,过分迷信刑罚的作用。他们一方面主张"重轻罪",即轻罪重罚,使人们不敢轻易犯罪;另一方面还扩大刑罚的威慑作用,主张族株连坐,即一人犯罪,其家人或其有行政隶属关系者同样被处罚。法家试图借用严酷的刑罚,迫使人们相互监视,互相揭发,人人自危,不敢以身试法。从而达到"以刑去刑"的目的。《汉书·宣帝本纪》载:"地节四年诏曰:父子之亲,夫妇之道,天性也。虽有祸乱犹蒙死而存之,诚爱结于心,仁厚之至也。自今首匿父母妻

---

① 《孟子·梁惠王上》。
② 《左传·昭公二十年》引《康诰》轶文。

匿夫孙匿大父母,皆勿坐。其父母匿子,夫匿妇,大父母匿孙,罪殊死皆上请,廷尉以闻",首开相隐之制。《唐律·名例律·同居相为隐》规定:"诸同居若大功以上亲及外祖父母外孙,若孙之妇,夫之兄弟,及兄弟妻有罪相为隐,部曲奴婢为主隐,皆勿论。即漏露其事及摘语消息,亦不坐,其小功以下相隐,减凡人三等。若犯谋逆以上者不用此律。"与此相反,凡子孙告父母祖父母,妻妾告夫及夫之父母祖父母的,奴婢告家长或作证的,都以有罪论处。族株连坐始见于春秋战国。《史记·秦本纪》载:文公二十年,"法初有三族之罪"。即"夷三族"。三族,一说指父母、兄弟、妻子;一说指父族、母族、妻族。由于族诛之惨烈,故每每受到社会舆论之诟病。及至北朝时,对族诛正式进行限制。《魏书·高祖纪》载:延兴四年下诏:"下民凶戾,不顾亲戚,一人为恶,殃及合门。朕为民父母,深所愍悼。自今以后,非谋反大逆干记外奔,罪止其身而已"。"亲属相隐"与"族株连坐"是一对矛盾。秦汉以后的封建统治者,为了维护宗法家族的秩序和中央集权君主专制政体的权威,巧妙地把这一矛盾加以调和,使它们并行不悖。其主要办法是:对平常一般性犯罪,允许"亲属相隐",揭发者反而被治罪;对十恶重罪特别是谋反谋叛,亲属必须揭发,否则就"族株连坐"。自秦汉以至清末,族株连坐多用于谋反谋叛大逆之罪。因为这些重罪危及封建王朝的根本利益,故朝廷不惜用残酷的族株连坐来严加惩处,以提高刑罚的威慑力。在封建统治者看来,当犯罪行为危及国家根本利益时,就毫不犹豫地牺牲掉"亲亲"原则,来维系"尊尊",叫作"不以亲亲害尊尊"。① 《唐律·斗讼·告祖父母父母》:"父为子天,有隐无犯。如有违失,理须谏诤,起敬起孝,无令陷罪。若有忘情弃礼而故告者,绞";《唐律·斗讼·部曲奴婢告主》:"日月所照,莫非王臣。奴婢、部曲,虽属于主,其主若犯谋反、逆、叛,即是不臣之人,故许论告。非此三事而告之者,皆绞罪无首从。"这样一来,既维护了封建统治阶级的根本利益,同时也维护了封建统治阶级的社会基础。儒家的"亲亲"的"礼"与法家"尊尊"的"法"终于达成妥协并实现了统一。

---

① 《春秋谷梁传·闵公元年》。

（五）法律样式——"判例法"的复兴与"混合法"的形成

西汉伊始，统治集团牢记暴秦以严刑酷法速亡之教训，故施政以宽容为本。高祖入关，约法三章，萧何取舍秦法，作律九章，萧曹为相，刑罚用稀，文帝宽厚，禁网疏阔，张释之为廷尉，刑罚大省，有刑错之风。及至武帝，任张汤、赵禹之属条定法令。① 一方面，由于法网宽疏，社会生活的诸多领域缺乏相应的法律来调整；另一方面，汉武帝独尊儒术之后，儒家思想与现行法律之间每每发生摩擦碰撞。从而造成"狱之疑者，吏或不敢决，有罪者久而不论，无罪者久系不决"的局面。高皇帝七年诏御史："自今以来，县道官狱疑者，各谳所属二千石官，二千石官以其罪名当报之；所不能决者，皆移廷尉，廷尉亦当报之。廷尉所不能决，谨具为奏，傅所当比律令以闻。"②于是开启了逐级讨论汇报案件和比附适用律令的制度，从而为创制和适用判例，进而为"混合法"的形成打开方便之门。在这里，我们也许体会到荀子所谓"法而不议，则法之所不至者必废"，"有法者以法行，无法者以类举，听之尽也"，③似乎是特意为汉代法制立言的。在集权政体和成文法的框架下，对"人"的作用的重新认识，特别是判例法和混合法的确立，标志着法家法体即成文法的"儒家化"。

自西汉至唐代，判例法经历了三个阶段：草创阶段、磨合阶段和隐形阶段。

判例法的草创阶段始于西汉，其表现方式是"春秋决狱"和"决事比例"。"春秋决狱"是西汉司法领域的大事件，它是儒家思想向司法领域渗透的第一步，标志着儒家的法律原则已处于高于法律的优越地位。"春秋决狱"的真正价值在于揭示了这样一个道理：对统治阶级来说，当无法律明文规定可依或虽有现成法条却显然不符合统治阶级法律意识的时候，以统治阶级法律政策和意识为指导，援引以往的判例及其所体现的

---

① 参见《汉书·刑法志》。
② 《汉书·刑法志》。
③ 《荀子·君道》、《王制》。

某些原则来审理现行案件，是势在必行、顺理成章的事情，完全没有必要等待制定成文法典而踌躇不前、束手无策。董仲舒所倡始的"春秋决狱"，其操作方法，是在法无明文规定或虽有规定却不符合现行律政策的情况下，从儒家经典文献当中援引古老判例或者判例所体现的法律原则来判案，从而形成新的判例和法律原则，"原心论罪"原则就是这样产生的。这种判例和法律原则对以后同类案件的审判具有某种程度的约束力。这种裁判方法与其说是用儒家法律思想改造当时的司法活动，毋宁说是在恢复一种古已有之的审判方法：判例法。正如温斯顿·丘吉尔所说："英国人的自由并不依靠国家颁布的法律，而是依靠长期逐渐形成的习惯"；"法律早就存在于国内的习惯之中，关键是需要通过潜心研究去发现它，把见诸史集的判例加以比较，并在法庭上把它应用于具体争端。"①中国古代的法官们不也是这么做的吗？

在司法活动中，法官除了比附"春秋经义"，还常常比附律令，于是产生大量"决事比例"，即判例。它们是经过朝廷批准的，故成为与成文法并列的法律渊源。所谓"决事比"，"若今时决事比。疏云：若今律：其有断事，皆依旧事断之，其无条，取比类以决之，故云决事比"②。在法无明文规定的情况下，如有旧的判例、成事可以援引的，则引之以断案；无既成案例、成事可援引的，则选择相类似的律令以科刑。这种可以引为审判依据的案例、成事，就是"决事比"。《汉书·刑法志》："其后奸猾巧法，转相比况，禁网寝密，死罪决事比万三千四百七十二事，文书盈于几阁，典者不能遍睹，是以郡国承用者驳，或罪同而论异，奸吏因缘为市，所欲活则傅生议，所欲陷则予死比。"这段文字告诉我们：其一，武帝以后，判例的创制与适用成为当时立法、司法的基本内容，故仅"死罪决事比"就有一万余件；其二，判例适用成为普遍的司法方式，郡县及封国的司法官吏得以比较自由地援引判例以断案；其三，当时的判例适用还带有较大的盲目性，还没有规范化，判例适用在程序上尚未有统一的法律制约，故生纷乱。

---

① ［英］温斯顿·丘吉尔：《英语国家史略》，薛力敏、林林译，新华出版社1985年版，第208页。

② 《周礼·秋官·大司寇》郑玄注。

《魏书·刑罚志》载:汉宣帝时选于定国为廷尉,"集诸法律凡九百六十卷,大辟四百九十条千百八十二事,死罪决事比凡三千四百七十二条,决诸断罪当用者,合二万六千二百七十二条"。经过反复删选,死罪决事比的数量大大缩减,这是实现司法统一的措施之一。

《东观汉记·鲍昱传》载:东汉章帝时,"司徒辞讼久者数十年,比例轻重,非其事类,错杂难知,昱奏定《辞讼比》七卷,《决事都目》八卷,以齐同法令,息遏人讼"。又《后汉书·陈宠传》谓:陈宠"少为州郡吏,辟司徒鲍昱府,数为昱陈当世便宜,昱高其能,转为辞曹,掌天下狱讼。宠为昱撰《辞讼比》七卷,决事科条皆以事类相从,昱奏上之,其后公府奉以为法"。这是以诉讼内容为标准对判例进行分类汇辑,以便查找参阅。但是,由于分类汇辑的方法尚不够科学严谨,故尔又产生混杂的情况。正如《晋书·刑法志》所云:"汉时决事,集为《令甲》以下三百余篇,及司徒鲍公撰嫁娶辞讼决为《法比都目》九百六卷。世有增损,率皆集类为篇,结事为章。一章之中或事过数十,事类虽同,轻重乖异,而通条连句,上下相蒙,虽大体异篇,实相采入。《盗律》有贼伤之例,《贼律》有盗章之文,《兴律》有上狱之法,《厩律》有逮捕之事,若此之比,错糅无常。"《后汉书·应劭传》载:东汉献帝建安元年,应劭"撰具《律本章句》、《尚书旧事》、《廷尉板令》、《决事比例》、《司徒都目》、《五曹诏书》及《春秋断狱》凡二百五十篇,蠲去复重,为之节文,又集驳议三十篇,以类相从,凡八十二事"。终汉之世,判例编纂工作一直未断。其特点是:第一,判例编纂与律令、法律的注释、诉讼文献(驳议)的修整工作同步进行,这样有利于立法和司法的统一控制;第二,上述法律文献的编辑工作已摸索出较为科学的分类方法,即"以类相从",这样便于法官查找及全面掌握有关律令、注释及判例,有利于提高审判质量。

判例法的磨合阶段是两晋。当时,在创制与适用判例的过程中曾经产生过混乱和矛盾。据《晋书·刑法志》载,晋惠帝时"议事以制"已蔚为风气。上自皇帝,下至法吏,无不行之。皇帝亲自决狱,"事求曲当",法吏"牵文就意,以赴主之所许"。这种做法发生许多问题,即"政出群下,每有疑狱,各立私情;刑法不定,狱讼繁滋"。故引起一代法律家的思考。

尚书斐頠上疏道:"刑书之文有限,而舛违之故无方,故有临时议处之制,诚不能皆得循常也。"但是,"临时议处"应符合法定程序,"按行奏劾,应有定准"。三公尚书刘颂又上疏谓:"天下至大,事务众杂,时有不得悉循文如令",故"议事以制"有其合理性。但要符合这些条件:第一,"议事以制"要以"名例"为依据,"律法断罪皆当以法律令正文,若无正文,依附名例断之、其正文名例所不及,皆勿论";第二,司法官吏在审判中可以发表不同意见,但不得自行"议事以制"。"主者守文,死生以之,不敢错思于成制之外以差轻重","守法之官唯当奉用律令,至于法律之内所见不同,乃得为异议也";第三,大臣、皇帝独揽"议事以制"之权:"事无正名,名例不及,大臣论当,以释不滞","君臣之分,各有所司,法欲必奉,故令主者守文;理有穷塞,故大臣释滞;事有时宜,故人主权断"。熊远亦上疏云:"法盖粗术,非妙道也,矫割物情,以成法耳。若每随物情,辄改法制,此为以情坏法","诸立议者皆当引律令经传,不得直以情言,无所依准,以亏旧典";"凡为驳议者,若违律令节度,当合经传及前比故事,不得任情以破成法";"开塞随宜,权道制物,此是人君之所得行,非臣子所宜专用"。① 上述议论可综合为以下几点:第一,在司法审判中,有成文法则适用成文法,"设法未尽当,则宜改之",法吏应严格以法办事:"法轨既定则行之,行之信如四时,执之坚如金石","守法之官唯当奉用律令","不得援求诸外论随时之宜,以明法官守局之分";第二,法官"得为异议",发表己见,但不得漫无边际、无所据依,要合于"经传"之义,遵循"前比故事",然后整理成文牍上报朝廷,不得擅自"以情坏法";第三,"观人设教,在上之举",大臣及皇帝才有"议事以制"之权。于是法律家们设计了一套万无一失的司法方案:法官严格依法断案,遇疑难案件则附法律令、经传之义、前比故事上报朝廷;大臣集体讨论,提出方案,上报皇帝,最终由皇帝御笔决断。

可见,在西周春秋实行的"议事以制"的审判方法,至此已经被中央集权政体扭曲了形象。从而使普遍的、全面的"议事以制",变成片面的、

①《晋书·刑法志》。

独揽的"议事以制"。法官的主观能动性被限制在最小的范围内,而君主的司法权则被大大扩张了。魏晋南北朝时,由于成文法的相对发达,造成了判例制度的萎缩。《魏律》、《晋律》分别是魏朝与晋朝唯一的以"律"为名通行于全国的刑法典,其内容包括了刑事犯罪和刑罚的方方面面。在篇章结构上,总则在前,分则在后,以纲统目,以纲带目,条文简要。刚刚制定了《晋律》的统治者,沉浸在胜利的喜悦当中。他们似乎觉得法律条文已经把一切违法犯罪概括无遗了。于是出现了刘颂的主张。《晋书·刑法志》载刘颂语:"又律法断罪,皆当以法律令正文,若无正文,依附名例断之,其正文名例所不及,皆勿论。"又载熊远语:"凡为驳议者,若违律令节度,当合经传及前比故事,不得任情以破成法";"愚谓宜令录事更立条制,诸立议者皆当引律令经传,不得直以情言,无所依准,以亏旧典也"。在他们看来,凡是经过君主批准的成案都有潜在的发展成为判例的可能性,而判例的不断壮大都带有干扰破坏成文法律的危险。故必须制止有意识的确立判例,杜绝任何不严格按照法律办事的行为。"这种思维方式足以将一切判例预先扼杀于形成之前"①。

　　判例法的隐形阶段是唐代。皇权对司法的深度支配,促成一个新的法律规范形式的问世,这就是例。例是原始判例的抽象化或成文法化。其典型事件是例取代了判例。例,类也,比也。例作为法律规范的一种表现形式,起初与决事比、故事并无本质区别,都是判例,但也小有差异。陈顾远《中国法制史概要》指出:"比系以律文之比附为重,例则以已有之成事为主,是其所异。然皆不外据彼事以为此事之标准,得互训之,此或汉重视比而后世重视例,两名不并立之故也。"②从某种意义而言,汉晋之决事比、故事就是后来的例。例的出现,当在魏晋。《魏律序》所谓"集罪例以为刑名",又《晋律》"改旧律为刑名法例","取法以例,求其名也"。此处之例当属于成文法典的范畴,尚未成为独立的法律规范形式。但是《晋律》规定:"若无正文,依附名例断之。"判例正是依据"名例"(即法典

①　杨一凡、刘笃才:《历代例考》,社会科学文献出版社 2009 年版,第 118 页。
②　陈顾远:《中国法制史概要》,(中国台湾)三民书局 1977 年版,第 90 页。

的基本原则与制度)而创制出来的,这或许是后世判例所以称为"例"的缘故。在唐代例已作为判例开始在司法中发挥作用。《旧唐书·刑法志》载,唐高宗曾认为当时"律通比附,条例太多"。大臣对曰:"旧律多比附断事,乃稍难解,科条极众,数至三千,隋日再定,惟留五百,以事类相似者,比附科断。"又载:"先是,详刑少卿赵仁本撰《法例》三卷,引以断狱,时议亦以为折衷。后高宗览之,以为烦文不便,因谓侍臣曰:'律令格式,天下通规,非朕庸虚所能创制。并是武德之际,贞观以来,或取定宸衷,参详众议,条章备举,轨躅昭然,临事遵行,自不能尽。何为更须作例,致使触绪多疑。计此因循,非适今日,速宜改辙,不得更然。'自是,《法例》遂废不用。"然而高宗废止《法例》的理由,与其说是因为"烦文不便",不如说因为未经圣裁。

《唐律·断狱律》规定:"诸断罪皆须具引律令格式正文,违者笞三十。"疏议曰:"犯罪之人,皆有条制,断狱之法,须凭正文,若不具引,或致乖谬。"故"曹司断狱,多据律文,虽情在可矜而不敢违法,守文定罪,或恐有冤"。但是《唐律·名例律》又规定:"诸断罪无正文,其应出罪者则举重以明轻,其应入罪者则举轻以明重。"这是适用类推的原则。又《断狱律》:"诸制敕断罪临时处分不为永格者,不得引为后比。若辄引致罪有出入者,以故失论。"疏议曰:"事有时宜,故人主权断,制敕量情处分不为永格者不得引为后比。"又《职制律》:"诸称律令格式不便于事者,皆须申尚书省,议定奏闻,若不中议辄奏改行者,徒二年。"可见,在唐代,在无律令格式正文的情况下,可以适用类推或援引经过国家审核批准的判例即永格。但此时的永格已经被加工抽象为例文了。这种操作程序实际上已经排除了判例创制和适用的可能性,判例已经隐形并变成类似成文法的例文。

律、令、格、式是唐代法律的基本形式。律是关于犯罪和刑罚的专门规定,专业性很强,又事关生命自由财产,故专为一典,以示重视,且便于援引科刑。令、格、式虽然也有涉及刑事的内容,比如《狱官令》、《捕亡令》等,但大体上而言不是适用罪名和刑罚的法律规定。律之条文虽亦涉及卫禁、职制、户婚、关市等领域,但只是表明对发生在这些领域的某些严重行为应当予以刑罚制裁。而上述领域自有《宫卫令》、《禄令》、《户令》、《田令》、《关市令》或相关的《式》来调整，且一般适用行政手段而不涉及刑罚。这种刑事法与非刑事法之间的分野，不应当因为古代地方官员兼理行政与司法而混淆。正好像我们今天的《会计法》、《环境保护法》等也有涉及刑事责任的文字，但是对犯罪者的处分还由司法机关依据《刑法》来实施。因此，我们不能因为今天的《刑法》也涉及经济、民事、行政等内容，就说《刑法》是"诸法合体"的法律一样。

《唐律疏议》开创了"以文注律"的法律编纂方式。"文"内容广泛，包括"释文"，即法律术语之诠释，大量采用问答式；"经文"，即儒家经典之文；"礼文"，即礼制礼仪之文；"令文"，即法令之文；"格文"，即格之条文；"式文"，即式之条文；"例文"，即先例故事之文。令、格、式当中，与刑事关系比较密切的可能是"令"和"格"。前者如《狱官令》、《捕亡令》等，大体上是关于司法行政或程序方面的规定；后者大体上是刑法实体的内容。如果这种假设成立的话，那么，相对稳定的律与相对灵活的格就形成了一对矛盾。如果说成文法条文的笼统和不确定是通过"以文注律"的方式来解决的话，那么，成文法的僵化落伍则是依靠随时产生的既已生效并经过朝廷核准的"永格"来完成的。而"永格"的积累又为新的立法创造了条件。《唐律疏议》中"令"104见而"格"仅3见，正说明"令"的相对稳定性和"格"的不稳定性。"格"只3见，可能是因为刚刚编纂的《唐律疏议》已经把可用之"格"悉数吸纳了。由于史料的阙如，我们对以"格"辅律、以"格"入律的过程无法进行客观描述。以上看法只是一种逻辑推测。

唐代以后，宋、元两朝由于特殊原因又复兴了"判例法"。其表现形式是"断例"。"在中国历史上，只有宋元两朝把断例确认为国家的重要的法律形式。"[1]及至明清，大抵又恢复了唐代的律与永格相结合的格局，即律与例相结合。在明代，是以《问刑条例》之例来辅助《明律》；在清代，是以定期修订之例以辅助《清律》。从法律样式的角度来看，从宋元到明

---

① 杨一凡、刘笃才:《历代例考》，社会科学文献出版社2009年版，第124页。

清的发展过程,和从汉魏到隋唐的发展过程,似乎有着惊人的相似之处,它们都是从具有相对独立性的判例法,发展到隐形的判例法,从而完成判例法的成文法化。但是判例法的隐性化并没有否定它的实际价值,判例法的意义即在于补救成文法的不足。判例法的隐形化只不过是提前成文法化了,那么,其价值也就提前实现了。沈家本说:"律者,一成不易者也;例者,因时制宜者也。"①律与例的结合便是中国古代的混合法——不论例是原始判例还是成文化的例。

    总之,在封建时代,当"成文法"详备而宜于社会生活时,则往往强调"法"的作用,强调严格依法办事;当"成文法"由于不完备而不宜于现实生活时,则常常突出"人"的作用,强调判例法的必要性;当"人"的作用超过一定限度,因而造成司法混乱时,又十分强调用成文法来统一全国的审判活动。此间,先秦时代那种以国家政体为焦点截然对立的"人·法"之辩已成过去。"人法并行"正是"人治""法治"之辩的归宿。正如宋代苏轼云:"任法而不任人,则法有不通,无以尽万变之情;任人而不任法,人各有意,无以定一成之论。""人胜法则法为虚器,法胜人则人为备位,人与法并行而相胜,则天下安。"②朱熹指出:"大抵立法必有弊,未有无弊之法,其要只在得人。"③明代丘濬强调:"法者存其大纲,而其出入变化固将付之于人。""守一定之法,任通变之人。"④日本法学家穗积陈重对"人法并行"的主张十分赞赏,他说:"于法规之所无者,得开新判例,法规之不足者,则得任意补充";"人法兼用者,即为第二次发见之制,于有法规时,则据之。法规所无者,则一任执法者之自由裁断。此人法兼用时代,于进步的社会,继续颇久,于或意义解之,即谓永久存续,亦无不可"。⑤ 从汉

————————————

① 沈家本:《寄簃文存·通行章程序》,载《历代刑法考》,中华书局1985年版,第2220~2221页。

② 苏轼:《王振大理少卿》,载《东坡续集》;《应制举上两制书》,《东坡奏议》,载《苏东坡全集》,中国书店1991年版。

③ 朱熹:《朱子语类》卷一〇八。

④ 丘濬:《大学衍义补·正朝廷·谨号令之颁》、《大学衍义补·正百官·典铨叙之制》,四库全书本。

⑤ [日]穗积陈重:《法律进化论》,黄尊三等译,中国政法大学出版社1998年版,第53页。

代的董仲舒到民国初年大理院的法官们,他们都没有拜倒在现行法律面前缄口不语,他们没有片面推崇成文法、贬抑判例法的偏见,而是立足于人类前行的历史之上,勇敢地从传统习俗当中去寻找法源。正是仰仗着各朝各代一批又一批具有贵族精神和"大儒风范"的仁人志士们的努力实践,才使得中国传统法律文化沿革史,由于充满着礼与法的交融、人与法的碰撞、律与例的磨擦,而显得丰满、和谐、优美。这一首由成文法和判例法双重演奏的古歌,正是人类法律实践领域中独有的中国式的"混合法"的主旋律。

第十四章

移植与播种

——个人本位法律观在中国的命运[*]

法是一种社会现象,也是人类有目的有意识的实践活动。那些支配法律实践活动的内容、目标和发展方向的深层意识,就是法律价值观。法律价值观可以是单一的,也可以是双向的。而且,法律价值观还可以表现出内部层次。法律价值观的内部外部联系便构成法律价值观的结构体系。一个民族的法律价值观是经过长期社会实践而形成的,一旦形成就很难改变。中国古代法律价值观在文明初起之际形成,在漫长的自给自足自然经济、宗法家族社会、集权专制政体"三合一"的社会条件下获得了充分的发展。它的出发点不是个体自然人而是集体,它所要塑造的社会环境不是基于有利于个人的全面发展,而是基于集体的安全稳定。也就是说为了集体的生存发展而塑造个人的形象。而集体的生存发展并没有与个人的生存发展同步进行。个人既不能通过商品交换来提高自己的社会地位,也不能通过集团性的政治渠道来表达自己的意愿。这种政治文化环境造成了使个人难以生存发展的盐碱地。自给自足的自然经济、宗法家族社会、集权专制政体都本能地视商品经济和民众为自己的天敌并结成神圣同盟。在这种社会条件下酿造的法律,既不是制约国家权力

---

*　本章基本内容同名发表于《河北法学》2011 年第 9 期。

以避免其滥用的工具,更不是维护人们权利的武器,而充其量只是君主驾驭臣下、役使百姓的国之利器。法律实际上成了神圣同盟的永恒契约。在这里,我们似乎体会到"天不变,道亦不变"的真义。中国古代法律价值观的近代化历程是以外来个人本位思想的介入为标志的。由于这种介入发生在国家危难的特殊时代而不免带有急切性、肤浅性和偶然性。因此个人本位思想在当时只是昙花一现,它不仅没有也不可能积极地被融入中国本土意识,反而被传统力量强烈而彻底地扭曲并排斥了。就这样,一个世纪过去了。当古老的大船再一次把它的船头对准商品经济和民主社会之际,个人便再一次走上历史的前台。

一、中国古代的法律价值观

中国古代法律价值观是在特殊且自然的社会条件下形成的。其结构体系的基本特征,是以"仁"、"礼"为代表的体和以"律"、"刑"为代表的用相结合;族群内部的身份差异性与氏族群体之间的对偶匹配性相结合;个人内心的道德伦理感情与外在的社会强制性行为规范相结合;自然形成的民族风俗习惯与国家专门制定的行为规范相结合。

(一)中国古代的法律价值观的原始形态

王国维说过,"自五帝以来政治文物所自出之都邑,皆在东方","自五帝以来都邑之自东方而移于西方,盖自周始"。① 这个东方指的就是传说时代的东夷。远古社会的众多文明成果大都出自东夷。② 这些文明成果就包括最古老的思想观念,其中就含有古老的法律价值观。今天,我们

---

① 王国维:《殷周制度论》,载《观堂集林》(上),中华书局1959年版,第452页。
② 参见张富祥:《东夷文化通考》,上海古籍出版社2008年版,第338、339页。

可以通过殷商甲骨文字来探讨中华民族最古老的思想观念,这是因为,首先,我们今天看到的甲骨文已经是十分成熟的文字体系。在甲骨文之前理应存在一个相当漫长的文字形成、积累、传播、约定俗成的过程。据考证,"汉字产生的源流至迟可由甲骨文上推到夏代"①。"东夷民族就是一个经过图像文字阶段的民族"②。其次,殷商是东夷民族的一支:"商人原出于东夷","原始的商族可能是山东地区东夷族之一支"。③ 商人理应熟悉东夷民族那些口耳相传的故事,并形成一种集体的常识。当文字被创造之际,该文字就具有了非如此表现不可的必然性。于是,我们通过甲骨文不仅可以了解殷商社会,还可以窥测传说时代的东夷民族。

在远古文明成果当中,东夷民族的创造独多。④ 在东夷民族创造的成果里面,属于思想观念层面的有"仁"和"礼",属于规则制度层面的有"律"和"刑"。当它们问世时是浑然一体、不分彼此的。

首先是"仁"。"仁"体现亲人之爱与对偶之美。"仁"源于东夷民族的生活习惯,本指具有血缘和婚姻联系的人们之间的亲情之爱。"仁"的基本特征是"相人偶"即"人相偶",由此派生出氏族之间平等匹配真诚交往的传统意识和普遍关系准则。

其次是"礼"。"礼"源于对战胜之神的祭祀歌舞,同时它又是血亲族群的内部规矩,这种规矩最早源于实行两性禁忌的文身。这些内部规矩因与各种祭祀活动相联系而具有仪式性的权威。⑤

第三是"律"。"律"源于祭祀特别是战斗歌舞,即军队的战鼓之音调节拍。它的最初形式是公开的具有赏罚内容的战斗誓言,后来发展成论功行赏施罚的审判活动。⑥

---

① 张富祥:《东夷文化通考》,上海古籍出版社 2008 年版,第 321 页。

② 绛振镐:《东夷文化研究》,齐鲁书社 2007 年版,第 258 页。

③ 张富祥:《东夷文化通考》,上海古籍出版社 2008 年版,第 321、431 页。

④ 参见张富祥:《东夷文化通考》,上海古籍出版社 2008 年版,第 338、339 页。

⑤ 参见武树臣:《寻找最初的礼——对古礼字形成过程的法文化考察》,《法律科学》2010 年第 3 期。

⑥ 参见武树臣:《寻找最初的律——对古律字形成过程的法文化考察》,《法学杂志》2010 年第 3 期。

第四是"刑"。"刑"源于文身的囚具。文身是规范两性行为的措施，是原始教育的最初形态，又与相应礼仪同时进行。后来发展成相对稳定的刑罚制度。①

上述属于思想观念层面的成果是"仁"和"礼"，它们对中国数千年法律实践活动施以巨大影响。

（二）仁礼东西说：东夷之仁与西周之礼的相互对应和浸润

西周的政治文明可以用"礼乐"来代表。周公的伟大功绩就是"制礼作乐"。他以东夷之礼为基础，把民间之礼充分政治化、贵族化、仪式化。"周礼"在政体上表现为世卿世禄、嫡长继承的宗法贵族政体，在法体上表现为"帅型先考"、"议事以制"的判例法，在法律精神上表现为确立和维护亲亲尊尊的宗法伦理秩序。"乐"的载体是"乐律"。它出现在祭祀的场合，就是"礼"之"律"；它出现在战斗场合，就是军之"律"。可以说，礼是律的内容和标准，律是礼的形式和保障。西周的"礼乐"揭示了礼、法关系的最初形态。周人创造了"以德配天"说，从而把殷商迷信鬼神、不重人事的传统改变成既信鬼神、兼重人事。周人的这种改变显然是受到东夷之仁的影响，他们把氏族之间的匹配共存移植到君子与小人之间。于是便产生了一个新概念——"德"。"德"是天意和人意相结合的产物。天喜欢德，天才把天命交付给有德者。至此，民众才具有了政治意义并拐弯抹角登上了神坛，而神权便开始式微。在宗法贵族政体下，血缘等级与政治等级合二为 ，孝亲等于忠君，敬长等于尊上。维护家族秩序等于维护国家的安定。这就使维护父系氏族秩序的宗法上升为国法。于是，"不孝不友"成了"刑兹无赦"②的大罪，"直均则幼贱有罪"（争讼双方曲直相等则辈分低的一方有罪）③成了神圣的审判原则。在法律实践活动

---

① 参见武树臣：《寻找最初的刑——对古刑字形成过程的法文化考察》，《当代法学》2010年第4期。

② 《尚书·康诰》。

③ 《左传·昭公元年》。

中处处体现着亲疏、长幼、尊卑、男女之间的不平等。西周留给后世两宗遗产:一是亲贵合一的贵族政体,二是充满宗法伦理精神的法律。

孔子对古代思想的态度是舍弃、修正、创新。孔子舍弃的是神权思想,修正的是周礼,创新的是"仁"。首先,孔子不语鬼神,开创了"六合之外,圣人存而不论"①的学风;其次,孔子把附着神权、强调血缘、注重仪式的西周贵族之礼,改变成脱离神权、普遍适用、注重感情的平民大众之礼,主张对民众进行教育,通过在内心树立伦理道德而约束自己的行为;第三,孔子对当时的"仁"进行改造加工,把它提炼成为新的思想体系。孔子的"仁学"具有划时代的意义。孔子的"仁"是通过人与人的关系来发现人的价值的。如果说欧洲文艺复兴时代的人文主义,是通过神的折射来发现人的价值的话,那么,孔子的"仁"则是人通过对方的瞳孔来发现自己的存在。在"仁"的旗帜下,一切区别于动物的人,不分贵贱、族姓、贫富、智愚,都具有人的通性和资格。但是,孔子的"仁学"体系也有致命的不足之处:第一,缺乏本体论的支持;第二,缺乏民众能动支持的途径;第三,缺乏对君子群体的激励制约机制;第四也是最重要的,就是礼的拖累。因为孔子之礼和西周之礼都以宗法贵族政体为其政治基础,孔子的"正名"是恢复礼的秩序的手段,其目的正是要恢复西周的贵族政体。西周之礼和孔子之礼都维护"君君、臣臣、父父、子子"的宗法等级秩序,既反对统治阶级内部成员的僭越行为,更禁止劳动人民的"犯上作乱"。这是沟通两种礼的一座政治桥梁。然而,尽管"孔子之礼"在其基本精神方面几乎全部继承了"西周之礼",但是在实现"礼"的方法上却带有创新色彩:西周靠礼节仪式和刑罚,孔子则靠德政教化,从而把"礼"的精神植入人们的内心世界。特别是强调"仁"的社会实践性。君子要成为"仁人",必须做到"宽"、"惠"、"泛爱众","博施于民而能济众"②等。这样,对劳动人民的"德政"措施便无形中成了统治者必须履行的义务,而劳动人民就成了使君子完成"仁"的客观条件,于是"仁"就成了联系统治阶级与被

---

① 《庄子·齐物论》。
② 《论语·雍也》。

统治阶级的一个道德纽带。作为个体的人来说，"仁"是集中全部道德品质的最高道德境界，和君子自我陶冶修养习性的最高目标；作为整体的人来说，"仁"又是改造现实社会并为之奋斗终身的美好社会理想。然而，从"仁"与"礼"的内涵来看，"仁"不论是作为道德修养的最高境界，还是作为美好社会的理想蓝图，都是为"君子"（即贵族）特意设计的方案，而不是面向平民大众的。这就使生机勃勃的"仁"浸透着浓烈的"君子"气息，从而使"仁"无法充当结束一个时代又开启一个新时代的革命旗帜。

（三）礼治与法治的冲突和融合

如果说，礼是熟识人群的规矩，那么，法就是陌生人群的规矩。法家的政治目的就是为"无骨肉之恩"且"好利恶害"的人群创立规矩。法家其基本主张是"法治"，即以确立和维护专制主义国家为最高原则。"法治"要求用人们后天的功利取代先天的血缘身份，用以地域划分居民来取代依血缘确定阶级，用"在君主面前人人平等"取代贵族的一系列政治特权。它的起点是"尊君"，"君尊则令行"；它的归宿还是"尊君"，"法行则君尊"。这样，维护中央集权的君主专制政体便成了"法治"的灵魂，而专制政体的外衣就是超血缘的国家。在国本位精神指导下，法律处处体现维护专制王权的色彩，以极严峻的手段制裁"犯国禁、乱上制"和"不从王命"者，任何人包括官吏和有爵位者均不得违犯国家法律，否则决不宽贷。统治阶级还根据人们"好利恶害"的本性，运用赏与罚两手，驱使人们去做有利于国家的事情，以实现国富兵强。但是，法家的法治理论既苍白而偏执：第一，"法治"的核心内容即法律和君主的合理性，既没有本体论作依据，又缺乏古老的思想渊源，因此，法律和君主只能被畏惧而不能被信仰。第二，"法治"本身存在"尚法"与"尊君"的逻辑悖论，"尚法"是可以设计的，而君权是无法制约的。"君臣上下贵贱皆从法"的理想在君权面前哑然失语。第三，法家出于对人们"好利恶害"本性的片面理解而否定教育的作用，把刑罚推向极端。"法治"的辉煌在于曾经无情冲决宗法家族的政治樊篱，把个人从狭隘的世界中拉将出来，使他们和国家建立尽可能简洁明快的权利义务关系,从而第一次为个人发挥其聪明才智创造条件。法家的悲剧就在于把"法治"套上酷烈的刑具,从而使本应朝气蓬勃的社会改革黯然失色。

"法治"与"礼治"曾经针锋相对。这主要表现在三个方面:第一,在政体上是贵族政体和集权政体的对立;第二,在统治方法上是以德服人和以力服人的对立;第三,在法体上是判例法和成文法的对立。但是,这种对立不是绝对的,它们还存在重叠之处,这就是维护政治等级和家族伦理秩序。亲亲尊尊的宗法伦理秩序是古代法律自诞生之际就具有的传统品格。这种精神在西周春秋时代是靠风俗习惯和判例法来维持的。此后,是靠成文法来维持的。社会等级和伦理精神使儒家法家最终走到一起。这对儒家而言是天经地义的自觉,对法家而言则是实践积累的顿悟。

西汉以降,自给自足自然经济、宗法家族社会、集权专制政体"三合一"的社会结构开始形成。集权专制政体必然仰仗"法治",而家族社会依然渴望"礼治"。这是儒法合流的社会基础。于是儒家放弃贵族政体转而歌颂专制皇权,法家则不再否定教育和高谈严刑。儒家尊宠的礼被成文法化也许可以叫作礼的法家化或儒学的法典化。事实上儒家、法家的思想既具有同源性又具有演变性和兼容性。"儒法两家都维护自然经济和宗法家族结构,只不过方法不同";"法家自战国初期到末期的发展,与儒家自孔、孟到荀况的发展之间有着微妙的和谐之处。儒、法两家都由理想型转为务实型,儒家容忍集权专制,法家也捍卫宗法等级,他们都由强调礼法对立转而强调礼法合一。秦律维护官吏及父系家长的特权,无异于礼治的局部法典化。礼治、法治都是自然经济与宗法社会的产物,两者的差异仅仅在于:儒家是从维护宗法社会到维护自然经济,法家则是从维护自然经济到维护宗法社会,这正是绝妙的异曲同工、殊途同归"。①

"法治"与"礼治"的共同精神是轻视个人、否定个人、压抑个人。在"法治"与"礼治"融合的时代,个人不仅是家族的成员,还是国家的臣民。他们必须兼而承受两种义务:孝于宗族和忠于王朝。国家为自身安全而

---

① 武树臣等:《中国传统法律文化》,北京大学出版社 1994 年版,第 287、288 页。

念念不忘关照家族,家族为自身利益而竭力效忠王朝。它们本能地联合起来对付共同的死敌——商品经济。在自然经济、宗法社会、集权专制三合一的社会土壤上面,商品经济步履艰难,与之携手而来的平等、交换、权利、自由、私有等观念无法正常萌发和成长。这一切都使宗法伦理观念始终居于牢固的统治地位而未曾动摇。法律的价值在于实现社会的安宁与和谐。而这种安宁与和谐所带来的最大利益并不属于人们。专制王朝不惜用刑罚和行政的强制手段来钳制人们的思想,用道德教化来禁锢人们的思考,以拱卫礼的一统天下。在这种情况下,任何新的质的观念很难萌生,即使萌生了,也难于生存下去。

(四)"仁"与中国古代法律文明

如果说,在中国古代法律价值观当中,最体现差异性精神的是"礼",那么,最富于共同性精神的就是"仁"。"仁"在哲学领域的折射便是人本主义。其实质在于劝说统治者明白人民的重要性。剥开统治者那些维护长治久安的功利谋算,我们仍然能够依稀看到一丝对人的宽容与脉脉温情。比如,"三复奏"、"五复奏"的死刑复核制,慎刑恤狱,大赦,犯罪存留养亲,"原情定罪",等等。产生这种温情主义的原因主要是:第一,"天人合一"的"灾异"说。依照这种学说,人世间的刑杀无辜会干扰"天道"的正常运行,从而产生灾变。所以,要谨慎司法,宁肯放纵有罪者,也切勿株及良善。第二,出于对犯罪社会现象的较深刻的认识。比如,人们生活无着,官吏的肆意压迫,教化不力等,都可能成为人们犯罪的直接原因。因此,不仅不应把怒火发泄在犯罪者身上,反而应当让统治者"若得其情则哀矜而勿喜",时时反省自己。第三,这种温情主义既可以美化统治者的形象,又可以使犯罪者悔过自新,从而有效地预防犯罪。在司法审判中,法官并非简单地使用刑罚手段,而是极力运用教育手段来达到审判的目的——"无讼"。从本质上讲,宗法伦理道德不是"利己"的,而是"利他"的。这就要求人们尽力抑制"私欲"以实践伦理之大义。因此,道德教化成为根绝诉讼、息事宁人的天然屏障。

尽管"仁"由于缺乏本体论的依托而显得薄弱,但是"仁"本身却成了社会新思潮的传统依托。明末清初的启蒙思想,清末的改革思潮,无不可以从"仁"那里找到最直接最感人的力量。可以说,"仁"是促进中国古代法律史从野蛮走向文明的精神源泉。

二、清末修律:个人本位意识的萌动

(一)个人本位思想的传播

鸦片战争后,中国社会进入于空前的大变革时代。外国列强的军舰大炮给"天国上邦"带来耻辱,带来困惑,也带来新的思想。新思想可以分为两部分:一是民主宪政思想,二是个人本位思想。它们都是自西方舶来的。尽管由于历史条件的限制,当时先进的中国人,对这些外来思想并没有也不可能完全消化理解,但是却导演了轰轰烈烈的戊戌变法和清末修律运动。充分表现出中华民族勇于接受先进文化、与时偕行的品格。

对古老的中华民族来说,"民主"、"个人本位"都是个十分陌生的字眼儿。在中国传统文化的字典里,"民主"不过是替民作主、为民之主、牧民之主;而以平等、自由和人的尊严为主要内容的"个人本位",更是罕见踪迹。在西方,民主宪政思想和"个人本位",同属一个完整的思想体系,而后者又是前者的理论基石。诚如严复所说,西方国家"以自由为体,以民主为用"①。中国人似乎更看重民主宪政,因为它被视为西方国家之所以强盛的政治原因,因此,中国要想富强,必须变法,开国会、设议院、制宪法,实行君主立宪和三权分立。这就是资产阶级改良运动的政治内容。以保国保种、救亡图存为首务的进步人士,满怀信心地忙着构筑民主宪政的政治躯壳,来尽快改变中国落后受列强欺侮的不幸命运。他们来不及

---

① 严复:《原强》,载《严复集》,中华书局1986年版。

同时也没有条件去塑造与这一政治躯壳相适应的思想体系。于是"个人本位"便无形中被忽视了,对它的引进和宣传比民主宪政思想大约晚了半个世纪。① 尽管如此,与"个人本位"密切相连的思想因素毕竟被介绍进来了。严复在《论世变之亟》中写道:"自由一言,直中国历古圣贤之所深畏,而从未尝立以为教者也。彼西人之言曰:唯天生民,各具赋畀,得自由者乃为全受,故人人各得自由,国国各得自由,第务令毋相侵损而已;侵入自由者,斯为逆天理、贼人道,其杀人伤人及盗蚀人财物,皆侵人自由之极致也。故侵人自由,虽国君不能,而其刑禁章条,要皆为此设耳。"他还把西方的"天赋人权"转译为"民之自由,天之所畀"。康有为在《大同书》中宣称:"人皆天所生也,同为天之子,同此倒首方足之形,同在一种族之中,至平等也";"人非人能为人,天所生也,托籍父母生体而为人,非父母所得专也。人人直隶于天,无人能间制之";"人者,天所生也,有是身体即有其权利,侵权者谓之侵天权,让权者谓之失天职。男与女虽异形,其为天民而共受天权一也"。这些思想与"个人本位"完全一致。

(二)沈家本的人格意识与修律活动

沈家本是清末修律的主持者,他是博学的朝廷命官,是既深谙于中体又明于西学的法律大家。他试图将中国固有的法统和西方先进的法理调和起来,通过集中立法的手段来实现中国法律的进化。在沈家本法律思想当中,最为耀眼者即是"人格"。沈家本的人格意识很显然受到当时进步思想的影响,同时,这种意识也与中国传统的"仁"暗中相连。

"生命固应重,人格尤宜尊",是中国近代法律家沈家本在清末修律中提出的一项原则。它是中国法观念由"重生命"的"仁道"向"尊人格"的资产阶级人道主义艰难过渡的一个标志。中国古代法律除了残酷的一面之外,最大的特点就是"重生命"。这正是宗法温情主义和"仁"的哲学观在刑法领域的集中表现。周公更强调"明德慎罚",主张区分犯罪的故

---

① 参见熊月之:《中国近代民主思想史》,上海人民出版社 1986 年版,第 29、151 页。

意和过失,累犯和偶犯,甚至要求"勿庸杀之,姑为教之";先秦儒家主张"为政以德",反对"不教而杀",力倡"省刑罚、薄赋敛","胜残去杀";以严酷著称的秦律竟从保护劳动力的立场出发,规定"擅杀子"为有罪;汉文帝除肉刑,称肉刑"断肢体、刻肌肤"。"岂称为民父母之意哉!"武帝时大儒董仲舒提出"天谴灾异"之说,这对司法枉滥、诛戮无辜,无疑是一种精神上的限制;东汉白虎观会议明确反对"父杀其子"的行为,理由是"天地之性,人为贵,人皆天所生也,托父母气而生耳。王者养长而教之,故父不得专也";晋律规定"父母杀子者同凡论",并处死刑;北魏首开"犯罪存留养亲"之制,意在保护生命之延续;历代统治者均不同程度地约束各级司法官吏,以制止罪及无辜。更不必说录囚、恤狱、朝审、秋审、热审及死刑复决之制。这些与"重生命"的"仁道"观念相联系的制度,对于维护社会的安定和生产的发展,无疑具有进步意义。但是,在中国古代社会"重生命"观念带有功利性。在统治阶级看来,人民生命的价值在于为统治阶级纳粟服役,即所谓"无野人莫养君子"。因此,适当改善一下人民的物质生活条件,适当限制酷刑和暴虐,正是维护统治者长治久安所必需的手段。于是"重生命"不过成了"慎人命、缓刑罚"的措施,一种居高临下、悲天悯人的道德格言,或充满了利害计较的权宜之策。因而它既不可能从根本上杜绝法律实践活动中的严刑酷罚和凶残暴虐,更不可能成为广大民众追求自身解放的革命口号。但是,在中国古老的百科全书中,从来没有"人格"一词。人格观念是近代由西方传入中国的"舶来品",它同自由、平等、人道、正义、民主、法治等资产阶级政治法律思想密切相联系。它要求社会普遍尊重个人的存在、个人的价值、个人的尊严、个人的权利、个人的意志和创造力,并用法律加以切实保障,从而促进社会整体的发展。

以沈家本为代表的受西方政治法律思想影响较深的一代法律家,抱着变法图强、拯危救亡的强烈愿望,迫切要求效法西方,以实现中国政治法律制度的"现代化"。他们虽然也打着传统的"仁"、"德"即"重生命"的旗号,骨子里却悄悄地把"尊人格"等新精神注进中国传统法律文化的古老躯体,并且及时体现在修律实际行动中。这主要表现在以下几方面:

（1）废除重刑。奏请清廷废除凌迟、枭首、戮尸、缘坐等重刑，死刑只留斩首。（2）废除刺字。刺字背离了"使莠民知耻，庶几悔过而迁善"的宗旨，使偶然犯罪者难以自新，故应废。（3）废除奴婢制，禁止买卖人口。他认为"以奴婢与财物同论，不以人类视之"是极不合理的事情，"买卖人口一端，既为古昔所本无，又为环球所不韪"，应永行禁止，以"尊重人格主义"。（4）变通行刑旧制。他反对公开"刑人于市"，应专设刑场，使"临刑惨苦情况不欲令人见闻"。（5）改良狱政。"设狱之宗旨，非以苦人辱人，将以感化人也"。而中国监狱历来是"苦辱之场"，对犯人肆意屠毒、残刻无极，"同为人类，何独受此"！应效法泰西狱政，使犯人"衣食洁而居处安"，"有教诲室以渐启其悔语"，"设假出狱之律，许其自新"。（6）力倡法律平等。实现法律平等是"尊人格"的基本前提。他认为"法之及不及但分善恶而已，焉得有士族匹庶之分？"因此，旗人犯罪应与常人"一体同科"。

尽管以沈家本为代表的一代法律家，没有也不可能提出彻底否定封建法制的口号，他们的政治法律思想仍没完全跳出封建主义的旧框框。但是，他们在西方资产阶级自由、平等、博爱、人道主义思想的影响下，在中国传统法律舞台上首次提出"尊人格"的主张，其历史意义是不容忽视的。20世纪以后，中国法律真正开始了它的"现代化"进程，而切实从"重生命"转向"尊人格"，正是这一历史性转变的基本标志之一。

（三）杨度的个人本位和国家主义

在清末修律活动中，在思想上贡献最大的是杨度。由于个人的特殊经历，他对西方政治法律思想有更为系统的理解。他指出，世界上有两种法律：家族本位的法律和个人本位的法律。两者既体现中西之差，又体现古今之别。世界各国大都实行过家族本位的法律，"当未成法治国以前，无不为家族主义。世界各国皆所不免。不独中国为然"。后来，西方各国转而实行个人本位的法律，故达到国富民强。中国依然实行家族本位的法律，故落后于世界。他认为，中国的封建制度和家族制度已经走到尽头："阻碍国家进步者莫如封建制度,阻碍社会进步者莫如家族制度","故封建制度与家族制度,皆宗法社会之物,非二者尽破之,则国家社会不能发达"。中国自秦汉以来一直保留家族制度。"今中国社会上权利义务之主体,尚是家族而非个人。权利者一家之权利,而非个人之权利;义务者一家之义务,而非个人之义务;所谓以家族为本位,而个人之人权无有也。"①

西方各国法律之精神是以个人为本位,"人民对国家负担责任,国家即予之以自由之权利"。家庭中,子女未成年,对于国家的一切权利义务,都由家长替代;成年以后,则由个人负担义务,享受权利,直接对国家负责任。在这种"以个人为单位"的法律之下,"天生人而皆平等,人人可为权利义务之主体"。"人人生计发达,能力发达。然后,国家日臻发达,而社会也相安于无事"。在这种法律下,"人民对国家负担责任,国家即予之以自由之权利"。其结果是个人发达,国家强盛。②杨度指出:"夫各文明国之法律,其必以个人为单位者,盖天生人而皆平等,人人可为权利义务之主体。否则,人权不足,不能以个人之资格自由竞争于世界,于是社会不能活泼,国家亦不能发达矣。"中国"二千多年之法制均本于秦"。一直实行家族主义法律。但是家族主义法律只能适用于家族制度时代。中国"向无所谓国际,就是以其国家名之为天下。只要维持社会,即是所保国家之治安,并无世界竞争之必要"。但是,现在的情况已完全不同了。列强侵入,海禁大开,弱肉强食,中国积贫积弱,无以复加。"现在系预备立宪时代,即是预备国家法制完全的时代"。在这种形势下,法律不能"一方面增长国家制度之进行,一方面保全家族制度之存在"③,只能以个人本位、国家主义的精神制定新律。

---

① 杨度:《金铁主义说·中国国民之责任心与能力》,载《杨度集》,湖南人民出版社 1986 年版,第 256、259、257 页。

② 参见《资政院议场速记录》第 23 号。

③ 杨度:《金铁主义说·中国国民之责任心与能力》,载《杨度集》,湖南人民出版社 1986 年版,第 256 页。

　　杨度所主张的"个人主义"实际上是打破以家族为权利义务主体的旧制度,让个人与国家建立直接的关系。而个人的权利自由又以向国家尽义务为前提,"人民对国家负担责任,国家即予之以自由之权利";"人民自只能于公共所立法律之中自由行动,而以其余授之政府。既以其余授之政府,则自由之范围自狭矣。然狭则虽狭,而能平等。甲之自由若多于乙,则政府干涉甲而保护乙矣。政治上自由之意义如此"。① 可见,个人自由只是个人与个人之间的平等权利,而国家的自由则是管理和干涉个人自由的自由。其结论只能是国家自由高于个人自由。杨度的"个人本位",无非是把个人对家族负责任,变成对国家负责,由此,将他的主张称为"国家主义"是再合适不过的。

　　在对待家族、个人、国家的问题上,如果说先秦法家的"法治"旨在把个人从家族的古老圈子里拉出来,与专制主义国家直接挂上钩,并用赏罚两手驱使人民耕战,以达到国富民强的话;那么近代资产阶级的"国家主义",则是打破家族的窠巢,使个人与民主宪政的国家直接建立联系,用法律的手段确认个人的权利自由,并使个人对国家负责任,以达到变法图强的目的。在这里,家族两次成为新兴地主阶级国家和资产阶级国家的天敌,而个人又两次成为富国强兵的砝码。当然,前者是与集权专制政体相联系的,后者则是与立宪民主政体相联系的。这不仅是两者的最大差别,也是后者远远高于前者的地方。

　　在这里,我们似乎看到,近代资产阶级的思想模式虽然套上西方学术的外衣,却依然沿着中国传统文化的路数转了一个大圈,重新回到历史的原点。当然这是螺旋形的原点。历史清楚地表明,西方的"个人主义"一进入中国大地,便被中国传统文化所改造。它在同家族主义打了一仗之后,就顺理成章地放马南山了,真正能在中国人心底引起共鸣的,不是西方动听的旋律,而是自古已然的脉搏。

---

　　① 杨度:《金铁主义·世界的国家主义》,载《杨度集》,湖南人民出版社 1986 年版,第233、234 页。

三、中华民国:国家社会主义理论

春秋末年晋国叔向说过:"国将亡,必多制。"清末戊戌变法、仿行立宪、修订法律都未能拯救衰败的王朝,中国资产阶级就正式登上政治舞台。中华民国成立后仍面临复杂激烈的政治甚至军事斗争,这就使个人本位思想失去良好的传播环境。一些资产阶级革命家为达到切近的政治目标,从力倡自由、平等、博爱口号而转向现实社会。从而形成比较系统的法律价值观:国家社会主义。

(一)孙中山的国家主义

孙中山是伟大的资产阶级革命先行者和政治思想家。他不仅领导资产阶级革命运动,而且还形成了他的政治法律思想。其思想核心就是国家社会本位。他公开宣布自己的主张与所谓的"天赋人权""殊科",不承认与生俱来的自然权利。他认为人类最大的事实就是社会整体的共同生存,脱离社会存在的抽象自然人是不存在的。个人的地位与权利寓于社会秩序和全体利益之中。个人必须首先为国家社会尽义务,国家才赋予并保护他的自由和权利。国家的自由和权利远远高于个人的自由和权利。他主张牺牲个人自由以争取国家的自由独立:"个人不可太过自由,国家要保完全自由。到了国家能够行动自由,中国便是强盛国家。要这样做去,便要大家牺牲自由。"他甚至认为中国就是因为个人自由太多而造成"一片散沙"。① 当个人自由、权利与国家社会发生冲突时,法律应以强有力的方式维护国家社会的自由、权利。他坚信只要国家社会有了自由、权利,个人就必然获得了自由、权利。同时,在社会政策上他主张尊重

---

① 参见《孙中山选集》下册,人民出版社 1981 年版。

和照顾贫弱者的利益,坚持国家通过"平均地权"、"节制资本"的民生政策和法律手段积极干预、限制个人滥用私权和破坏公益的行为,保障财产的有效利用,促进农业生产,节制私人垄断资本、发展国家资本和保护工人劳动与生活权利,达到国民全体的共同幸福。这些政策无一不体现了和以个人权利为核心的私法制度迥然相异的精神。

(二)胡汉民的国家社会主义

国民政府立法院院长胡汉民在阐发和总结孙中山思想的基础上,形成了比较完整的国家社会主义法律观。胡汉民专门阐述"三民主义"的立法精神:"中国向来的立法是家族的,欧美向来的立法是个人的,而我们现在三民主义的立法乃是社会的。"①首先,他指出,"盖中国历代制礼立法,完全是立于家族制度的基础上",即所谓"家族本位"。这种法律的实现要依靠集权专制的皇权,故又极力"维护君主专制"。家族的基础是农业社会,故法律"独注意农业社会家族经济之关系"。不仅如此,"更从社会组织与国家组织上观察,从来中国的法律,公法与私法相混,可以说私法完全纳于公法之中,此种简陋之法律制度,自不能适应时代之要求"②。因此,中国传统"家族本位"的法律应当废除。其次,他认为,欧美近代"个人本位"法律实际上"较诸我国家族主义的法律制度尤觉落后";"欧美近代立法的基础,俱以个人为本位,根本上认个人为法律的对象";"认定个人有天赋的权利,有其不可侵犯的自由。自然人的权利和自由,成为人权观念的内容,而人权则成为立法的基础。现代虽有稍事变更,亦不过于社会共同福利最低限度内,抑制个人自由,仍偏重于个人自由,忽略社会全体之利益也"③。根据这一原理确立的欧美近代法律,"权利、财

---

①　胡汉民:《三民主义之立法精义与立法方针》,载《革命理论与革命工作》,上海民智书局1932年版。
②　胡汉民:《社会生活之进化与三民主义的立法》,载《革命理论与革命工作》,上海民智书局1932年版。
③　胡汉民:《社会生活之进化与三民主义的立法》,载《革命理论与革命工作》,上海民智书局1932年版。

产、自由、结社、责任诸观念实为个人的,而非社会的",“法律的效用,变为只规范个人与个人之间权利和自由的界线,而不知个人以外有其他的社会利益"。① 忽视国家和社会利益的法律制度,带来了西方社会的严重恶果——个人主义日趋极端。竞争成为经济生活的单一手段,贫富悬殊导致了激烈的阶级斗争,整个社会处于经济危机与政治动乱的旋涡之中。这种“个人本位"的法律制度中国决不应当效法。其三,胡汉民指出,苏俄国家的法律制度是以阶级为本位,即“虽已将社会为单位的观念代替个人为单位之思想,误认社会生存关系为阶级对立关系,而不知社会生存关系为协动关系、为连带关系,须以整个社会为单位,决不能分化社会以任何阶级为单位"②。这种观念和制度人为地割裂了社会的连带性,造成一个阶级的独裁专制,扩大阶级对立,必然加深阶级矛盾与冲突,违背了社会发展的规律。这种“阶级本位"的理论和制度,中国决不可以学习。

总之,胡汉民认为,现在的立法应当坚持“三民主义",实行“革命的立法"。“革命的立法有进取性,所以要迎头赶上世界一切新学理、新事业;革命的立法有改造性,所以不能因袭古代成规,继承外国法系"。③

胡汉民国家社会主义价值观有两个理论支柱:一是国家至上的公法观。其口头禅是个人无权利、无自由,只有国家才有权利、自由。人民“要享受自由,平等,必须经过不自由不平等的训练"。二是社会至上的私法观。其口号是“以全国社会的公共利益为本位,处处以谋公共的幸福为前提"。

在公法领域,胡汉民认为,中国几千年来的专制思想与专制制度根深蒂固,“大多数人民的政治意识与经验两皆缺乏,骤欲界之以政权,其势必复为强暴所劫取"。所以,建国之初,国民党必须以“政权之保姆自任",“一切权力皆由党集中",实行训政。而不可轻意地把政权交给“没

---

① 胡汉民:《三民主义的立法精义与立法方针》,载《革命理论与革命工作》,上海民智书局1932年版。
② 胡汉民:《社会生活之进化与三民主义的立法》,载《革命理论与革命工作》,上海民智书局1932年版。
③ 胡汉民:《社会生活之进化与三民主义的立法》,载《革命理论与革命工作》,上海民智书局1932年版。

有训练"、"没有教育"的人民。"人民要享受自由、平等,非经过不自由、不平等的训练不可,这句话可以算是一条定律"。① 胡汉民宣称,个人无自由,国家社会才有自由。以往正是由于中国人享有的自由太多了,才使国家成为一片散沙,使国家缺乏强大的凝聚力和战斗力,才造成对外丧失自由平等地位的现状。因此,人们要争自由,首先应争国家的自由。"个人应将其自由,纳入团体之中,而求团体之自由。"②这种观点还得到孙科的支持:"我们革命完全是为国家的解放、独立和自由。所以中国宪法不能像欧美以个人自由为出发点。因为中国人是自由的,但是国家却不能自由。所以国民要有组织,不能再如从前一样放任。宪法不能以个人自由为目的,要以国家至上、民族至上为目的。……这样,由人民立法以限制个人的自由,来保护国家民族的自由,不是很合理吗? 不是很合中国的需要吗?"③根据训政原则,在训政期间,国民党政府公开地理直气壮地以各种形式限制、剥夺人民集会、结社、言论、出版等政治自由和权利。人民的参政权利被剥夺了,中华民国的民权实际上变成了党权,民主制度变成了一党专制。

在私法领域,胡汉民认为,首先,社会整体利益高于个人利益,是社会至上私法原则的基本精神。社会经济立法应"以全国社会的公共利益为本位,以谋公共的幸福为前提"④。法律承认、保护个人生命财产,完全是由于"个人的生命财产和利益,乃社会的生命财产和利益之一部"。因此,个人在运用财产所有权,订立各种契约,追究某一方经济责任时,"不应离开社会整体的公共利益和目的,不应有任何违反社会的意思和行为",否则,"法律就要起而干涉他"。⑤ 他还主张,为了社会的共同利益,

---

① 胡汉民:《今后教育的四个要求》,载《革命理论与革命工作》,上海民智书局1932年版。

② 胡汉民:《三民主义的立法精义与立法方针》,载《革命理论与革命工作》,上海民智书局1932年版。

③ 孙科:《我国宪法与欧美宪法的区别》,载《孙科文集》,(中国台湾)商务印书馆1972年版。

④ 胡汉民:《民法债篇的精神》,载《革命理论与革命工作》,上海民智书局1932年版。

⑤ 胡汉民:《三民主义的立法精义与立法方针》,载《革命理论与革命工作》,上海民智书局1932年版。

国家应运用法律手段积极地指导、干预个人财产的使用权、收益权和处置权。这一精神体现在当时的法典和法规之中。如《土地法》规定:"对荒搁闲置,不用又不卖的土地重征土地税","私有荒地逾期不开垦者,需用土地人可请求征收之","制止有妨害国家政策之土地买卖和租赁","国家有权因公共事业征收私人土地",等等。胡汉民的"社会至上"的私法观,是在总结西方失败教训的基础上形成的。他认为,近代西方私法以"个人本位"为基调,建立了私权绝对、契约自由、过失责任等众多的原则。这些原则导致贫富分化,使整个社会"离心向外而陷于瓦解"。① 由于分配不均,技术越发达反而造成失业贫困的人日多,购买力低下,结果出现生产过剩的经济危机。劳动阶级为了摆脱贫困而主张社会主义,并开展了以暴力推翻政府的斗争,阶级斗争的日益激化,必然导致整个社会的崩溃。因此,在私法领域应当杜绝"个人至上"而代之以"社会至上"。

国家社会本位法律观作为一种占社会统治地位的思想观念,自有其得以产生和确立的社会文化原因。第一,是政治斗争的需要。国民党政府自成立之后,就面临着中国共产党领导下的人民革命斗争。为了集中力量打击红色政权和革命武装力量,为了维护国民党统治区内的安定局面,他们自然要加强国民党一党集权专制,限制人民的一系列政治权利。"国家至上"的口号正适应了国民党独裁专制的政治胃口。第二,是经济利益的要求。国民党政府是官僚大资产阶级的代言人。为了确保自身的特殊经济利益,就必须对一般资产阶级和广大劳动人民的经济权利进行最大幅度的限制和剥夺。他们打着保护社会公共利益的旗号,并以法律的形式保证其贯彻实施,其目的就是加强官僚大资产阶级对国计民生的绝对控制。他们的所谓"社会至上",实质就是统治阶级的利益至上。第三,是传统文化的潜在影响。中国传统法律观自古以来就是集体本位的,如"家族本位"、"国家本位"及"国家与家族本位",其共通的精神是排斥和限制个人权利。西方"个人本位"思想之所以在中国遭到普遍的忽视

---

① 参见胡汉民:《三民主义的立法精义与立法方针》,载《革命理论与革命工作》,上海民智书局 1932 年版。

和抵制,其中自有其历史的文化传统的和民族心理方面的潜在根源。从人们的习惯意识上来看国家社会本位比"个人本位"更容易接受。因为在中国人的心目中,"正义"、"公理"总是站在集体而不是站在个体一边的。第四,是国际思潮的影响。19 世纪末 20 世纪初,西方法学家提出"社会本位"的思想,要求对个人的自由和权利进行必要的修正和限制,要求重视社会福利立法,以达到阶级利益的相互调和以及资本主义社会的长期稳定。当这种思潮传至中国时,中国的法学界便拍手称快。"俗言说得好,无巧不成事。刚好泰西最新法律思想和立法趋势,和中国原有的民族心理适相吻合,简直是天衣无缝"①。国民党当权派胡汉民、孙科等人也曾在文章中多次介绍和引用了法国狄骥的社会连带主义法学的原理和内容,并由衷地称赞它代表了现代社会最新的立法趋势。

国家社会本位是中国法律文化历史发展的一个阶段,尽管它在理论内容上与历史上的法律观有千差万别,但毕竟是中国传统的集体本位精神的特殊表现形式。就这一角度而言,国家社会本位的确立,标志着中国传统法观念的一次蜕变和个人本位在中国移植的失败。

四、"以人为本"与当今法律文化建设

从中华人民共和国成立到"文化大革命"结束的近三十年间,在苏联政治法律理论的影响下,我国的法律界包括法学教育研究以及国家立法、司法等领域,曾经被"阶级本位"统治着。这种观念宣布:法律是统治阶级意志的体现,阶级性是法律的根本属性,法律是阶级社会特有的现象,法律的最重要的职能是镇压敌对阶级的反抗,以维护统治阶级的统治。这一理论完整表述始于 1949 年 2 月《中共中央关于废除国民党的六法全

① 吴经熊:《新民法和民族主义》,载《法律哲学研究》,清华大学出版社 2005 年版,第173、176 页。

书与确定解放区的司法原则的指示》:"法律是统治阶级公开以武装强制执行的所谓国家意识形态。法律和国家一样,只是保证一定统治阶级利益的工具。国民党的六法全书和一般资产阶级法律一样,以掩盖阶级本质的形式出现,但是实际上既然没有超阶级的国家,当然也不能有超阶级的法律";"国民党全部法律只能是保护地主与买办官僚资产阶级反动统治的工具,是镇压与束缚广大人民群众的武器";"在无产阶级领导的工农联盟为主体的人民民主专政的政权下,国民党的六法全书应该废除,人民的司法工作不能再以国民党的六法全书为依据,而应该以人民的新的法律作依据"。[1] 这一理论到了"无产阶级文化大革命"时期,便发展成为"无产阶级专政下继续革命"的理论。

"阶级本位"法律观是"以阶级斗争为纲"的"左"的思想路线在法律领域的反映。它与马克思主义的法观点,与社会主义法律实践活动的内在规律性,都是相违背的。其要害是:要"无产阶级政治",不要社会主义法制;要"无产阶级专政",不要民主政治;要保护"国家利益",无视公民个人权利。在"阶级本位"理论的指导下,社会主义法制不可能迅速健全起来,相反,它随时都有可能在政治斗争、阶级斗争的漩涡中迷失方向。

"阶级本位"法律观忽视了对公民个人权利的保护。在"阶级斗争"、"无产阶级专政"、"无产阶级政治"的旗帜下,一般个人的权利、自由被"合法合理"地遗忘了。既然无产阶级政权代表了全体人民的根本利益,那么,人民似乎没有必要经常参与政治生活,也没有必要切实保障和完善人民言论、结社、出版、游行、罢工等政治民主权利。因为国家是人民的国家,人民不可能批评和反对自己的国家,人民的价值似乎在于时刻准备着为响应国家的号召而积极投身各种运动。而人民这样做正是为了自己的根本利益。个人是国家社会大机器中的一个小螺丝钉,个人应当服从整体,应该以国家的需要为自己的最大志愿。考虑个人意志、个人特长、个人发展,是思想不纯的表现。这样,"阶级本位"又同"义务本位"悄悄地挂上了钩。

---

[1] 郭成伟主编:《新中国法制建设 50 年》,江苏人民出版社 1999 年版,第 80 页。

　　中共十一届三中全会以来,中国社会发生了巨大的变革。实现这一变革的先导,是思想理论的拨乱反正、勇敢创新和与时偕行。中国共产党坚持解放思想,实事求是,彻底否定"阶级斗争为纲"、"无产阶级专政下继续革命"的极左理论,创立了邓小平理论、"三个代表"重要思想、科学发展观和习近平新时代中国特色社会主义思想。

　　中国共产党人,自从1921年中国共产党成立之际,以马克思、恩格斯《共产党宣言》打破旧世界,挣脱铁锁链的造反精神,号召工农大众起来推翻帝国主义、封建主义、官僚资本主义三座大山。到21世纪初,领导全国人民建设社会主义小康社会之际,又一次重温《共产党宣言》中关于"人的全面发展"("每个人的自由发展是一切人的自由发展的条件"①)的原理,并将之概括为"以人为本",真是一个巨大的理论飞跃!

　　在"以人为本"、"构建社会主义和谐社会"、"发展社会主义民主政治","建设社会主义法治国家",尊重和保障人权,提倡自由、平等、公平、正义的统一理论下,公民作为个体自然人的一系列权利和利益得到前所未有的重视,并且在国家政府活动中得到更为广泛的确认,在政府执行活动中逐步得以实现。在社会主义中国的当代法律观当中,"国家与个人本位"是最宏观、最高位的法观念。在这个观念当中,重视公民个人权利的意识则是最为重要的一翼。只有这个方面被巩固加强了,才能构成坚实的双向的"国家与个人本位"法律观。"国家与个人本位"双向法律观的巩固和发展,是改革开放以来中国法律文化建设的最重大的收获。可以相信,在"国家和个人本位"法律观的指引下,我国的社会主义法律文化建设,将会沿着科学正确的道路继续前进。

　　法学家们和法学教育工作者通过研究和教学活动,批判封建主义残余影响,倡导科学民主的法律思想,为下一代青年学子树立正确的法律观付出辛勤劳动。20世纪80年代中期,法学界经过"人治与法治"、"法律面前人人平等"、"义务本位与权利本位"、"法治国家"等讨论,对公民个人权利的价值有了更为清晰的共识。历时多年的全国普法工作,使亿万

---

　　①　《马克思恩格斯选集》第1卷,人民出版社2012年版,第422页。

民众获得法律常识,知法,用法,勇敢捍卫自己的正当权利。在社会生活的各个领域,那种不懂法律,不懂人权,公然侵害公民正当权利的官僚习气,已成过街老鼠,不得人心。

应当注意,当我们赞美"国家和个人本位"法律观并且热情希望它真正确立时,不要忘记,这种法律观并不因为它在理论上多么正确就可以轻易诞生。这种法律观的问世,除了市场经济的繁荣、民主政治的深入、国家法制的完善之外,还仰仗整个国家民族的新的道德作基础。而这种社会主义的新道德则来源于对传统道德的批判与继承。正如罗素所说:"如果这一切要得以成功,中国的道德观念要大大地变更。要用公共思想取代旧时的家族伦理观念。经营私人事业时的诚实美德要转到国家事业上来。……我们必须知道,上述的新道德是必不可少的。没有了这些新观念,任何国家社会主义制度都必将失败。"①在农耕社会与家族伦理渐成历史的今天,社会主义市场经济的公共性与儒家的美好道德条目中的诚实性怎样才能结合起来,形成既超越历史同时又保存传统,既植基于当今现实生活同时又与整个人类同步行进的新式道德,是摆在全体中国人面前的伟大历史使命。因为,一个国家和民族的现代化是与物质生活和精神生活的现代化同步发展的。"国家和个人本位"法律观的形成和实践,毫无疑问应当促进这一伟大的历史进程。

---

① [英]罗素:《中国问题》,秦悦译,学林出版社 1996 年版,第 195 页。

第十五章

中国古代法律样式的理论诠释*

　　法律样式是法律实践活动的宏观程序,有判例法、成文法、混合法三种类型。中国的法律样式经历了由判例法发展为成文法,再由成文法发展为混合法的"否定之否定"式的漫长历程。自西汉到清末,中国法律样式的总体面貌是成文法与判例法相结合的混合法。与这一发展历程相适应,历史上的思想家曾用中国式的理论对这三种类型的法律样式加以诠释。判例法样式基本上能够适应宗法贵族政体的要求,它的理论支柱是"人治"和"仿上而动"的观点;成文法样式基本上能够适应中央集权君主专制政体的要求,它的理论支柱是"两权分立"学说以及"君权独尚"、"缘法而治"的观点。特别值得重视的是,生活在成文法时代的思想家荀子发现了成文法的弊端,提出了"法类并行"的主张和迥异于西周春秋时流行的"人治"理论的另一种"人治"观点,为行将出现的大一统王朝贡献了礼法结合的治国理论,为未来的立法、司法活动设计了一整套方案,勾画出了混合法的蓝图。后世思想家对"议事以制"的反思,对人法之辨的归纳,都是沿着荀子的思路而展开的。在混合法时代,"法"与"人"的作用在理论上已经被置于同等重要的地位,截然对立的人法之争已不复见。

　　法律样式是法律实践活动的宏观程序,即立法和司法活动的基本工

---

　　* 本章基本内容同名发表于《中国社会科学》1997 年第 1 期。

作方式。作为人类文明的成果之一,它不但集中反映了某一社会或国家的法律实践活动之主要特点,保障着法律价值社会化的实现,维系着有利于社会整体生存和发展的基本秩序,而且还从某种角度上塑造着人们的行为和思想,有力地促进着社会的变革。中国法律样式是中华民族数千年法律实践活动的结晶,它形成于中国这块独特的土壤,洋溢着浓厚的民族气息,经历了顺乎自然而又生机勃勃的发展过程。笔者认为,从一定意义上讲,中国法律样式所具有的特征实际上体现了人类法律实践活动的某种共同规律。中国法律样式的重心是混合法,它可以与西方两大法律样式(判例法样式、成文法样式)并称为世界三大法律样式。研究中国法律样式,不仅有利于总结历史、策划当今,而且对于认识人类社会法律实践的共同发展道路也将有所裨益。

一、世界法律样式的三个类型

迄今为止,人类社会中的法律样式大体上可以划分为三个类型:

首先是判例法型——国家一般不制定成文法典,审判机关在审判时,依据有关法律政策和法律原则,并结合具体事实,对案件作出判决,于是产生判例;下级审判机关必须服从上级审判机关的判例,上级审判机关也必须服从本机关以前的判例(即"遵循先例"的原则)。这里,法官首先要从以往的判例中选择一个他认为最适宜于本案援用的判例,并从中概括出某项法律原则作为审判的依据。法官的主观能动性可以得到充分发挥,他可以根据变化了的社会情况和新的法律政策作出新的判决来取代旧的判例。英国美国法就属于这一类型。

其次是成文法型——国家指定专门立法机关按照法定程序制定统一的实体法和程序法,并以法典的形式加以颁布;审判机关根据成文法律审判案件,法官既不能随意发挥,也不能参照以往的判例。遇到法无明文规定的特殊情况,或者遵循"罪刑法定"原则而不予追究,或者依据"类推"

制度而适用最相近似的法律条文。待到法律明显不宜适用之际,再依法定程序修订旧法或制定新法。欧洲大陆法就属于这种类型。

第三是混合法型——国家一方面按照法定程序由专门立法机关制定成文法典作为审判的依据,另一方面也允许法官在法无明文规定和现行法律不宜时用之际创制、适用判例,并将这些判例加以选择、核准、纂辑成判例汇编,一俟时机成熟,便通过立法渠道将判例所体现的法律原则加工上升为法条并纳入法典;这种成文法典与判例之间既并行又融汇的状态即混合法状态。中国法就属于这一类型。

中国法律样式的发展过程十分漫长。这一过程呈现了丰富多彩的内容并表现出明显的阶段性,而首尾相接的诸阶段之间又具有内在的对立性和继承性。正是这一系列的对立与继承,为我们勾勒出了中国法律样式的总体面貌。这一过程大致可以分为如下几个阶段:

(一)"判例法"否定"任意法"

商代的法律样式是"任意法"。这里的"意"是"神意"和"人意"(即统治阶级意志)的合一。当时的立法、司法活动是经过占卜的宗教仪式来完成的。甲骨卜辞就是这一过程的真实记录。这种立法、司法方式最初带有偶然性和随意性。后来,随着法律实践经验的积累,一些基本的法律原则逐步形成,有价值的判例也越来越多。在这种条件下,人们的主观能动性提高了。"疑则问卜",反之,"不疑则不必问卜"。于是,既成的法律原则和判例作为"任意法"内部的"异己"因素不断发展起来,终于成为"任意法"的否定物。

西周、春秋的法律样式是"判例法"。它在继承商代某些基本的法律原则和大量判例之后而形成,并在宗法贵族政体的基础上得到空前的发展。当时的法律样式被概括为"议事以制,不为刑辟"①,即选择适宜的判例来指导审判,而不制定包括何种行为是违法犯罪,又应该承担何种法律

---

① 《左传·昭公六年》。

责任这两项内容的成文法典。在法律文献编纂方式上则是"以刑统例"，即在五种刑罚后面分别排列一系列判例。

"判例法"取代"任意法"无疑是一个历史性的进步。它标志着"人"对"神"的胜利，也标志着社会按照法律本身规律来进行法律实践活动的开始。与此同时，在"判例法"样式内部，又一个"异己"因素悄悄成长起来，它预示着一个新的历史时期的开始。

（二）"成文法"取代"判例法"

在战国和秦代，以郡县制为基础的集权式官僚政体取代了宗法贵族政体。与此同步，"成文法"也取代了"判例法"。在"生法者君也，守法者臣也"①的"两权分立"原则支配下，法律由以君主为首的国家机关依一定程序制定出来并予以公布，法官在审判中只能依照成文法律，不能发挥主观能动性，也不得援引以往的判例，否则要受到严厉追究。当时，"议法"、增损法条文字都是重罪。到了秦代，社会生活的各个领域都已做到"皆有法式"，"事皆决于法"②。"成文法"取代"判例法"是春秋战国时代政治、经济、社会大变革的必然产物。从某种意义上讲，这种法律样式的变革带有进步色彩。因为在这种制度下，法律被全体人民所知晓，致使"吏不敢以非法遇民"③，人民有可能依据法律来维护自己的利益。

但是，毋庸讳言，"成文法"样式也有其自身的缺欠。第一，它不能包揽无遗，囊括社会生活的所有方面和所有细节；第二，它一经制定便要求稳定，不可能随时变更。因此，在法无明文规定的情况下，法官只能将案情逐级上报、请示，从而形成新的判例（秦代称为"廷行事"）。尽管当时的判例数量极少，作用也十分有限，但是，它作为"成文法"样式的"异己"因素毕竟顽强地表现着自己的价值。在后世的法律实践中，判例终于为自己争得了应有的地位。

---

① 《管子·任法》。
② 《史记·秦始皇本纪》。
③ 《商君书·定分》。

（三）"混合法"的一统天下

在自西汉至清末的封建时代,中国法律样式的总体面貌是"混合法"。"混合法"的含义是"成文法"与判例制度相结合。

在封建社会,历代王朝的统治者都十分重视成文法的作用,每一朝代都制定了具有一定代表性的法典。但是,由于成文法典自身存在着不可克服的缺欠,判例制度也始终发挥着特殊的作用。从西汉开始并延续到唐代的"春秋决狱"就是最为明显的例子。此外,在无成文法典或成文法典中的条文与实际生活状况明显扦格不合时,历代统治者还有组织地创制和适用判例,并编纂成集。在创制适用判例的过程中,封建统治阶级的法律政策起着指导作用,其中最重要的就是"礼"。当判例积累到一定程度,其反复表达的某些法律原则便通过立法上升为法条,或者融进成文法典,或者成为法规的组成部分,或者索性分门别类地附在有关法条后面,使成文法条与判例合为一典,像《元典章》那样。成文法典与判例之间相互依存、相辅相成、循环往复的关系,便构成了"混合法"的基本运作形态。这种法律样式对中国近现代社会的影响是十分巨大的。

二、中国古代的法律样式

中国古代的法律样式经历了"判例法"、"成文法"、"混合法"这样三个发展阶段。与此相适应,三种类型的法律样式埋论也先后形成。

（一）判例法型法律样式的理论

西周春秋时代中国社会的基本特征是自然经济、宗法家族、贵族政体的"三合一"。在宗法贵族政体下,诸侯国国君以及各级领地的封君享有相当独立的政治、经济、军事、法律等权力。各级贵族所专有的这些权力又按照嫡长继承的世袭制度代代相传。这样,一个诸侯国或领地治理得好坏,在很大程度上就取决于国君或封君。在司法领域,法官也是世袭的。后世法官按照前世法官的范例去审判案件,不仅是恪守职掌的客观要求,也是"帅型先考"的"孝"的主观愿望。正是在这样的基础上,形成了"判例法"的两个基本理论支柱——"人治"和"仿上而动"。

1. "人治"

"人治"思想的主要内容是:在国家政治法律实践活动中,统治阶级,特别是其中的最高代表"人"所起的作用是第一位的,决定一切的。"人治"思想又包含两个方面:首先是"为政在人",即"其人存则其政举,其人亡则其政息"。① 在政治实践活动中,只有出现了贤明的统治者,才能导致政治清明、国家昌盛,否则便不可收拾。其次是"为法在人",即强调作为法官的"人"在司法活动中的决定性作用。《尚书·吕刑》说:"非佞折狱,惟良折狱,罔非在中。"大意是,好的法官是保障案件正确审理的先决条件。战国末期的思想家荀子发现了当时"成文法"的局限性,从而提出了"有治人,无治法"的著名论断,特别强调"人"的作用。他认为,法是人制定的,法的好坏取决于人:"君子者,法之原也。"法又是靠人来执行的:"法不能独立,类不能自行。得其人则存,失其人则亡";"有良法而乱者,有之矣;有君子而乱者,自古及今未尝闻也"。② 荀子虽然生活在"成文法"已占上风的时代,虽然没有明确表示赞成西周春秋"议事以制"的"判例法",但他的"人治"思想与"判例法"是相通的,他在"成文法"一统天下时努力强调着人的作用。

2. "帅型先考"、"仿上而动"

"帅型先考"、"仿上而动"即遵循先例的原则。如《国语》:"夫谋必

---

① 《礼记·中庸》。
② 《荀子·君道》《荀子·王制》。

素见成事焉,而后履之,而可以授命","启先王之遗训,省其典图刑法,而观其废兴者,皆可知也","赋事行刑,必问于遗训,而咨于故实,不干所问,不犯所咨","宾之礼事,仿上而动","纂修其绪,修其训典,朝夕恪勤,守以敦笃";《左传》:"执事顺成为臧";《尚书》:"率作兴事,慎乃宪……屡省乃成","明启刑书胥占,咸庶中正";《荀子》:"守职循业不敢损益,可传世也而不可使侵夺","立法施令,莫不顺比",等等。它们都强调以先前的故事成例作为处理当今案件的准则。

"判例法"样式理论的确立是有条件的,这主要是:

第一,一个允许和保障法官发挥其主观能动性的政体,是"判例法"理论得以确立的重要前提。"判例法"的基本特征是法官主宰国家的立法和司法活动,法官是通过司法来立法的法律家,又是通过创制、适用判例来指导国家司法活动的指挥员,因此必须确认法官的这一独立地位,否则"判例法"就不能实现。在西周、春秋的宗法贵族政体下,法官作为贵族统治阶级的重要成员,实际上拥有相对独立的立法权与司法权,法官的身份和权力也是按照世卿世禄的原则传递下去的,这是当时"判例法"样式及有关理论得以产生和确立的重要条件之一。

第二,一种被人们普遍接受的占统治地位的法律意识的存在,是"判例法"理论得以确立的重要条件之一。"判例法"的运作过程,实际上就是法官将占统治地位的法律意识施用于具体案件的审理之中,进而作出具有法律意义的判断。因此,社会上是否存在着人们普遍公认的法律意识,是至关重要的。在西周、春秋,这种法律意识就是"礼"。"礼"作为一种占统治地位的思想观念,支配着人们的思想与行为,成为衡量人们的言论行动之是非曲直的唯一标准,于是也就成为法律的直接来源。"礼"的一系列原则,如"父子无狱"、"子女无私财"、"兄弟之怨,不征于他"、"父子相隐"、"父死,子不复仇,非子也"等等,都是法官审判案件的法律依据。"礼"还深深地植根于人们的风俗习惯之中。温斯顿·丘吉尔在谈到英国的法律运作状况时说过,英国人的自由并不依靠国家颁布的法律,而是依靠长期逐渐形成的习惯;法律早就存在于国内的习惯之中,关键是需要通过潜心研究去发现它,把见诸史集的判例加以比较,并在法庭上把它应用于具体争端。① 这与我国西周、春秋时的情况有某些相似之处。

第三,一批训练有素的法官的存在,是"判例法"理论得以确立的一个先决条件。"判例法"的运作要求法官具有较高的业务素质,这包括对风俗习惯及以往判例的深刻理解,对具体案件性质的敏锐判断,对国家政策的准确掌握,以及对判辞制作的特别精通等。西周、春秋时,由于法官都是世袭的,法官的子弟年轻时便有条件系统地学习和了解"判例法"的有关实践知识,熟悉以往的判例故事,这种"士之子恒为士"的制度是培养法官的上佳途径。

第四,"成文法"的缺少也是"判例法"理论得以确立的条件之一。道理很清楚,"成文法"与"判例法"在运作方式上是截然相反的。如果"成文法"因素不断成长扩大,那必然会危及"判例法"的存在。事实上,在西周、春秋,"判例法"的存在正是以抑制"成文法"为保障的,子产"铸刑书"、赵鞅"铸刑鼎"和邓析"作竹刑"均招致了守旧贵族的一致反对。

(二)成文法型法律样式的理论

战国秦代,是新兴地主阶级通过各诸侯国的变法运动登上政治舞台,进而通过兼并战争实现中国统一的时代。此时,新兴地主阶级的政治代表法家提出了"以法治国"的"法治"理论。这种理论表现在立法司法领域就是"两权分立"②和"缘法而治"的学说。这些思想和主张是中央集权君主专制政体的反映,也是当时的"成文法"法律样式的理论基础。

作为"成文法"法律样式理论支柱的是"两权分立"学说,并由此演化出"君权独尚"、"君权独制"和"事断于法"、"缘法而治"的观点。

---

① 参见[英]温斯顿·丘吉尔:《英语国家史略》,薛力敏、林林译,新华出版社1985年版。
② 这里所说的"两权分立",仅指立法权与司法权的分离,并没有相互制约的意思。

1."生法者君也,守法者臣也"

《管子·任法》说:"有生法,有守法,有法于法。夫生法者君也,守法者臣也,法于法者民也。"明确提出君权与臣权、君主立法与臣下司法的分离,即"两权分立"的基本原则。

"两权分立"首先是一个政治口号,它指的是君权与臣权的分离。这一学说是批判旧的贵族政体的武器,也是确立中央集权的君主专制政体的理论依据。其基本内容是,把各级贵族在其各自领地的各种相对独立的权力,都收缴上来集中在国君一人手里,同时把他们变成被君主雇佣、受君主指使、对君主负责的官僚。如果说,在西周春秋时代,国君与各级贵族之间的联系是靠着无形而脆弱的血缘纽带维持着的话,那么,在战国和秦代,君主与臣下之间便撕掉了温情脉脉的血缘薄纱,完全靠着冷冰冰的交换("君臣相市")或权利义务来维持着联系。在这种关系中,处处表现着"君尊臣卑"的等级差异精神和赏罚的功利色彩。其次,"两权分立"又是一个法律原则,它指的是君主的立法权与臣下的司法权相分离。它要求君主独揽立法权,使经过君主御批而产生的成文法律和君主随时发布的法令都具有绝对权威;它要求臣下无条件地服从法律法令并依据法律法令审判案件;它还要求君主"无为",即不必参与司法事务,更宣布法官不得以任何形式染指立法事务。

2."势在上则臣制于君,势在下则君制于臣"

法家特别重视"势"即国家政权的作用。他们把"势"看作推行法治的前提,看作区分君权与臣权的重大标志。在法家看来,"势"是决定君主成为真正君主的必要条件。它像一枚重要的砝码,把它放在君主一边君主就是真正的君主,放在臣子一边臣子便上升为君主。正如《管子·法法》所言:"势在上则臣制于君,势在下则君制于臣";"君之所以为君者,势也";"君主之所操者六:生之、杀之、富之、贫之、贵之、贱之。此六柄者主之所操也。主之所处者四:一曰文、二曰武、三曰威、四曰德。此四者主之所处也。藉人以其所操,命曰夺柄;藉人以其所处,命曰失位。夺柄失位而求令之行,不可得也"。又如《韩非子·难势》:"贤人而屈于不肖者,则权轻位卑也;不肖而能服贤者,则权重位尊也。"韩非是个专制主义的积极鼓吹者,他强调君主必须"擅权"。他说:"势重者,人主之渊也"①;"势重者,人主之爪牙也"②;"主所以尊者,权也"③。君主绝对不可以和臣下"共权",因为"权势""在君则制臣,在臣则胜君"。④

3."明君不尚贤","任法不任智"

法家认为,治理国家全靠法治,而不靠臣下的贤能智慧。他们说:"君之智未必最贤于众。"⑤如果"尚贤",就会抬高臣子的地位,降低君主的权威。只要把法律制定得详尽完备,让臣下严格按法律办事,那么不管臣下贤智与否,都可以治理好国家。在国家法律面前,臣子的贤智不是好事反倒是坏事。因此,法家反对民间教育和思想传播活动,认为那样一来,人们便会运用自己的知识和见解对国家法律横加议论批评,直接损害国家法律的权威。法家禁止"议法",主张"作议者尽诛",⑥禁绝"私学",其目的就在于此。

4."君设其本,臣操其末"

法家认为,君主的职能是立法和役使臣下,而臣下的职能是"守法"和施行君主的指令。司法活动和行政事务是臣子做的事,君主不要亲自去做,所谓"君设其本,臣操其末"⑦是也。因为如果君主事必躬亲,臣下就不敢争着去做,不肯出力;如果君主把事情搞错了,臣下反而会看笑话,那就损害了君主的权威。总之,君主亲自参与司法和行政是有百害无一

---

① 《韩非子·内储说下》。
② 《韩非子·人主》。
③ 《韩非子·心度》。
④ 《韩非子·二柄》。
⑤ 《慎子·民杂》。
⑥ 《管子·法法》。
⑦ 《申子·大体》。

利的事情,故"君臣之道,臣事事而君无事"①。

5."动无非法","以死守法"

法家认为,法官的职责是"守法",即司法。因此,在司法过程中,法官要严格依法办事,不得夹杂个人的判断:"不淫意于法之外,不为惠于法之内也,动无非法"②。绝不允许稍微变更法令,曲解法条的原意:"亏令者死,益令者死,不行令者死,留令者死,不从令者死。五者死而无赦,惟令是视。"③《睡虎地秦墓竹简·语书》也指出,"喜争书"(用自己的观点来解释法条)是"恶吏"的表现之一。法家主张,法令一旦公布就禁止臣民"议法","作议者尽诛",④甚至发展到"燔诗书而明法令"⑤。原因很简单,"令虽出自上而论可与不可者在下,……是威下系于民也"⑥。因此,对法官不依法办事甚至损益法令的都严惩不贷:"守法守职之吏有不行王法者,罪死不赦,刑及三族",⑦"有敢定法令,损益一字以上,罪列不赦"⑧。这样做的目的就在于维护国君和法律的绝对权威,杜绝法官背离法律、自作主张的现象。

6."法莫如一而固"

法家认为,法律应当统一而且稳定。为此,立法权必须由君主独揽,不允许政出多门、朝令夕改。如果"号令已出又易之,刑法已措又移之",那么"则庆赏虽重,民不劝也;杀戮虽繁,民不畏也"⑨。因此,法家强调"法莫如一而固","治大国而数变法,则民苦之"⑩。此外,法家还注意到

---

① 《慎子·民杂》。
② 《管子·明法》。
③ 《管子·重令》。
④ 《管子·法法》。
⑤ 《韩非子·和氏》。
⑥ 《管子·重令》。
⑦ 《商君书·开塞》。
⑧ 《商君书·定分》。
⑨ 《管子·法法》。
⑩ 《韩非子·解老》。

维护法律在地域上和时间上的统一性问题,比如韩非就总结过申不害在韩国主持变法时"不擅其法,不一其宪令",颁布了新法而未废除旧法,使"新旧相反,前后相悖"①而终于失败的历史教训。在法律效力问题上,法家还提出过不溯及既往的原则:"令未布而民或为之,而赏从之,则是上妄予也;令未布而罚及之,则是上妄诛也。"②

7."为法必使之明白易知"

法家主张公布成文法,使法律成为衡量人们的行为之是非曲直的标准。法家所理解的法律就是指成文法:"法者,编著之图籍,设之于官府,而布之于百姓者也。"③公布成文法的好处是使"万民皆知所避就",这样,"吏不敢以非法遇民,民不敢犯法以干法官"。既然法律是公开宣布的、要让百姓了解的东西,那么在制定法律时,就应当做到"为法必使之明白易知"④,才有可能实现家喻户晓、人人皆知法律的目的。事实上,新兴地主阶级在变法革新中的确实现了法律的普及。《韩非子·五蠹》载:"今境内之民皆言治,藏商管之法者家有之";《战国策·秦策一》载:"妇人婴儿皆言商君之法"。这就彻底打破了"判例法"时代那种"刑不可知则威不可测"⑤的神秘。

8."天下之事无小大皆决于上"

法家不仅强调君主持有最高立法权("生法者君也"),而且还主张君主拥有最高司法权。他们反复强调,君主应当"独断"、"独听"、"独制"、"独行"、"独视"、"独擅",其中就包含了这一层意思。"独"的要害是使君主独享一切权力,使臣民不敢染指分毫:"明主圣王之所以能久处尊位,长执重势而独擅天下之利者,非有异道也,能独断而审督责、必深罚,

---

① 《韩非子·定法》。
② 《管子·明法》。
③ 《韩非子·八说》。
④ 《商君书·定分》。
⑤ 《左传·昭公六年》孔颖达疏。

故天下不敢犯也";"是故主独制于天下而无所制也";"独操主术以制听从之臣,而修其明法,故身尊而势重也";"明君独断,故权不在臣也。然后能灭仁义之涂,掩驰说之口,困烈士之行","故能荦然独行恣睢之心而莫之敢逆"。① 秦始皇便是这个"独制"主义的实践者,他"躬操文墨,昼断狱,夜理书",乃至"天下之事无小大皆决于上"。② 这种"独制"是皇权对司法权的包揽。通过这种包揽,君主一方面维护了司法统一,另一方面又加强了对臣下的控制。然而,"独断"有时也会派生出"成文法"的异己因素——判例。由于这些判例是御批的,故尔具有与成文法律同等甚至更高的效力。在后来的封建社会,"成文法"和"判例法"之所以能够相互并行、循环往复,正是仰仗着皇帝的权威,因为两者都是围绕着皇权运转的。

(三)混合法型法律样式的理论

战国秦代以及此后两千年的封建时代,是中国法律样式经过否定之否定进而走向稳定和定型的重要时期。第一个否定即战国秦代的成文法取代了西周春秋的判例法,第二个否定即封建时代的混合法取代了战国秦代的成文法。通过对这两次否定的分析,我们可以清晰地看到中国法律样式的基本发展轨迹:判例法→成文法→混合法。伴随着法律样式的否定,基本理论的对立也十分明显。首先是"两权分立"、"缘法而治"对"人治"、"仿上而动"的批判。如果说"人治"、"仿上而动"是贵族政体同时也是"判例法"样式的产物的话,那么,"两权分立"、"缘法而治"则是官僚政体和"成文法"样式的产物。其次是"混合法"理论——"有法者以法行,无法者以类举"③对"成文法"理论("两权分立"、"缘法而治")的否定,其中最具代表意义的是荀子的"人治"理论。他的"人治"理论与西周春秋时的"人治"理论不同,它不是以"判例法"样式为基础,而是以"成

---

① 《史记·李斯列传》。
② 《汉书·刑法志》。
③ 《荀子·君道》。

文法"与"判例法"相结合的"混合法"样式为基础的。这种法律样式在荀子生活的时代尚未出现,他是从批判总结"成文法"的弊端出发,勾画出了"混合法"的蓝图,后世的法律样式正是按照荀子的设计逐渐定型的。从法律实践领域来看,中国封建社会的圣人并不是孔子、孟子,而是荀子。他在战国末期为行将出现的封建大一统王朝提供了礼法结合的治国理论,并为未来的立法、司法活动设计了一整套方案,而后世对"议事以制"的反思以及对"人"、"法"之辨的归纳,也都是沿着荀子的路数阐发开去的。我们完全可以这样概括:"二千年来之法,荀法也。"

1. 荀子的"人治"和"法类并行"

荀子生活的战国时代,正是"成文法"日趋定型并充分发展的鼎盛时期。他发现了"成文法"的某些弊端,比如排斥法官的主观能动作用,成文法典的内容不可能包揽无余,又不可能随时应变,等等。于是,荀子试图改变现状,用一种新的科学的法律样式来取代它。荀子把植根于贵族政体的"人治"思想吸收过来并加以改造,使之附着在"成文法"样式上面,并提出了"有法者以法行,无法者以类举"①的"法类并行"的主张。这些思想在当时并未引起统治阶级的重视,但事实上,整个封建社会的法律实践活动正是沿着荀子揭示的方向和模式进行的。

荀子有一句名言:"礼者,法之大分,类之纲纪也。"②礼,即宗法道德伦理观念;法,指成文法典;分,本、基础;类,指判例故事和判例故事所体现的法律原则,有时也指统治阶级的法律意识、法律政策;纲纪:指导原则。全句大意是:宗法道德观念是制定成文法典和创造判例的指导原则。这正是对孔子兴礼乐、中刑罚"礼乐不兴则刑罚不中"③思想的全面阐述。在"成文法"时代,统治阶级已经开始注意用法律来维护宗法家族制度,如秦律"非公室告"④即是证明。荀子提出的这一命题是对上述做法的高

---

① 《荀子·君道》。
② 《荀子·劝学》。
③ 《论语·子路》。
④ 《睡虎地秦墓竹简》,文物出版社 1978 年版,第 196 页。

度总结和概括。在后来的封建社会,引经决狱、引经注律、纳礼入律,都不过是荀子提出的这一命题的社会化。

荀子还提出"有法则以法行,无法则以类举,听之尽也"①的司法审判原理。大意是:在审判中,有现成的法律条文可援引的,就按法律条文定罪科刑,没有法律条文就援引以往的判例,没有判例就依照统治阶级的法律意识、法律政策来定罪量刑,创制判例。在"成文法"时代,审判活动要严格依法办事,不允许法官主观裁断。但是,法律条文再详备也不可能包揽无余、应有尽有。在法无明文的情况下,也曾有人依照法律政策创制过少量的判例,《秦律》中有少量的"廷行事"就是证明。荀子正是对"成文法"时代以成文法典为主、以少量判例为辅的审判方式进行了总结,才概括出了"有法者以法行,无法者以类举"的司法原理。

荀子说:"不知法之义而正法之数者,虽博,临事必乱。"②"法义"是法律的原理、立法的宗旨或法律意识;"法数"是法律条文或判例的具体内容。原文大意是:作为一个法官,如果不懂法律的原理和立法的宗旨,只知道法律条文或判例的具体内容,那么,他掌握的法条和判例再多,遇到具体案件也免不了束手无策、乱了章法。这一命题强调法律意识的重要性,等于是在强调法官主观能动性的价值。荀子所要求的法官是具有明确的法律意识从而善于随机应变的法律专家,而不是"成文法"时代的那些只知道"法条之所谓"的执法工匠。

荀子说:"法不能独立,类不能自行,得其人则存,失其人则亡。"③大意是:法律不会自行产生,判例也不会自行适用,有了好的法官来掌握,就会融会贯通,没有好的法官来掌握,就形同虚设,不能发挥作用。

荀子在这里所说的"人",不同于"为政在人"、"其人存则其政举,其人亡则其政息"④的"人",后者泛指统治者特别是最高统治者,而前者仅指法律领域内的专门工作者。他认为,在司法活动里,"人"、"法"、"类"

---

① 《荀子·王制》。
② 《荀子·君道》。
③ 《荀子·君道》。
④ 《礼记·中庸》。

三者当中"人"的作用是第一性的,关键性的,法律条文再详备也不可能囊括各种复杂情况,因此在审判中要靠法官根据具体情况机动灵活地独立思考,融会贯通:"法而不议,则法之所不致者必废,职而不通,则职之所不及者必坠。故法而议,职而通,无隐谋,无遗善,而百事无过,非君子莫能。"①法官不仅应当明晓法律条文,更要掌握法律条文所依据的法律意识:"人无法则伥伥然,有法而无志(识、知)其义则渠渠然,依乎法而又深其类,然后温温然。"②法律意识是相对稳定的因素,"类不悖,虽久同理",故法官要"以圣王之制为法,法其法以求其统类"。③ 掌握了法律意识就可以"卒然起一方则举统类而应之"④,"以类度类"⑤,"以类行杂,以一行万"⑥,"推类接誉,以待无方"⑦。

荀子提出"有治人,无治法",意即有尽善尽美的"人",而没有尽善尽美的"法"。这包含三层意思。其一,法是人制定的。"君子者,法之原也",有了好的"人"才能制定出好的"法"。其二,"法"是靠"人"来执行的,有了好的"法"而没有好的"人"也是枉然。"羿之法非亡也,而羿不世中;禹之法犹存,而夏不世王。故法不能独立,类不能自行,得其人则存,失其人则亡"⑧。其三,法律既不能包揽无遗,又不能随机应变,全靠"人"来掌握。有了好的"人","法虽省,足以遍矣";没有好的"人","法虽具,失先后之施,不能应事之变,足以乱矣"。其结论是:"有良法而乱者,有之矣,有君子而乱者,自古及今,未尝闻也。"⑨

荀子在"成文法"时代竭力强调发挥法官的主观能动性,是有针对性的。他所针对的就是片面单一的"成文法"。在他看来,治理国家光靠法律——哪怕是良好详备的法律——是远远不够的,还应当以统治

---

① 《荀子·王制》。
② 《荀子·修身》。
③ 《荀子·解蔽》。
④ 《荀子·儒效》。
⑤ 《荀子·不苟》。
⑥ 《荀子·王制》。
⑦ 《荀子·儒效》。
⑧ 《荀子·君道》。
⑨ 《荀子·王制》。

阶级的法律意识为核心,充分重视判例的价值。荀子的目的与其说是要把博闻强记、长于操作的执法工匠变成深明法理、得心应手的法律大家,毋宁说是为了建立一种新的法律活动方式。他绘制了一幅蓝图,这就是"有法者以法行,无法者以类举"①的"成文法"与"判例法"相结合的"混合法"。

2."议事以制":封建法律家的反思与设计

"议事以制"、"重人"是"判例法"时代的产物,"重法"是"成文法"时代的产物。它们在"判例法"与"成文法"相结合的"混合法"时代仍然顽强地表现着自己,但已改变了原先的面目。

据《晋书·刑法志》载,晋惠帝时"议事以制"已蔚成风气。上自皇帝,下至法吏,无不行之。皇帝亲自决狱,"事求曲当";法吏"牵文就意,以赴主之所许"。这种做法引发了许多问题,史谓"政出群下,每有疑狱,各立私情,刑法不定,狱讼繁滋"。于是,一代法律家对此进行了思考。

尚书裴危页上疏道:"刑书之文有限,而舛违之故无方,故有临时议处之制,诚不能皆得循常也";但是,"临时议处"应符合法定程度,"按行奏劾,应有定准"。三公尚书刘颂又上疏谓:"天下至大,事务众杂,时有不得悉循文如令",故"议事以制"有其合理性,但也必须符合这些条件:(1)"议事以制"要以"名例"为依据,"法律断罪皆当以法律令正文,若无正文,依附名例断之,其正文名例所不及,皆勿论";(2)司法官吏在审判中可以发表不同意见,但不得自行"议事以制":"主者守文,死生以之,不敢错思于成制之外以差轻重","守法之官唯当奉用律令,至于法律之内所见不同,乃得为异议也";(3)大臣、皇帝独揽"议事以制"之权:"事无正名,名例不及,大臣论当,以释不滞","君臣之分,各有所司,法欲必奉,故令主者守文,理有穷塞,故大臣释滞,事有时宜,故人主权断"。熊远亦上疏云:"法盖粗术,非妙道也,矫割物情,以成法耳。若每随物情,辄改法制,此为以情坏法","诸立议者皆当引律令经传,不得直以情言,无所

---

① 《荀子·君道》。

依准,以亏旧典","凡为驳议者,若违律令节度,当合经传及前比故事,不得任情以破成法","开塞随宜,权道制物,此是人君之所得行,非臣子所宜专用"。①

上述议论可综合为以下几点:(1)在司法审判中,有成文法则适用成文法,"设法未尽当,则宜改之",法吏应严格依法办事:"法轨既定则行之,行之信如四时,执之坚如金石","守法之官唯当奉用律令","不得援求诸外论随时之宜,以明法官守局之分";(2)法官"得为异议",发表己见,但不得漫无边际、无所据依,要合于"经传"之义,遵循"前比故事",然后整理成文牍上报朝廷,不得擅自"以情坏法";(3)"观人设教,在上之举",大臣及皇帝才有"议事以制"之权。于是法律家们设计了一套万无一失的司法方案:法官严格依法断案,遇疑难案件则附法律令、经传之义、前比故事上报朝廷;大臣集体讨论,提出方案,上报皇帝,皇帝御笔决断。

经过长期的法律实践,封建法律家认识到如下的事实:(1)成文法是有缺欠的,它不可能包罗各种复杂情况,又不能随机应变;(2)"议事以制"的基本精神是永存的,无此则不能弥补成文法的缺欠;(3)"议事以制"等于在司法中自行立法,但在中央集权的君主专制政体下,只有君主才享有最高立法权,法官只有司法权,"议事以制"的做法蕴含着立法权与司法权在形式上的矛盾,即君主与臣下在等级名分上的悖理,"政出群下"的局面与君主执掌最高立法、司法权的集权政体是不能并存的,因此必须把"议事以制"的永存性与君主集权的独断性统一起来;(4)君主的独尊地位使他高高凌驾于法律与众臣之上,他可以根据具体情况作出"非常之断",这一特权唯人主专之,非奉职之臣所得拟议,"此是人君之所得行,非臣子所宜专用"。

可见,在"混合法"时代,原先"判例法"时代"议事以制"的审判方法,已经被中央集权政体扭曲了形象,使普遍的全面的"议事以制"变成片面的独揽的"议事以制"。法官的主观能动性被限制在最小的范围内,

---

① 《晋书·刑法志》。

而君主的司法权则被大大扩张了。

3."人法并行"：人法之辨的归宿

在法律实践活动中，"人"与"法"是两个最基本的不可或缺的因素，两者相辅相成互为补充。但是，在春秋战国的特殊历史时期，在"成文法"取代"判例法"、集权政体取代贵族政体、"法治"取代"礼治"的特定背景之下，却演成了"重人"与"重法"两种观点的对立。持"重人"观点者认为，在法律实践活动中，作为统治阶级成员的"人"的作用是第一性的，"法"的作用是第二性的，有了好的"人"就能治理好天下；持"重法"观点者认为，在法律实践活动中，作为统治阶级整体意志的"法"的作用是第一性的，"人"的作用是第二性的，有了完备的"法"，即使"人"不太"贤"也能够治民理国。

进入"混合法"时代以后，人法之争日渐缓和，只是随着"成文法"与"判例法"的消长时有侧重而已。唐代以后，法制完备，统治阶级已积累了近千年的实践经验，在法律思想上逐渐形成了"人法并重"的观点，其表现形式是兼重"法"的威严性与"人"的灵活性。

宋代欧阳修说："已有正法则依法，无正法则原情"[①]；王安石谓："盖夫天下至大器也，非大明法度不足以维持，非众建贤才不足以保守"[②]；"在位非其人而悖法以为治，自古及今未有能治者也"[③]；"有司议罪，惟当守法，情理轻重，则敕许奏裁；若有司辄得舍法似论罪，则法乱于下，人无所措手足矣"[④]；苏轼云："任人而不任法，则法简而人重；任法而不任人，则法繁而人轻，其弊也人得苟免而贤不肖均"[⑤]；"任法而不任人，则法有不通，无以尽万变之情；任人而不任法，人各有意，无以定一成之论"[⑥]；

---

① 《欧阳文忠全集·论韩纲弃城乞依法札子》。
② 《王文公文集·上时政书》。
③ 《王文公文集·上皇帝万言书》。
④ 《文献通考·刑考九》。
⑤ 《东坡续集·私试策问》。
⑥ 《东坡续集·王振大理少卿》。

"人胜法则法为虚器,法胜人则人为备位,人与法并行而相胜,则天下安"①;朱熹指出:"大抵立法必有弊,未有无弊之法,其要只在得人"②;"古之立法,只是大纲,下之人得自为,后世法皆详密,下之人只是守法,法之所在,上之人亦进退下之人不得"③;"法至于尽公(详备)而不私(无余地)便不是好法,要可私而公,方始好"④;明代丘强调:"法者存其大纲,而其出入变化固将付之于人"⑤;"守一定之法,任通变之人"⑥;"守法而又能于法外推情案理"⑦;"事有律不载而具于令者,据其文而援以为证;有不得尽如法者,则引法与例取裁于上"⑧;清初王夫之认为:"治之敝也,任法而不任人;夫法者,岂天子一人能持之以遍察臣土乎? 势且乃委之人而使之操法";"任人而废法,则下以合离为毁誉,上以好恶为取舍,废职业、徇虚名、逞私意,皆其弊也";"法无有不得者也,亦无有不失者也";"天下有定理而无定法;定理者,知人而已矣,安民而已矣,进贤远奸而已矣;无定法者,一兴一废一繁一简之间,因乎时而不可执也";"就事论法,因其时而取其宜,即一代各有弛张,均一事而互有伸诎,宁为无定之言,不敢执一以贼道";"法之立也有限而人之犯也无方,以有限之法尽无方之慝,是诚有所不能矣,于是律外有例,例外有奏准之令,皆求以尽无方之慝而胜天下之残"⑨。清末沈家本总结道:"法之善者仍在有用法之人,苟非其人,徒法而已"⑩;"大抵用法者得其人,法即严厉,亦能施其仁于法之中;用法者失其人,法即宽平,亦能逞其暴于法之外";"有其法犹贵有其人"。⑪

---

① 《东坡奏议·应制举上两制书》。
② 《朱子语类》卷一〇八。
③ 《朱子全书·治道一·总论》。
④ 《朱子全书·治道一·总论》。
⑤ 《大学衍义补·正朝廷·谨号令之颁》。
⑥ 《大学衍义补·正百官·典铨叙之制》。
⑦ 《大学衍义补·慎刑宪·简典狱之官》。
⑧ 《大学衍义补·慎刑宪·定律令之制》。
⑨ 《读通鉴论》卷六、卷一〇。
⑩ 《寄文存·书明大诰后》。
⑪ 《历代刑法考·刑制总考·唐》。

　　总之,在"混合法"时代,当"成文法"详备而宜于时用之际,人们往往就会强调"法"的作用,强调严格依法办事;当"成文法"落后于现实生活而不太宜于时用之际,人们往往就会强调"人"的作用,强调灵活机动的必要性;当法制建设不甚完善因而造成司法混乱时,人们往往又十分强调用法来统一全国的审判活动,强调"法"的作用。但是,从总体上看,先秦时代那种截然对立的人法之争已成过去。在"成文法"与"判例法"有机结合的"混合法"时代,"法"与"人"的作用被置于同等重要不可或缺的地位,只不过在某一特定背景下会略有侧重而已。"人法并行"正是人法之辩的归宿。

第十六章

中国"混合法"与世界法系[*]

　　"混合法"作为基本特征使中国法律文化标新立异于世界法律文化之林。揭示"混合法"的特征,并运用"混合法"的观念或方法来研究中国法律文化,对于探索中国法律实践活动的历史规律并预测其未来发展趋势,以及重新划分世界主要"法系",都有着十分重要的价值。

一、"混合法"的四个基本特征

　　中国的"混合法"是中华民族数千年法律实践活动的产物,也是中国传统文化的有机组成部分之一。它作为一种思维方式和立法、司法的工作方式,构成了与世界其他文明民族风格迥异的法律实践活动。

(一)法观念的广括性

　　在中国古代,人们的法观念一直处于模糊含混的状态之中。就是说,

＊　本章基本内容以《中国的"混合法"——兼及中国法系在世界的地位》为题发表于《政治与法律》1993 年第 2 期。

在人们心目中,"法"作为一种社会现象或一种特殊的行为规范,远非仅限于国家专门机关所创制,或司法机关所施行。在社会生活的广阔领域当中,凡是实际上起着规范作用的,不论它是否被国家机关所染指,也不论它来自非国家的权力与风俗习惯,或仰仗道德舆论,便都成了与"法"毫无二致的东西。西周、春秋贵族政体之下的"礼"观念正是当时的"法"观念。"礼"作为一种行为准则,其中的一部分被国家所确认并经司法机关所维护,而其中的大部分则没有纳入国家行为的轨道。它们散落于民间,铭刻于钟鼎简册,溶化于人们的思想之中,极大地支配着人们的行为与思维方式。

被称作"成文法时代"的战国特别是秦朝,可以说是一个例外。此间,一种较为严谨的"法"观念被确立起来。新兴地主阶级高举"以法治国"的旗帜,用土地私有制和郡县官僚制冲决宗法贵族政体的根基,作为一种客观后果,个人从宗法家族的狭小栅栏中走向社会,并同国家建立新型的权利义务关系。表明这种关系的就是由国家制定的由官府执行的有文字形式并公之于众的"法"。正如《韩非子·难三》所谓"法者,编著之图籍,设之于官府而布之于百姓者也",和《定法》所谓"法者,宪令著于官府,赏刑必于民心。赏存乎慎法,而罚加乎奸令者也"。无论从内容和形式而言,当时"以法治国"和"君臣上下贵贱皆从法"的"法",都是对以往传统行为规范的革命。睡虎地秦墓竹简使我们对秦朝"诸户得宜,皆有法式"和"事皆决于法"有了感性认识。而"偶语诗书者族"、"以法为教"、"以吏为师"的文化专制主义政策,尽管造成了思想凝滞和文化典籍的佚失,但作为一种客观后果,它毕竟在短短的时期里培育了人们的确切意义的"法"的观念。

在西汉以降的封建社会,集权专制政体和宗法家族携起手来,使"礼"重归大地。一方面,封建法律不断吸收"礼"的内容,如"十恶"、"八议"、"以服制论罪"等,完成着"礼"的法典化;另一方面,"礼"还在司法中起着高于法律的支配作用。西汉开始的"春秋决狱"便是证明。与此同时,在国家立法、司法活动未曾染指的广泛的生活领域,"礼"作为一种具有巨大传统力量的习俗和惯例,仍发挥着实际的规范作用。

总之,在古代的中国人看来,"法"远远不限于经过国家认可和审判活动加以确认的特殊行为规范,那些在生活中实际发挥作用的客观行为准则也被纳入"法"的范围甚至成为最有权威的"法"。正因如此,能够表述"法"这一社会现象或行为规范的文字也是多种多样的,比如:法、刑、礼、律、范、辟、则、彝、度、制、典、事,等等。不了解中国的"混合法"观念,就不容易弄清古代的"法"与"礼"的关系,也不容易弄清今天的"法"与"政策"的关系。

(二)法律规范的多样性

在中国历史上,法律规范的表现方式是多种多样。在西周、春秋的"判例法时代",法律规范的编纂方式是五种刑罚(墨劓剕宫大辟)分别统领众多判例(五刑之属三千条)。在审判中,法官依据案情并援引以往判例来作出裁判,这种裁判方式被《左传·昭公六年》称作"议事以制,不为刑辟"。一般民众对自己行为的性质及其法律责任是无法预先明晓的,这就使当时的法律带有"刑不可知,威不可测"的秘密性。战国、秦朝,"成文法"空前发达,相对成型的律条、法条及国王临时颁布的法令,构成当时法律规范的主体。在西汉至清的封建社会,法律规范主要分为三种。一是稳定的法律规范,这主要是历朝制定的成文法典;二是半稳定的法律规范,这主要是朝廷根据需要而制定颁行的法令和单项法规;三是非稳定的法律规范,这主要是因时制宜而产生的判例。这些判例或者只适用于该案件本身,或者作为一种法律依据而被以后的法官所援引,那些有价值的判例经过核准被编成判例集,在司法中发挥拾遗补缺的作用。其中,有的被抽象成为成文法条并被成文法典所吸收。在皇权的支配之下,任何形式的法律规范都有可能成为最有效力的法律规范。就是说,只要被皇权所首肯,"以经决狱"、"以敕代律"、"以诰行法"、"以例破条"等是完全正当的事情。而法律规范的权威取决于皇权的这种格局,降低了法律规范的整体权威。

（三）成文法与判例的循环互补性

在西周、春秋的"判例法时代",成文法条逐渐完善起来;在战国、秦朝的"成文法时代",判例(廷行事)也发挥着有限的作用;在西汉至清末的封建社会,在立法、司法工作方式上,逐渐形成了成文法典与判例制度相结合的格局。就是说,在有成文法或成文法宜于时用之际,则适用成文法;在无成文法或成文法不宜于时用之际,便创制和适用判例。西汉"春秋决狱",既是儒家思想染指司法的开端,又是对古老"判例法"的回顾。尔后,历朝的决事比、故事、法例、断例、例等,都标志着"判例法"一脉相传、经久不衰的独特地位。从而实践了《荀子·君道》的名言:"有法者以法行,无法者以类举"和《大学衍义补·定律令之制》所谓"法所不载,然后用例"。判例经朝廷核准后成为与成文法典并行的法律渊源。有价值的判例则被抽象成为成文法条并被成文法典所吸收。成文法典本身的缺欠(不可能包揽无余,也不可能随时变更)使判例制度得以存在和发展。而朝廷对判例的集中管理(审核、批准、选择、编纂)又避免了判例庞杂无序的缺点。而成文法典对判例的吸收,则既避免了双方的短处,又综合了双方的长处。"成文法"与判例的相辅相成、互为因果、并行不悖、循环往复的动态联系,构成了中国"混合法"的独特样式。

（四）半法律规范的实用性

半法律规范是相对法律规范而言的,指未经国家认可和司法审判活动的确认,而在社会生活中发挥实际规范作用的行为准则。在西周、春秋的"礼治"时代,"礼"是衡量人们言论行为是非曲直的最高标准。当时的"礼"与"法"是整体重迭的关系,故无所谓法律规范与半法律规范之别。在战国、秦朝的"法治"时代,"法"是衡量人们言行的最高标准,以往的"礼"如果不经国家的正式确认,便等于被宣布废除。当时以法条律条为形式的法同"法"也是整体重迭的,亦无所谓法律规范与半法律规范之别。而在西汉至清末的"礼法合治"的封建时代,由于宗法家族成为封建王朝的社会基础,"家"的安宁对于"国"的治理具有直接的价值。因此,国家一方面通过立法、司法来确立和维护封建性的政治秩序;另一方面又委托家族首长在国家法律鞭长莫及的领域协助国家共同治理臣民。于是,朝廷以确认家族首长的一系列特权为手段,换取了家族首长的效忠。而家族首长完成这一使命的重要措施就是制定和实行家法族规。这种家法族规,不论是具有文字形式,还是以惯例形式存在的,都得到国家法律的认可,并在古代社会发挥着实际的规范作用。可以说,家族法规是效忠王朝、监督守法、制止犯罪、扼制诉讼的一道天然屏障。在某种意义上可以说,在宗法家族社会,用不着国家法律的特殊光顾,历来的习俗和惯例把一切都调整好了。

以上四点,基本上概括了中国法律思维活动和法律实践(立法、司法)活动的主要特征。这些特征不仅在历史上发挥着重要作用,而且在今天仍有潜在影响。不正视和了解这些客观存在,就不可能对中国法律实践活动的过去、现在和未来作出正确的判断。

二、"混合法"的历史成因

中国的"混合法"并非偶然的产物,它是中国古代经济、政治、文化的必然结果,具有历史的非如此不可的合理性。

第一,从生产方式来看,自给自足的农耕生产方式一直居于古代社会的主导地位。由于农业生产周期长,生产经验的积累和传递不能在短时间内完成,而且农业生产的时令性极强,需要一种权威把所有劳动力集中起来以从事播种、收获、兴修水利或抵御自然灾害。这就使男性家长、族长处于优越地位。父系家族就是适应着这种生产方式而存在和发展的。它是物质生产、人口自身再生产和"社会保险"的基本细胞。在缺乏交往的封闭式村社里,个人不可能脱离家族而生存。在这种农耕式的宗法家族社会中,私有财产制度艰于萌发,而交换的不发达又极大地束缚着财产私有制。因此,私有观念、交换观念、平等观念、权利观念等,都因为缺乏适宜的土壤气候而无法问世和正常生长。当人们离开家族首长的权威就不能从事正常的农业生产时,当个人离开家族便无安身之所时,确认和服从家族首长的权威便是唯一有利的选择。于是,家族首长便以家庭整体利益代表的身份来发号施令了。这种命令是必须无条件服从的,因为服从了它便是维护了自己的切身利益。这种与社会权威性携手而来并以人们的普遍服从(义务)为条件的行为规范,不管称之为"礼"还是"刑",都是中国古代人们心目中的"法"。它一开始便与私有、权利、平等、正义等观念断绝了内在的必然的联系,而与政治权威形影不离。

第二,从社会组织结构来看,宗法家族一直构成中国古代社会的基础。漫长的宗法家族制度形成了一整套与之相适应的行为规范,这就是"礼"。在西周初期,宗法血缘纽带不仅成为划分统治阶级与被统治阶级的标准,而且还成为统治阶级内部实行权利再分配的尺度。在中国古代,与其说是按地域来划分居民,毋宁说是依血缘来区别阶级。这就使"礼"一方面上升为政治行为规范,所谓"为国以礼";另一方面又深深植入人们的观念之中。在这种观念看来,人一降生于人世,便与身边的人建立了一种"契约",而这种"契约"是事先被血缘关系所确定了的。作为儿子,你应当"孝",并得到父母的"慈";作为丈夫,你应当"宜",并得到妻子的"顺";作为弟弟,你应当"悌",并得到兄的"良";作为臣子,你应当"忠",并得到君的"仁"。总之,身份低的一方用服从和尽义务的方式来得到身份高的一方的爱抚或关照。当着这种"契约"被深深印在人们头脑中的时候,它不必被刻在书简上,也不必非经过法官的宣布,因为它们多少个世纪以来就是这样被无条件遵从的。这种"契约"不论是否经过国家机关的加工或描述,它们本来就是人们心目中的"法"。

第三,从政治结构来看,中央集权的官僚政体支配着整个封建社会。皇权要凌驾一切、支配一切。但是,这种支配是靠法律和官吏来实现的。因此,从皇权的角度看来,唯一有效的方法是把法律规定得详细明确,使法官执行起来像做加减法一样准确而不走样,但是,实际上这只是个愿望而已。一方面,成文法典不可能包罗无遗、毫无欠缺,也不可能随时更订修补;另一方面,中国地域辽阔,各地政治、经济、文化发展不平衡,不可能一切照搬法律条文。在这种情况下,一些善于思考的法官便在法无明文或法不适宜的特殊情况下创制和适用判例。这种判例经过朝廷或皇帝的批准,以先例或法令的形式颁行全国,具有与法律同等或高于法律的地位。于是,在皇权与官权的谐调运动中,我们也看到了成文法与判例的谐调运动。

三、"混合法"的现代历程和发展方向

新中国成立至"文化大革命"结束二十余年间的法律实践活动,可以说是在党的政策、国家政策和法律政策支配下成文法规与判例相结合的"混合法"。党和政府为开展一系列中心工作而制定了一系列政策,这些政策在法律实践领域的特殊反映就是法律政策,如刑事政策、民事政策。这些政策的一小部分被制定成为成文法规、条例。在审判中,有成文法规、条例的,依成文法规、条例;没有成文法规、条例的,依法律政策。于是便创制出大量判例。这些判例在审判中发挥着实际的作用。1956年和1962年全国审判工作会议先后强调判例的作用,并计划编纂判例发给各级法院援引。可以说,在当时的"混合法"当中,并存着"成文法"和"判例法"两种内在发展趋势,可惜,由于种种原因,这两种趋势都没有得到正常发展。

由于政策在法律实践活动中的支配地位,使当时的法律规范表现形式十分丰富。上至法典(宪法)、法律(婚姻法),中至法规、条例,下至命令、通知、决议、答复、意见等,不胜枚举。在当时人们的心目中,"法"除了刑法之外,还包括上述具有实际支配意义的法律文件。其中,最有权威的当然是政策。依照当时的法学理论:"政策是法律的灵魂,法律是政策的条文化具体化。"可以说是完全符合实际情况的。

1978 年改革开放以来,中国社会主义法制建设空前发展。大规模的经久不息的成文立法活动一反以往"无法可依"的状态,社会生活的主要方面已"皆有法式"。然而,一方面,成文立法本身是有条件的,一旦制定颁行,就不能随意更改;另一方面,中国社会经济、政治、文化诸方面都处于变动发展之中,成文法律难于制定,即使制定了也可能会落后于变化了的形势。能够弥补这一缺欠的莫过于创制和适用判例。1985 年《最高人民法院公报》开始公布典型案例,在这方面作了有益的尝试。由于社会上存在着偏爱成文法、轻视判例制度的成见,这一成见既与中国历来重视成文法典的倾向合拍,又与近代"三权分立"(司法不得干预立法)的理论暗合,因此,重建判例机制远非想象的那样容易。但是,应当看到,中国历来具有创制适用判例的传统,新中国成立以后在无成文法的情况下,判例起着描述法律政策的作用。因此,重建判例机制也并非不可能的。

随着改革开放的深入,社会主义商品经济和社会主义民主政治必然会持续发展。这一客观存在反映到人们头脑之中,必然引起传统法观念的变革。这种变革主要表现在:从立法者享受权利、守法者承担义务的权威性的"法"观念,转向因承担了义务必然享有权利的平行式的"法"观念;从凡是社会权威的指令均具有"法"的效力的庞杂广阔的"法"观念,转向只有经过国家立法、司法机关确认的行为规范才是"法"的单纯的"法"观念。

但是,这种观念的变革,并不意味着将一切领域的行为规范都纳入法律的轨道。恰恰相反,社会生活是复杂多样的,调节人们行为的标准也应当是多样的。因此,当人们之间发生纠纷之际,不必蜂拥于诉讼之门。在这里,传统习俗、惯例和社会团体的行为准则仍然大有用武之地。然而,最高的原则还是"法"。

至此,中国的"混合法"又面临着新的前景:首先是重建成文法与判例制度并行不悖、相辅相成、循环往复的"混合法"工作程序;其次是树立单纯的"法"观念以确立"法"的绝对权威;再次是建立国家法律支配之下的法律规范与多种非法律规范相配套的行为规范结构。

四、中国"混合法"在世界法系的地位

世界法系的划分是对人类法律实践活动表现在时间、空间上的多样性的科学描述,其目的在于揭示人类法律实践活动表现在地域上的差异性和历史发展阶段性,从而探讨其内在规律。

随着比较法学的诞生和发展,许多学者对世界法系的划分提出很有价值的意见。现简述如下:日本法学家穗积陈重提出世界五大法系说,即:印度法、中国法、伊斯兰法、英国法、罗马法;① 德国法学家柯勒尔、温格尔提出三分法,即:原始民族法、东方民族法、希腊民族法;② 美国法学家韦格摩尔提出十六分法,即:埃及法、巴比伦法、中国法、希伯来法、印度法、希腊法、罗马法、日本法、日耳曼法、斯拉夫法、伊斯兰法、海洋法、大陆法、寺院法、英美法、爱尔兰法;③ 法国法学家格拉松提出三分法:全面接受罗马法影响的国家(意大利、西班牙);部分接受罗马法影响的国家(斯堪的纳维亚国家、俄国);同时接受罗马法和日耳曼法影响的国家(法国、德国、瑞士)。法国学者卡尼萨雷斯提出三分法,即:来自基督教文明的西方体系,来自反宗教和集体主义的苏联体系,来自宗教原则的体系(无主教会法、伊斯兰法、印度法),来自哲学和道德的中国法是例外。法国学者茨威格特、科茨提出八分法,即:罗马法、德国法、北欧法、普通法、社会主义法、远东法、伊斯兰法、印度法。法国比较法学者勒内·达维德持五分说,即:西方法系、苏联法系、伊斯兰法系、印度法系、中国法系,其中西方法系中包括法国法和英美法;后来改为三分说,即:罗马日尔曼法系、社会主义法系、普通法系。此外,伊斯兰法、印度法、远东(中国、日本)

---

① 参见杨鸿烈:《中国法律在东亚诸国之影响》,商务印书馆 1937 年版。
② 参见[法]勒内·罗迪埃:《比较法导论》,徐百康译,上海译文出版社 1989 年版。
③ 参见李钟声:《中国法系》上册,(中国台湾)华欣文化事业中心 1985 年版。

法、非洲和马达加斯加法,是补充的法系。① 可以说,有多少个比较法学
者,就有多少种分类方法。但是,这里有两个问题值得注意:(1)世界法
系的划分是个科学的概念,它不简单地等同于对世界主要法律体系的直
观罗列,既然是分类,首先就应当解决分类的标准问题,而且在分类时只
能使用一个标准。而不能同时使用两个或两个以上的标准,正如同对一
群人分类时不能同时使用性别和年龄两个标准一样,否则就会发生逻辑
矛盾。(2)能够充当划分标准的,应当具备宏观性、稳定性并有利于揭示
人类法律实践活动的历史规律性。否则,为分类而分类,既不能总结历
史、描述当今,也不能预示未来。

　　人类的法律实践活动依据支配法律实践的价值基础来划分,可以分
为三类:宗教主义的法律体系(教会法、印度法、伊斯兰法)、伦理主义的
法律体系(中国法系)和没有宗教、伦理色彩的现实主义的法律体系。前
两者体现历史,而后者体现当今。其中,现实主义的法律体系又分为两
种:个人主义的法律体系(以个人权利出发塑造有利于个人发展的社会
秩序)和群体主义的法律体系(从维护社会整体利益出发来塑造个人的
形象)。

　　人类的法律实践活动依据立法、司法的工作程序或方式来划分,也可
以分为三类:判例法(英国法系)、成文法(大陆法系)、混合法(中国法律
体系)。单纯的判例法和单纯的成文法已逐渐成为历史,而分别代之以
混合型的法,或者以判例法为主、以成文法为辅,或者以成文法为主,以判
例制度为辅。一个世纪以来西方两大法系的相互靠拢,其共同的发展趋
势就是成文法与判例法相结合的"混合法"。而这种"混合法"的工作方
式在中国的西汉就已确立。

　　中国的"混合法"不仅包含有上述成文法与判例制度相结合这一层
意思,还包含有成文法与判例互相循环、互为补充的一种工作状态。在中
国,判例经常因为被抽象为法条而消失其原型,法官创制判例实际上是国
家制定成文法的第一步。此外,中国的"混合法"还包含法律规范与非法

---

① 参见[法]勒内·罗迪埃:《比较法导论》,徐百康译,上海译文出版社1989年版。

律规范相结合这一含义。在生动复杂的社会生活当中,国家法律的调节作用并非处处时时事事都能奏效的。那么,在法的支配下,好的法律规范再配上好的非法律规范总是一件好事而不是一件坏事。在这方面,中国"混合法"的价值是不以国度为限的。

但是,遗憾的是,中国法系的这一独特的体现中华民族智慧和人类法律实践活动规律性的特征被长期忽视了。"混合法"作为一种观点或方式,应当受到中国法学工作者的重视,因为它告诉人们这样一个道理:在吸收国外先进法律文化财产时,切不要因妄自菲薄而忘记自己的长处。因此,即使是从纯学术的比较法学研究的角度而言,也应该给中国的"混合法"以应有的世界地位。更不必说中国的"混合法"包含着现实的规律性的东西了。

主要参考文献

一、古 籍 类

《易经》。

《尚书》。

《周礼》。

《诗经》。

《左传》。

《论语》。

《老子》。

《孟子》。

《荀子》。

《国语》。

《礼记》。

《管子》。

《周逸书》。

《山海经》。

《战国策》。

《孝经》。

《商君书》。

《韩非子》。

《吕氏春秋》。

《睡虎地秦墓竹简》。

《史记》。

《汉书》。

《后汉书》。

《晋书》。

《盐铁论》。

《春秋繁露》。

《论衡》。

《唐律疏议》。

《柳宗元集》。

《白居易集》。

《太平御览》。

《文献通考》。

《欧阳文忠全集》。

《王文公文集》。

《苏东坡全集》。

《朱子语类》。

《朱子全书》。

《资治通鉴》。

《大学衍义补》。

《历代刑法志》。

《历代刑法考》。

二、著 作 类

于省吾主编:《甲骨文字诂林》,中华书局 1996 年版。

中国社会科学院考古研究所编辑:《甲骨文编》,中华书局 1965 年版。

李孝定编述:《甲骨文字集释》,(中国台湾)乐学书局有限公司 1965 年版。

顾颉刚:《古史辩》,海南出版社 2005 年版。

徐旭生:《中国古史的传说时代》,文物出版社 1985 年版。

袁珂:《中国古代神话》,中华书局 1960 年版。

刘城淮:《中国上古神话》,上海文艺出版社 1988 年版。

金景芳:《中国奴隶社会史》,上海人民出版社 1983 年版。

杜国庠:《先秦诸子若干研究》,生活·读书·新知三联书店 1956 年版。

郭沫若:《两周全文辞大系图录考释》,科学出版社 1957 年版。

郭沫若:《出土文物二三事》,人民出版社 1972 年版。

李钟声:《中华法系》,(中国台湾)华欣文化事业中心 1985 年版。

张富祥:《东夷文化通考》,上海古籍出版社 2008 年版。

王迅:《东夷文化与淮夷文化研究》,北京大学出版社 1994 年版。

沈建华、曹锦炎:《甲骨文字形表》,上海辞书出版社 2008 年版。

徐中舒主编:《甲骨文字典》,四川辞书出版社 1989 年版。

杨伯达主编:《中国玉器全集》,河北美术出版社 2005 年版。

陆思贤:《神话考古》,文物出版社 1995 年版。

王献唐:《炎黄氏族文化考》,齐鲁书社 1985 年版。

何光岳:《东夷源流史》,江西教育出版社 1990 年版。

赵诚:《甲骨文简明词典》,中华书局 2009 年版。

刘斌:《神巫的世界》,浙江摄影出版社 2007 年版。

王永波、张春玲:《齐鲁史前文化与三代礼器》,齐鲁书社 2004 年版。

孙淼:《夏商史稿》,文物出版社 1987 年版。

白冰:《青铜器铭文研究》,学林出版社 2007 年版。

白川静:《字统》,日本东京平凡社 1994 年版。

周清泉:《文字考古》,四川人民出版社 2003 年版。

王国维:《观堂集林》,中华书局 1959 年版。

费孝通:《乡土中国 生育制度》,北京大学出版社 1998 年版。

瞿同祖:《中国法律与中国社会》,中华书局 1981 年版。

李学勤:《走出疑古时代》,长春出版社 2007 年版。

吴泽:《中国历史大系》,棠棣出版社 1953 年版。

(晋)崔豹:《古今注》,焦杰点校,辽宁教育出版社 1998 年版。

(唐)苏鹗:《苏氏演义》,张秉成点校,辽宁教育出版社 1998 年版。

乐黛云、〔美〕勒·比雄:《独角兽与龙》,北京大学出版社 1995 年版。

刘大钧、林忠军:《周易古经白话解》,山东友谊出版社 1998 年版。

黎祥凤:《周易新释》,辽宁大学出版社 1994 年版。

程树德:《九朝律考》,中华书局 1963 年版。

杨鸿烈:《中国法律发达史》,中国政法大学出版社 2009 年版。

陈顾远:《中国法制史概要》,(中国台湾)三民书局 1977 年版。

范忠信编:《梁启超法学文集》,中国政法大学出版社 2000 年版。

戴炎辉:《中国法制史》,(中国台湾)三民书局 1966 年版。

马小红:《礼与法:法的历史连接》,北京大学出版社 2004 年版。

杨一凡主编:《中国法制史考证》,中国社会科学出版社 2003 年版。

欧阳哲生主编:《傅斯年全集》第 1 卷,湖南教育出版社 2003 年版。

蒙文通:《古史甄微》,巴蜀书社 1999 年版。

逄振镐:《齐鲁文化研究》,齐鲁书社 2010 年版。

张国华、饶鑫贤主编:《中国法律思想史纲》(上),甘肃人民出版社 1984 年版。

张晋藩主编:《中国法制通史》,法律出版社 1997 年版。

陈寅恪:《隋唐制度渊源论稿》,河北教育出版社 2002 年版。

余英时:《历史与思想》,(中国台湾)联经出版事业公司 1981 年版。

张纯、王晓波:《韩非思想的历史研究》,(中国台湾)联经出版事业公司 1994 年版。

郝铁川:《中华法系研究》,复旦大学出版社 1997 年版。

武树臣等:《中国传统法律文化》,北京大学出版社 1994 年版。

武树臣:《儒家法律传统》,法律出版社 2003 年版。

刘兴隆:《新编甲骨文字典》,国际文化出版公司 2005 年版。

梁启超:《先秦政治思想史》,东方出版社 1996 年版。

冯友兰:《中国哲学史新编》第一册,人民出版社 1962 年版。

梁启超:《清代学术概论》,(中国台湾)商务印书馆 1994 年版。

谭嗣同:《谭嗣同全集》,中华书局 1981 年版。

皮锡瑞:《经学历史》,中华书局 1959 年版。

黄源盛:《汉唐法制与儒家传统》,(中国台湾)元照出版有限公司 2009 年版。

杨一凡、刘笃才:《历代例考》,社会科学文献出版社 2009 年版。

严复:《严复集》,中华书局 1986 年版。

熊月之:《中国近代民主思想史》,上海人民出版社 1986 年版。

杨度:《杨度集》,湖南人民出版社 1986 年版。

胡汉民:《革命理论与革命工作》,上海民智书局 1932 年版。

孙科:《孙科文集》,(中国台湾)商务印书馆 1972 年版。

吴经熊:《法律哲学研究》,清华大学出版社 2005 年版。

郭成伟主编:《新中国法制建设 50 年》,江苏人民出版社 1999 年版。

杨鸿烈:《中国法律在东亚诸国之影响》,上海商务印书馆 1937 年版。

[法]孟德斯鸠:《论法的精神》,张雁深译,商务印书馆 1982 年版。

[法]勒内·罗迪埃:《比较法导论》,徐百康译,上海译文出版社 1989 年版。

[法]拉法格:《思想起源论》,王子野译,生活·读书·新知三联书店 1963 年版。

　　[日]林巳奈夫:《神与兽的纹样学》,常耀华等译,生活·读书·新知三联书店 2009 年版。

　　[美]E.霍贝尔:《原始人的法》,严存生译,贵州人民出版社 1992 年版。

　　[日]穗积陈重:《法律进化论》,黄尊三等译,中国政法大学出版社 1997 年版。

　　[日]浅井虎夫:《中国法典编纂沿革史》,中国政法大学出版社 2007 年版。

　　[美]约翰·亨利·梅利曼:《大陆法系》,知识出版社 1984 年版。

　　《拿破仑法典》(即《法国民法典》),李浩培译,商务印书馆 1979 年版。

　　[英]罗素:《中国问题》,秦悦译,学林出版社 1996 年版。

　　[英]约翰·福蒂斯丘爵士:《论英格兰的法律与政制》,袁瑜玎译,北京大学出版社 2008 年版。

三、论　文　类

　　于恩泊:《释人、尸、仁、夷》,《天津大公报·文史周刊》1947 年 1 月 29 日。

　　史树青:《麟为仁兽说——兼论有关麒麟的问题》,载《古文字研究》十七辑,中华书局 1989 年。

　　裘锡圭:《甲骨文中的几种乐器名称》,《中华文史论丛》1980 年第 2 辑。

　　郑杰祥:《释礼、玉》,载《华夏文明》第 1 辑,北京大学出版社 1987 年版。

　　孙庆伟:《出土资料所见的西周礼仪用玉》,《南方文物》2007 年第 1 期。

　　夏鼐:《商代玉器的分类、定名和用途》,《考古》1983 年第 5 期。

　　于豪亮:《释青川秦墓木牍》,《文物》1982 年第 1 期。

　　刘志琴:《中国歌舞探源》,《学术月刊》1980 年第 10 期。

　　武树臣:《寻找最初的法——对古法字形成过程的法文化考察》,《学习与探索》1997 年第 1 期。

　　武树臣:《寻找最初的德——对先秦德观念形成过程的法义化考察》,《法学研究》2001 年第 2 期。

　　武树臣:《寻找最初的独角兽——对廌的法文化考察》,《河北法学》2010 年第 10 期。

　　武树臣:《寻找最初的礼——对古礼字形成过程的法文化考察》,《法律科学》2010 年第 3 期。

　　武树臣:《寻找最初的律——对古律字形成过程的法文化考察》,《法学杂志》2010 年第 3 期。

　　武树臣:《寻找最初的刑——对古刑字形成过程的法文化考察》,《当代法学》2010 年第 4 期。

武树臣:《寻找最初的夷——东夷风俗与远古的法》,《中外法学》2013 年第 1 期。

张大芝:《箕子之明夷新解》,《杭州大学学报》第 12 卷第 2 期,1982 年 6 月。

顾颉刚:《周易卦爻辞中的故事》,《燕京学报》第 6 期,1929 年 11 月。

陈梦家:《隹夷考》,《禹贡半月刊》第 5 卷第 10 期。

张富祥:《说夷》,《淄博师专学报》1997 年第 3 期。

张建国:《中国律令法推行概论》,《北京大学学报(哲学社会科学版)》1998 年第 5 期。

江必新:《商鞅"改法为律"质疑》,《法学杂志》1985 年第 5 期。

祝总斌:《关于我国古代的"改法为律"问题》,《北京大学学报(哲学社会科学版)》1992 年第 2 期。

祝总斌:《"律"字新释》,《北京大学学报(哲学社会科学版)》1990 年第 2 期。

祝总斌:《略论晋律之儒家化》,《中国史研究》1985 年第 2 期。

吴建璠:《商鞅改法为律考》,载韩延龙主编:《法律史论集》第 4 卷,法律出版社 2002 年版。

于豪亮:《释青川秦墓木牍》,《文物》1982 年第 1 期。

唐兰:《再论大汶口文化的社会性质和大汶口陶器文字》,《光明日报》1978 年 2 月 23 日。

裘锡圭:《汉字形成问题的初步探索》,《中国语文》1978 年第 3 期。

范忠信:《中华法系法家化驳议——〈中华法系研究〉商榷》,《比较法研究》1998 年第 3 期。

杨振红:《从出土秦汉律看中国古代的礼、法观念及其法律体现——中国古代法律之儒家化商兑》,《中国史研究》2010 年第 4 期。

刘文英:《仁的抽象与仁的秘密》,《孔子研究》1990 年第 2 期。

李则芬:《从叔孙通、公孙弘、董仲舒三人看儒家的齐化》,(中国台湾)《东方杂志》第 14 卷第 3 期,1980 年 9 月。

责任编辑：李春林　张　立
装帧设计：肖　辉　王欢欢

图书在版编目（CIP）数据

中国法的源与流/武树臣 著. —北京：人民出版社，2022.10
（人民文库．第二辑）
ISBN 978－7－01－024050－3

Ⅰ.①中⋯　Ⅱ.①武⋯　Ⅲ.①法律-思想史-研究-中国　Ⅳ.①D909.2

中国版本图书馆 CIP 数据核字(2021)第 256375 号

中国法的源与流
ZHONGGUOFA DE YUAN YU LIU

武树臣　著

人 民 出 版 社　出版发行
(100706　北京市东城区隆福寺街 99 号)

北京新华印刷有限公司印刷　新华书店经销

2022 年 10 月第 1 版　2022 年 10 月北京第 1 次印刷
开本：710 毫米×1000 毫米 1/16　印张：22
字数：320 千字

ISBN 978－7－01－024050－3　定价：128.00 元

邮购地址 100706　北京市东城区隆福寺街 99 号
人民东方图书销售中心　电话 (010)65250042　65289539